PT・OT必修シリーズ

消っして忘れない
運動学要点整理ノート

編集
福井　勉　文京学院大学保健医療技術学部理学療法学科
山﨑　敦　文京学院大学保健医療技術学部理学療法学科

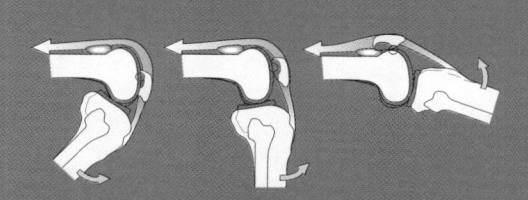

羊土社
YODOSHA

謹告

　本書に記載されている診断法・治療法に関しては，発行時点における最新の情報に基づき，正確を期するよう，著者ならびに出版社はそれぞれ最善の努力を払っております．しかし，医学，医療の進歩により，記載された内容が正確かつ完全ではなくなる場合もございます．

　したがって，実際の診断法・治療法で，熟知していない，あるいは汎用されていない新薬をはじめとする医薬品の使用，検査の実施および判読にあたっては，まず医薬品添付文書や機器および試薬の説明書で確認され，また診療技術に関しては十分考慮されたうえで，常に細心の注意を払われるようお願いいたします．

　本書記載の診断法・治療法・医薬品・検査法・疾患への適応などが，その後の医学研究ならびに医療の進歩により本書発行後に変更された場合，その診断法・治療法・医薬品・検査法・疾患への適応などによる不測の事故に対して，著者ならびに出版社はその責を負いかねますのでご了承ください．

序

　運動学は国家試験のなかでも出題数が多い科目のひとつであり，理学療法や作業療法の基礎学問をなす非常に重要な分野である．国家試験での出題数の多さは自ずからその分野の重要性を示しており，実際の理学療法，作業療法の実施にあたっても重要となる．またその基礎的知識を有することでさらなる創造活動を展開することも可能となる，いわば重要な武器でもある．

　一方，リハビリテーション医学における運動学の特徴は，治療対象となる身体内部の問題に特に重きが置かれてきており，障害の理解に運動学を用いることが合理的であった歴史的背景があったのではないかと著者なりに理解している．また，運動学は解剖学や生理学という基礎医学の知識なしには成り立たない分野であり，さらに運動への理解を深める点からその位置があるものと考えられる．

　運動学の学習のためにはその順序性の考慮が必要であろう．また逆に臨床医学や専門知識の対策を行う前に本書を通読することで，臨床医学系の分野や理学療法，作業療法専門分野の理解は深まると考えられる．運動学の範囲は広いが，国家試験対策での守備範囲としては本書が全体を網羅していると考えて頂いてよいと思われる．本書を用いて学習する場合には，まず各章の概略図を理解したうえで重要事項を習得して欲しい．最重要語句である赤字については赤シートで消しながら理解を深めていって欲しい．また別冊の問題集を実際に解くことで，その理解度のチェックとして各章の学習終了後活用して頂きたい．通常，勉強方法そのものを効率的に行うことと，理解を深めることと比例しないことが多いかもしれないが，本書を有効活用することで国家試験合格に利益があることを著者一同心から祈念している．

　最後に本書の執筆にあたり，遅れがちな納期に激励を頂いたことで刊行にいたることができました．羊土社鈴木美奈子氏，高橋紀子氏に感謝いたします．

2009年7月

著者を代表して

福井　勉

PT・OT必修シリーズ
消っして忘れない
運動学 要点整理ノート

序 　　　　　　　　　　　　　　　　　　　　　　　　　　　　福井　勉

第1章　上肢　　　　　　　　　　　　　　　　　　　　　　山﨑　敦　**10**

① 上肢帯・肩関節の機能解剖と運動学 ────────── 10
　1. 上肢帯・肩関節の構成／2. 胸鎖関節の構造と機能／3. 肩鎖関節の構造と機能／4. 肩甲胸郭関節の構造と機能／5. 肩甲上腕関節の構造と機能／6. 第2肩関節の構造と機能／7. 肩複合体として生じる上肢の運動

② 肘関節・前腕の機能解剖と運動学 ────────── 25
　1. 肘関節と前腕の構造と機能／2. 腕橈関節・腕尺関節の構造と機能／3. 上橈尺関節・下橈尺関節の構造と機能

③ 手関節の機能解剖と運動学 ────────── 33
　1. 手関節の構造と機能／2. 屈筋支帯と伸筋支帯

④ 手指の機能解剖と運動学 ────────── 40
　1. 手根中手関節の構造と機能／2. 中手指節関節の構造と機能／3. 指節間関節の構造と機能／4. 手指に作用する筋／5. 指の伸展機構／6. 手の肢位とアーチ／7. 手の基本的運動機能

第2章　下肢　　　　　　　　　　　　　　　　　　　　　　具志堅敏　**51**

① 股関節の機能解剖と運動学 ────────── 51
　1. 股関節の構造と機能／2. 股関節の運動学

② 膝関節の機能解剖と運動学 ────────── 59
　1. 膝関節の構造と機能／2. 脛骨大腿関節の運動学／3. 膝蓋大腿関節の運動学

③ 足関節・足部の機能解剖と運動学 ────────── 69
　1. 足関節・足部の構造と機能／2. 足関節・足部の衝撃吸収機構

CONTENTS

第3章　体軸骨格　　　田中則子　78

1 脊柱の機能解剖と運動学 ―― 78
　1. 体幹の基本的構成／2. 頭頸部の機能解剖と運動学／3. 胸椎部の機能解剖と運動学／4. 腰椎部の機能解剖と運動学／5. 骨盤の機能と運動学

2 胸郭の機能解剖と運動学 ―― 96
　1. 胸郭の基本的構成／2. 胸郭の機能解剖／3. 胸郭の運動学

3 顔面・頭部の機能解剖と運動学 ―― 103
　1. 顔面・頭部の構成／2. 顎関節の機能解剖と運動学／3. 表情筋の機能解剖／4. 外眼筋の機能解剖／5. 舌筋の機能解剖

第4章　生体力学　　　福井　勉　109

1 身体と運動 ―― 109
　1. 基本肢位／2. 身体の基本面／3. 運動の軸／4. 並進運動における変位，速度，加速度の関係／5. 回転運動における角変位，角速度，角加速度の関係

2 力と運動 ―― 113
　1. 重力と床反力／2. 重力と床反力の関係／3. 支持基底面／4. 力のモーメント／5. 関節モーメント／6. ニュートンの法則／7. てこの種類

3 仕事と力学的エネルギー ―― 121
　1. 仕事／2. 負の仕事／3. 回転運動の仕事／4. 運動エネルギー／5. 位置エネルギー／6. 力学的エネルギー保存の法則／7. 関節モーメントとパワー

第5章　姿勢　　　柿崎藤泰　125

1 姿勢 ―― 125
　1. 姿勢／2. 姿勢の分類／3. 良い姿勢と不良姿勢

2 立位姿勢 ―― 127
　1. 身体重心／2. 重心線／3. 姿勢筋／4. 安定の条件／5. 姿勢維持機能／6. 防御反応／7. 姿勢戦略／8. 異常姿勢

3 姿勢調節 ―― 137
　1. 感覚によるフィードバック／2. 姿勢反射／3. 姿勢反射の分類

第6章　歩行　　　櫻井愛子　149

1 歩行周期 ―― 149
　1. 歩行とは何か／2. 歩行周期／3. 距離・時間因子

② 歩行の生体力学 ——————————— 155
1. 歩行における身体全体の動き／2. 歩行における重心と床反力の関係／3. 歩行1周期における床反力の変化／4. 矢状面における下肢関節角度の変化と関節モーメント

③ 異常歩行 ——————————————— 166
1. 異常歩行の分析／2. 異常歩行

第7章　運動学習　　　　　　　　　　白星伸一　171

① 学習とは ——————————————— 171
1. 学習の定義／2. 学習の種類／3. 記憶／4. 学習段階／5. 学習の転移

② 運動技能 ——————————————— 176
1. スキル／2. 運動技能／3. 学習曲線／4. 練習の効果／5. 動機付け／6. 学習の枠組み／7. 練習条件／8. 運動技能の保持

③ 運動学習理論 —————————————— 182
1. 閉ループ理論／2. 開ループ理論／3. フィードフォワード制御・フィードバック制御／4. スキーマ理論／5. エコロジカルアプローチ／6. ダイナミカル・システムズ理論／7. 内部モデル／8. 運動学習の生理学

第8章　運動生理　　　　　　　　　　望月　久　192

① 筋収縮と身体運動 ————————————— 192
1. 筋収縮のメカニズム／2. 運動単位のタイプと筋線維タイプ

② 筋出力・筋緊張のコントロールと筋の収縮様式 —— 195
1. 筋出力と筋緊張のコントロール／2. 筋の収縮様式と特徴

③ 運動とエネルギー代謝 ———————————— 198
1. 運動のエネルギー源／2. 運動による生理的変化

④ 全身持久力の評価指標と運動の効果 ——————— 201
1. 全身持久力の評価指標／2. 持久性運動の効果

⑤ 運動処方 ——————————————— 204
1. 運動処方とその原則／2. 運動処方の目安

付録　筋の起始・停止一覧表 ———————————— 207

索引 ————————————————————— 216

別冊 問題集

- 第1章　上肢　　　　岩﨑裕子
- 第2章　下肢　　　　岡崎倫江
- 第3章　体軸骨格　　武岡健次
- 第4章　生体力学　　和田祐一
- 第5章　姿勢　　　　仲保　徹
- 第6章　歩行　　　　上田泰久
- 第7章　運動学習　　中俣　修
- 第8章　運動生理　　西條富美代

✻ 執筆者一覧 ✻

編　集

福井　勉	（Tsutomu Fukui）	文京学院大学保健医療技術学部理学療法学科
山﨑　敦	（Atsushi Yamasaki）	文京学院大学保健医療技術学部理学療法学科

執筆者　(五十音順)

岩﨑裕子	（Yuko Iwasaki）	文京学院大学保健医療技術学部理学療法学科
上田泰久	（Yasuhisa Ueda）	文京学院大学保健医療技術学部理学療法学科
岡崎倫江	（Michie Okazaki）	文京学院大学保健医療技術学部理学療法学科
柿崎藤泰	（Fujiyasu Kakizaki）	文京学院大学保健医療技術学部理学療法学科
具志堅敏	（Satoshi Gushiken）	文京学院大学保健医療技術学部理学療法学科
西條富美代	（Fumiyo Saijo）	文京学院大学保健医療技術学部理学療法学科
櫻井愛子	（Aiko Sakurai）	国際医療福祉大学三田病院リハビリテーション科
白星伸一	（Shinichi Shirahoshi）	佛教大学保健医療技術学部理学療法学科
武岡健次	（Kenji Takeoka）	武庫川女子大学文学部健康・スポーツ科学科
田中則子	（Noriko Tanaka）	大阪電気通信大学医療福祉工学部理学療法学科
仲保　徹	（Tohru Nakabo）	文京学院大学保健医療技術学部理学療法学科
中俣　修	（Osamu Nakamata）	文京学院大学保健医療技術学部理学療法学科
福井　勉	（Tsutomu Fukui）	文京学院大学保健医療技術学部理学療法学科
望月　久	（Hisashi Mochiduki）	文京学院大学保健医療技術学部理学療法学科
山﨑　敦	（Atsushi Yamasaki）	文京学院大学保健医療技術学部理学療法学科
和田祐一	（Yuichi Wada）	文京学院大学保健医療技術学部理学療法学科

本書の使い方

○運動学の用語のなかから，

・必ず覚えておきたいもっとも重要な語句 … 赤文字
・知っておきたい重要な語句 … 太字

で示しています．

○赤文字は付録の赤シートで隠すことができます．何度も繰り返し復習をして，確実に身につけましょう．

◆ 構 成 ◆

概略図 各項の内容が一目でわかるイラスト

Point 学習ポイントを箇条書きで整理

知っておきたい重要な語句

必ず覚えておきたい重要な語句

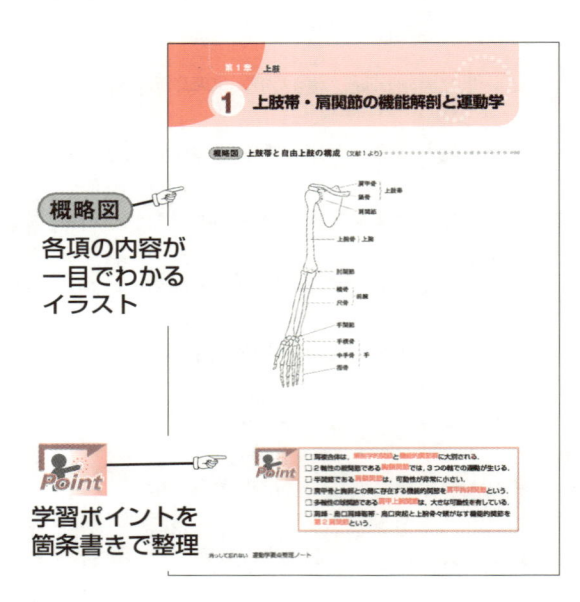

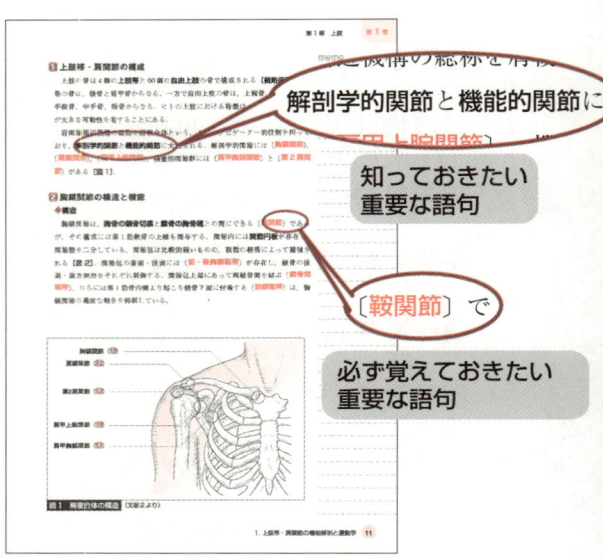

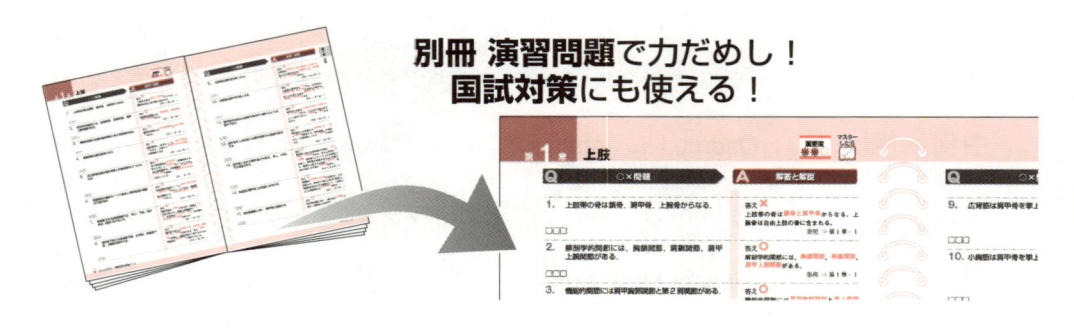

別冊 演習問題で力だめし！
国試対策にも使える！

※本書の漢字の表記については，右記上段の漢字に統一してあります（下段の漢字でも誤りではありません）

頸　鈎　顆　脛　橈
↑　↑　↑　↑　↑
頚　鉤　果　胫　撓

PT・OT必修シリーズ

消っして忘れない

運動学
要点整理ノート

第1章 上肢

1 上肢帯・肩関節の機能解剖と運動学

概略図 上肢帯と自由上肢の構成（文献1より）

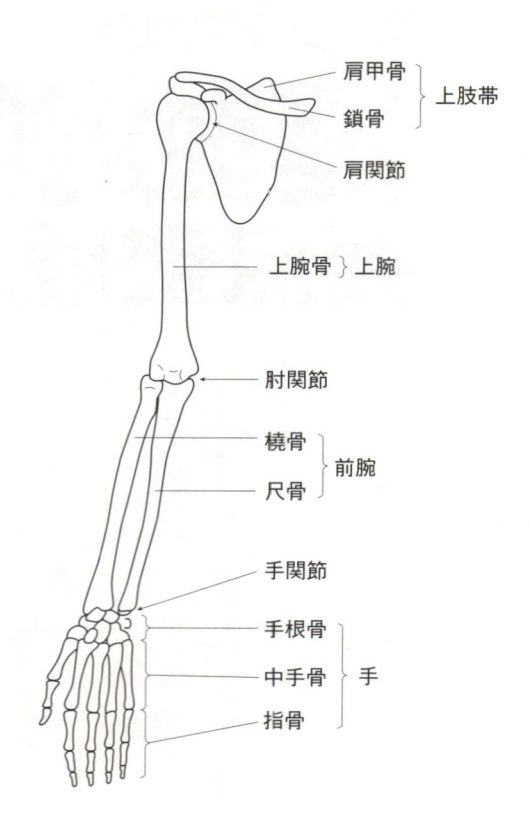

- 肩甲骨 ｝上肢帯
- 鎖骨
- 肩関節
- 上腕骨 ｝上腕
- 肘関節
- 橈骨 ｝前腕
- 尺骨
- 手関節
- 手根骨 ｝手
- 中手骨
- 指骨

Point
- □ 肩複合体は，解剖学的関節と機能的関節群に大別される．
- □ 2軸性の鞍関節である胸鎖関節では，3つの軸での運動が生じる．
- □ 半関節である肩鎖関節は，可動性が非常に小さい．
- □ 肩甲骨と胸郭との間に存在する機能的関節を肩甲胸郭関節という．
- □ 多軸性の球関節である肩甲上腕関節は，大きな可動性を有している．
- □ 肩峰－烏口肩峰靱帯－烏口突起と上腕骨々頭がなす機能的関節を第2肩関節という．

第1章 上肢

1 上肢帯・肩関節の構成

上肢の骨は4個の**上肢帯**と60個の**自由上肢**の骨で構成される［概略図］．上肢帯の骨は，鎖骨と肩甲骨からなる．一方で自由上肢の骨は，上腕骨，橈骨，尺骨，手根骨，中手骨，指骨からなる．ヒトの上肢における特徴は，上肢帯と自由上肢が大きな可動性を有することにある．

肩関節周辺機構の総称を肩複合体という．上肢のナビゲーター的役割を担っており，**解剖学的関節**と**機能的関節**に大別される．解剖学的関節には〔胸鎖関節〕，〔肩鎖関節〕，〔肩甲上腕関節〕，機能的関節群には〔肩甲胸郭関節〕と〔第2肩関節〕がある［図1］．

2 胸鎖関節の構造と機能

◆構造

胸鎖関節は，**胸骨の鎖骨切痕**と**鎖骨の胸骨端**との間にできる〔鞍関節〕であるが，その構成には第1肋軟骨の上縁も関与する．関節内には**関節円板**が存在し，関節腔を二分している．関節包は比較的緩いものの，複数の靱帯によって補強される［図2］．関節包の前面・後面には〔前・後胸鎖靱帯〕が存在し，鎖骨の後退・前方突出をそれぞれ制御する．関節包上部にあって両鎖骨間を結ぶ〔鎖骨間靱帯〕，さらには第1肋骨内側より起こり鎖骨下面に付着する〔肋鎖靱帯〕は，胸鎖関節の過度な動きを抑制している．

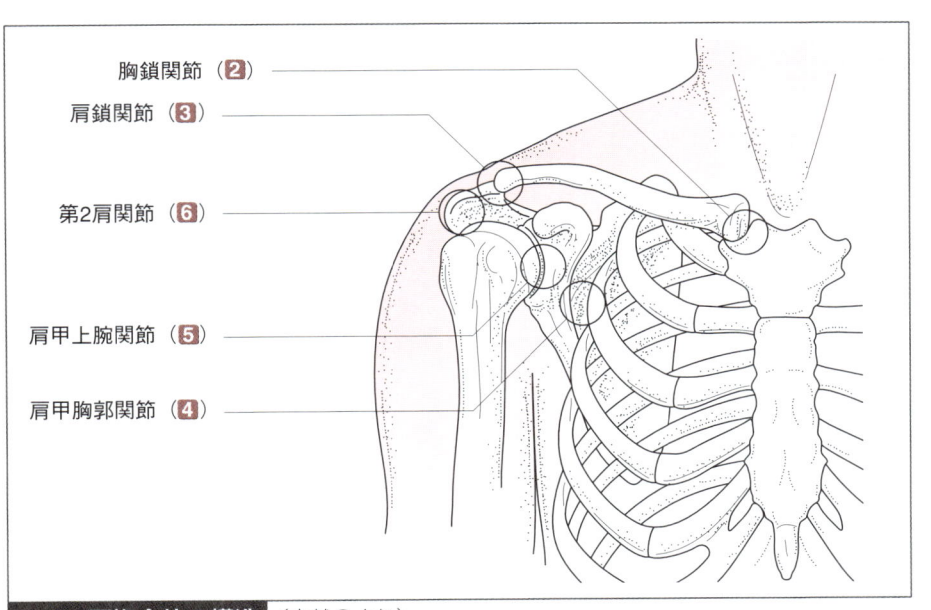

図1　肩複合体の構造（文献2より）

- 胸鎖関節（2）
- 肩鎖関節（3）
- 第2肩関節（6）
- 肩甲上腕関節（5）
- 肩甲胸郭関節（4）

memo

※1 凹凸の法則
多くの関節における関節面は，一方が凹面で他方が凸面を呈している．固定された凸面に対して凹面が運動する場合，骨の運動方向と同方向に関節面が移動するが，これを凹の法則という．反対に，固定された凹面に対して凸面が運動する場合，骨の運動方向と反対方向に関節面が移動する．これを凸の法則という．いずれの場合にも運動中心軸（瞬間回転中心）は凸面を有する骨側に存在する．

◆機能

関節面の形状による分類としては，胸鎖関節は2軸性の鞍関節である［図3］が，その運動は3つの軸で生じる［図4］．前額面では，鎖骨の胸骨端が胸骨の鎖骨切痕に対して**凸の法則**[※1]に従って運動する．上肢下垂位で鎖骨長軸は水平面に対して約10°挙上しているが，この位置から鎖骨遠位端が上下方向に移動する．上方移動である挙上は約45°，下方移動である下制は約10°とされる．下制は第1肋骨との衝突により停止する．上肢下垂位において鎖骨長軸は，前額面に対して約20°後方に傾斜している．この位置から前後方向に鎖骨遠位端が，それぞれ約15°移動する．この水平面では，鎖骨の胸骨端が鎖骨切痕に対して**凹の法則**[※1]

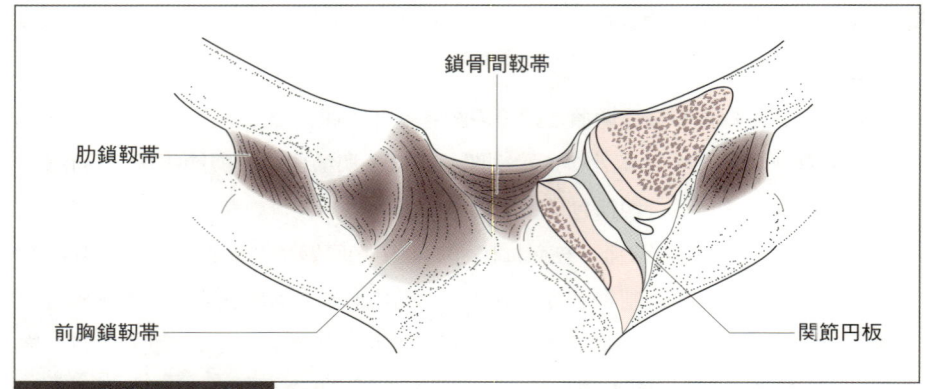

図2 胸鎖関節の構造 （文献3より）

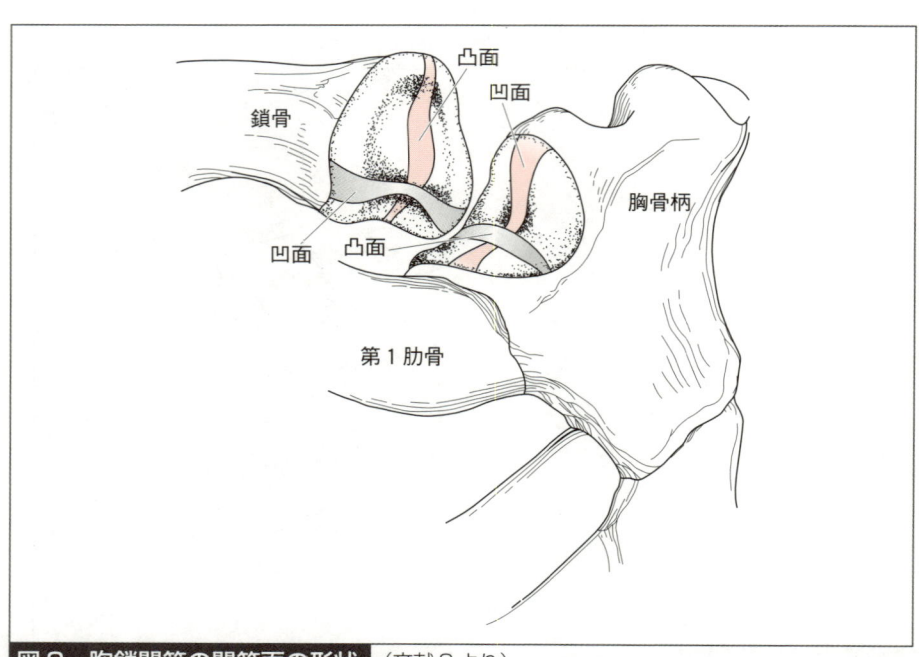

図3 胸鎖関節の関節面の形状 （文献2より）

で運動する．この運動のうち，鎖骨遠位端の前方移動を前方突出，後方移動を後退という．また矢状面での運動としては，鎖骨の前方回旋と後方回旋がある．その可動範囲は前方回旋が約20°，後方回旋が約30°とされる．

3 肩鎖関節の構造と機能

◆ 構造

　肩鎖関節は，**肩峰関節面**と**鎖骨肩峰端関節面**との間にできる〔半関節〕である．この関節内には線維軟骨性の**関節円板**が存在するが，その形状は円板状や半月状などさまざまである（存在しないこともある）．関節包は非常に薄く，〔上・下肩鎖靱帯〕によって補強される［図5］．特に上肩鎖靱帯は厚く強靱で，僧帽筋や三角筋の筋膜に移行している．肩鎖靱帯以外に肩鎖関節を補強し，その運動を制限する要素として，〔烏口鎖骨靱帯〕がある．この靱帯は，前外側部に位置し，**僧帽靱帯**とも呼ばれる〔菱形靱帯〕と，後内側部の〔円錐靱帯〕の2つからなる．菱形靱帯は烏口突起の上内側縁から始まり，鎖骨の外側裏面の菱形靱帯稜に付着する靱帯である．円錐靱帯は烏口突起の内側端から始まり，鎖骨外側1/3の円錐靱帯結節に付着している．つまり，肩鎖関節は主に烏口鎖骨靱帯によって垂直方向，肩鎖靱帯によって水平方向の安定性が得られている．

◆ 機能

　肩鎖関節の機能としては，①肩鎖関節の保持，②肩甲骨の支持，③鎖骨と肩甲

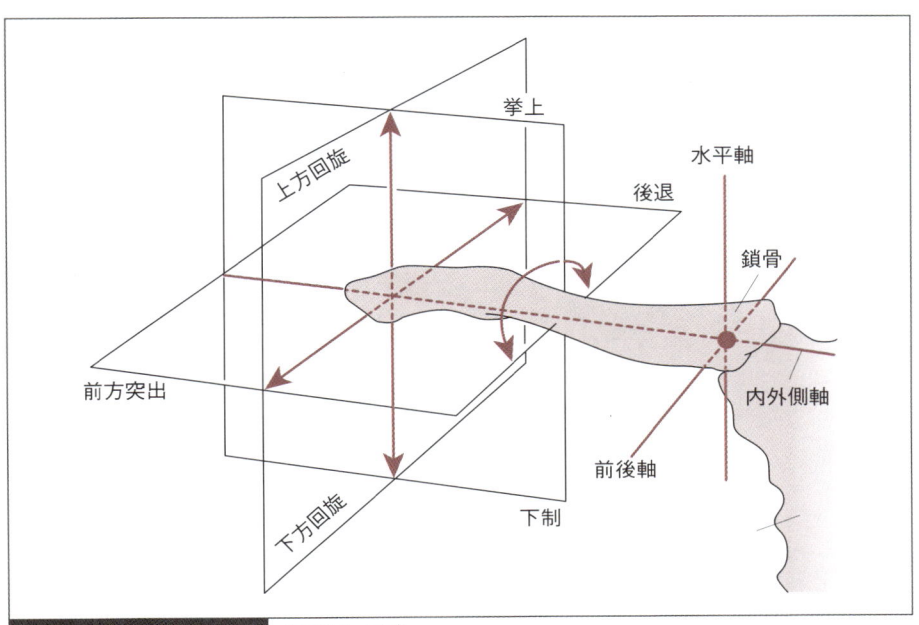

図4　胸鎖関節の運動（文献4より）

memo

骨間の運動の介達が挙げられる．肩鎖関節は多軸性関節であるが，その可動性は非常に少ない．前額面では肩甲骨の上方・下方回旋が生じるが，烏口鎖骨靱帯が大きな制限因子となる．水平面での回旋，矢状面での傾斜もわずかにみられるが，肩鎖靱帯によってこれらの運動が制御される［図6］．この肩鎖関節の運動は肩甲胸郭関節，さらには胸鎖関節での運動との組み合わせとして生じる．

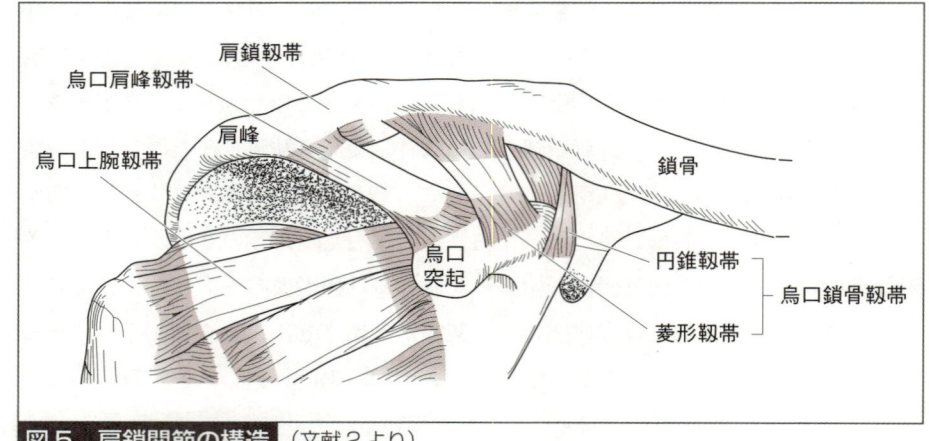

図5　肩鎖関節の構造　（文献2より）

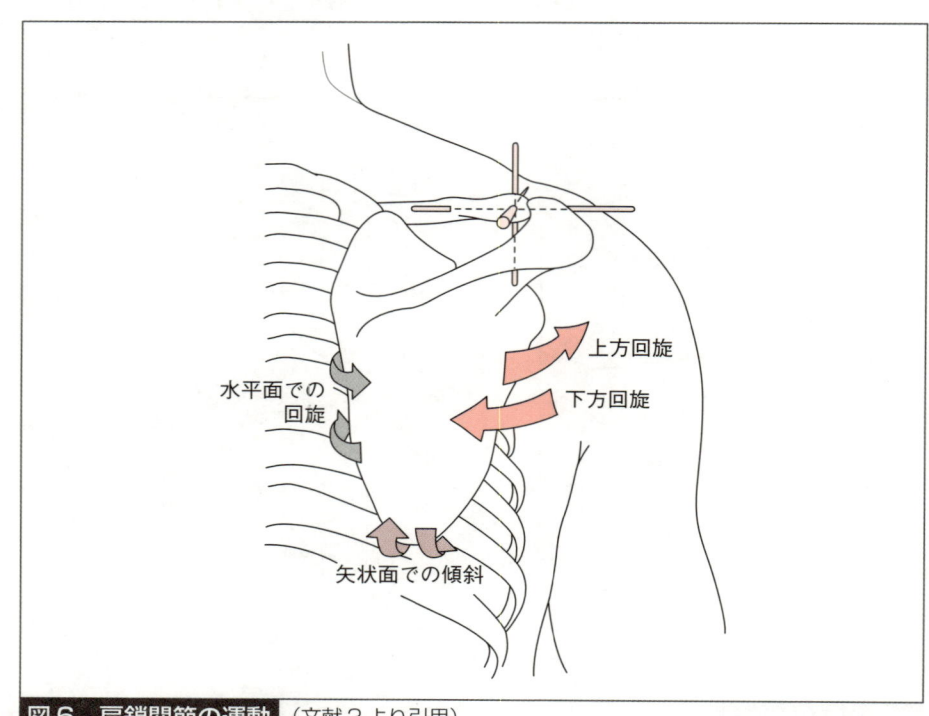

図6　肩鎖関節の運動　（文献2より引用）

4 肩甲胸郭関節の構造と機能

◆構造

肩甲骨と胸郭との間で肩甲骨が滑動する部分を〔肩甲胸郭関節〕という．ここには関節面も関節包もないので，機能的関節として捉えられる．肩甲骨が胸郭に接触する部分にあって肩甲下筋に覆われていない部分，すなわち肩甲骨内側縁，上角，下角の部分には滑液包が存在し，肩甲骨の運動を円滑にしている．

◆機能

胸郭上に浮遊する肩甲骨は，多くの筋の作用により胸郭に固定されている．その運動は複雑であるが，原則的には挙上−下制，外転−内転，上方回旋−下方回旋，前傾−後傾の8つが考えられる［図7］．これらの肩甲胸郭関節における運動は，胸鎖関節と肩鎖関節で生じる運動の組み合わせによって生じる．例えば肩甲骨の

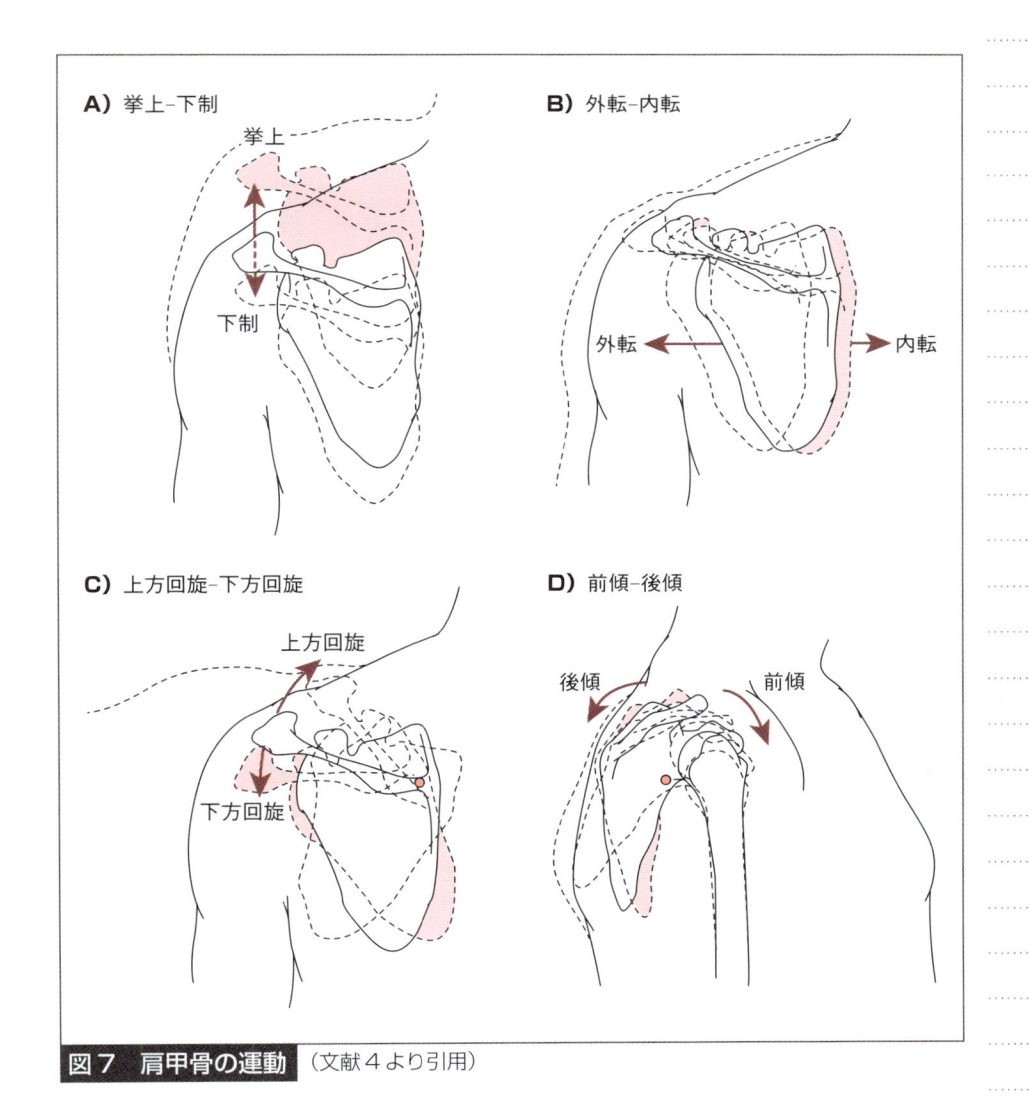

図7 肩甲骨の運動 （文献4より引用）

A) 挙上−下制
B) 外転−内転
C) 上方回旋−下方回旋
D) 前傾−後傾

上方回旋は，胸鎖関節による鎖骨の挙上運動と，肩鎖関節による肩甲骨の上方回旋が組み合わさって生じる［図8］．

① **挙上－下制**［図7-A］：肩をすくめるような動作で，肩甲骨が胸郭上を上方に移動する運動を**挙上**といい，僧帽筋上部と肩甲挙筋が作用する．**下制**は肩甲骨を下方へ引く運動で，僧帽筋下部，広背筋，前鋸筋下部，小胸筋が関与する．鎖骨下筋の収縮は，鎖骨外側を下制させるため，間接的な肩甲骨下制に作用する．

② **外転－内転**［図7-B］：肩甲骨が前外方へと移動する運動を**外転**あるいは**前方牽引**といい，手で物を押すような動作で生じる．肩甲骨の内側縁は脊柱から離れるような動きであり，前鋸筋や小胸筋が作用する．一方，肩甲骨が脊柱に向かって近づく運動（後内側への変位）を**内転**あるいは**後退**といい，僧帽筋中部，大・小菱形筋が主に作用する．

③ **上方回旋－下方回旋**［図7-C］：肩甲骨下角が上外方に回旋し，関節窩が上方に向く運動を**上方回旋**という．この運動には僧帽筋上部・下部と前鋸筋が作用する．反対に肩甲骨下角が下内方に回旋する運動を**下方回旋**といい，大・小菱形筋，肩甲挙筋，小胸筋が作用する．一般的には上方回旋時に挙上を，下方回旋時に下制を伴う．

④ **前傾－後傾**［図7-D］：矢状面において肩甲骨が前方に傾く運動を**前傾**と称し，小胸筋，前鋸筋上部が作用する．一方，肩甲骨が後方に傾く運動が**後傾**であり，前鋸筋，僧帽筋下部が作用する．

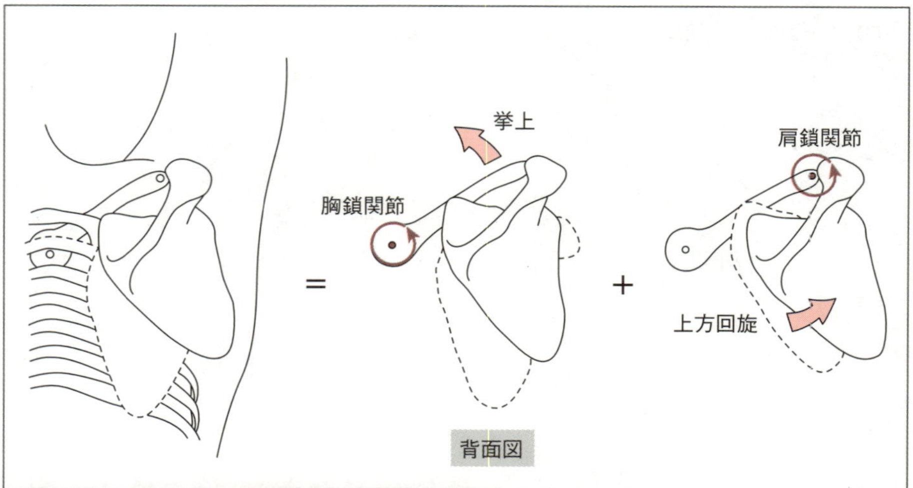

図8 肩甲胸郭関節における組み合わせ運動（文献2より引用）

5 肩甲上腕関節の構造と機能

◆構造

　肩甲上腕関節は，**肩甲骨の関節窩**と**上腕骨頭**により形成される〔**球関節**〕である．狭義の肩関節であり，**臼蓋上腕関節**とも呼ばれる［図9］．上腕骨の骨体の軸と骨頭との間には前額面で130〜135°の角度があり，水平面では20〜30°後方に捻転している．上腕骨々頭が大きく広い可動域を有するのに対して，関節窩の長径は骨頭の約1/2，短径では1/3と非常に小さく浅い．このため，関節窩の深さや曲率を増して安定化させるために，線維性軟骨からなる**関節唇**が臼蓋の周囲に存在している．約3 mmの深さを有する関節唇には，多くの知覚神経終末が存在する．肩甲上腕関節の関節腔は，肩甲下滑液包や上腕二頭筋長頭腱滑液包とも交通している．

◆関節上腕靱帯と烏口上腕靱帯

　肩甲上腕関節の関節包は，関節唇より始まり上腕骨解剖頸に至る．この関節包は上肢下垂時には上部が緊張し，下部は弛緩している．また関節包を補強する靱帯として，〔**関節上腕靱帯**〕が存在する［図10］．臼蓋上腕靱帯とも呼ばれる関節上腕靱帯は，関節唇の周囲から起こり解剖頸に至るが，関節包内面の前壁で肥

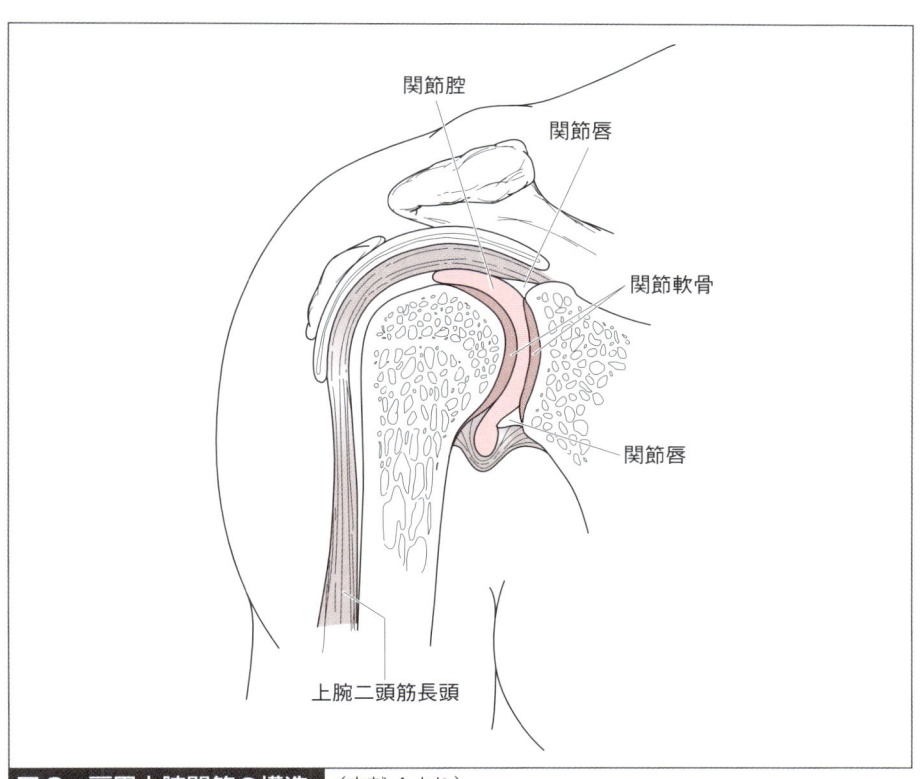

図9　肩甲上腕関節の構造（文献4より）

memo

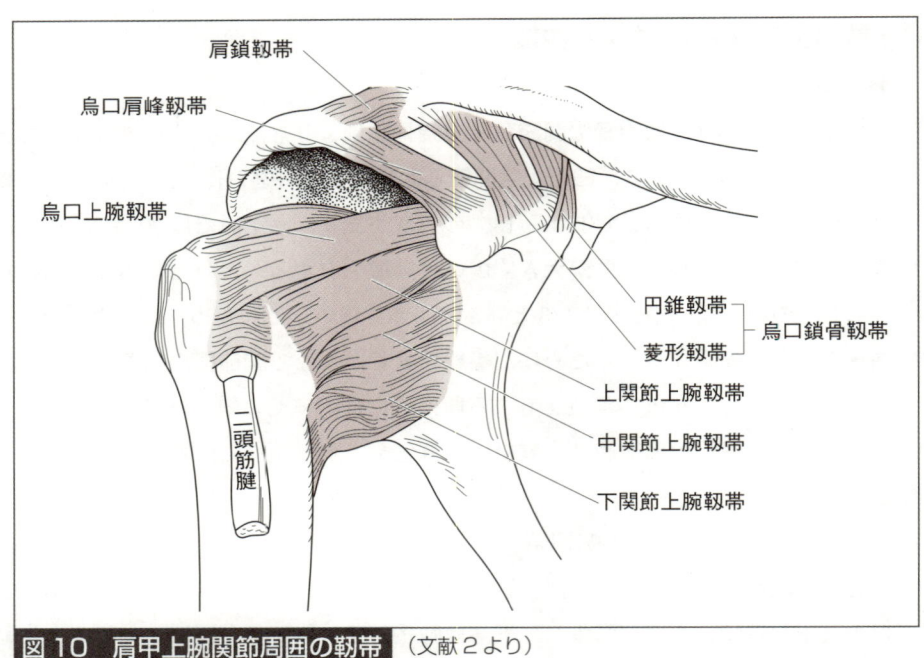

図 10　肩甲上腕関節周囲の靱帯 （文献 2 より）

厚した形態をとる．この靱帯は上部・中部・下部の線維に分類されるが，各線維は肢位によって緊張が異なる．下垂位では上関節上腕靱帯が緊張しているが，外転運動に伴い中関節上腕靱帯が緊張する．しかし，外転 90°に達すると上・中関節上腕靱帯は弛緩し，下関節上腕靱帯が緊張する．

　上・中関節上腕靱帯の間を**ワイトブレヒト孔**，中・下関節上腕靱帯の間を**ルービエレ孔**という．ワイトブレヒト孔は肩甲下滑液包への圧力調節を行うことで，肩甲上腕関節における関節腔の内圧を制御している．また，凍結肩のときに閉鎖する部位でもあり，臨床上重要である．

　また〔烏口上腕靱帯〕も関節包を補強し，関節安定化に寄与している．烏口突起の尖端に近い部から起こり，二分して上腕骨の大結節および小結節に至る．過度の外旋運動で最も緊張するが，屈曲・伸展時にも緊張することから，"肩のブレーキ"ともいわれる．

◆回旋筋腱板

　さらには関節包と癒着して，補助的な靱帯の役割を果たすものとして〔回旋筋腱板〕がある．回旋筋腱板とは，〔棘上筋，棘下筋，小円筋，肩甲下筋〕のそれぞれの腱を指している［図 11］．これらの 4 筋の腱は上腕骨々頭の上方では，ほとんど分けがたく一体となっている．棘下筋と小円筋は外旋筋として，肩甲下筋は内旋筋として働く．これと同時に，回旋筋腱板は上腕骨々頭を関節窩に保持する作用を担っている．上肢を挙上する際，回旋筋腱板により上腕骨々頭が肩甲骨臼

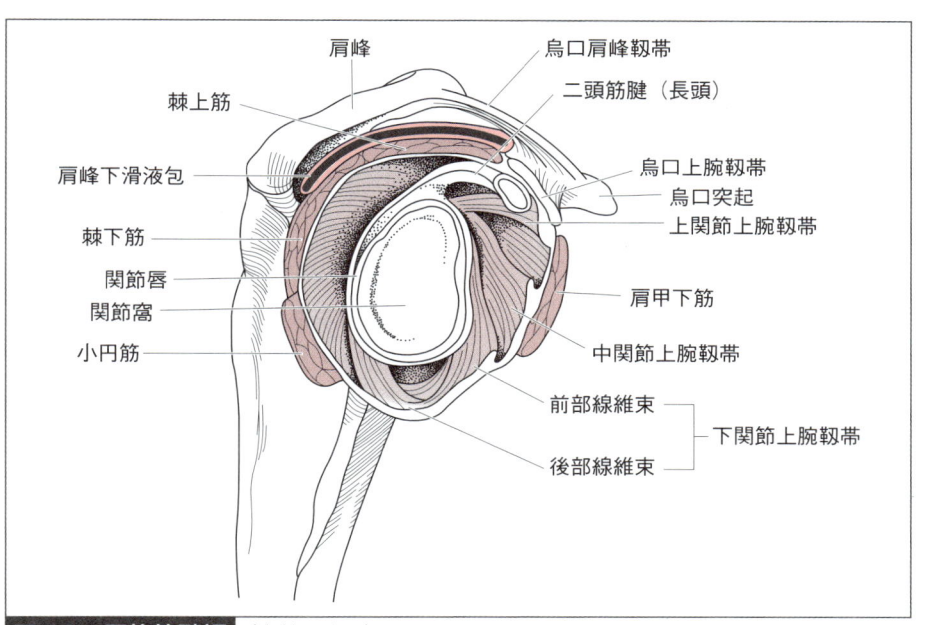

図11 回旋筋腱板（文献2より）

蓋窩に引き付けられて固定され，三角筋の効率が高められる（三角筋単独の作用では骨頭が肩峰に衝突してしまう）．

肩甲下筋腱と棘上筋腱との間隙は疎な結合組織で覆われており，この部位を〔腱板疎部〕と呼ぶ．腱板疎部は，回旋や挙上時の腱板間に加わる力を緩衝する役割を担っているが，投球動作などで急激な回旋をくり返すと断裂・離開が生じる．この部位を烏口上腕靱帯が通っており，この靱帯が内旋位で癒着，短縮した場合に外旋制限をきたし，ひいては著明な挙上制限をもたらす要因となる．

◆肩関節周囲節の分類

肩周囲筋を機能的にみると，〔inner muscles〕と〔outer muscles〕に分類される．回旋筋腱板に上腕二頭筋と上腕三頭筋を加えたinner musclesは，肩甲上腕関節における安定化機構の主たる要素とされる．これに対して，広背筋，大胸筋，三角筋，大円筋をouter musclesと呼ぶ．outer musclesはinner musclesの作用を基盤として，関節運動で発揮されるスピードやパワーを産生することが主たる役割となる．

◆肩甲上腕関節の運動

肩甲上腕関節は体幹の基本面に位置する3つの運動軸を有している．この3つの軸による運動として，屈曲－伸展，外転－内転，外旋－内旋がある．これに肩関節外転90°の肢位を基本とした水平屈曲－水平伸展がある．これらの運動は，肩甲骨の関節窩に対して上腕骨頭が**凸の法則**に従って運動する．また屈曲－伸展，外転－内転，外旋－内旋の組み合わせで生じる運動を分回し運動というが，その定

義は明確でない．

① **屈曲 – 伸展**：矢状面における内外側軸による運動であり，屈曲は**前方挙上**，伸展は**後方挙上**とも呼ばれる．屈曲運動の主動筋としては，三角筋前部と大胸筋鎖骨部が挙げられる．肩甲上腕関節における運動，すなわち肩甲骨に対する上腕骨の実質的な可動性は約 120°にすぎない．このため約 180°の屈曲角度を得るには，肩甲胸郭関節における肩甲骨の上方回旋（関節窩を上外側に向ける運動），さらには多少の体幹伸展運動（腰椎前彎の増強）が必要となる．伸展の主動筋としては，三角筋後部，大円筋，広背筋が挙げられる．

② **外転 – 内転**：前額面における前後軸による運動であり，外転は**側方挙上**とも呼ばれる．外転の主動筋としては三角筋中部と棘上筋が挙げられるが，外旋位では上腕二頭筋長頭が有効な外転筋として作用する．一方，内転の主動筋としては大胸筋胸肋部，広背筋，大円筋が挙げられる．この外転 – 内転においても，肩甲胸郭関節における運動あるいは体幹の運動（側屈）が必要とされる．

③ **外旋 – 内旋**：水平面における垂直軸による運動であり，ほぼ肩甲上腕関節のみで生じる．外旋の主動筋としては棘下筋と小円筋が挙げられる．臨床的に外旋運動は，上肢を体幹につけた肘屈曲位（第 1 肢位）で行う回旋と，肩 90°外転・肘屈曲位（第 2 肢位）で行う回旋に分けられる．また内旋の主動筋としては，肩甲下筋と大円筋が挙げられる．

④ **水平屈曲 – 水平伸展**：肩 90°外転位を基本肢位として水平面上で上肢が屈曲（前方変位）する運動を水平屈曲，あるいは水平内転とも呼ぶ．その主動筋には三角筋前部，大胸筋，烏口腕筋，肩甲下筋がある．反対に，肩 90°外転位より水平面上で上肢が伸展（後方変位）する運動が水平伸展であり，水平外転とも呼ばれる．この運動の主動筋には，三角筋中・後部，棘下筋，小円筋が挙げられる．

6 第 2 肩関節の構造と機能

◆構造

上腕骨々頭と肩峰の間にある機能的関節を〔**第 2 肩関節**〕，あるいは**肩峰下関節**という［図 12］．上方には肩峰，烏口肩峰靱帯，烏口突起があり，基部には上腕骨々頭（大結節を含む）がある．〔**烏口肩峰靱帯**〕は烏口突起から起こり，肩峰先端で肩鎖関節の外側と下面に付着する強靱な靱帯である．この靱帯の両端は厚いものの，中央部は薄く凹み，骨頭の形態に応じたアーチ状構造を呈しており，これを"烏口肩峰アーチ"とも称する．烏口肩峰靱帯と上腕骨々頭の間には，関節包，肩甲下筋，棘上筋，肩峰下滑液包が介在し，肩関節を保護するとともに上腕

骨々頭の過度な上方移動を防いでいる．

◆**機能**

　第2肩関節は，大結節の運動方向の選択を司る機能を有している．正常では上肢挙上運動に際して，大結節が肩峰に衝突せずに肩峰下をくぐりぬけるような運動が生じるが，その主な運動路が2つ存在する［図13］．1つは〔**後外路**〕あるいは**後側方路**と呼ばれるもので，肩関節を外転していくと次第に外旋する通路である．もう1つは〔**前方路**〕と呼ばれるもので，肩関節を屈曲する際に内旋を伴う通路である．また，後外路と前方路との間は〔**neutral path**〕と呼ばれる．このneutral pathのうち，前額面に対して30°ないし45°前方で，屈曲と外転の中間

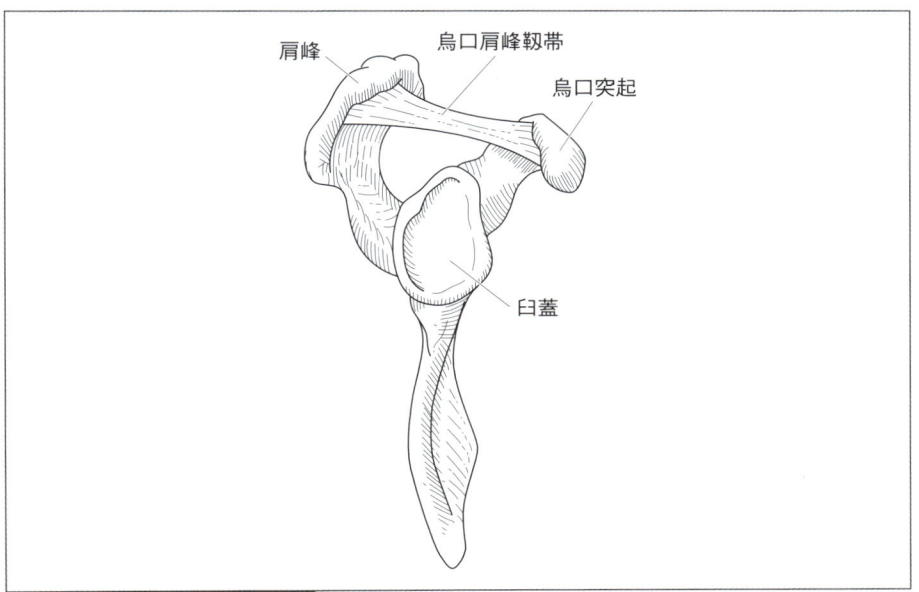

図12　第2肩関節の構造（文献5より）

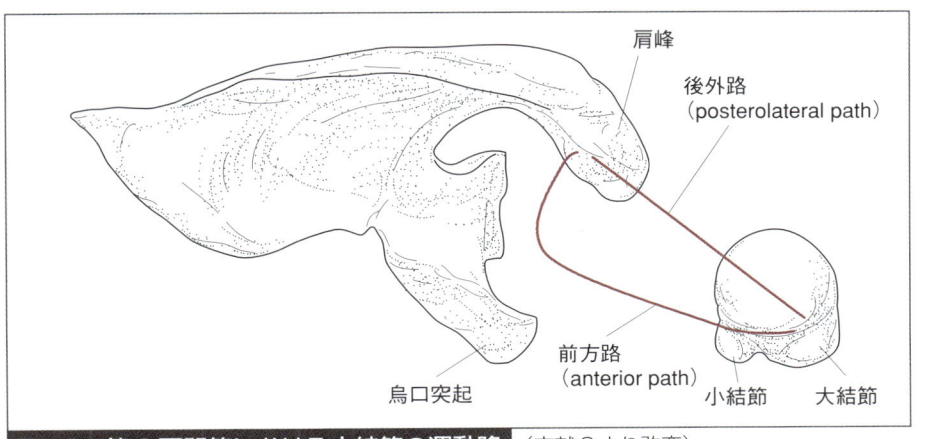

図13　第2肩関節における大結節の運動路（文献6より改変）

にあたる面を〔肩甲骨面〕という．この面では，肩周囲筋が上腕骨軸とほぼ同一方向に作動するため，上腕骨頭の回旋運動は少ない（特に棘上筋の起始と停止は一直線上に並ぶ）．この肩甲骨面より前方での上肢挙上運動では上腕骨は内旋し，後方では外旋することになる．

7 肩複合体として生じる上肢の運動

肩甲上腕関節における運動の主体は**軸回旋**であるが，これに**転がり**と**滑り**が付加的に加わる※2．この関節窩（臼蓋）に対する上腕骨頭の組み合わせ運動は，〔臼蓋上腕リズム〕とも呼ばれている．しかし肩関節における運動は，体幹と上肢の間で形成される角度によって表されるため，肩関節複合体の運動として捉える必要がある．

前述のように，肩関節屈曲時には肩甲上腕関節における運動に肩甲胸郭関節における肩甲骨の上方回旋が伴う（p.20 ①**屈曲－伸展**を参照）．しかし実際には，肩甲骨の挙上，外転，後傾を伴っている．これらの肩甲上腕関節と肩甲胸郭関節が同調して行う運動は，肩関節外転・伸展を含めた肩関節挙上運動全般にみられる．このような肩甲骨と上腕骨との間での協調したリズミカルな動きを総称して〔肩甲上腕リズム〕という［図14］．歴史的には，「肩甲上腕関節が2°屈曲あるいは外転するごとに肩甲胸郭関節が1°上方回旋し，肩甲上腕関節と肩甲胸郭関節は2：1の比率で運動する」といった説もあった．しかし，その動きは数量化できるような単純なものではなく，個体差はもちろん，負荷の有無などの条件によっても異なる．現在では，肩甲上腕リズムが一定の比率で生じるというよりはむしろ，その比率は変動すると考えられている．

また肩関節挙上運動時には，鎖骨の挙上運動が伴う．「肩外転10°に対して4°の割合で鎖骨が挙上する」との報告もあるが，肩甲上腕リズムと同様，一定のリズムとはいいがたい．この鎖骨の挙上運動は，肩関節挙上角度が約90°に至るまでの運動とされる．90°以上の肩挙上運動では，胸鎖靭帯や鎖骨間靭帯，烏口鎖骨靭帯が緊張してこの運動を抑制する．特に烏口鎖骨靭帯の後内側線維である**円錐靭帯**が，90°以上の肩挙上時に強く伸張され，鎖骨の外側端が烏口突起の方へ引かれる．このため，90°を超えて最大挙上に向かうときには，急速に鎖骨の後方回旋が始まり，肩鎖関節を介して肩甲骨は外転する［図15］．

このように，いわゆる肩の運動を考える場合には，その構成要素である各関節の運動としてではなく，肩複合体として捉えなくてはならない．

※2　骨運動と関節包内運動

骨運動に伴って生じる関節面の運動を"構成運動"という．骨が1点で接触してその軸まわりを回旋する運動を"軸回旋"，ある関節面が対応する関節面上を転がり，互いの接触面が常に移動する運動を"転がり"，ある関節面が対応する関節面上を滑る運動を"滑り"という．

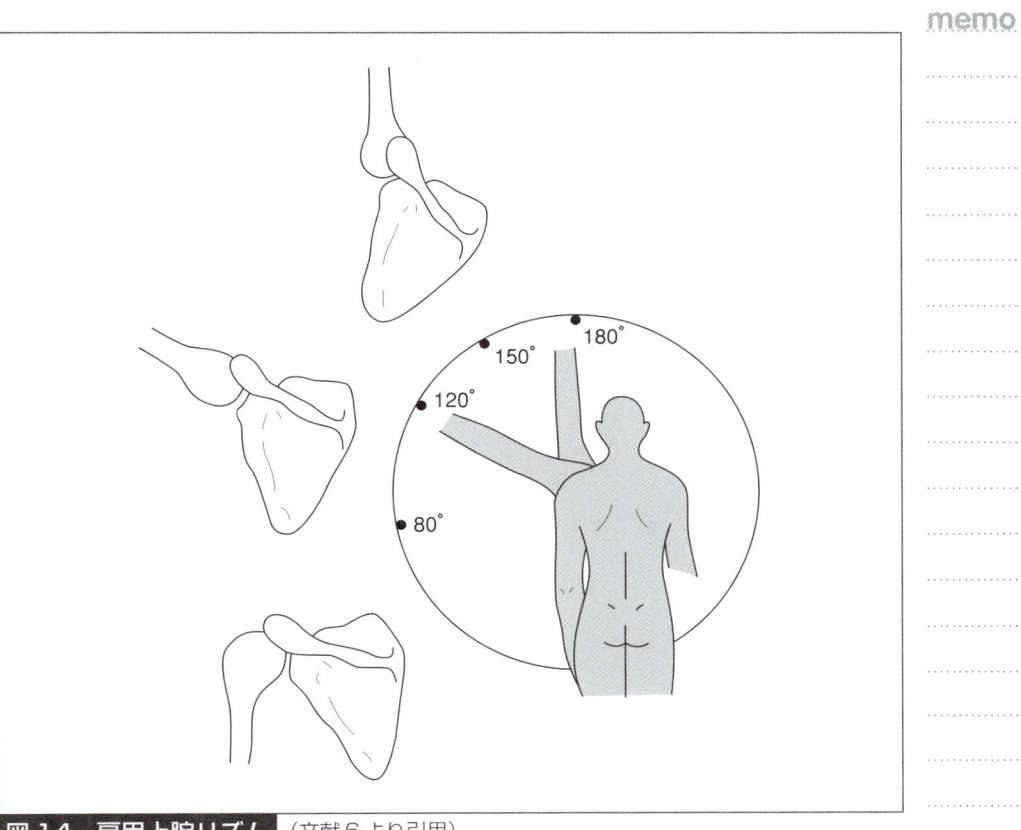

図14 肩甲上腕リズム （文献6より引用）

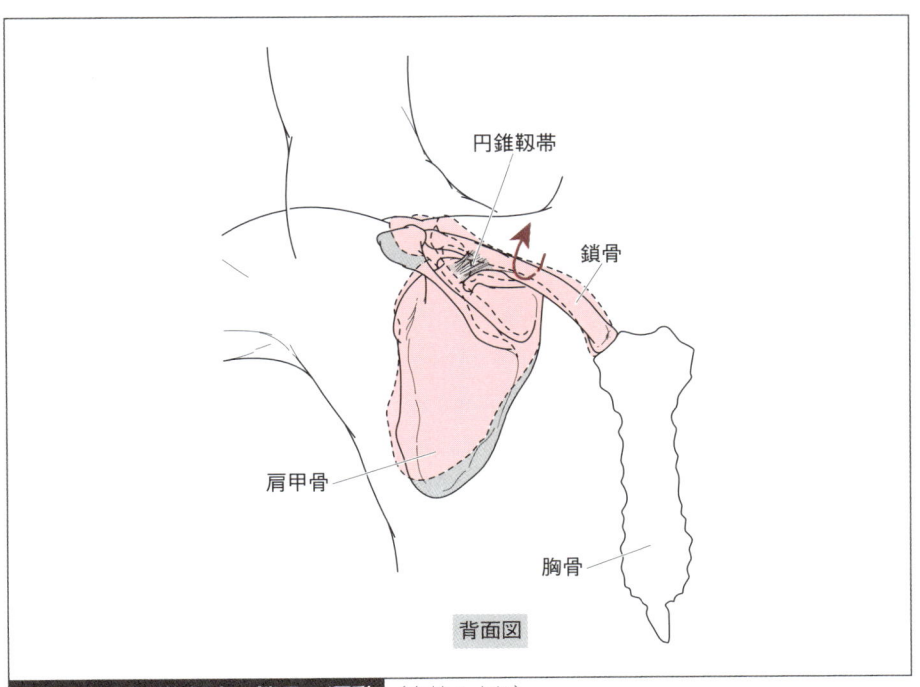

図15 上腕挙上時の鎖骨の運動 （文献4より）

円錐靱帯
鎖骨
肩甲骨
胸骨
背面図

<文　献>

1）「基礎運動学」（中村隆一，ほか／著），医歯薬出版，2003
2）「筋骨格系のキネシオロジー」（D. A. Neumann／著，嶋田智明・平田総一郎／監訳），医歯薬出版，2005
3）「分冊 解剖学アトラス 運動器Ⅰ」（W. Kahle，ほか／著，越智淳三／翻訳），文光堂，1995
4）「Kinesiology：The Mechanics and Pathomechanics of Human Movement」（Carol A. Oatis／著），Lippincott Williams & Wilkins，2008
5）「カパンディ関節の生理学Ⅰ 上肢」（A. I. Kapandji／著，塩田悦仁／翻訳），医歯薬出版，2006
6）「肩-その機能と臨床」（信原克哉／著），医学書院，2001

第1章　上肢

2 肘関節・前腕の機能解剖と運動学

概略図 肘関節の構成（文献1より）

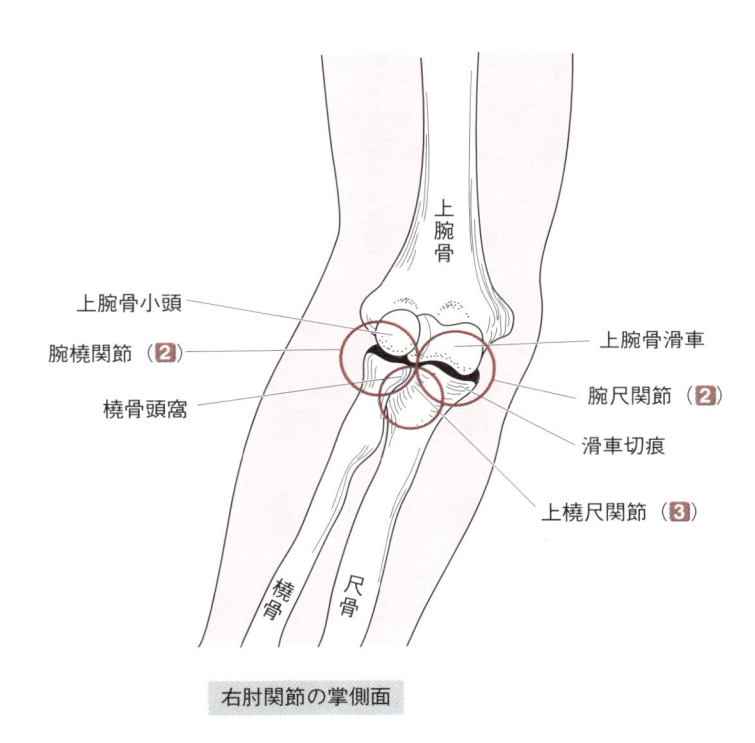

- 上腕骨
- 上腕骨小頭
- 腕橈関節（2）
- 橈骨頭窩
- 上腕骨滑車
- 腕尺関節（2）
- 滑車切痕
- 上橈尺関節（3）
- 橈骨
- 尺骨

右肘関節の掌側面

Point
- □ 肘関節は腕尺関節，腕橈関節，上橈尺関節からなる複合関節を示している．
- □ 腕尺関節と腕橈関節は，連動して肘関節の屈曲－伸展運動のみを行う．
- □ 橈骨と尺骨は上橈尺関節と下橈尺関節で連結し，前腕の回内－回外運動に関与する．

memo

1 肘関節と前腕の構造と機能

◆構造

上肢における中間関節である**肘関節**の役割は，空間における手の位置を決定し，肩複合体あるいは手関節・手指に作用する力の伝達にある．肘関節は上腕骨の遠位部と橈骨・尺骨の近位部によって構成され，〔腕尺関節〕，〔腕橈関節〕，〔上橈尺関節〕といった3つの関節からなる複合関節である［概略図］．これらの関節は共通の関節腔に入っている．

◆機能

肘関節固有の運動としては屈曲－伸展運動のみであるが，橈骨下端と尺骨下端で形成する〔下橈尺関節〕（本項の図6・7を参照）との共同作用によって，前腕の回内－回外運動を産生する．肘関節における大きな可動性と前腕の回内－回外運動によって，ヒトの手は著しく発達したともいわれている．

2 腕橈関節・腕尺関節の構造と機能

◆構造

上腕骨の遠位端の内側には**上腕骨滑車**，外側には**上腕骨小頭**という関節面がある．上腕骨滑車はその名のとおり，滑車の形態を呈している．その中央部にみられる浅い窪みを境にして，内側唇と外側唇が存在する．しかし，内側唇が遠位に延長して外側唇よりも大きいため，上腕骨滑車としては内縁が高い形態を示す．このため，肘関節伸展位では上腕骨長軸に対して前腕骨長軸が10～20°外反している．上腕骨長軸と前腕骨長軸のなす外角を〔運搬角〕と呼んでいるが，一般にその角度は160～170°である［図1］．しかし，肘屈曲角の増加とともにその角度は減少し，屈曲90°では約0°になる．上腕骨滑車は尺骨の**滑車切痕**に対応しており，これを〔腕尺関節〕と称する．この関節は一軸性の〔蝶番関節〕に分類される．腕尺関節の関節面である滑車切痕の上方に位置する突起部を肘頭，下方に位置する隆起部を鈎状突起という．

一方の上腕骨小頭は半球状を呈しており，橈骨上部の陥凹面である**橈骨頭窩**と対応する．これを〔腕橈関節〕といい，形態的には多軸性の〔球関節〕に分類される．しかしながら，上腕骨滑車と上腕骨小頭の中心を通る軸によって，腕尺関節と連動した屈曲－伸展運動しか生じない．肘関節が最大屈曲した際には，尺骨の鈎状突起に橈骨頭が対応する．また最大伸展した際には肘頭窩に肘頭が入り込んで，関節として安定性の高い状態になる．

肘関節伸展位では，肘頭が内側上顆と外側上顆を結んだ線上に一致するが，これを〔ヒューター線〕という．また屈曲位では，これら三者が二等辺三角形を形成することから，〔ヒューター三角〕と称している［図2］．

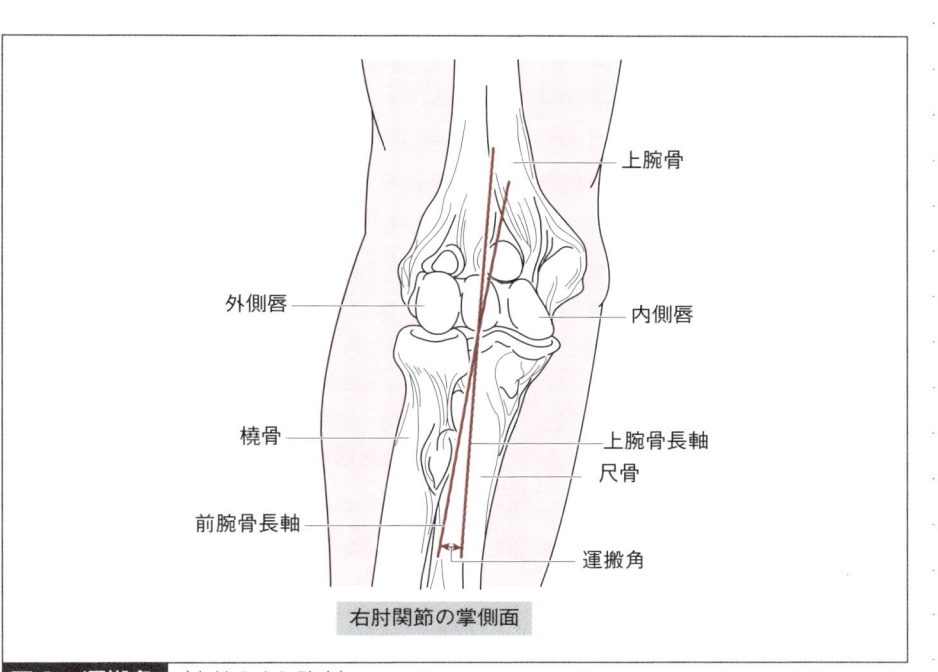

図1 運搬角 （文献2より改変）

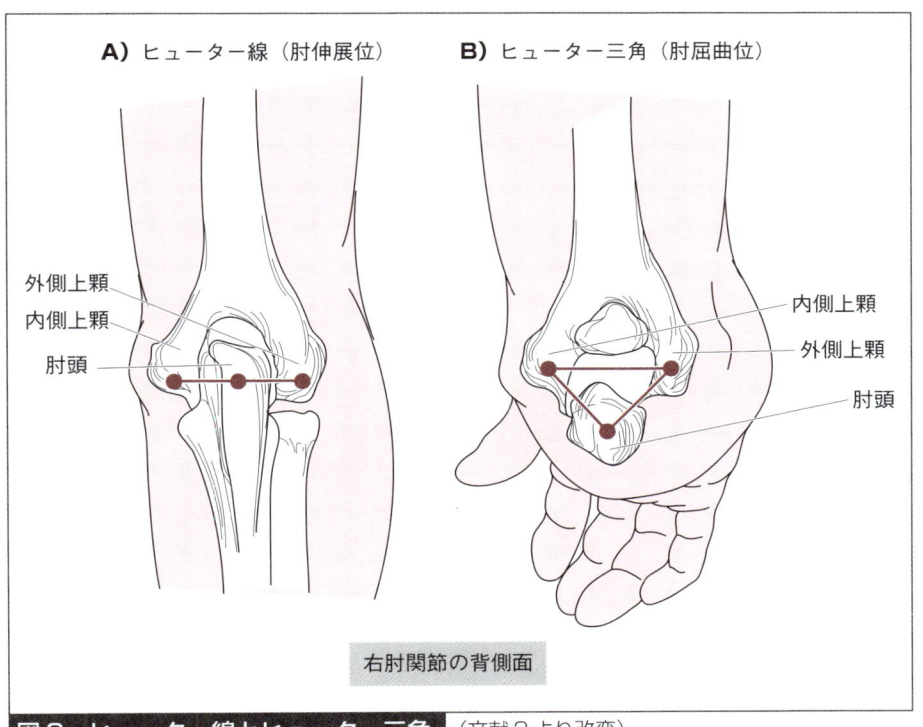

右肘関節の掌側面

- 上腕骨
- 外側唇
- 内側唇
- 橈骨
- 上腕骨長軸
- 尺骨
- 前腕骨長軸
- 運搬角

図2 ヒューター線とヒューター三角 （文献2より改変）

A) ヒューター線（肘伸展位）
B) ヒューター三角（肘屈曲位）

右肘関節の背側面

- 外側上顆
- 内側上顆
- 肘頭
- 内側上顆
- 外側上顆
- 肘頭

memo

◆肘関節周囲の靭帯

　肘関節包は，肘関節を構成する3つの関節を共同に包んでいるが，その構造は広くて緩い．この関節包を補強するために，その内側および外側に側副靭帯が存在する．上腕骨内側上顆と尺骨滑車切痕内側縁を結ぶ扇状の靭帯を〔内側側副靭帯〕といい，肘外反ストレス時に緊張が高くなる．この靭帯はその付着部位から3つの線維に分類される［図3］．内側上顆の前部に起始し鈎状突起に付着する線維を前部線維束という．内側側副靭帯のなかで最も強靭な前部線維束は，屈曲－伸展の全可動域を通じて緊張する．内側上顆の後部に起始し肘頭内縁に付着する線維を後部線維束という．この後部線維束は，最大屈曲位付近でのみ緊張する．肘頭から鈎状突起へ走行する線維は横走線維束と呼ばれる．この線維束は上腕骨には付着していないため，肘関節の制動において直接的には関与しない．

　一方，外側上顆に起始する靭帯を〔外側側副靭帯〕という．この外側側副靭帯は2つの線維から構成される［図4］が，その形状の個人差は大きい．尺骨の回外筋稜近位部に停止を有する靭帯を**外側尺骨側副靭帯**といい，最大屈曲時に最も緊張する．また，橈骨輪状靭帯へ放射状に走行する靭帯を**橈骨側副靭帯**という．この橈骨側副靭帯の前部線維は屈曲時に，後部線維は伸展時に緊張する．しかし，屈曲－伸展時における外側側副靭帯の緊張は内側側副靭帯に比して少なく，その制動力も大きなものではない．また，肘内反ストレス時には外側側副靭帯，肘外反ストレス時には内側側副靭帯の緊張が高くなるが，その制動への関与率は異なる．つまり，肘内反ストレス時の外側安定性には，関節構成要素としての骨性因

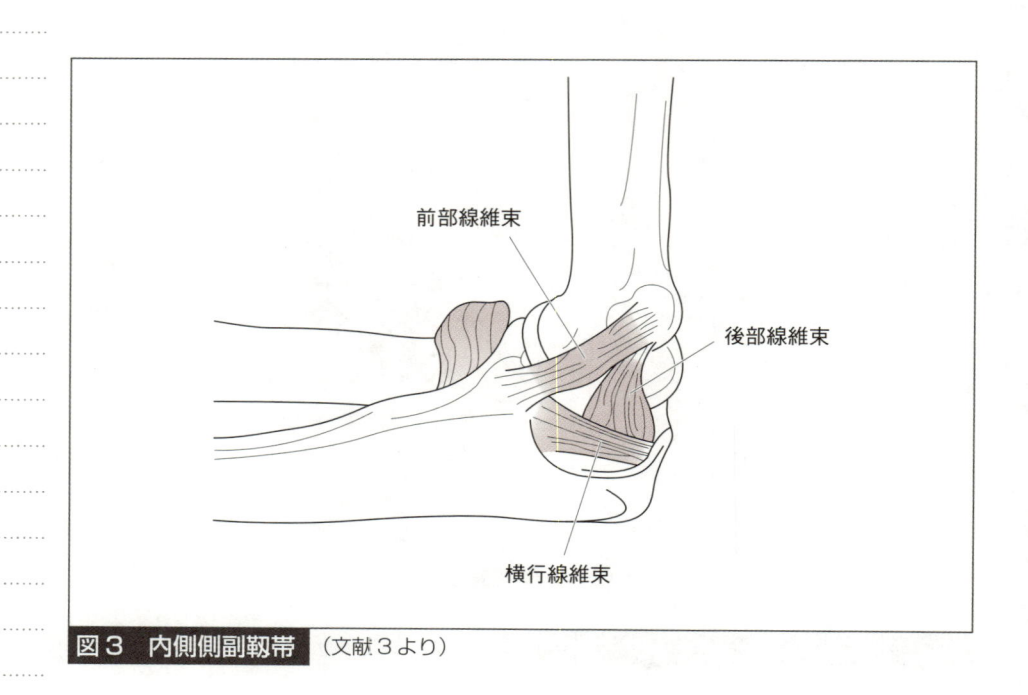

図3　内側側副靭帯　（文献3より）

子が大きく関与している．

◆肘関節の運動

　屈曲運動において主に作用するのは，上腕二頭筋，上腕筋，腕橈骨筋である．一般には，前腕回外位では上腕二頭筋と上腕筋，中間位では上腕筋と腕橈骨筋，回内位では上腕筋が主として作用する．一方の伸展運動には，上腕三頭筋が主に作用する．

3 上橈尺関節・下橈尺関節の構造と機能

◆上橈尺関節

　尺骨の橈骨切痕と**橈骨頭の関節環状面**との間にできる〔車軸関節〕を〔上橈尺関節〕という．橈骨頭と尺骨および上腕骨の位置関係は，〔橈骨輪状靱帯〕によって確保されている．この靱帯は尺骨の橈骨切痕前縁に起始し，橈骨頭を囲んで同じく橈骨切痕後縁に付着する．橈骨の逸脱を防止する機能を有するが，上橈尺関節の正常な動きをほとんど制限しない．これには，橈骨輪状靱帯の内側面に関節軟骨が存在していることが大きく影響している．さらに，橈骨切痕下縁と橈骨頸部の間には〔方形靱帯〕が存在する．この靱帯は強靱であり，回内-回外運動の際に橈骨頭の運動を制限する［図5］．

◆斜索と前腕骨間膜

　橈骨と尺骨を連結する組織として斜索と前腕骨間膜が存在し，橈骨-尺骨の頭尾方向への偏位を防止している［図6］．〔斜索〕は尺骨粗面から外下方に走行し，橈骨粗面に至る結合組織の膜である．〔前腕骨間膜〕は，橈骨骨間縁から尺骨骨間縁へと向かう結合組織の膜で，上部は橈骨からみて斜下方へ，下部は斜上方へ走

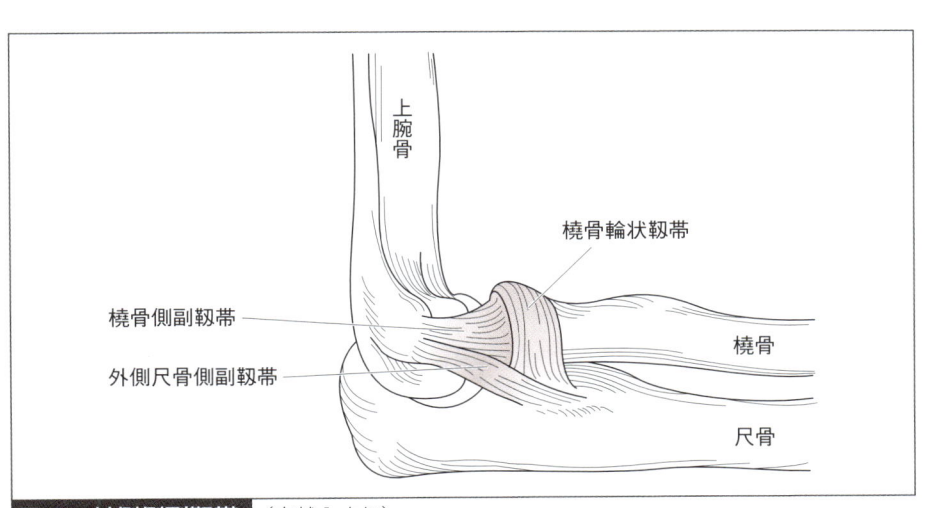

図4　外側側副靱帯　（文献1より）

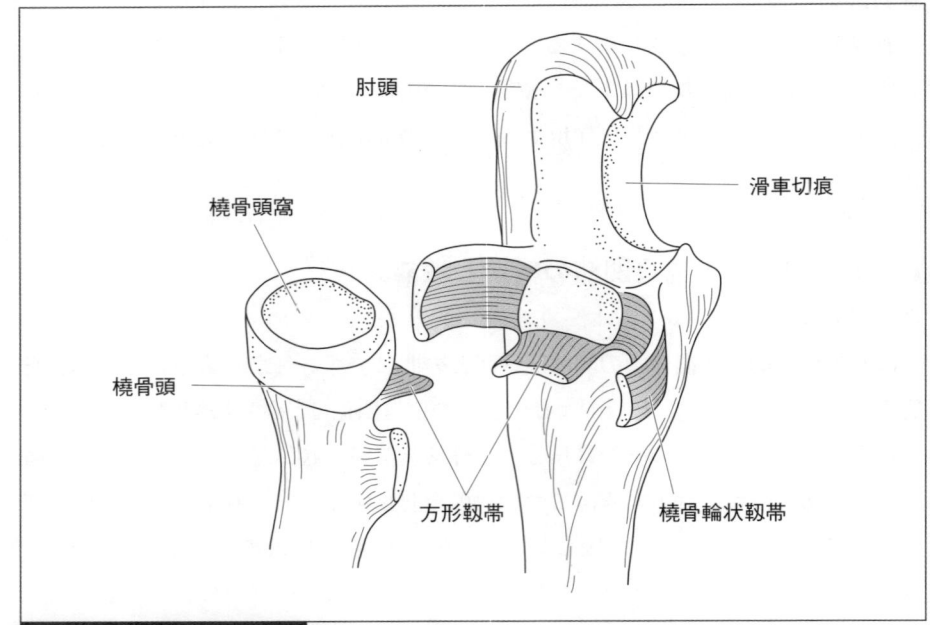

図5　上橈尺関節の靱帯　（文献4より）

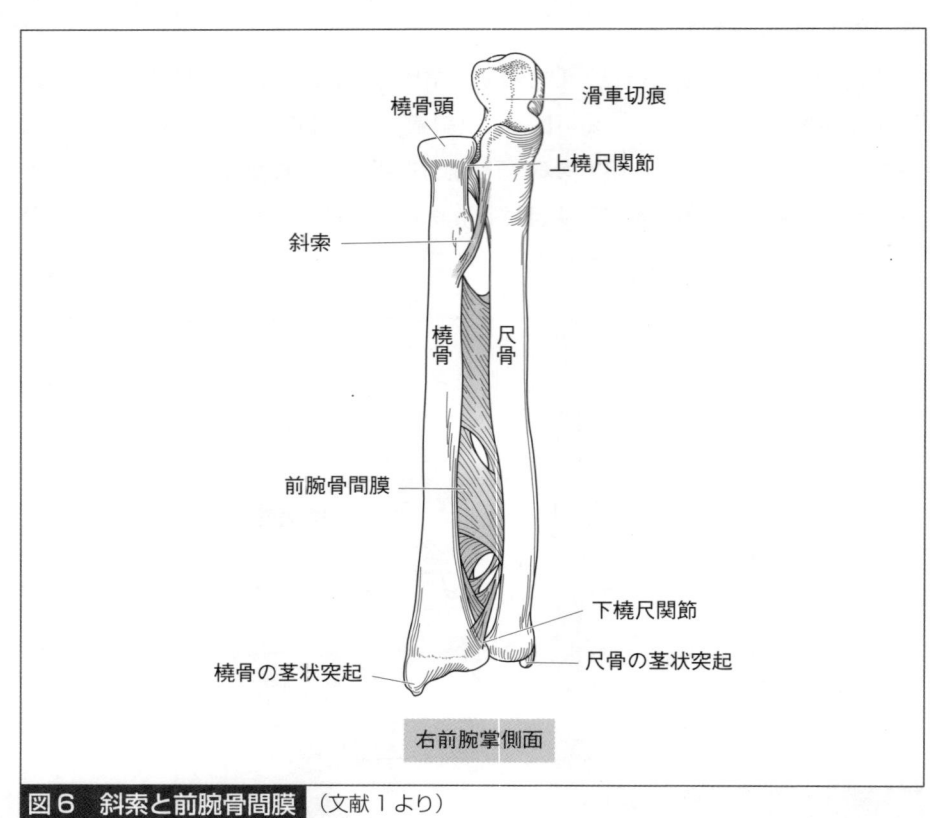

図6　斜索と前腕骨間膜　（文献1より）

行する．その線維の大部分は橈骨から内側遠位に走行しているため，回内時に弛緩，回外位で緊張する．

　手部をテーブルなどについた場合には，橈骨手根関節を介して圧迫力が橈骨を中心に伝達される．前腕骨間膜の線維走行の多くは橈骨からみて斜下方に走行するため，この圧迫力によって緊張が生じ，尺骨へもその負荷が伝達される．反対に，手に物をもった場合は前腕骨間膜が弛緩して，斜索や橈骨輪状靱帯へのストレスが増加する．

◆下橈尺関節

　〔下橈尺関節〕は，手関節近位において尺骨頭の関節環状面と橈骨の尺骨切痕の間にある車軸関節で，上橈尺関節とともに前腕の回内–回外運動に関与する［図7］．橈骨の尺骨切痕から尺骨の茎状突起に**関節円板**があり，下橈尺関節と橈骨手根関節を分離している．関節円板の前縁および後縁は，橈尺関節包靱帯に移行する．また橈骨と尺骨の接触は，〔三角靱帯〕によって維持されている．尺骨小窩に起始し橈骨尺側切痕に停止するこの靱帯は，回内–回外運動を制限する重要な役割を担っている．これらの関節円板や三角靱帯は，三角線維軟骨複合体（p.34参照）の構成要素である．

◆前腕の回内–回外運動

　前腕の回内–回外運動の際，上橈尺関節では橈骨頭の関節環状面が尺骨の橈骨切痕に対して**凸の法則**で関節包内運動が生じ，橈骨頭はほぼ純粋に回旋する．一方の下橈尺関節では橈骨の尺骨切痕が尺骨頭の関節環状面に対して**凹の法則**で運動を行うため，橈骨が尺骨の周囲を回転する．これらの運動軸は，橈骨頭と上腕骨小頭の中心から尺骨茎状突起の底部を通る線にほぼ一致するため，基本的に尺骨は変位しない［図8］．橈骨頭が楕円形であるため，回外運動では橈骨回旋軸が内側に約2mm変位する．さらには，橈骨頸と橈骨体が約15°の角度を有し橈骨

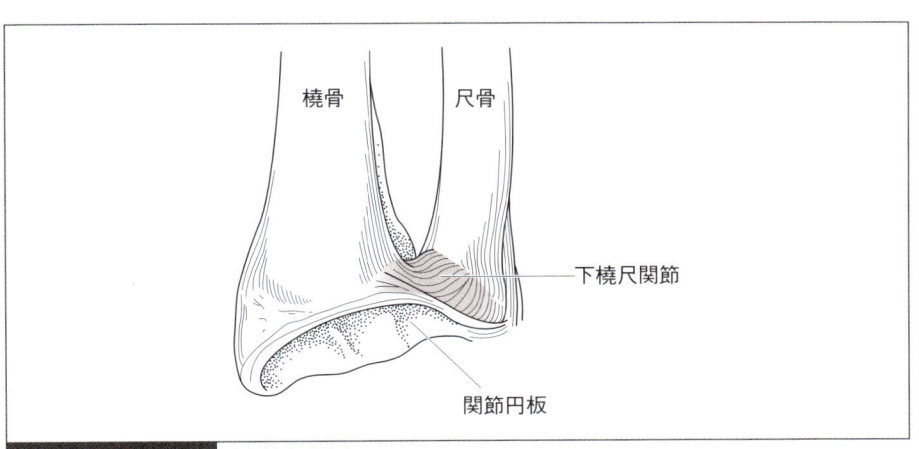

図7　下橈尺関節　（文献1より）

memo

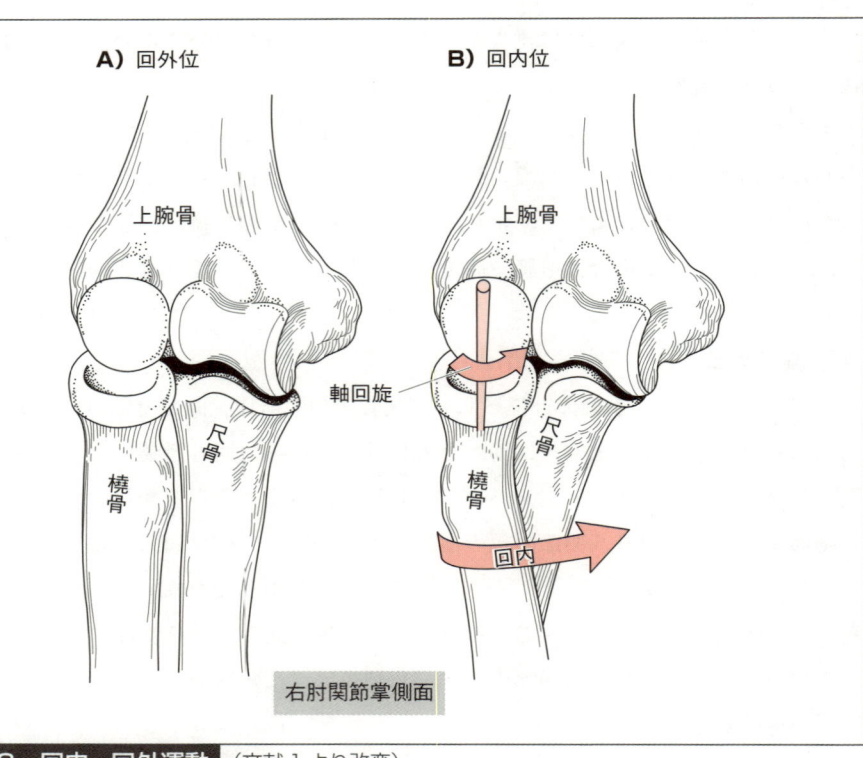

A）回外位 **B）回内位**

上腕骨 上腕骨

軸回旋

橈骨 尺骨 橈骨 尺骨

回内

右肘関節掌側面

図8 回内－回外運動（文献1より改変）

体が彎曲しているため，橈骨は尺骨と衝突することなく回内－回外運動を行うことができる．

　回外運動には回外筋や上腕二頭筋が，回内運動には方形回内筋や円回内筋が主に作用する．

<文　献>

1）「筋骨格系のキネシオロジー」（D. A. Neumann／著，嶋田智明・平田総一郎／監訳），医歯薬出版，2005
2）「Kinesiology：The Mechanics and Pathomechanics of Human Movement」（Carol A. Oatis／著），Lippincott Williams & Wilkins，2008
3）「肘と手・手関節の痛み」（中村蓼吾／編），南江堂，1997
4）「肘診療マニュアル」（石井清一，ほか／編著），医歯薬出版，2007

第 1 章　上肢

3　手関節の機能解剖と運動学

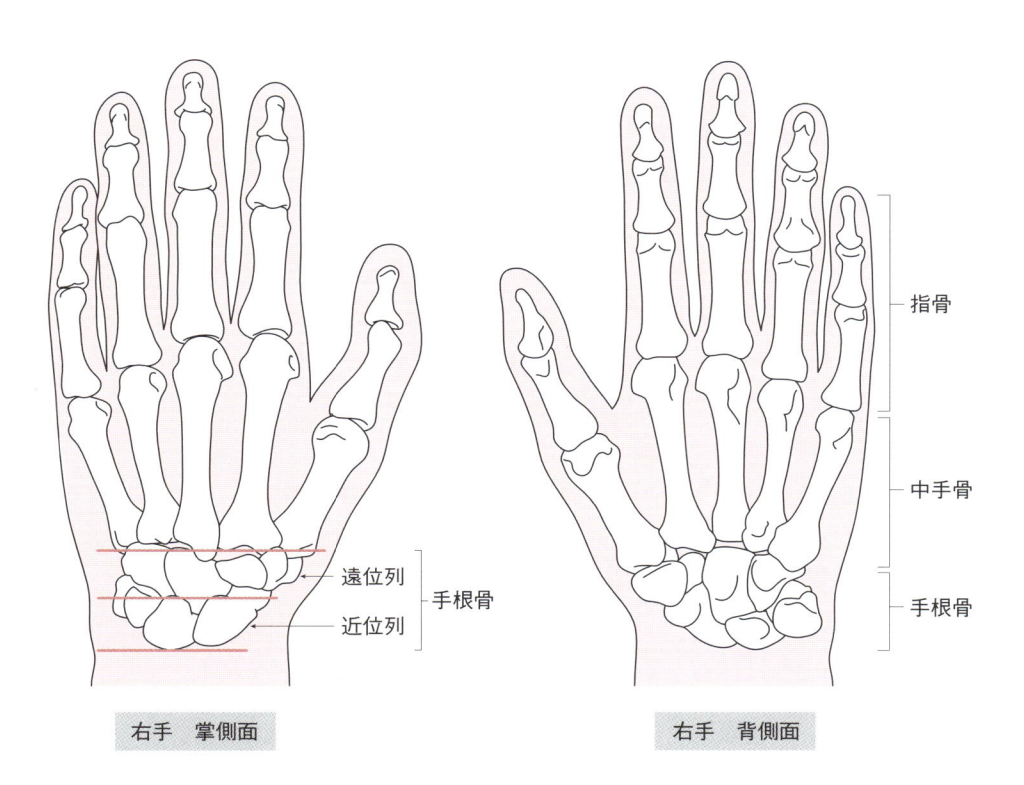

概略図　手関節および手指の構成（文献1より改変）

右手　掌側面

- 遠位列
- 近位列
- 手根骨

右手　背側面

- 指骨
- 中手骨
- 手根骨

Point

- □ 俗にいう手関節とは橈骨手根関節，手根間関節，豆状三角骨関節の総称である．
- □ 尺骨と近位手根列の間には三角線維軟骨複合体が存在するが，いわゆる滑膜性関節を形成しない．
- □ 橈骨手根関節は手根中央関節と共同して，手関節の掌屈 – 背屈，橈屈 – 尺屈に関与する．
- □ 手関節および手の運動に関与する筋は手外在筋と手内在筋とに分類される．

1 手関節の構造と機能 ［概略図］

◆構造

　手関節は，橈骨手根関節，手根間関節，豆状三角骨関節からなる3関節の総称である［図1］．一般に手関節と称されるのは橈骨手根関節と考えられるが，その構成要素に尺骨は含まれない．尺骨と手根骨は，線維性の関節円板を介して接するものの，関節構成には直接関係しない．手根骨は8つの骨からなるが，豆状骨－三角骨－月状骨－舟状骨を〔近位手根列〕，大菱形骨－小菱形骨－有頭骨－有鉤骨を〔遠位手根列〕という．手根骨の中央部に有頭骨が位置し，手根骨運動の中心となる［図2］．

　〔橈骨手根関節〕は，関節窩を**橈骨遠位端**および**三角線維軟骨複合体**，関節頭を**三角骨，月状骨，舟状骨**で構成する〔顆状関節〕である．その関節包は薄く，しばしば下橈尺関節，手根間関節，豆状骨関節と関節腔が交通することもある．〔三角線維軟骨複合体〕は，関節円板（三角線維軟骨）と周囲の靭帯（尺側側副靭帯や三角靭帯など）で構成される［図3］．その尺側には尺側側副靭帯，近位部には三角靭帯が存在する．主な機能は，①尺骨－手根骨間，橈骨－尺骨間の支持性の強化，②尺骨－手根骨間の荷重伝達・吸収・分散，③前腕および手関節における運動の制御である．

　豆状骨を除く手根骨間の〔半関節〕を〔手根間関節〕という．なかでも，近位手根列と遠位手根列間の半関節を〔手根中央関節〕という．これらの関節腔はすべて共通である．三角骨と豆状骨の間には独立した関節が存在するが，これを〔豆状骨関節〕あるいは豆状三角骨関節という．手根間関節と同様に関節に分類されるが，その関節腔は橈骨手根関節腔と交通することが多い．豆状骨については，

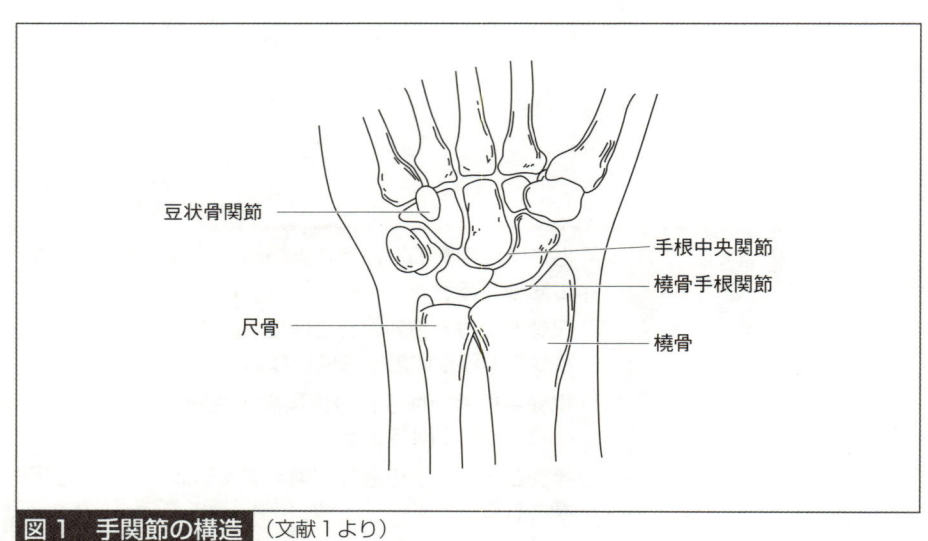

図1　手関節の構造　（文献1より）

尺側手根屈筋腱における**種子骨**という考えもある.

　橈骨手根関節および手根間関節の関節包は，多くの靱帯によって補強される.手根部背側には，**背側橈骨手根靱帯**や**背側手根骨間靱帯**が存在するが，これらは三角骨に向かって収束する．また手根部掌側にも多くの靱帯が存在する［図4］．なかでも，橈骨と手根骨を結ぶ靱帯としては，**橈骨舟状有頭骨靱帯**，**橈骨月状骨靱帯**が重要とされる.

A) 右手背側面

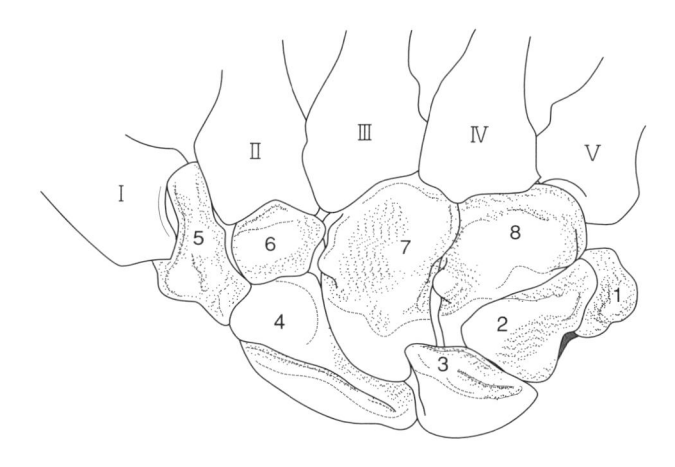

B) 右手掌側面

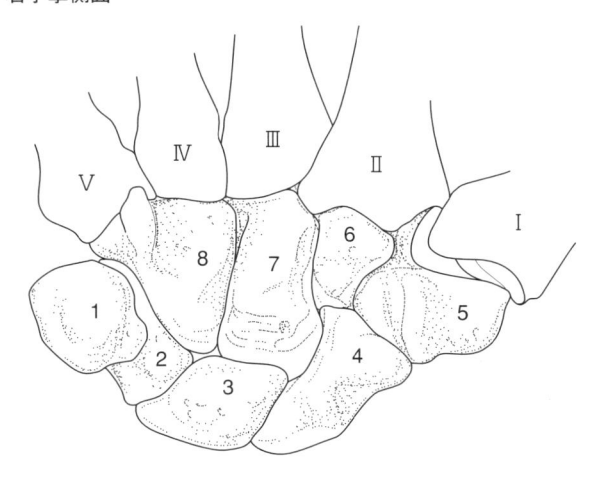

Ⅰ～Ⅴ：中手骨，1：豆状骨，2：三角骨，3：月状骨，4：舟状骨，5：大菱形骨，6：小菱形骨，7：有頭骨，8：有鈎骨

図2　手根骨の配列（文献2より）

memo

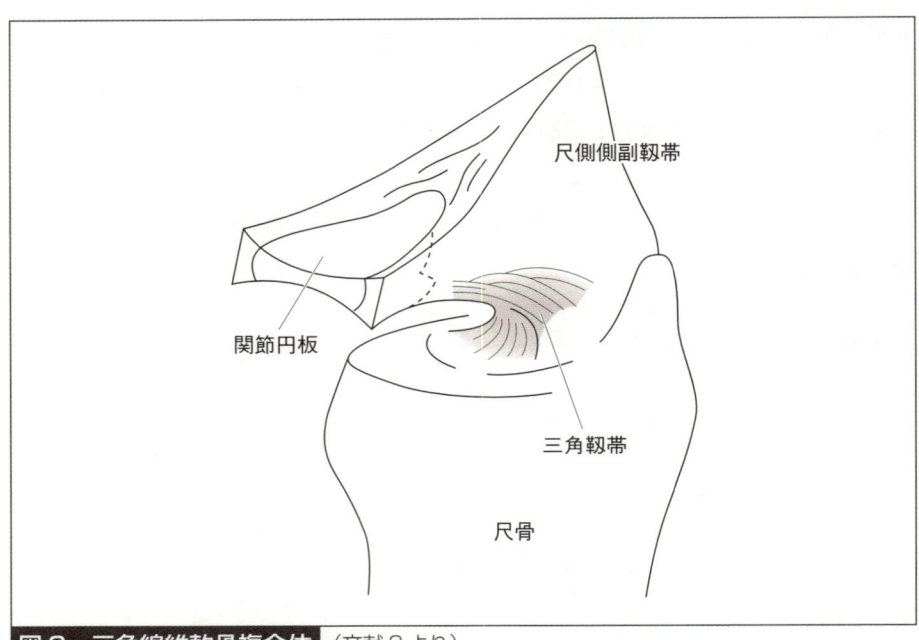

図3 三角線維軟骨複合体（文献3より）

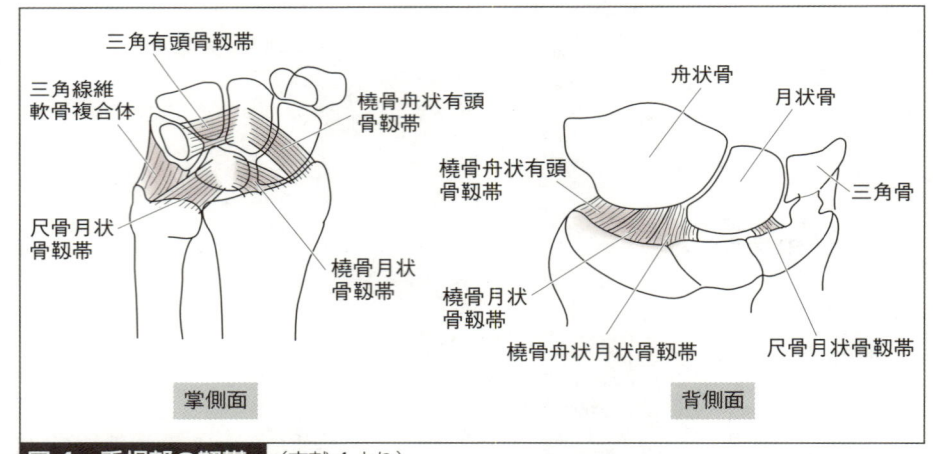

図4 手根部の靱帯（文献4より）

◆**機能**

　手関節は二軸性であり，掌屈－背屈，橈屈－尺屈が生じる．これらの運動は，**橈骨手根関節**と**手根中央関節**で行われる複合運動である．掌屈運動では橈側手根屈筋，尺側手根屈筋，長掌筋が，背屈運動では長橈側手根伸筋，短橈側手根伸筋，尺側手根伸筋が主に作用する．一方の橈屈運動では，長橈側手根伸筋，短橈側手根伸筋が，尺屈運動では尺側手根屈筋，尺側手根伸筋が主に作用する．また手が目的動作を行う際には，手関節をある肢位で固定しなくてはならない．その際には，手関節に作用する筋群が協調的に収縮を行う．この固定作用がなければ，手

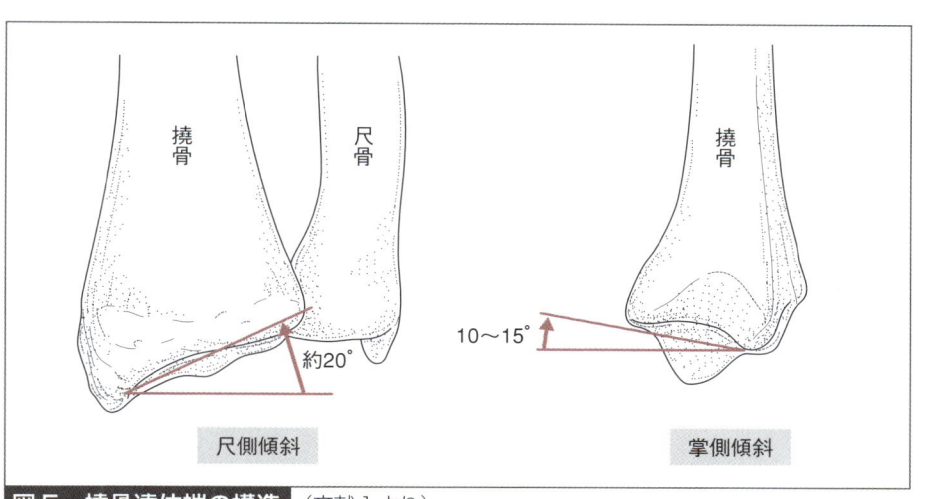

図5 撓骨遠位端の構造 （文献1より）

内在筋（p.46参照）の作用も十分に発揮されない．

　手関節の可動域をみると，一般には撓屈に比して尺屈が，背屈に比して掌屈の可動域が大きい．これには，関節面の形状が大きく関与している．撓骨下端の関節面は，前額面でみると尺側に約20°，矢状面でみると掌側に10～15°傾斜している［図5］．このために，可動域の差異が生じる．また近位手根骨列では，撓屈に伴い掌屈が，尺屈に伴い背屈が生じることが知られている．これに対して遠位手根骨列では，ほぼ純粋な撓屈－尺屈運動が生じるとされる．

2 屈筋支帯と伸筋支帯

　手関節および手の運動に関与する筋は，上腕骨または前腕に起始する〔手外在筋〕と，手の骨に起始する〔手内在筋〕とに分けられる．このうちの手外在筋は，機能的には屈筋群と伸筋群に分けられるが，ともに手関節部を通過して手指に付着する．

◆屈筋支帯

　屈筋群のうちの撓側手根屈筋腱，浅・深指屈筋腱および長母指屈筋腱，さらに正中神経が〔横手根靱帯〕の下を手根部掌側で通過する［図6］．厚さ1～2mmの横手根靱帯は，**舟状骨結節**および**大菱形骨結節**からなる**外側手根隆起**，**豆状骨**および**有鉤骨鉤**からなる**内側手根隆起**を連結する．これを〔屈筋支帯〕という．この屈筋支帯の近傍には**ギオン管**が存在する．尺骨神経管とも称されるギオン管は，前壁が掌側手根靱帯，後壁が横手根靱帯，尺側壁が豆状骨よりなる．掌側手根靱帯とは，屈筋群全体を覆う深層筋膜の一部が肥厚したものである．ギオン管は，**尺骨神経**および**尺骨動脈**が通過する［図7］．

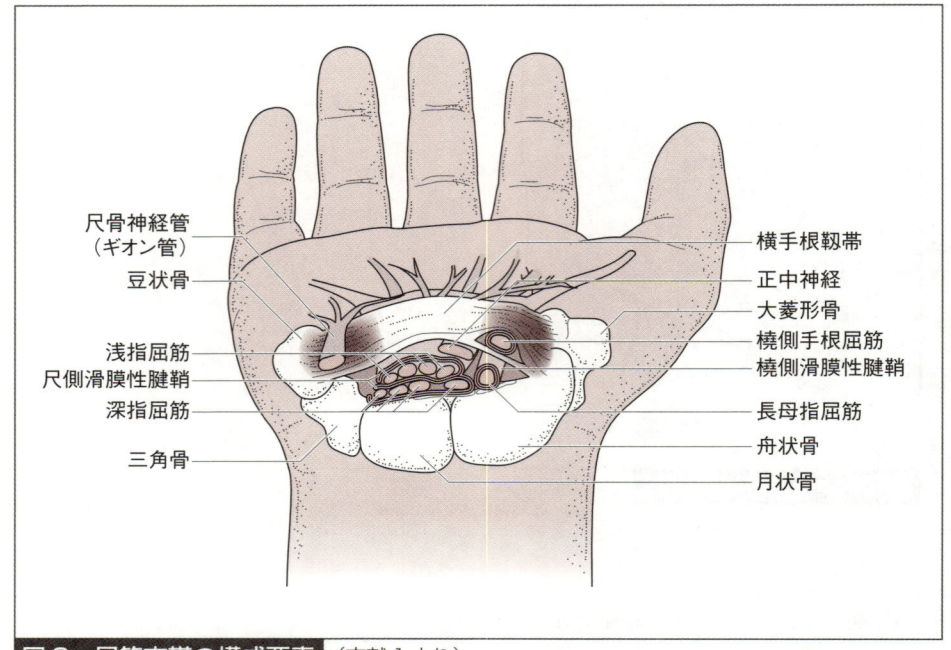

図6 屈筋支帯の構成要素（文献1より）

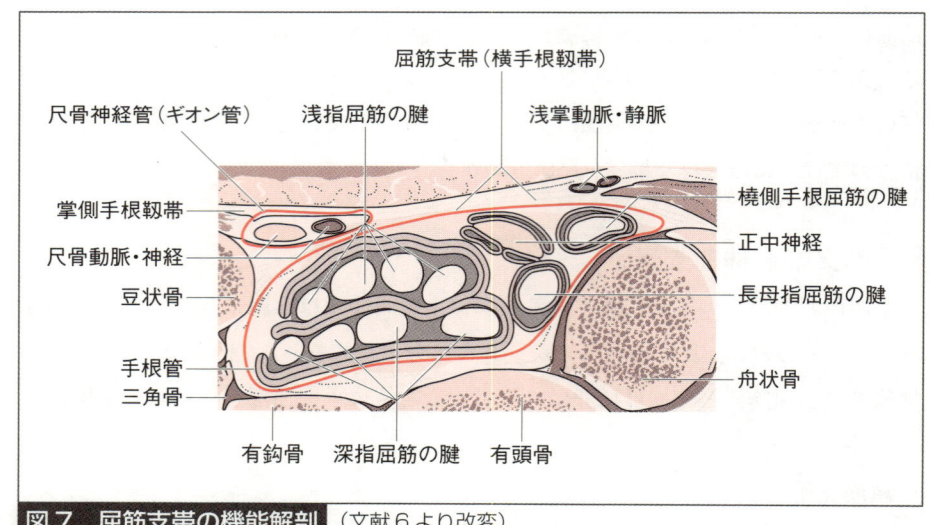

図7 屈筋支帯の機能解剖（文献6より改変）

◆**伸筋支帯**

　一方の伸筋群は，前腕筋膜の遠位端が肥厚した〔**伸筋支帯**〕によってその腱が浮き上がらないように抑えられている．伸筋支帯は，橈骨下端からやや斜めに尺骨下端，三角骨および豆状骨に向かって走行するが，ここには6つのトンネルが存在する［図8］．この6つの区画を通る腱または腱群は，同一の**腱鞘**により包まれている（腱鞘についてはp.44参照）．

図8　伸筋支帯の機能解剖（文献6より）

<文　献>

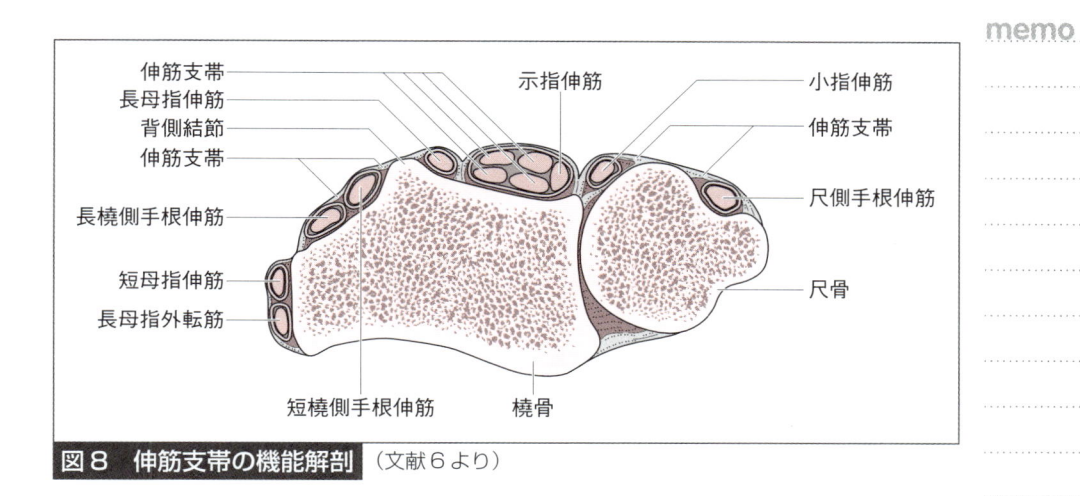

1）「筋骨格系のキネシオロジー」（D. A. Neumann／著，嶋田智明・平田総一郎／監訳），医歯薬出版，2005
2）「分冊 解剖学アトラス 運動器Ⅰ」文光堂，1995
3）「手関節の外科」（二ノ宮節夫／編），南江堂，1997
4）「肘と手・手関節の痛み」（中村蓼吾／編），南江堂，1997
5）「Kinesiology：The Mechanics and Pathomechanics of Human Movement」（C. A. Oatis／著），Lippincott Williams & Wilkins，2008
6）「プロメテウス解剖学アトラス 解剖学総論・運動器系」（坂井建雄／著），医学書院，2007

第1章　上肢

4　手指の機能解剖と運動学

概略図　手指の構成（文献1より）

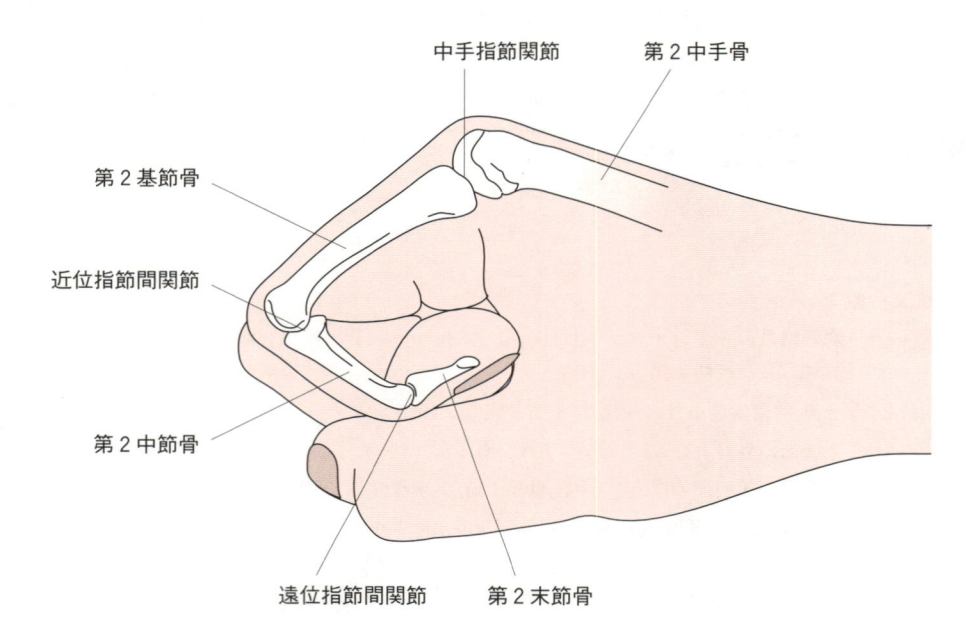

- 中手指節関節
- 第2中手骨
- 第2基節骨
- 近位指節間関節
- 第2中節骨
- 遠位指節間関節
- 第2末節骨

Point

- □ 遠位手根骨と第2〜5中手骨底で構成される**手根中手関節**（CM関節）は，共通の関節腔を有する半関節である．
- □ 鞍関節に分類される母指の**手根中手関節**は，ほかの4指に相対する位置にある．
- □ 球関節である**中手指節関節**（MP関節）の可動性は大きく制限され，機能的には蝶番関節に近い．
- □ **指節間関節**（IP関節）は蝶番関節に分類され，屈曲-伸展運動のみを行う．
- □ 母指を除く指節間関節には，**近位指節間関節**（PIP関節）と**遠位指節間関節**（DIP関節）がある．
- □ 手関節および手指の運動に関与する筋は，**手外在筋**と**手内在筋**に分類される．
- □ 手の掌側には凹状彎曲からなる**手のアーチ**が存在し，効率のよい把握動作において重要である．
- □ 手の基本的運動機能は運動の目的から5つに分類される〔**圧排，つかみ，握り，かぎ下げ，つまみ**〕．

1 手根中手関節の構造と機能

◆構造

〔手根中手関節〕は遠位手根骨と中手骨底で構成される．第2〜5手根中手関節は〔平面関節〕に分類され，その関節腔は共通である［図1］．第2中手骨は大・小菱形骨と有頭骨の一部，第3中手骨は有頭骨と，第4中手骨は有頭骨の一部と有鈎骨，第5中手骨は有鈎骨と関節面を形成する．第2・3手根中手関節はほとんど可動性を有さないが，第4および第5手根中手関節は屈曲可動性を有している．さらに第5手根中手関節では，母指と小指の対立運動[※3]時の重要な役割として軸回旋が生じる．

◆機能

母指の手根中手関節は，大菱形骨と第1中手骨底によって形成される〔鞍関節〕である．ほかの手根中手関節とは独立した関節包を有し，安定した構造を呈する．運動としては，外転−内転，屈曲−伸展といった運動を基本とし，これに対立運動が加わる．外転（橈側外転）とは母指が示指から離れる外側への運動で，内転（尺側内転）はその逆の運動である．この運動では，大菱形骨に対して第1中手骨底が凸の法則に従って運動する．

一方で屈曲（掌側外転）とは手掌に直角で母指の前方への運動であり，伸展

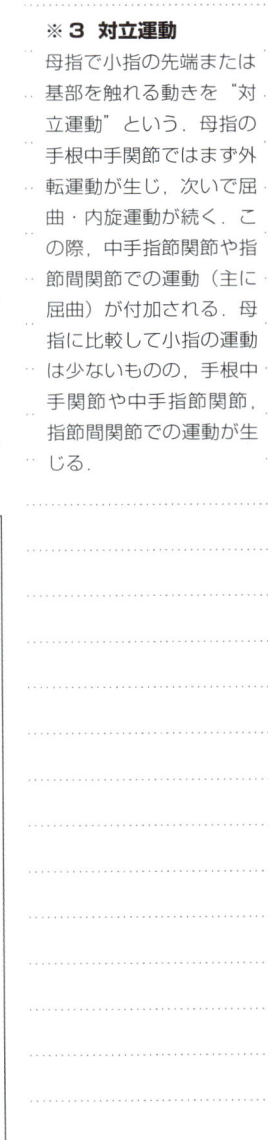

※3 対立運動
母指で小指の先端または基部を触れる動きを"対立運動"という．母指の手根中手関節ではまず外転運動が生じ，次いで屈曲・内旋運動が続く．この際，中手指節関節や指節間関節での運動（主に屈曲）が付加される．母指に比較して小指の運動は少ないものの，手根中手関節や中手指節関節，指節間関節での運動が生じる．

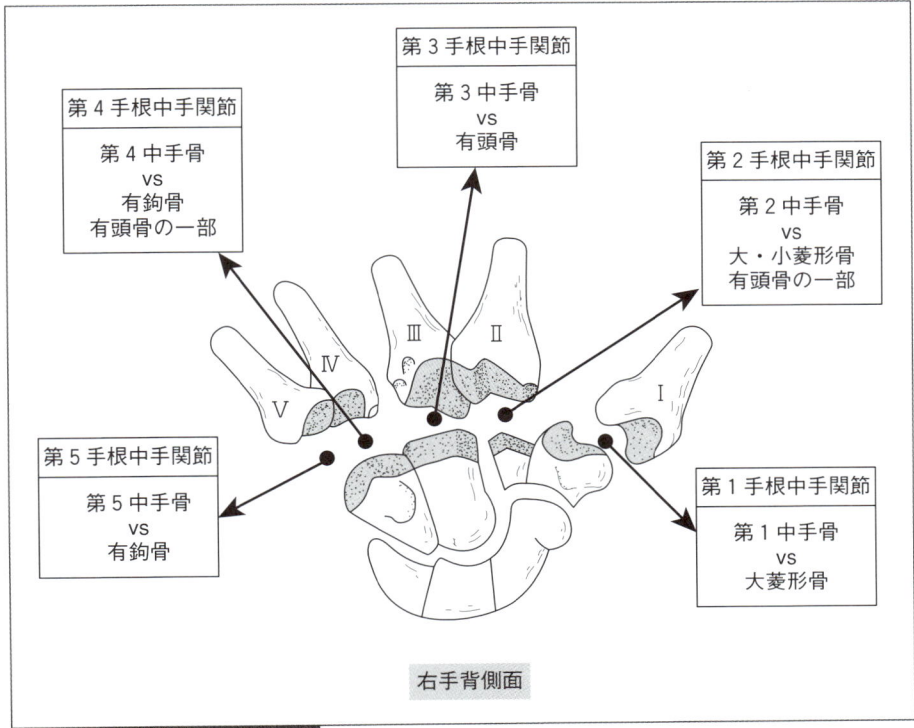

図1 手根中手関節の構造 （文献2より改変）

（掌側内転）はその逆の運動をいう．この場合，大菱形骨に対して第1中手骨底が**凹の法則**に従って運動する．さらに対立運動は，第1中手骨の外転 – 屈曲 – 内旋運動が組み合わさって生じる．この対立運動は，基節骨 – 第1中手骨 – 大菱形骨 – 舟状骨が連動して生じる運動である．大菱形骨はほかの遠位手根骨に対して掌側へ約30～40°傾斜している［図2］．このことは，母指がほかの4指に相対する位置をとり，対立運動はもちろん，把握動作を行うことをより容易にしている．

2 中手指節関節の構造と機能

◆構造

5指それぞれに独立した関節包を有する〔中手指節関節（MP関節）〕は，中手骨頭とこれに接する基節骨底との間にある〔球関節〕である．しかしその可動性は靱帯などの影響で大きく制限され，機能的にはむしろ**蝶番関節**に近い．この関節は掌側板と側副靱帯，副靱帯によって補強される［図3］．掌側靱帯とも称される〔掌側板〕は，線維軟骨性の厚く硬い組織であり，指節間関節（3参照）にもみられる．過伸展防止の制動機構として作用するが，関節接触面を増大させるため関節軟骨の応力減少にも関与している．中手指節関節が屈曲する場合には，掌側板膜様部が折れ込む．またそれぞれの掌側板の間には3つの〔深横中手靱帯〕が存在し，中手骨の安定性に関与する［図3］．中手指節関節の側面には，**側副靱帯**（索状部）と**副靱帯**がみられる．側副靱帯は屈曲位で，副靱帯は伸展位で緊張し，中手骨頭の側方変位を大きく制限する［図4］．

◆機能

第2～5中手指節関節の主な運動は屈曲 – 伸展，外転 – 内転であり，他動的にはわずかな回旋運動もみられる．これらの運動は，中手骨頭に対して基節骨底が

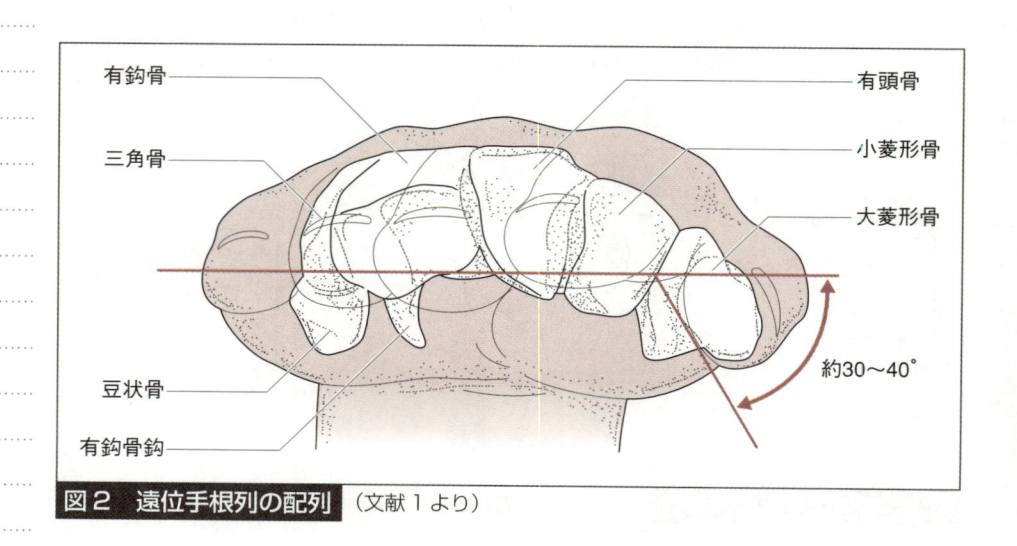

図2 遠位手根列の配列（文献1より）

凹の法則に従って行われる．しかし第1中手指節関節では屈曲－伸展運動が主であり，外転－内転運動はごくわずかである．

3 指節間関節の構造と機能

◆構造

〔指節間関節（IP関節）〕には，基節骨－中節骨間の〔近位指節間関節（PIP関節）〕と，中節骨－末節骨間にある〔遠位指節間関節（DIP関節）〕がある［概略図］．ただし，母指には指節間関節が1つしかないため，単にIP関節と呼ばれる．

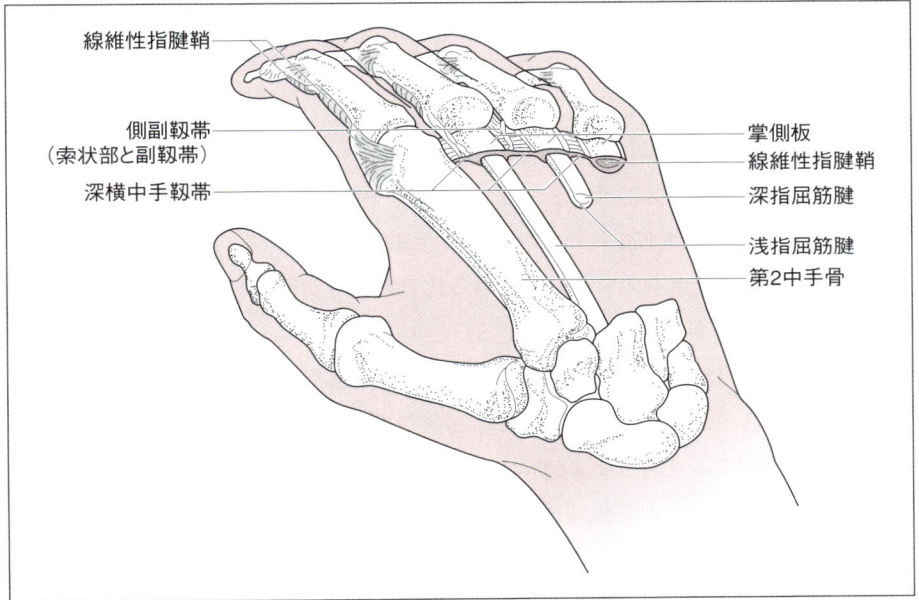

図3 中手指節関節の結合組織 （文献3より）

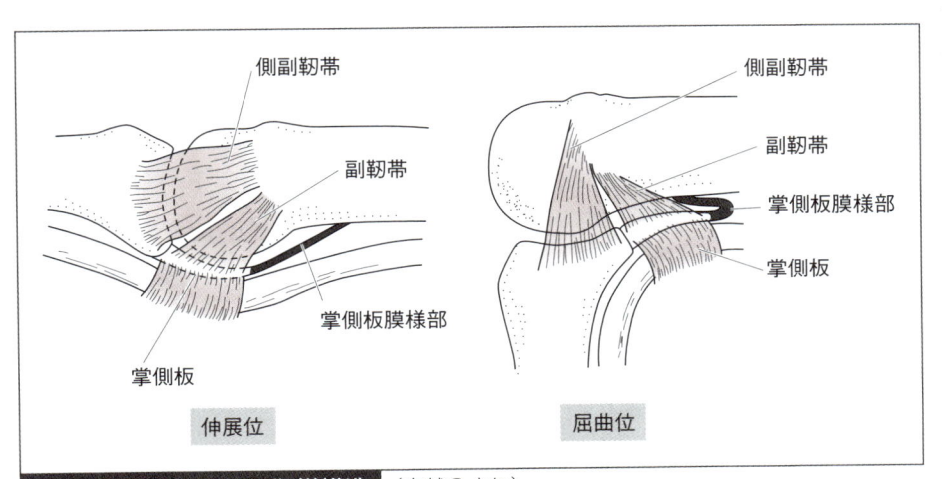

線維性指腱鞘
側副靱帯（索状部と副靱帯）
深横中手靱帯
掌側板
線維性指腱鞘
深指屈筋腱
浅指屈筋腱
第2中手骨

図4 中手指節関節の靱帯構造 （文献2より）

側副靱帯
副靱帯
掌側板膜様部
掌側板
伸展位

側副靱帯
副靱帯
掌側板膜様部
掌側板
屈曲位

これらの関節は，各指骨の近位側が関節窩を，遠位側が関節頭を形成する〔**蝶番関節**〕である．

◆機能

PIP 関節と DIP 関節は MP 関節と同様，掌側板と側副靱帯，副靱帯が関節包を補強している．さらには，PIP 関節における掌側板近位端の両側には，**手綱靱帯**と称される 2 本の小さな靱帯が存在する．この靱帯は内側の基節骨掌側面に起始し，中節骨底に付着する．掌側板と同様，PIP 関節の過伸展を防止する作用を有する．

一軸性関節である IP 関節での運動は，屈曲－伸展のみである．IP 関節では，近位指骨頭に対して遠位指骨底が**凹の法則**に従って運動が生じる．

4 手指に作用する筋

手関節と手の運動に関与する筋は，手外在筋と手内在筋に分類される．これらの筋の各関節における作用は，巻末の**付録**を参照．前腕筋群とも称される手外在筋は，前腕もしくは上腕骨の内側・外側上顆に起始がある．また手内在筋は，その起始および停止が手のなかにみられる比較的小さな筋の総称である．

◆手外在筋

【**手外在筋における屈筋群**】手外在筋における屈筋群には，浅指屈筋，深指屈筋，長母指屈筋がある．これらの筋は屈筋支帯を通過した後，〔**腱鞘**〕を通って末梢の骨に停止する［図5］．腱鞘は，屈筋腱全周を取り巻く**滑液鞘**と，その外側を被う線維性組織である**線維鞘**からなる．滑液鞘は本来，滑液包が腱をとりまいた組織であり，腱の滑走を円滑にしている．したがって滑液鞘内には少量ながら滑液が存在し，腱に栄養をもたらす．滑液包の内葉と外葉の移行部を**腱間膜**といい，腱のなかに入る血管や神経の通路となる．この腱間膜には長腱紐と短腱紐が存在する．線維鞘は滑液鞘よりやや末梢部より始まり，手指の全長にわたってみられる．

線維鞘には，その線維が輪状を呈して掌側板や同部の骨に付着する輪状部（**輪状滑車**）と，線維が斜めに交叉する十字部（**十字滑車**）がある［図6］．これらは，屈筋腱のモーメント・アームの長さを一定に保持することで，収縮効率を高めることを役割とすることから"滑車"と称される．滑車が断裂すると，中枢に位置する筋の収縮に伴い腱が浮き上がる現象（**bowstring**）が生じ，腱に作用する張力が損なわれる．手指における滑車としては，5 つの**輪状滑車**と 3 つの**十字滑車**が存在する．ただし，母指における輪状滑車は 4 つしかみられない．

【**手外在筋における伸筋群**】手外在筋における伸筋群には，指伸筋（総指伸筋），

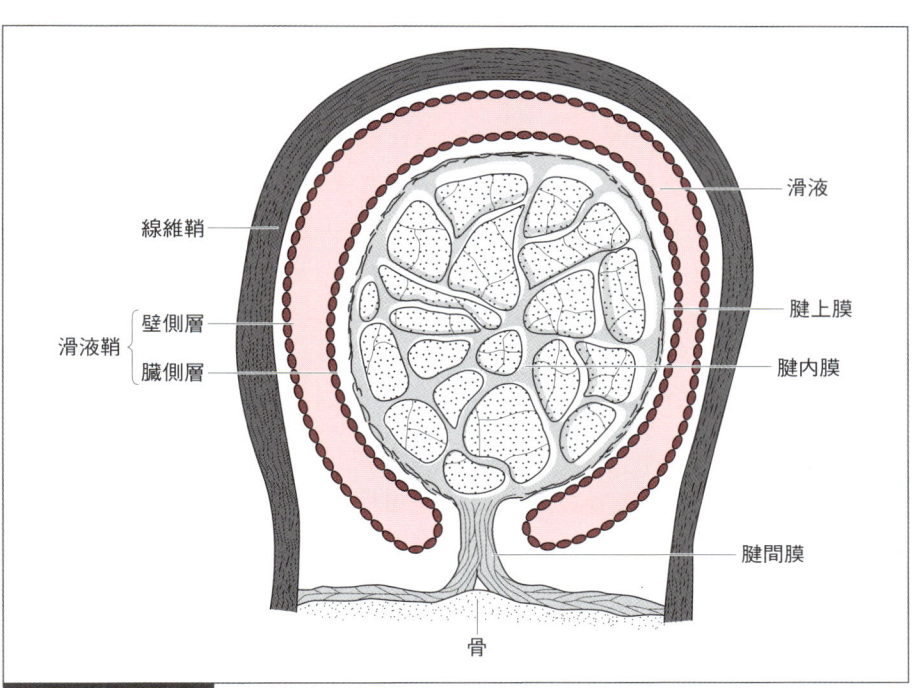

図5 腱鞘の構造 （文献4より）

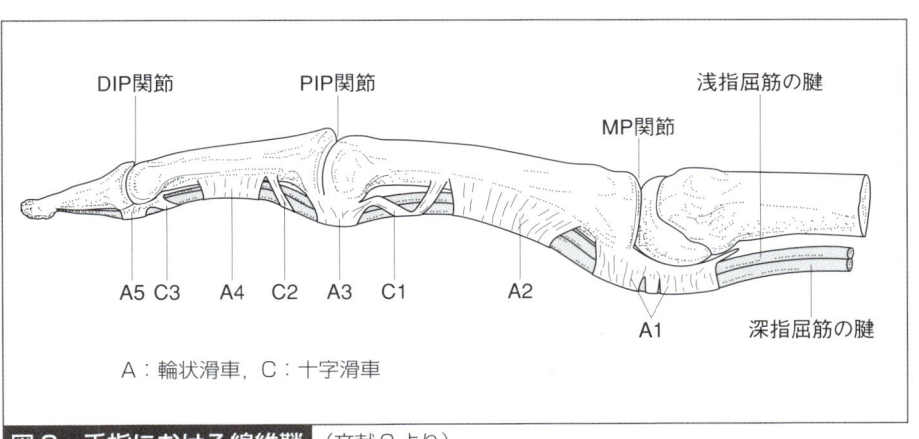

図6 手指における線維鞘 （文献2より）
A：輪状滑車，C：十字滑車

示指伸筋，小指伸筋，長母指伸筋，短母指伸筋，長母指外転筋がある．これらの筋は伸筋支帯を通過して，末梢の骨に停止する．また指伸筋腱は，**腱間結合**によって連結されている．腱間結合とは，手背遠位部で各指に向かう指伸筋腱間を結ぶ腱線維である．環指は中指，小指との腱間結合を有することが一般的であり，中指や小指が屈曲して指伸筋が伸張されると，環指に至る指伸筋も伸張されて屈曲してしまう．一方で示指と中指の間の腱間結合は，欠如していることが多い．

◆**手内在筋**

　手内在筋は，母指球筋，小指球筋，骨間筋，さらには虫様筋の4つに大別される［表1］．母指球筋と小指球筋は，それぞれ母指・小指球の隆起を形成する筋であり，各指の運動を司る．骨間筋はその位置関係から，3つの掌側骨間筋と4つの背側骨間筋がある．掌側骨間筋はMP関節を内転，背側骨間筋はMP関節を外転させる作用がある．また，掌側・背側骨間筋および虫様筋の作用には，MP関節の屈曲，IP関節の伸展がある．

5 指の伸展機構

◆指背腱膜

　指の伸展運動には，筋腱および腱膜の協調した作用が不可欠である．指の伸展機構において中心的な役割を担うのが〔**指背腱膜**〕である．指背腱膜とは指の皮下にある薄い筋膜であり，指伸筋腱が指背で膜状に広がったものに，掌側・背側骨間筋と虫様筋の腱が加わって形成されたものである［図7］．指伸筋腱は中手骨頭あたりから扁平になるが，MP関節の関節包背側部と融合して，基節骨底に付着する．このため，MP関節に対しては直接的に伸展作用を生み出す．

　基節骨に達した指伸筋腱は，1本の〔**中央索**〕と2本の〔**側索**〕という腱線維に分岐する．中央索は中節骨底に付着するが，PIP関節の関節包とも融合する．側索は基節骨部で両側に分かれるが，骨間筋・虫様筋腱の側索線維と融合する．この側索はDIP関節部で合流して〔**終止伸筋腱**〕を形成し，DIP関節の関節包と融合して末節骨底に付着する．また，骨間筋腱は指伸筋腱に両側から向かう腱膜を形成するが，これを〔**骨間筋腱帽**〕あるいは**背側腱帽**という．この線維の近位部は横行しているが，遠位部は斜行している．

◆指背腱膜の補助装置

　これら指背腱膜の補助装置としては，矢状索や支靱帯，三角靱帯がある．深横中手靱帯に起始し，指伸筋腱の側面に停止する腱膜を**矢状索**という．骨間筋腱帽の深層に位置する矢状索は，指伸筋腱を一定に保持する役割を担う．

　〔**支靱帯**〕はPIP関節部に存在し，横支靱帯と斜支靱帯から構成される．**横支靱帯**はPIP関節の関節包掌側部・指屈筋腱鞘から起こり側索に付着することで，側

表1 手内在筋の分類　（文献4より引用）

母指球筋	短母指外転筋，短母指屈筋，母指対立筋，母指内転筋
小指球筋	小指外転筋，短小指屈筋，小指対立筋，（短掌筋）
骨間筋	背側骨間筋，掌側骨間筋
虫様筋	

索が背側に変位しないように保持している．**斜支靭帯**は基節骨の掌側遠位部・指屈筋腱鞘より起こり，横支靭帯の深層を走行してPIP関節の側面から**側索**に融合する．この靭帯はPIP関節運動軸の掌側，DIP関節運動軸の背側を走行する．したがって，PIP関節が伸展するとDIP関節も伸展されるが，PIP関節が屈曲すると斜支靭帯は弛緩するのでDIP関節の屈曲運動が可能となる．またDIP関節が屈曲すると斜支靭帯は緊張するので，PIP関節には屈曲運動が強いられる．側索が合流して**終止伸筋腱**となる直前では，両側の側索を連結する〔三角靭帯〕がみられ，側索を指背側に保持している．

◆ IP関節の伸展運動

　IP関節の伸展運動は，MP関節の肢位によってその機序が異なる．MP関節屈曲位でのPIP関節の伸展運動は，**中央索**を介して指伸筋がPIP関節を伸展させる（骨間筋・虫様筋腱は弛緩）．しかし，MP関節が伸展位にある場合には指伸筋腱が弛緩するため，中央索を介して骨間筋と虫様筋が伸展力を産生する［図8］．

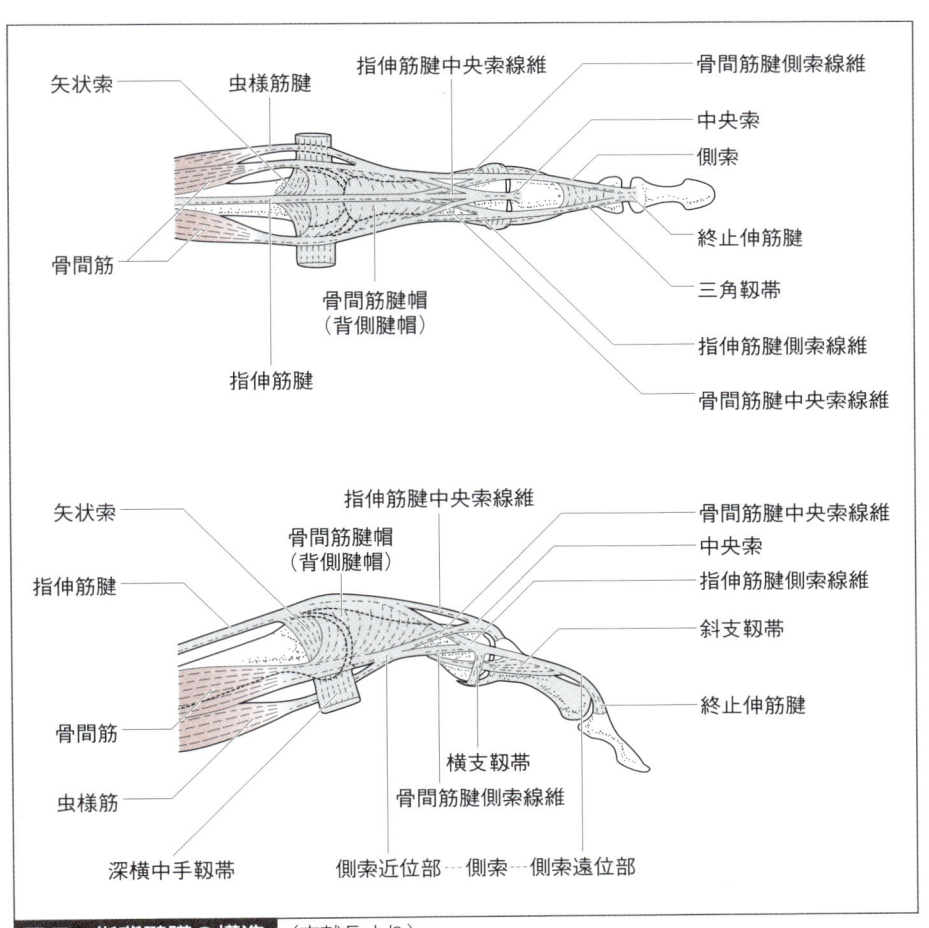

図7　指背腱膜の構造（文献5より）

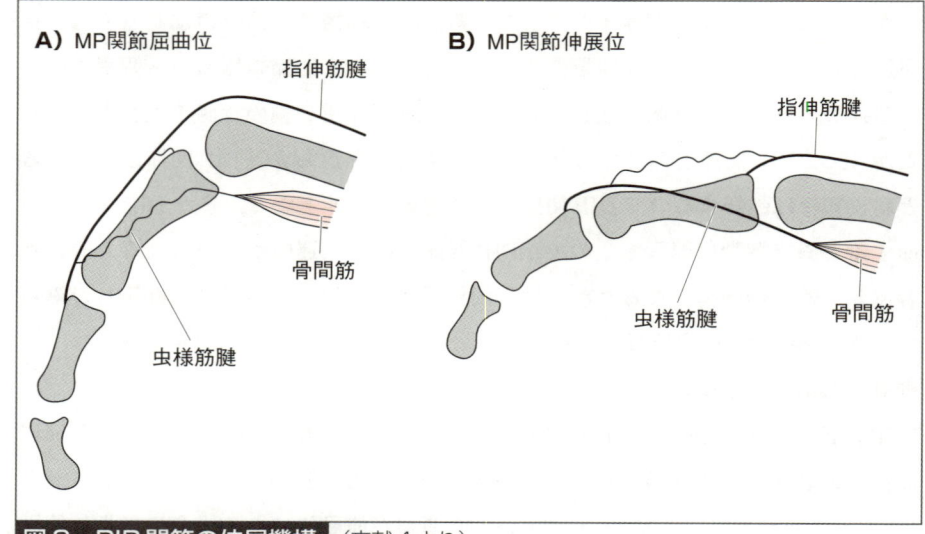

図8 PIP関節の伸展機構（文献4より）

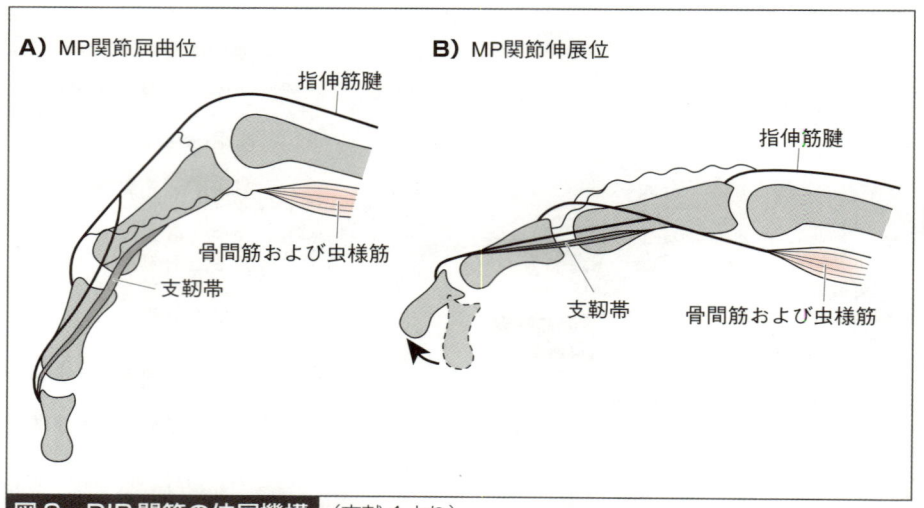

A) MP関節屈曲位 — 指伸筋腱／骨間筋／虫様筋腱
B) MP関節伸展位 — 指伸筋腱／虫様筋腱／骨間筋

図9 DIP関節の伸展機構（文献4より）

A) MP関節屈曲位 — 指伸筋腱／骨間筋および虫様筋／支靱帯
B) MP関節伸展位 — 指伸筋腱／支靱帯／骨間筋および虫様筋

　一方，MP関節屈曲位でのDIP関節の伸展運動は，指伸筋腱からの側索線維と斜支靱帯の緊張によってもたらされる．MP関節が伸展位にある場合には，骨間筋腱からの側索線維および支靱帯によってDIP関節が伸展される［図9］．

6 手の肢位とアーチ

　手関節・手指の可動性がなくなった場合でも，最低限の機能を維持できる肢位を〔**機能的肢位**〕という．手関節は軽度背屈・尺屈位，母指は掌側外転・屈曲位，第2～5指は軽度屈曲位にある肢位である．母指とほかの4指の尖端がほぼ等距離にあり，手の外科においては重要視される．

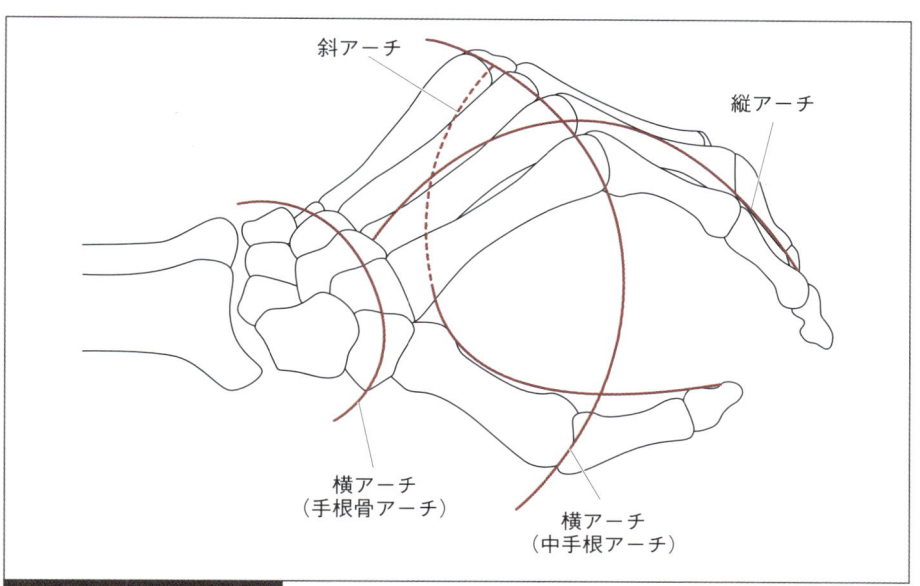

図10 手のアーチ構造 （文献6より）

　効率のよい把握動作を行うために，手の掌側には凹状彎曲がみられる．これを〔手のアーチ〕という．一般には縦アーチ，横アーチ，斜アーチに分類される［図10］．〔縦アーチ〕は，手根骨‐中手骨‐指骨からなるが，機能的にみると示指と中指のアーチが重要である．そのキーストーン（アーチの中央に位置する要石）はMP関節部が相当する．

　〔横アーチ〕には，2つのものがある．近位横アーチは，有頭骨をキーストーンとした**手根骨アーチ**であり，その可動性は少ない．また，第3MP関節をキーストーンとした遠位横アーチは，**中手骨アーチ**と称される．

　さらには，母指とほかの4指で形成される〔斜アーチ〕が存在する．このアーチは，把握動作において最も重要なアーチである．母指とほかの4指との間に形成される可変アーチであり，**対立アーチ**とも称される．

7 手の基本的運動機能

　手の基本的運動機能は，運動の目的から5つに分類される［図11］．手指を伸展させたままで物を押す場合に用いられる運動を〔圧排〕という．MP・IP関節を軽度屈曲して，母指を対立位に保つ運動を〔つかみ〕という．母指の位置の差異から，球状つかみ，筒状つかみ，円盤つかみなどに分類される．

　また，最も強く物を把握するときの運動を〔握り〕という．この運動ではすべての指の力が手掌に集中され，非常に強い力を発揮する．さらに母指の関与しない握りは，〔かぎ下げ〕と称される．この運動では母指を除く4指のMP関節が伸展したままで，IP関節が強く屈曲する．

memo

図11 手の基本的運動機能 （文献4より改変）

A) 圧排
B) つかみ
C) 握り
D) かき下げ
E) つまみ

　指端と対立した母指指端との間で物を保持する機能を〔つまみ〕という．小さな物を保持する場合に用いられるつまみは，指尖を用いる指尖つまみや，指端掌面を用いる指腹つまみなどに分類される．

＜文　献＞

1) 「プロメテウス解剖学アトラス　解剖学総論・運動器系」（坂井建雄／著），医学書院，2007
2) 生田義和，ほか：関節の形態と機能／上肢−手関節を含む．関節外科 9（増刊号），メジカルビュー社，1990
3) 「筋骨格系のキネシオロジー」（D. A. Neumann／著，嶋田智明・平田総一郎／監訳），医歯薬出版，2005
4) 「手−その機能と解剖」（上羽康夫／著），金芳堂，2006
5) 「図説 手の臨床」（石井清一／編），メジカルビュー社，1998
6) 「基礎運動学」（中村隆一，ほか／著），医歯薬出版，2003

演習問題で理解度をチェック！　別冊p.2へ

第2章 下肢

1 股関節の機能解剖と運動学

概略図 股関節の構成（文献1より改変）

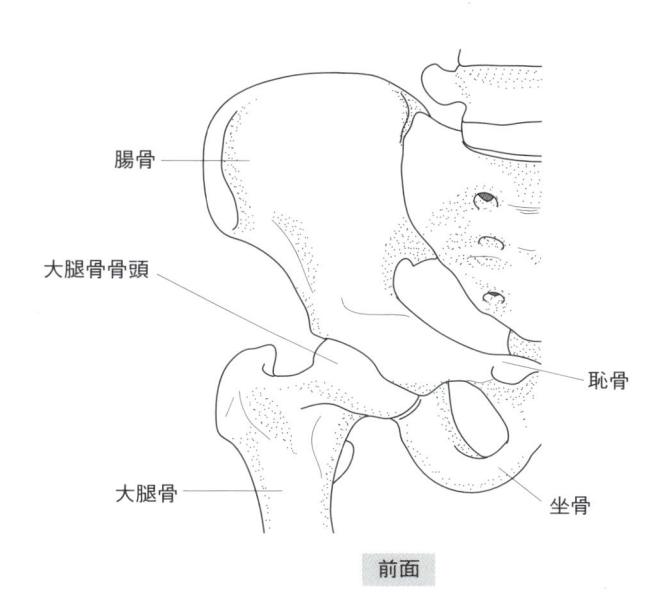

- 腸骨
- 大腿骨骨頭
- 恥骨
- 大腿骨
- 坐骨

前面

Point

- □ 股関節は骨盤と下肢を連結する関節で，大腿骨頭と寛骨臼との間にできる臼状関節である．
- □ 大腿骨頸部は約125〜130°の頸体角を有し，また約15〜20°前方へのねじれを有しており，これを前捻という．
- □ 大腿骨頭は関節包外を補強している靭帯〔腸骨大腿靭帯，恥骨大腿靭帯，坐骨大腿靭帯〕によって安定化され，運動方向に応じて各々が緊張・弛緩して支えている．
- □ 股関節は3つの運動軸をもつ関節であり，屈曲－伸展，外転－内転，外旋－内旋の運動が可能である．
- □ 股関節の可動域は，靭帯や筋の張力によって制限される．

1 股関節の構造と機能

股関節は骨盤と下肢を連結する関節で，大腿骨頭と寛骨臼との間にできる〔臼状関節〕である．寛骨臼は前外下方に開口しており，大腿骨頭を完全に覆ってはいない．寛骨臼の縁に沿って**線維軟骨性組織**である関節唇が付着し，寛骨臼切痕で**寛骨臼横靱帯**に混入する．関節唇は寛骨臼の凹面を**深く**し，骨頭の縁をしっかりと保持することで〔関節の安定性〕を高めている．また，多くの靱帯と筋により，体重負荷に耐える強固な支持構造を作っている．

◆寛骨

寛骨は〔腸骨〕，〔恥骨〕，〔坐骨〕の3つの骨が，骨端線（**Y字軟骨**※1）閉鎖後に癒合したものである．寛骨の関節面は〔月状面〕と呼ばれ，関節軟骨に覆われている．腸骨は寛骨の上部，坐骨はその後下部，恥骨は前下部を占める［図1］．

◆大腿骨

大腿骨は骨頭，頸部，転子部，骨幹部から構成される．前内方を向く**大腿骨頭**はほぼ完全な球面の2/3を形成する．骨頭中心のわずか後方にある顕著なくぼみが**大腿骨頭窩**である．大腿骨頭窩を除いた大腿骨頭の表面の大部分は関節軟骨に覆われ，寛骨臼と関節面を作っている．軟骨は大腿骨頭窩上前方の広い領域で最も厚い．

大腿骨頭は〔大腿三角〕（〔スカルパ三角〕：〔鼠径靱帯〕，〔長内転筋〕，〔縫工筋〕で囲まれた**三角形**の領域）の内側に位置している［図2］．また，大腿三角に

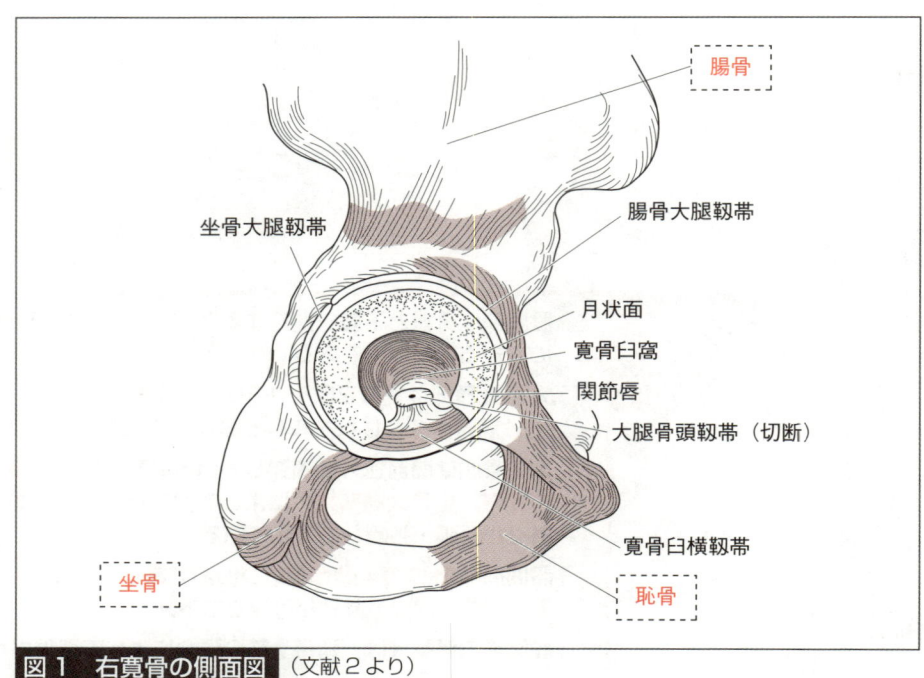

※1 Y字軟骨
腸骨，坐骨，恥骨は思春期までは互いに軟骨で結合され，その軟骨の形がYに似ているので，この軟骨をY字軟骨という．このY字軟骨は15〜18歳で消失し，3つの骨は癒合する．

図1 右寛骨の側面図（文献2より）

は，大腿動脈・静脈，大腿神経などがある．**大転子**は股関節45°屈曲位において**上前腸骨棘**と**坐骨結節**とを結ぶ線〔ローザー・ネラトン線〕上に触れることができる［図3］．

【頸体角】大腿骨頸の長軸と大腿骨体の長軸のなす角度を〔大腿骨頸体角〕という［図4-A］．生下時，この角度は約140～150°である．歩行中の頸部にかかる負荷のために，成人では〔約125～130°〕の角度に減少する．頸体角が正常値より大きい状態を**外反股**といい，逆に小さい状態を**内反股**という．

【頸部の捻転】大腿骨頸は大腿骨体との間にねじれ（捻転角）を有している．上方からみると，大腿骨頸は大腿骨内・外側顆を通る内外軸に対して〔約15～20°〕前方へのねじれ（捻転角）を有しており，これを〔前捻〕という［図4-B］．一般に生下時，約30°の大腿骨前捻があり，骨の成長と筋活動の増加により，この角度は減少する．前捻が過度な場合は，関節不適合や関節軟骨の摩耗が増大する．

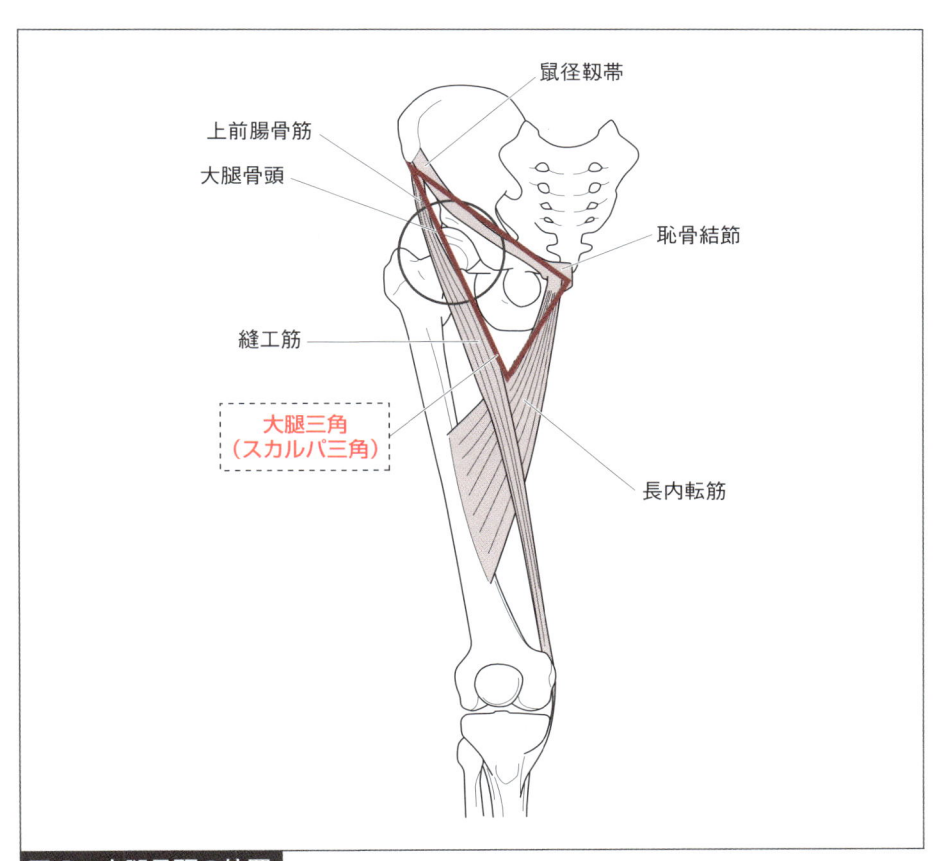

図2　大腿骨頭の位置

memo

図3　大転子の位置 （文献3より引用）

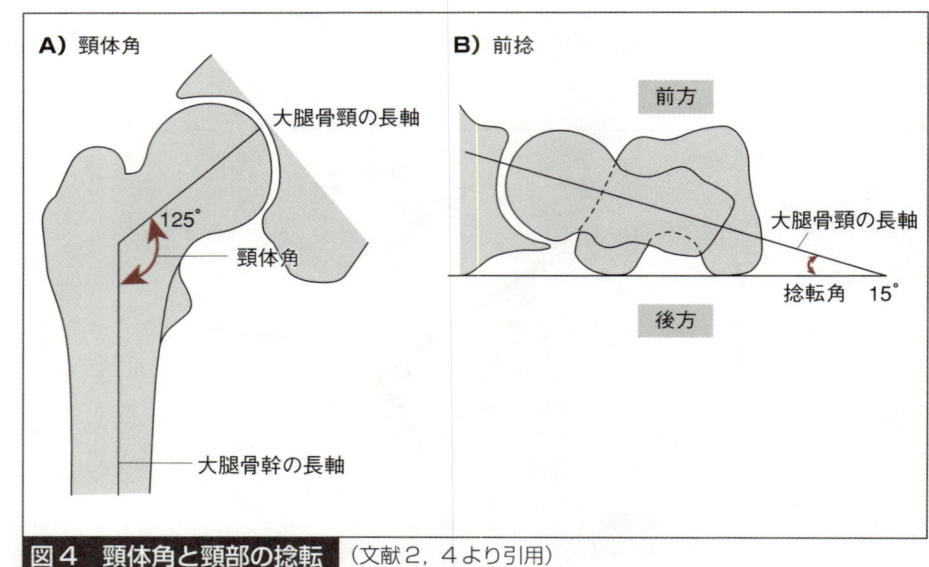

図4　頸体角と頸部の捻転 （文献2，4より引用）

◆関節包

　股関節の関節包はきわめて強靱で，〔前側〕で特に厚い．関節包は寛骨では関節唇のすぐ外周に付着し，下方は寛骨臼横靱帯に付着している．大腿骨では前面で**転子間線**[※2]に付き，後面で**転子間稜**の1～1.5cm上方に付着する［図5］．したがって，大腿骨頸は前面では〔関節包のなか〕にあるが，後面では〔上部だけがこれに包まれ〕ている．

※2 転子間線
大腿骨大転子と小転子との間には，前側では転子間線という粗線が斜走し，後側では転子間稜という骨稜が走る．

```
A）大腿骨前面          B）大腿骨後面
```

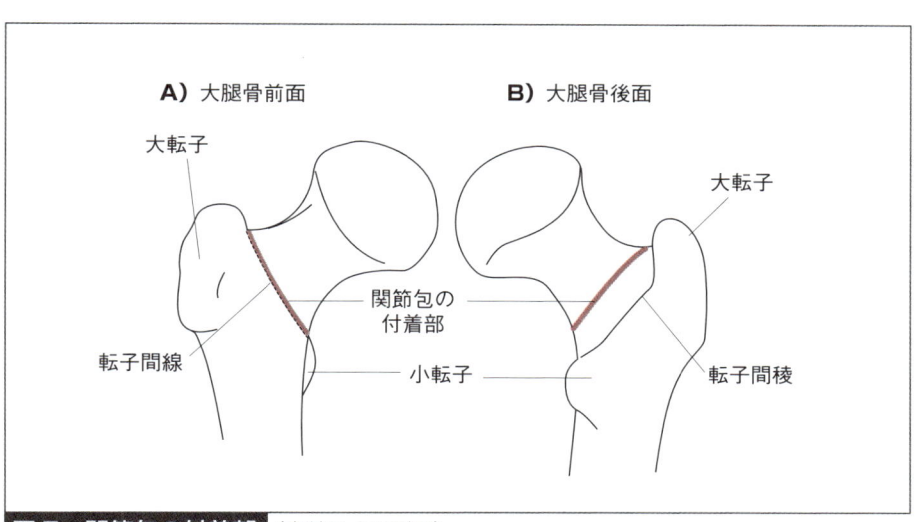

図中ラベル：大転子、関節包の付着部、転子間線、小転子、大転子、転子間稜

図5　関節包の付着部（文献3より引用）

関節包内面を輪状に取り巻く，肥厚した線維は〔**輪帯**〕で，大腿骨頭の寛骨臼への連結を強化する働きがある．

◆靱帯

【**関節包内靱帯**】〔**大腿骨頭靱帯**〕がある．これは大腿骨頭窩から起こり，少し拡がって，寛骨臼切痕をはさむ月状面の先端，一部の線維は寛骨臼横靱帯に付着する．大腿骨頭靱帯は，関節の安定性にはほとんど寄与しない．この靱帯のなかを**動脈**が通っており，大腿骨頭へわずかな血液を供給する．

【**関節包外靱帯**】関節包を補強している靱帯として，前方には〔**腸骨大腿靱帯**〕，〔**恥骨大腿靱帯**〕があり，後方には〔**坐骨大腿靱帯**〕がある［図6］．大腿骨頭はこれらの靱帯によって安定化され，運動方向に応じて各々が緊張・弛緩して支えている．靱帯と股関節周辺筋群の力によって動作・移動時に必要な関節の安定性を高めている．一方では，これら3つの靱帯と股関節周囲筋の他動的な伸張力が可動域の制限因子として働いている［表1］．股関節屈曲時は3つの靱帯はいずれも〔**弛緩**〕しているため，靱帯による制限を受けない．しかし股関節伸展最終域では，いずれの靱帯も〔**緊張**〕することで可動域を制限し，関節を安定させている．

① **腸骨大腿靱帯**〔**Y靱帯**〕：下前腸骨棘から起こり，大腿骨転子間線につく．靱帯のなかで最強の靱帯の1つであり，逆Y字型に似た形をしている．この靱帯は〔**関節包の前面**〕を補強しており，股関節の**過度な伸展**を制限する．

② **恥骨大腿靱帯**：腸恥隆起，恥骨上枝から起こり，下外側に向かって小転子につく．この靱帯は〔**関節包の前下面**〕を補強しており，股関節の**外転・伸展**を制限している．

memo

A) 前面

恥骨大腿靱帯
下前腸骨棘
腸骨大腿靱帯
大転子

B) 後面

腸骨大腿靱帯
坐骨大腿靱帯
小転子

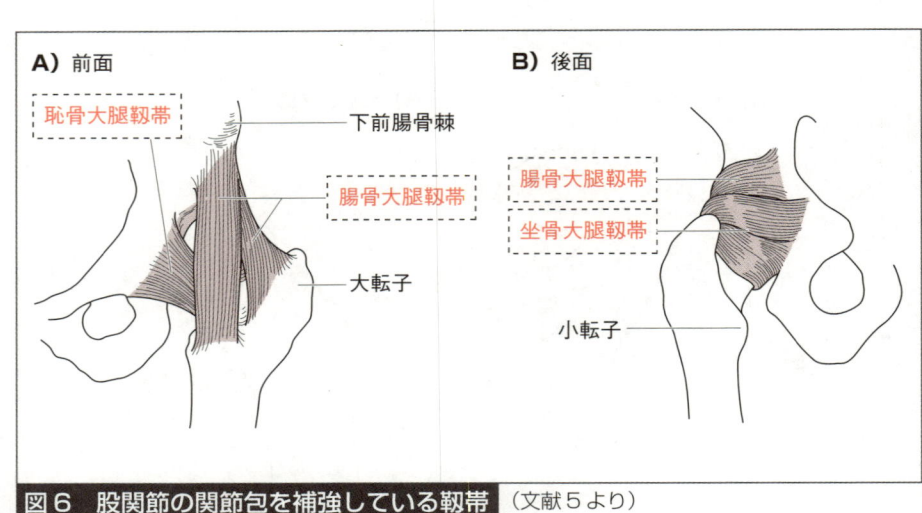

図6　股関節の関節包を補強している靱帯（文献5より）

表1　股関節最終可動域において制限となる靱帯と筋（文献2より引用）

股関節運動	可動域	可動制限を起こす組織
屈曲	80°（膝伸展筋） 120°（膝屈曲位）	ハムストリングスと薄筋 坐骨大腿靱帯の下部，下方関節包
伸展	20°（膝伸展位） 0°（膝屈曲位）	腸骨大腿靱帯と前方関節包の大部分：恥骨大腿靱帯と坐骨大腿靱帯の一部 大腿直筋
外転	40°	恥骨大腿靱帯，下方関節包，内転筋，ハムストリングス
内転	25°	坐骨大腿靱帯の上部線維，腸脛靱帯，大腿筋膜張筋
内旋	35°	坐骨大腿靱帯，外旋筋（梨状筋）
外旋	45°	腸骨大腿靱帯の外側の線維束，腸脛靱帯，内旋筋（小殿筋，大腿筋膜張筋）

③ **坐骨大腿靱帯**：3つの靱帯のうちで最も薄く，寛骨臼の後下方と，これに接近した坐骨から起こって外側方に向かい，大転子移行部後上方についている．この靱帯は〔関節包の後面下部〕を補強して，**伸展・内転・内旋**を制限している．

2 股関節の運動学

◆股関節の運動軸

　股関節は〔**3つの運動軸**〕をもつ**多軸性**の関節である．運動軸は大腿骨頭の中心を通る**前額水平軸，矢状水平軸，垂直軸**であり，これらは互いに直交する．股関節は三次元での運動が可能であり，6つの主要な方向（前額水平軸：〔屈曲〕と〔伸展〕，矢状水平軸：〔外転〕と〔内転〕，垂直軸：〔内旋〕と〔外旋〕）に動かすことができる［図7］．

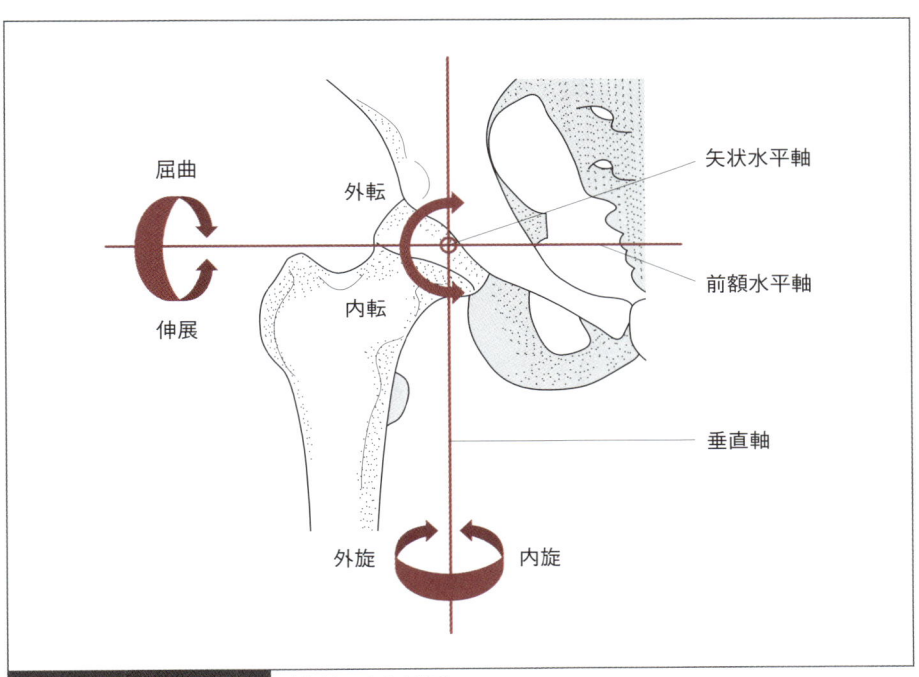

図7 股関節の運動軸 （文献6より引用）

◆**股関節の運動**

① **屈曲‐伸展**：矢状面における前額水平軸による運動である．屈曲運動の主動筋としては，**腸腰筋，大腿筋膜張筋，縫工筋，大腿直筋，恥骨筋**などが挙げられる．屈曲可動域は膝屈曲位で〔**約125°**〕である．膝伸展位では，ハムストリングスや薄筋に生じる他動的張力によって運動が制限される．伸展運動の主動筋としては，**大殿筋，大腿二頭筋長頭，半腱様筋，半膜様筋**などが挙げられる．伸展可動域は〔**約15°**〕である．最大伸展では，大部分の関節包外靱帯（特に腸骨大腿靱帯）と股関節屈曲筋群の他動的張力によって運動が制限される．また，伸展時に膝関節を最大屈曲すると，大腿直筋が緊張するため，股関節伸展運動を制限する．

② **外転‐内転**：前額面における矢状水平軸による運動である．外転運動の主動筋としては，**中殿筋，小殿筋，大腿筋膜張筋**などが挙げられる．外転可動域は〔**約45°**〕である．外転運動は，主に恥骨大腿靱帯と内転筋群，ハムストリングスに生じる他動的張力によって制限される．内転運動の主動筋としては，**長内転筋，短内転筋，恥骨筋，薄筋，大内転筋**などが挙げられる．内転可動域は〔**約20°**〕である．内転運動は，反対側下肢が邪魔するのに加え，外転筋群，坐骨大腿靱帯の一部に生じる他動的張力によって制限される．

③ **外旋‐内旋**：水平面における垂直軸による運動である．外旋運動の主動筋としては，**大殿筋，梨状筋，内・外閉鎖筋，上・下双子筋，大腿方形筋，縫工**

筋などが挙げられる．外旋可動域は〔約 45°〕である．外旋運動は，大腿筋膜腸筋（腸脛靱帯），腸骨大腿靱帯の一部に生じる他動的張力によって制限される．内旋運動の主動筋としては，**小殿筋（前部線維），大腿筋膜腸筋**などが挙げられる．内旋可動域は〔約 45°〕である．内旋運動は，外旋筋群と坐骨大腿靱帯の一部に生じる他動的張力によって制限される．

＜文　献＞

1）「解剖学カラーアトラス」（J. W. Rohen, ほか／著），医学書院，2007
2）「筋骨格系のキネシオロジー」（D. A. Neumann／著，嶋田智明・平田総一郎／監訳），医歯薬出版，2005
3）「標準整形外科学」（寺山和雄，辻　陽雄／編），医学書院，1993
4）「障害別・ケースで学ぶ理学療法臨床思考」（嶋田智明／編，有馬慶美・郷　貴大／編集協力），文光堂，2007
5）「基礎運動学」（中村隆一，ほか／著），医歯薬出版，2003
6）「プロメテウス解剖学アトラス 解剖学総論・運動器系」（坂井建雄／著），医学書院，2007

第2章 下肢

2 膝関節の機能解剖と運動学

概略図 膝関節の構成（文献1より改変）

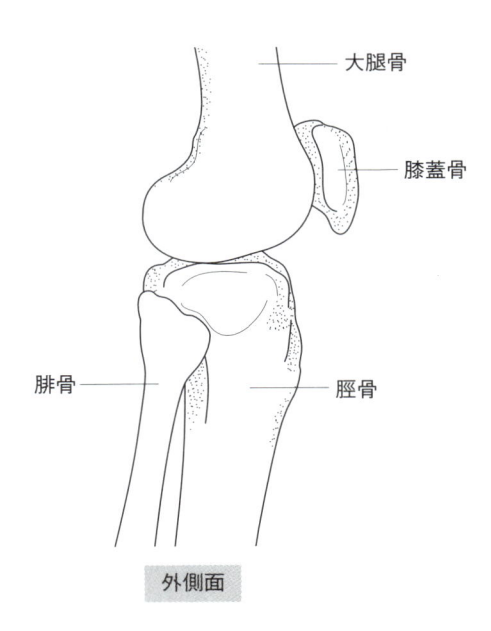

大腿骨
膝蓋骨
腓骨
脛骨

外側面

Point

- 膝関節は脛骨と大腿骨，膝蓋骨と大腿骨の2つの関節の複合体であり，脛骨大腿関節と膝蓋大腿関節からなる．
- 脛骨大腿関節はらせん関節に分類され，膝蓋大腿関節は鞍関節に分類される．
- 膝関節は骨自身の適合が著しく不安定な構造をしているため，靱帯や筋群の関与により安定性を得ている．
- 関節半月の主な機能は，脛骨大腿関節への圧迫応力の減少（緩衝作用），接合面積を大きくし，構造安定性を高め，滑液を分散させ，関節を潤滑し，円滑な関節運動が行えるように誘導することである．
- 一般に成人では前額面上で大腿骨長軸と脛骨長軸は一致せず，外側で約176°の角度〔大腿脛骨角：FTA〕を示す．
- 脛骨大腿関節では，最大伸展位からの屈曲初期に脛骨は大腿骨に対して内旋し，屈曲位から伸展していくときには伸展位付近で下腿が外旋する〔スクリューホームムーブメント〕．

1 膝関節の構造と機能

膝関節は**膝蓋骨**，**大腿骨**および**脛骨**の3つの骨で構成されており，〔脛骨大腿関節〕と〔膝蓋大腿関節〕の2つの関節からなる．脛骨大腿関節は〔らせん関節〕に分類され，膝蓋大腿関節は〔鞍関節〕に分類される．

膝関節は体重を支える荷重関節としての役割と，歩行時の推進力の伝達や地面からの衝撃の吸収などの荷重調整作用を有し，また広い可動域を有する重要な関節である．この関節は骨自身の適合は著しく**不安定な構造**をしており，軟部組織により主たる制動を受けて安定性を得ている．

◆脛骨大腿関節

一般的に膝関節と呼ばれている関節で，近位は大腿骨内側顆と外側顆の膨隆部，遠位は平坦な脛骨の内・外側の上関節面と顆間隆起で構成される〔図1〕．このため臼蓋関節である股関節より**適合性が悪く**，安定性を高めるため靱帯や周囲の筋群の関与が必要である．

◆膝蓋大腿関節

人体で最大の**種子骨**で脛骨大腿関節の前面に位置する膝蓋骨と，大腿骨内側顆と外側顆の間の膝蓋面が構成する関節である〔図1〕．この関節の機能は〔膝関節の保護〕と，膝蓋骨が膝関節の屈曲・伸展の軸と大腿四頭筋の作用点との距離を

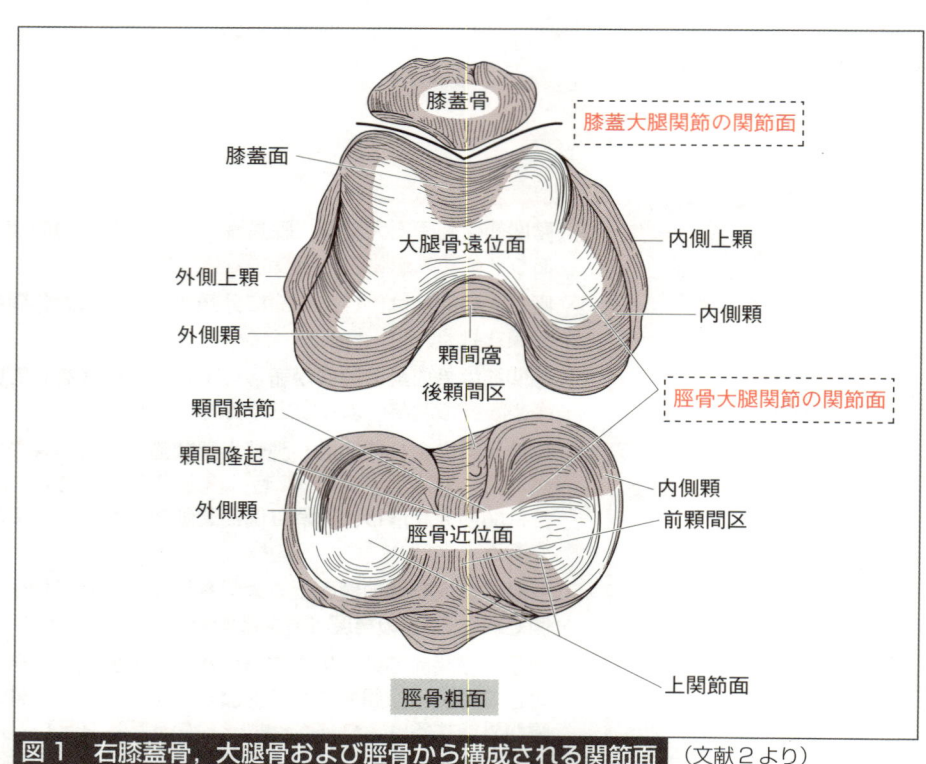

図1 右膝蓋骨，大腿骨および脛骨から構成される関節面（文献2より）

大きくし，〔膝の伸展機構〕の効率を〔高める〕よう，補助することである．これにより，膝関節の全体の機能である荷重と歩行能力を向上させている．

◆関節半月

　大腿骨の内側顆と外側顆は比較的強い凸面となっているのに対し，脛骨の関節面は扁平なため，その接触面は線維軟骨からなる〔内側半月〕，〔外側半月〕によって補われている．水平面では内側半月は〔卵円形〕または〔C字形〕で，その外縁は〔内側側副靱帯〕と隣接する〔関節包全縁〕で付着するが，外側半月は〔環状〕または〔O字形〕をし，その外縁は〔前方1/2の関節包〕のみと付着する［図2］．矢状面では**楔形**をしており，中心部は**薄く**周辺部にいくにつれて**厚く**なり，関節包と癒着する．関節半月への血液供給は，外周縁付近で最も多く，血液は隣接の滑膜や関節包内の毛細血管から供給されている．一方，関節半月の内縁側は実質的に血液供給がされていない．

　関節半月は膝関節屈伸運動に伴い，前後方向に移動する．屈曲する場合には関節半月は〔後方〕に移動し，伸展する場合は〔前方〕に移動する．その際の移動距離は，関節包との癒合，筋による制動（内側半月は半膜様筋が，外側半月は膝窩筋が制動に関与），大腿骨顆部の運動の影響などにより，内側・外側半月で異なり，移動量は**外側半月**の方が大きい．また，下腿の回旋によっても関節半月は移動する．大腿に対して脛骨外旋時に，内側半月は〔後方〕に外側半月は〔前方〕に移動し，脛骨内旋時には逆となる［図3］．関節半月の障害は，移動による力の分散が少ない内側半月が多いとされている．

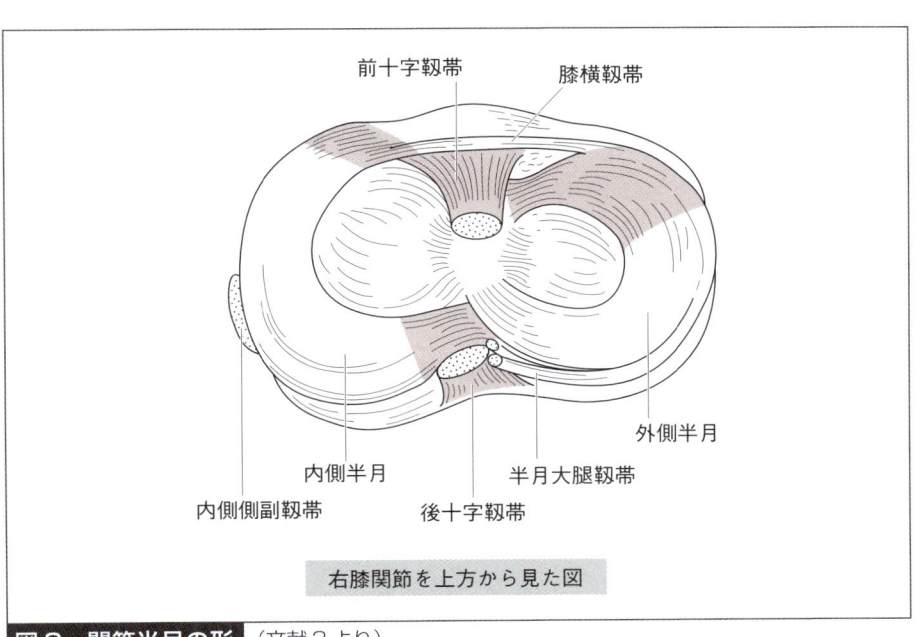

図2　関節半月の形　（文献3より）

右膝関節を上方から見た図

前十字靱帯／膝横靱帯／外側半月／半月大腿靱帯／後十字靱帯／内側半月／内側側副靱帯

2. 膝関節の機能解剖と運動学

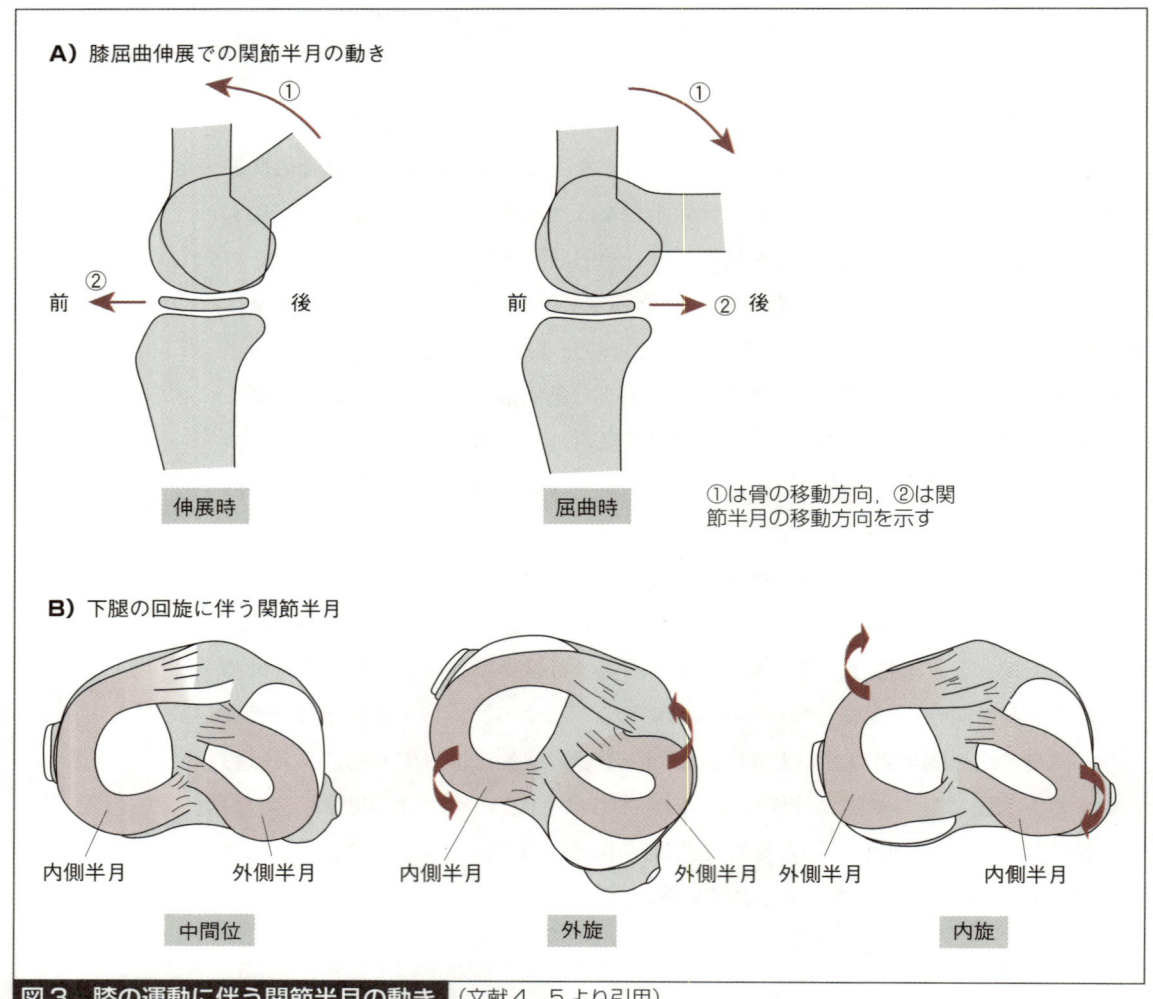

図3 膝の運動に伴う関節半月の動き （文献4, 5より引用）

A) 膝屈曲伸展での関節半月の動き
伸展時 / 屈曲時
前 ← ② / ② → 後
①は骨の移動方向，②は関節半月の移動方向を示す

B) 下腿の回旋に伴う関節半月
中間位：内側半月／外側半月
外旋：内側半月／外側半月
内旋：外側半月／内側半月

関節半月の主な機能は，大きな荷重のかかる**脛骨大腿関節**での〔**圧迫応力の減少（緩衝作用）**〕である．そのほかに，関節の〔**接合面積を大きく**〕し〔**構造安定性を高め**〕，〔**滑液を分散**〕させ関節を潤滑し，円滑な関節運動が行えるように誘導することである．

◆靱帯

脛骨大腿関節は前後方向の安定性を**膝十字靱帯**で，側方の安定性を**内・外側側副靱帯**で強固にしている．膝十字靱帯のうち前方のものを前十字靱帯，後方のものを後十字靱帯という［図4］．膝十字靱帯は関節内で大腿骨と脛骨を連結している．

【前十字靱帯（Anterior Cruciate Ligament：ACL）】脛骨の前顆間区の内側部から起こり，後上外側方に上り大腿骨外側顆の内面後部に付く．ACLは〔**脛骨の前方移動**〕を制限する主要な組織である．ACLは付着部の位置により前内側線維束と後外側線維束に分けられ，後外側線維束はACLの主要な要素である．

図4 膝関節の靱帯 (文献6より)

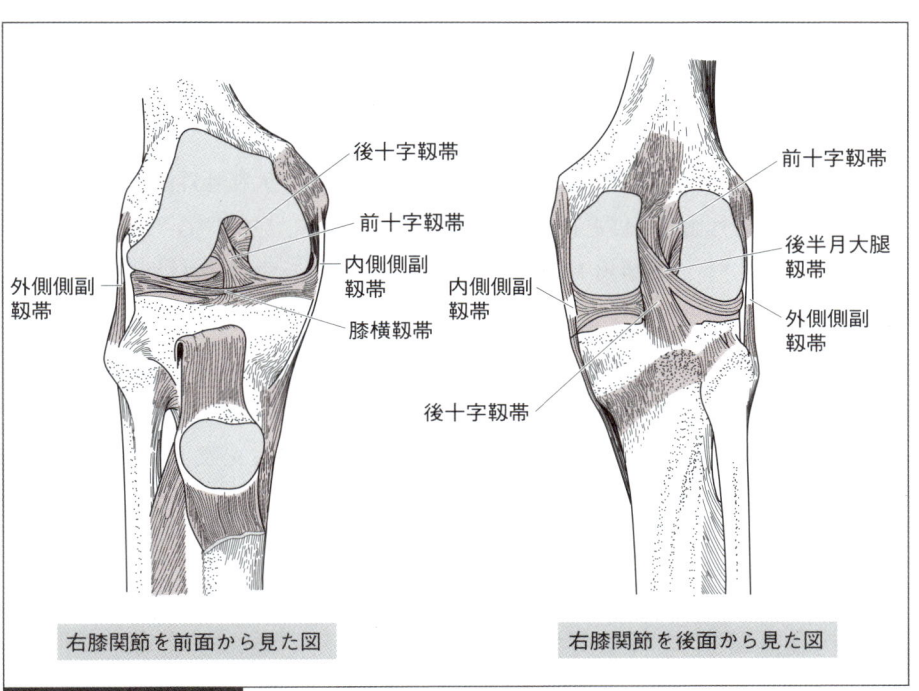

右膝関節を前面から見た図　　右膝関節を後面から見た図

表1　膝関節の靱帯機能 (文献2より引用)

構造	機能
内側側副靱帯	① 外反（外転）制動 ② 過度の膝伸展制動 ③ 軸回転制動
外側側副靱帯	① 内反（内転）制動 ② 膝伸展制動 ③ 軸回転制動
前十字靱帯	① 過度の脛骨前方移動または過度の大腿骨後方移動の制動 ② ほとんどの線維が完全伸展を制動 ③ 過度の内反，外反，軸回転の制動
後十字靱帯	① ほとんどの線維が過度の脛骨後方移動または過度の大腿骨前方移動を制動 ② ほとんどの線維が完全屈曲で緊張 ③ 一部の線維は最大過伸展，内外反や軸回転で緊張

　ACLは膝関節屈曲角度によって緊張の度合いが変化する．特に後外側線維束の大部分は完全伸展に近づくにつれ，より緊張する［表1］．

【後十字靱帯（Posterior Cruciate Ligament：PCL）】脛骨の後顆間区の外側部から起こり，外側半月から線維を受けながら前上内側方に上り，ACLの後側を通って大腿骨内側顆の内面前部に付く．PCLは〔脛骨の後方移動〕を制限する主要な組織である．PCLは靱帯の大部分を形成する前外側線維と後内側線維とに分けられる．ACLと同様に屈曲角度によってPCLの緊張度合いが変化する．特に前外側線維は屈曲位で緊張が強くなる［表1］．

memo

【内側側副靭帯（Medial Collateral Ligament：MCL）】大腿骨内側上顆から起こり，脛骨の内側顆および内側半月内側縁に付く．外側側副靭帯と比べて〔幅が広く〕，膝の外反を防止している［表1］．

【外側側副靭帯（Lateral Collateral Ligament：LCL）】大腿骨外側上顆から起こり，関節包の外側面を縦走し腓骨頭に付着する．〔細い紐状〕で，関節半月との結合はない．MCLは斜め下前方に走行し，LCLは斜め下後方に走行するため，膝伸展位で下腿が外旋するとこの2つの靭帯のねじれが増し，関節面が引き付けられる．LCLは膝の内反を防止している［表1］．

【その他】膝関節には内・外側半月を結ぶ膝横靭帯，関節包後面を補強する斜膝窩靭帯，関節半月を脛骨に結合する環状靭帯，内・外側膝蓋支帯，弓状膝蓋靭帯などがある．

◆膝関節のアライメント

立位での膝関節アライメントは成長過程で変化する．一般に成人では前額面上で大腿骨長軸と脛骨長軸は一致せず，外側で約176°の角度〔大腿脛骨角：FTA〕を示す．これを〔生理的外反〕という．また，大腿骨頭中心と足関節中心を結んだ線を下肢機能軸（Mikulicz線）という［図5］．

外反が過剰になり，FTAが166°以下を示した状態を〔外反膝〕と呼び，両脚ではX脚を示す．反対に生理的外反が減少し，FTAが180°以上を示した状態を〔内反膝〕と呼び，両脚ではO脚を示す．

2 脛骨大腿関節の運動学

◆脛骨大腿関節の運動

脛骨大腿関節における運動は，主として矢状面における〔屈曲〕と〔伸展〕運動である．そのほか，屈曲位での水平面における〔内旋〕と〔外旋〕運動が可能である．

① 屈曲-伸展：屈曲運動の主動筋としては，**半腱様筋，半膜様筋，大腿二頭筋，縫工筋，薄筋**などが挙げられる［図6］．特に半腱様筋，薄筋，縫工筋は，脛骨内側上端部で共同の停止腱で付着しており，その部位を〔鵞足〕という．屈曲の可動域は〔約130°〕である．この運動は，自動運動では股関節屈曲位で約130°可能であるが，股関節伸展位では，拮抗筋である大腿直筋の緊張と主動筋であるハムストリングスの効率の低下により，120°程度となる．また，他動運動では踵部が殿部に接触するまで，もしくは大腿直筋が最大に緊張するまで可能である．伸展運動の主動筋としては**大腿四頭筋，大腿筋膜張筋**などが挙げられ［図6］，その可動域は〔約0°〕である．この運動は，股関節屈曲角度を大きくするとハムストリングスの緊張により制限される．

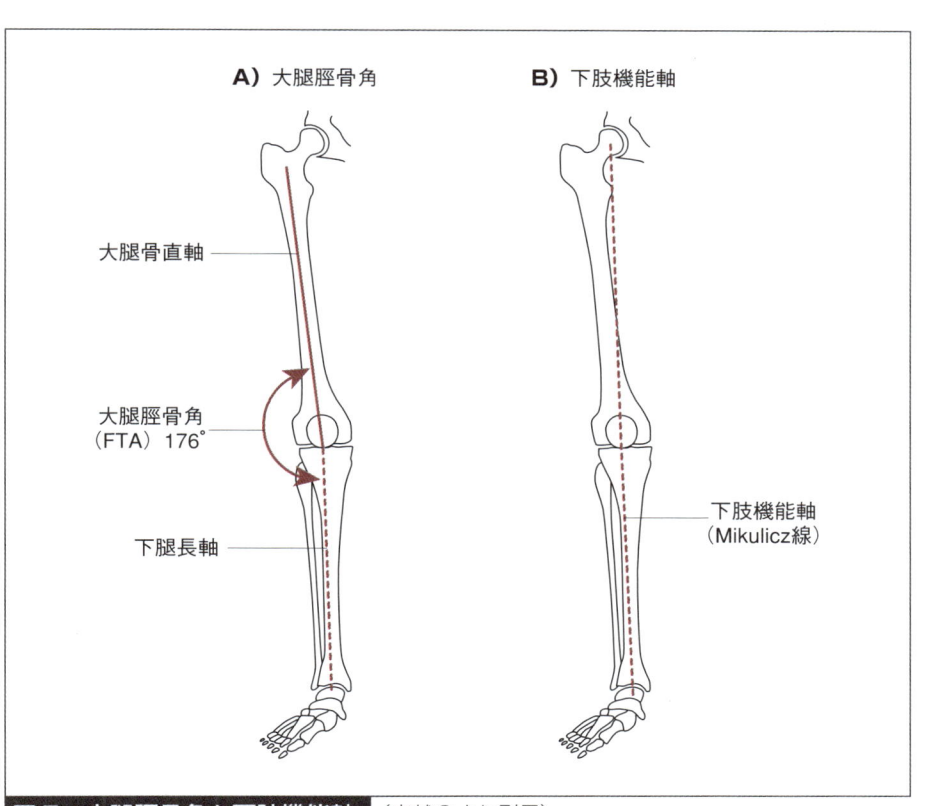

図5 大腿脛骨角と下肢機能軸 （文献3より引用）

A）大腿脛骨角
- 大腿骨直軸
- 大腿脛骨角（FTA）176°
- 下腿長軸

B）下肢機能軸
- 下肢機能軸（Mikulicz線）

【運動学的特徴】矢状面での大腿骨内側顆と外側顆の形状はらせん形状であり，前面から下面にかけては半径が長い曲線を描くのに対し，後面では徐々に曲線の半径が短くなり，後方に突出した形をしている［図7］．また，大腿骨内側顆と外側顆の前後径は脛骨関節面の前後径の約2倍ある．そのため屈曲していくと，転がり運動（rolling）だけでは大腿骨は脛骨の後方へ滑り落ちてしまい，反対に滑り運動（sliding）だけでは脛骨顆の後縁に大腿骨が衝突し屈曲が不十分となる．実際の屈伸運動では，**転がり運動と滑り運動**が〔複合的〕に生じることで，大きな動きを可能にしている．最大伸展位から屈曲していくと，屈曲初期には大腿骨顆部は**転がり運動**だけであるが，徐々に**滑り運動**が加わり，屈曲の最終域に近づくと**滑り運動**だけになる．

前額面での内側顆と外側顆の関節面は形態が異なっている．外側顆の方が大きいが，内側顆の方が関節面は広い．このため，大腿骨外側顆は内側顆よりも移動量が大きくなる．加えて前十字靱帯の緊張，大腿四頭筋の影響などにより，屈曲・伸展運動時に下腿の回旋を伴う．最大伸展位からの屈曲初期に脛骨は大腿骨に対して〔内旋〕し，屈曲位から伸展していくと

図6　膝関節周囲筋 （文献2より）

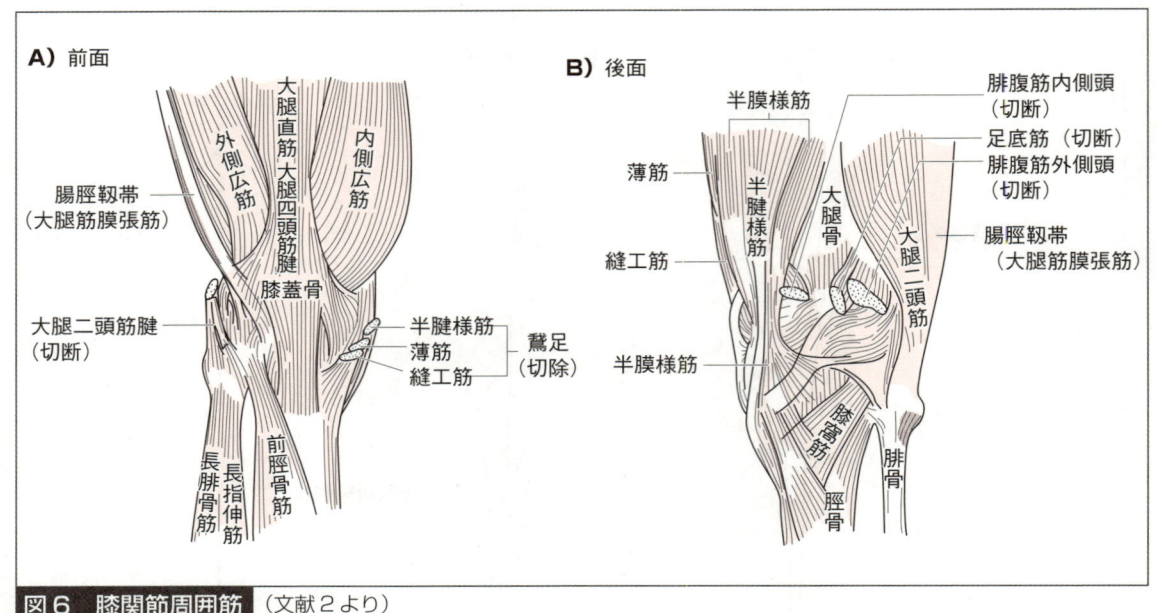

A) 前面
- 腸脛靱帯（大腿筋膜張筋）
- 外側広筋
- 大腿直筋大腿四頭筋腱
- 内側広筋
- 膝蓋骨
- 大腿二頭筋腱（切断）
- 半腱様筋
- 薄筋
- 縫工筋
- 鵞足（切除）
- 長腓骨筋
- 長指伸筋
- 前脛骨筋

B) 後面
- 半膜様筋
- 薄筋
- 縫工筋
- 半腱様筋
- 半膜様筋
- 大腿骨
- 大腿二頭筋
- 腓腹筋内側頭（切断）
- 足底筋（切断）
- 腓腹筋外側頭（切断）
- 腸脛靱帯（大腿筋膜張筋）
- 膝窩筋
- 脛骨
- 腓骨

図7　矢状面での大腿骨顆部の形状 （文献5より）

- 曲線の半径

きには伸展位付近で下腿が〔**外旋**〕する．これは，〔**スクリューホームムーブメント（screw-home movement）**〕といい，不随意的に起こる自動的な動きである［図8］．

② **外旋 – 内旋**：外旋運動に関与する筋としては，大腿二頭筋と大腿筋膜張筋が挙げられ，内旋運動に関与する筋としては，半腱様筋，半膜様筋，縫工筋，薄筋などが挙げられる．随意的な外旋・内旋運動は，脛骨大腿関節が屈曲位で靱帯に緊張がないときに生じる．脛骨大腿関節90°屈曲位で大腿を固定し下腿を回旋すると，外旋可動域は〔**約20°**〕，内旋可動域は〔**約10°**〕の運動が可能である．一方，伸展位では，**骨性**（脛骨顆間結節が大腿骨顆間窩にはまり込む）と**靱帯性**（外旋運動は側副靱帯が制限し，内旋運動は十字靱帯

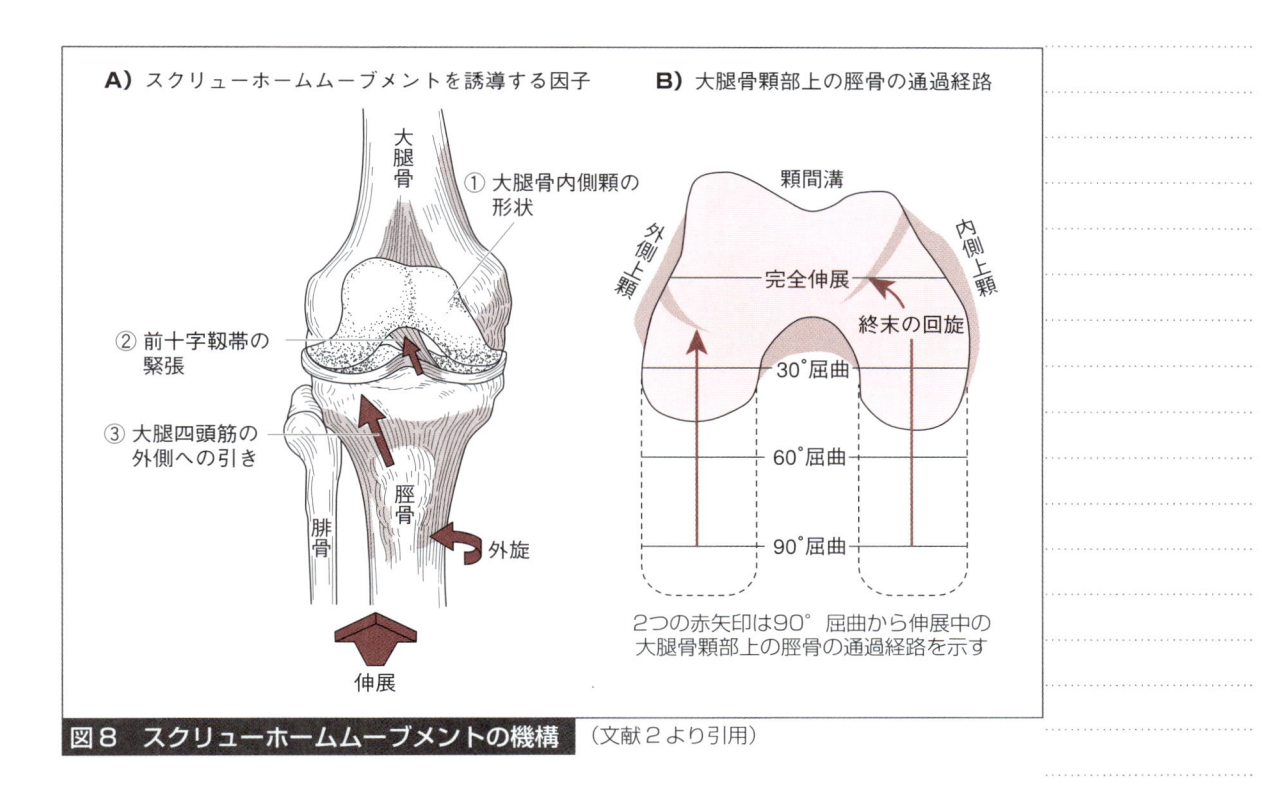

図8 スクリューホームムーブメントの機構 （文献2より引用）

A）スクリューホームムーブメントを誘導する因子
- 大腿骨
- ① 大腿骨内側顆の形状
- ② 前十字靱帯の緊張
- ③ 大腿四頭筋の外側への引き
- 腓骨
- 脛骨
- 外旋
- 伸展

B）大腿骨顆部上の脛骨の通過経路
- 顆間溝
- 外側上顆
- 内側上顆
- 完全伸展
- 終末の回旋
- 30°屈曲
- 60°屈曲
- 90°屈曲

2つの赤矢印は90°屈曲から伸展中の大腿骨顆部上の脛骨の通過経路を示す

が制限する）の要因により困難となる．

3 膝蓋大腿関節の運動学

◆膝蓋大腿関節の運動

膝蓋大腿関節では膝関節の屈伸運動に伴い，膝蓋骨関節面と大腿骨顆間溝上での滑り運動が起こる．大腿骨に対して脛骨が屈曲方向に動く際は，膝蓋骨が大腿骨に対して滑る．一方，脛骨に対して大腿骨が屈曲方向に動く際は，大腿骨が膝蓋骨に対して滑る．

◆膝の伸展機構

膝関節の伸展に直接働く筋は大腿四頭筋であり，数も体積も大きい屈曲筋群に対抗する強大な収縮力を発揮する．大腿四頭筋は膝蓋骨を介して膝蓋腱へ移行し，脛骨粗面に付着する．この**伸展筋力の効率を高める構造**を〔膝の伸展機構〕という．

膝蓋骨が膝関節の屈曲・伸展の軸と，大腿四頭筋の作用点との距離を大きくすることで，膝の伸展機構の効率を高めている．これによって，膝関節の全体の機能である荷重や歩行能力を向上させているが，伸展機構の効率を高めた結果，膝蓋骨の関節面には大きな圧力が生じることとなる．しかし，膝屈曲角度に応じて大腿骨と接する関節面を徐々に変えることで，その負担を分散している［図9］．

A) 膝の伸展機構

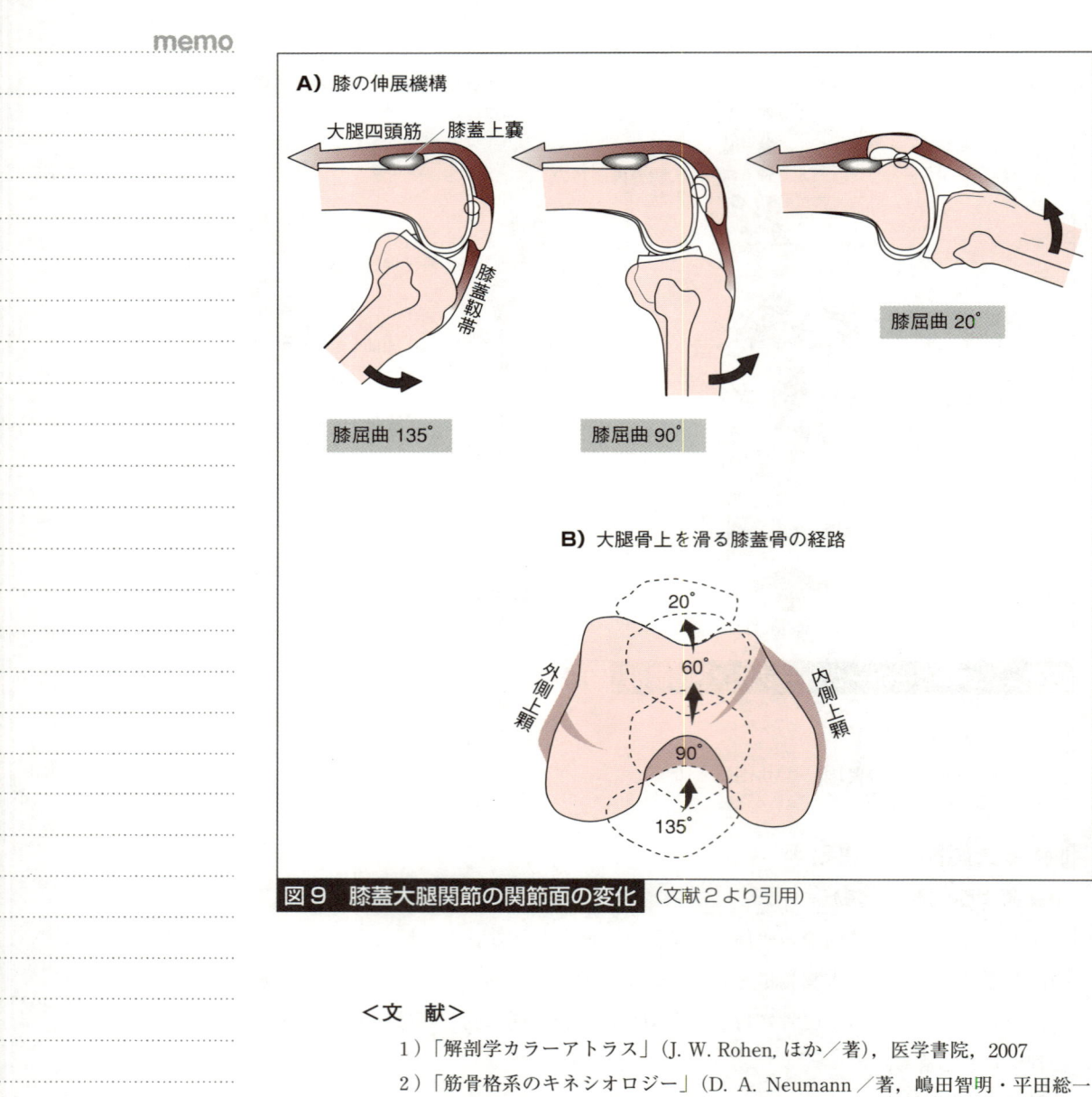

大腿四頭筋　膝蓋上嚢

膝蓋靱帯

膝屈曲 135°　　膝屈曲 90°　　膝屈曲 20°

B) 大腿骨上を滑る膝蓋骨の経路

外側上顆　　内側上顆

20°　60°　90°　135°

図9　膝蓋大腿関節の関節面の変化（文献2より引用）

＜文　献＞

1)「解剖学カラーアトラス」(J. W. Rohen, ほか／著), 医学書院, 2007
2)「筋骨格系のキネシオロジー」(D. A. Neumann ／著, 嶋田智明・平田総一郎／監訳), 医歯薬出版, 2005
3)「基礎運動学」(中村隆一, ほか／著), 医歯薬出版, 2003
4)「障害別・ケースで学ぶ理学療法臨床思考」(嶋田智明／編, 有馬慶美・郷貴大／編集協力), 文光堂, 2007
5)「プロメテウス解剖学アトラス 解剖学総論・運動器系」(坂井建雄／著), 医学書院, 2007
6)「解剖学アトラス」(V. W. Kahle, ほか／著, 越智淳三／訳), 文光堂, 2002

第 2 章　下肢

3 足関節・足部の機能解剖と運動学

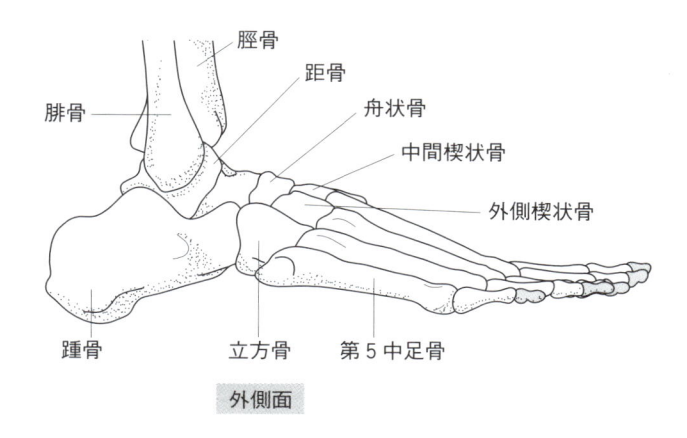

概略図 足関節・足部の構成（文献1より改変）

骨ラベル: 脛骨、距骨、舟状骨、中間楔状骨、外側楔状骨、腓骨、踵骨、立方骨、第5中足骨

外側面

Point

- ☐ 足関節は距腿関節のことをいい，足部は脛骨と腓骨より遠位のすべての構造を意味している．
- ☐ 距腿関節はらせん関節に分類される．
- ☐ 距腿関節の主となる運動は底・背屈であり，このときの運動軸は前額面や水平面とのずれをもっているため，背屈時には外転・回内を，底屈時には内転・回外をわずかに伴う．
- ☐ 距骨下関節では外転・内転運動と外がえし・内がえし運動が可能である．
- ☐ 足部は臨床的に後足部，中足部，前足部の3つの機能的分節に分類される．
- ☐ 足部には骨構成，靱帯支持，筋作用よりなる3つのアーチ〔内側縦アーチ，外側縦アーチ，横アーチ〕が形成されており，衝撃吸収に必要不可欠である．

1 足関節・足部の構造と機能

　足関節と足部の主要な機能は体重支持に加え，歩行や走行の際に衝撃を吸収し，体へ推進力を与えることである．また，さまざまな形状をした接地面に対し，足部を適合させうる可動性（柔軟性）と安定性が求められる．

◆骨と関節

　脛骨と腓骨の遠位端と，距骨との間にできる関節を〔距腿関節〕という．この関節は足関節ともいわれる．足首の運動は距腿関節が主体となるが，ほかの足根間関節も加わる複雑な運動のため，足関節には距腿関節に足根間関節を加えることもある．

　足部は〔脛骨と腓骨より遠位のすべての構造〕を意味している．したがって，7個の**足根骨**，5個の**中足骨**，14個の**趾節骨**といった合計26個の骨によって構成される［図1］．足根骨の間にある関節を足根間関節ともいい，〔距骨下関節〕，〔横足根関節〕（〔踵立方関節〕と〔距踵舟関節〕で構成），〔楔舟関節〕，〔楔立方関節〕がそれに含まれる．

◆距腿関節

　距腿関節は脛骨下関節面と内果および腓骨外果を関節窩，距骨上面の滑車を関節頭とする関節である．外果は内果より**大きく**，末梢まで伸びている．また，外

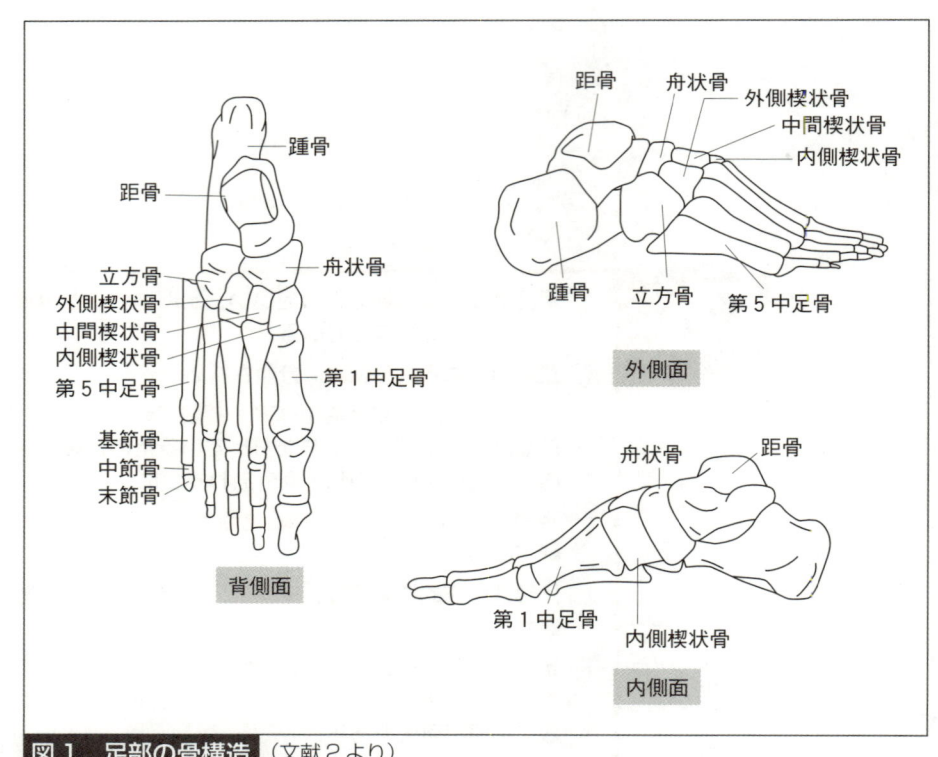

図1　足部の骨構造（文献2より）

果は内果より**後方**に位置している．そのため，距腿関節は〔らせん関節〕に分類される．

主となる運動は〔背屈〕と〔底屈〕である．**距骨滑車**の幅は，後方より前方が〔広い〕ために，底屈位では関節の遊びができて，わずかに内・外転運動が可能になる．一方，背屈位では関節窩が関節頭を固く挟み込むので内・外転運動はできなくなる［図2］．この際，腓骨の挙上や内旋，また後方へのすべり運動も小さな範囲で可動が生じている．このため，脛骨と腓骨の結合部である脛腓靱帯結合や脛腓関節も距腿関節の運動に機能的に関与している．背屈の可動域は〔約20°〕であり，底屈の可動域は〔約45°〕である．

距腿関節の運動軸は外顆と内顆をほぼ横断しており，水平面に対して約6°，前額面に対して約10°の角度をもっている［図3］．このため，背屈運動では**外転・回内**を，底屈運動では**内転・回外**をわずかに伴う．

距腿関節は内側と外側の靱帯が安定性に寄与している．内側は**三角靱帯**と呼ばれ，内果から**扇状**に遠位に拡がっている．この三角靱帯は脛舟部線維，脛踵部線維，脛距部線維からなっている．外側には3つの主要な靱帯である**前距腓靱帯，踵腓靱帯，後距腓靱帯**があり，これらが内転・回外の動きを制動している［図4］．

◆ 距骨下関節

距骨下関節は距骨体下面と踵骨上面の前・中・後の3つの関節面により構成される関節である．このうち**後関節面**が最も大きい．後関節面は距骨側が凹形をしており，踵骨側の凸状の関節面にはまり込む．一方，前・中関節面は小さく，きわめて平面に近い関節面により構成されている．

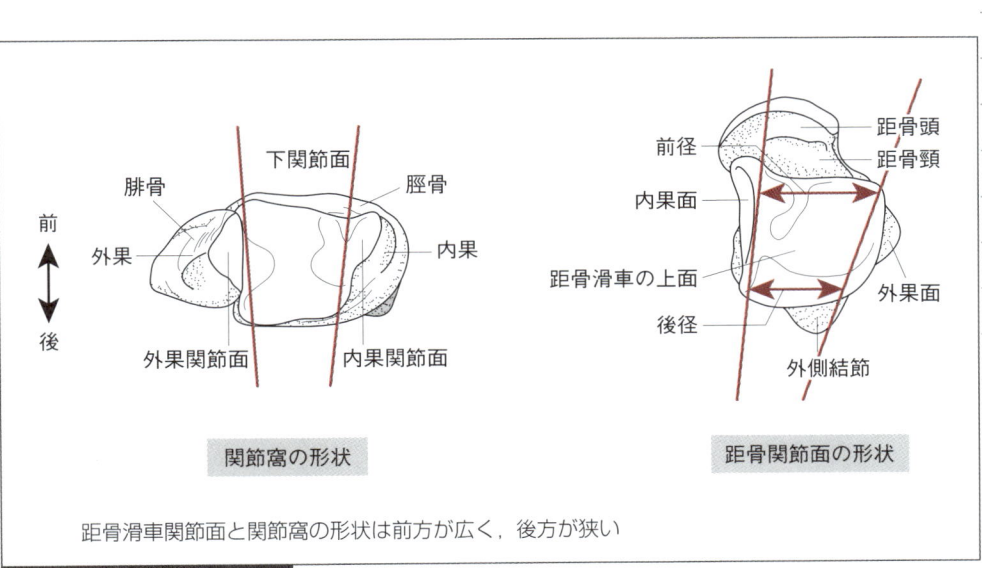

図2 右距腿関節の形状 （文献3より改変）

距骨滑車関節面と関節窩の形状は前方が広く，後方が狭い

memo

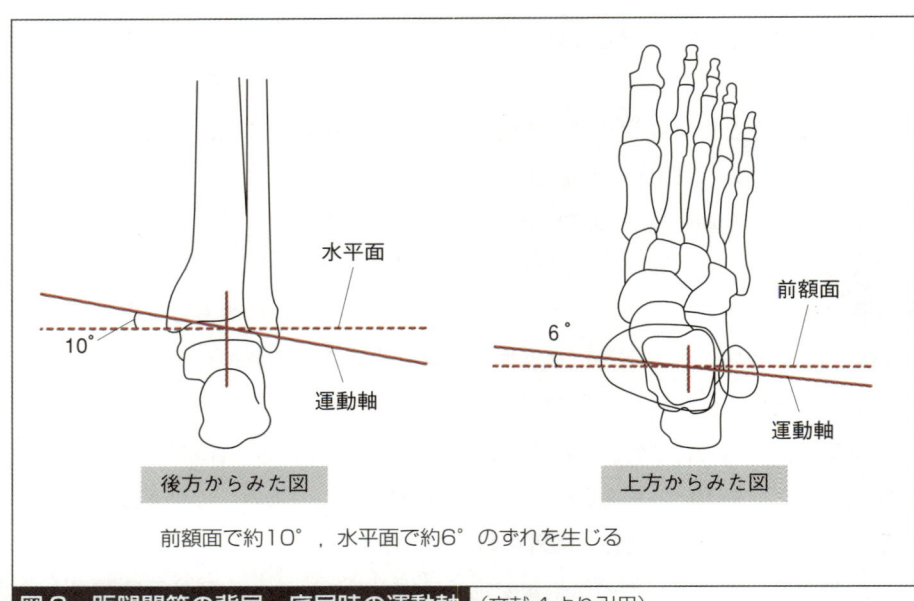

図3 距腿関節の背屈・底屈時の運動軸 (文献4より引用)

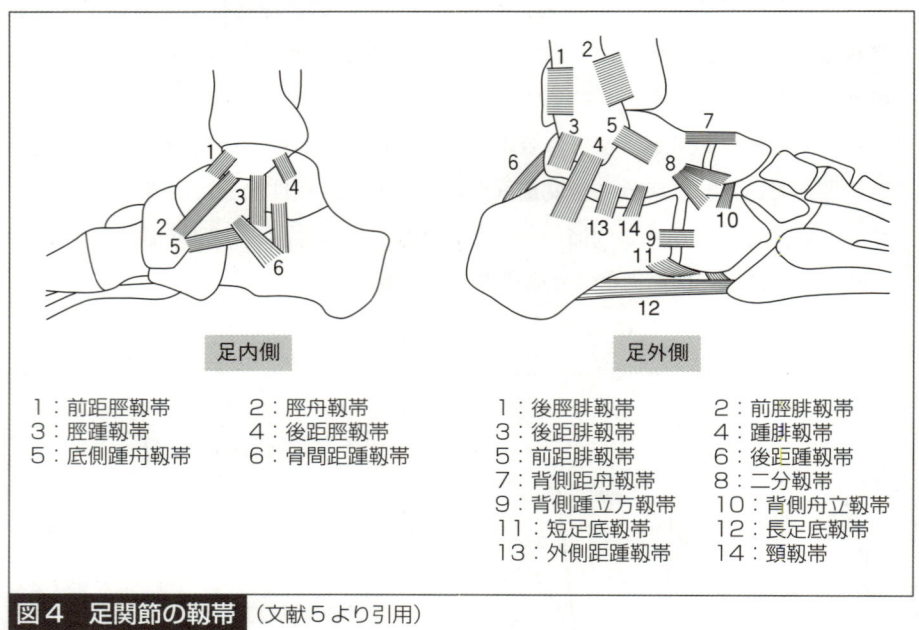

後方からみた図　　　上方からみた図

前額面で約10°, 水平面で約6°のずれを生じる

図4 足関節の靱帯 (文献5より引用)

足内側
1：前距脛靱帯　　2：脛舟靱帯
3：脛踵靱帯　　　4：後距脛靱帯
5：底側踵舟靱帯　6：骨間距踵靱帯

足外側
1：後脛腓靱帯　　2：前脛腓靱帯
3：後距腓靱帯　　4：踵腓靱帯
5：前距腓靱帯　　6：後距踵靱帯
7：背側距舟靱帯　8：二分靱帯
9：背側踵立方靱帯　10：背側舟立靱帯
11：短足底靱帯　12：長足底靱帯
13：外側距踵靱帯　14：頸靱帯

　この関節の運動軸は，踵の後外方から前内方の方向に斜め上方に走る．この運動軸は水平面に対して約42°，矢状面に対して約16°傾斜している [図5].
　この関節では〔**外転・内転運動**〕と〔**外がえし・内がえし運動**〕が可能である．外がえし運動とは足部長軸に対して足底を外側に向ける運動で，〔**背屈・外転・回内**〕を伴う．一方，内がえし運動は足部長軸に対して足底を内側に向ける運動で，〔**底屈・内転・回外**〕を伴う．

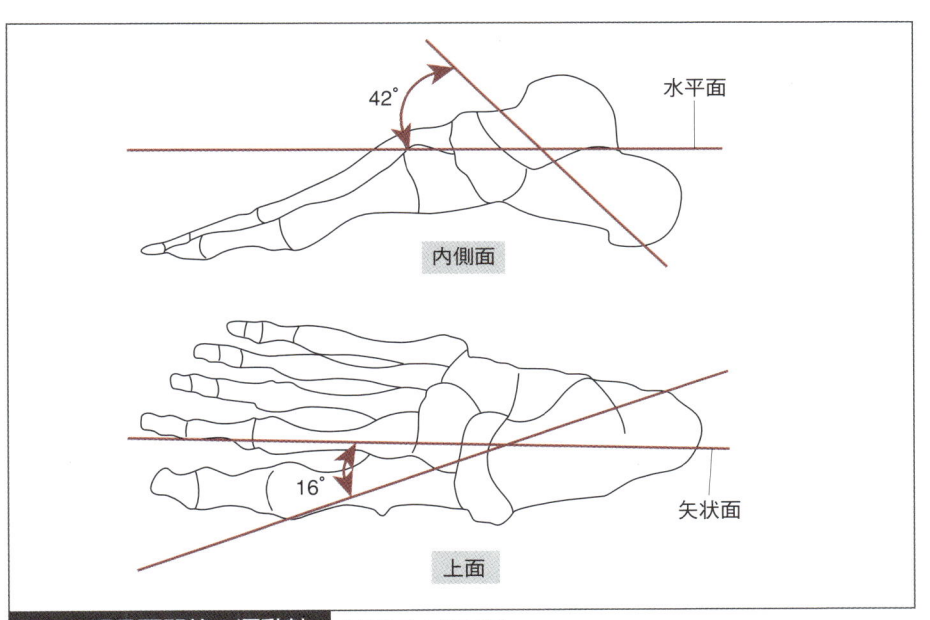

図5 距骨下関節の運動軸 （文献5より引用）

距骨下関節のみを横断する最も重要な靱帯は**骨間距踵靱帯**である．それに加えて内側・後・外側の**距踵靱帯**，**踵腓靱帯**，**三角靱帯の一部線維**も安定性に貢献する［図4］．

◆横足根関節

横足根関節は外側の踵立方関節，内側の距踵舟関節の2つからなる．この関節は〔**ショパール関節**〕としても知られており，外科的切断部位の1つである．

この関節は，**縦軸**と**斜軸**の2つの運動軸を有する．縦軸は水平面に対して約15°，矢状面に対して約9°傾斜し，斜軸は水平目に対して約52°，矢状面に対して約57°傾斜している［図6］．この関節は，主に〔**回内・回外運動**〕に関与している．

◆足根中足関節

内側楔状骨と第1中足骨，中間楔状骨と第2中足骨，外側楔状骨と第3中足骨，立方骨と第4・5中足骨との間にある関節を総称して足根中足関節という．〔**リスフラン関節**〕とも呼ばれており，外科的切断部位の1つである．

この関節の関節面は平坦であり，主として滑り運動が生じる．運動はわずかな底・背屈と内・外転が可能である．

◆その他

外側の4つの中足骨底間で形成される中足間関節，中足骨と足指基節骨の間で形成される中足指節関節，足の指節間関節が存在する．どれも足部の機能を考えるうえでは重要である．

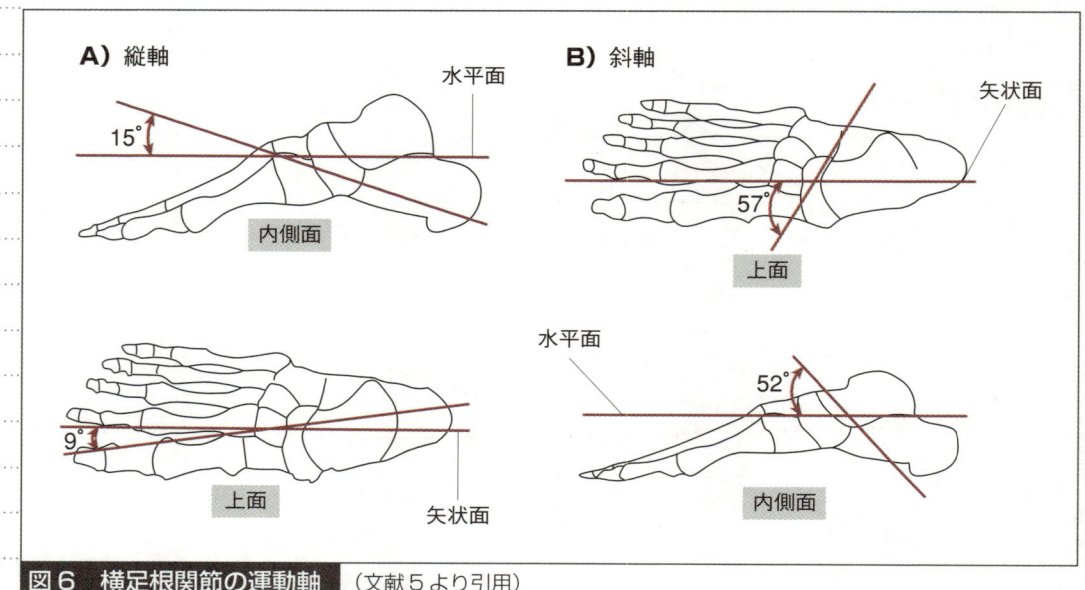

図6 横足根関節の運動軸 （文献5より引用）

A) 縦軸　水平面　15°　内側面
　　上面　9°　矢状面
B) 斜軸　矢状面　57°　上面
　　水平面　52°　内側面

◆筋

　足関節・足部の筋群の機能は歩行時の推進力や立位時の静的安定性，衝撃吸収能を足部へ与えることである．これらは，**足外在筋**と**足内在筋**によって行われる．

【足外在筋】足外在筋は距腿関節を軸としてその前後側と，距骨下関節を軸としてその左右側といった形で筋群を区別することができる．下腿の前方区画の筋群としては，背屈・内がえしに作用する筋として前脛骨筋，長母指伸筋があり，背屈・外がえしに作用する筋として長指伸筋，第3腓骨筋が挙げられる．後方区画の筋群としては，底屈・内がえしに作用する筋として後脛骨筋，長指屈筋，長母指屈筋があり，底屈・外がえしに作用する筋として短腓骨筋，長腓骨筋が挙げられる［図7］．

【足内在筋】足内在筋は足部のなかに**起始と停止**をもつ筋群である．

◆足部の分類

　足部は臨床的に3つの機能的分節により〔後足部〕，〔中足部〕，〔前足部〕に分類される．

【後足部】後足部は横足根関節より近位の部分であり，機能的には後足部の〔可動性（柔軟性）〕と〔固定性〕，近位関節や骨への力学的伝達，足部遠位関節への可動性に関与している．

【中足部】中足部は横足根関節から足根中足関節までの部分で楔状骨（内側・中間・外側），立方骨，舟状骨にて構成される．機能的には〔可動性（柔軟性）はほとんどなく〕，一塊となっている．

【前足部】前足部は足根中足関節より遠位の部分である．機能的には可動性（柔軟

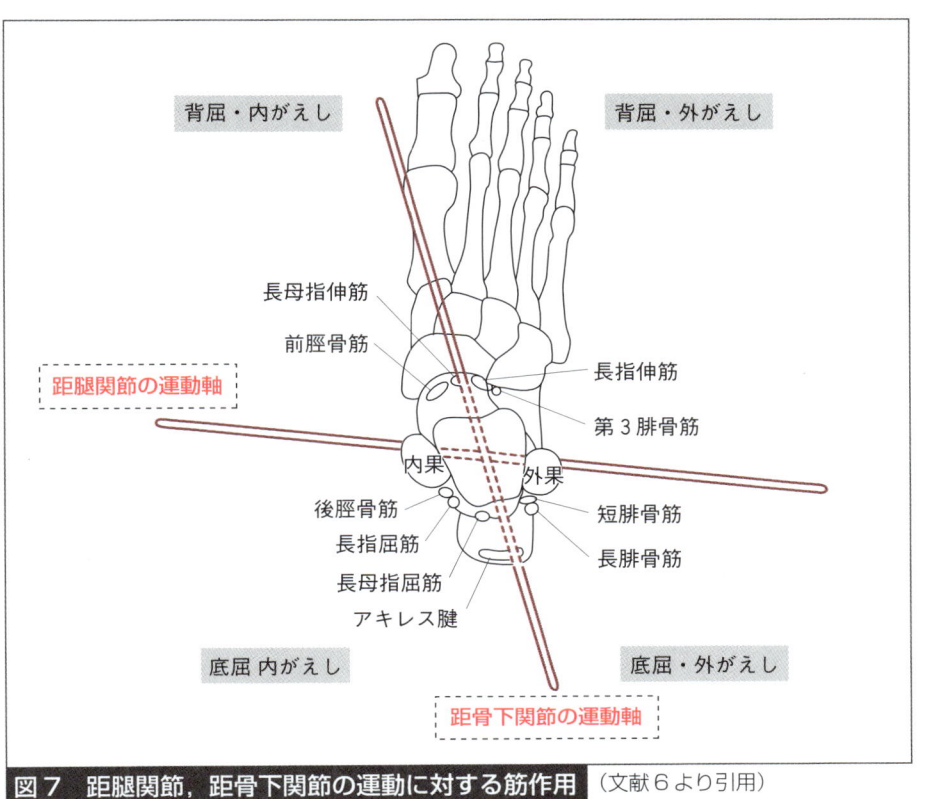

図7 距腿関節, 距骨下関節の運動に対する筋作用（文献6より引用）

性）があり，歩行時などで〔**身体を前方へ移動**〕させる際に重要である．

2 足関節・足部の衝撃吸収機構
◆足アーチの構造

　足関節・足部の機能としては，歩行や走行時に生じる衝撃の吸収がある．足部には骨構成，靱帯支持，筋作用よりなる3つのアーチが形成されており，衝撃吸収には必要不可欠のものである．

【**内側縦アーチ**】［図8①］〔**踵骨**〕，〔**距骨**〕，〔**舟状骨**〕，〔**内側楔状骨**〕，〔**第1中足骨**〕より構成されている．さらに靱帯としては，底側踵舟靱帯，距踵靱帯，楔状靱帯，足根中足靱帯など，筋としては前脛骨筋，後脛骨筋，長母指屈筋，長指屈筋，母指外転筋が関与する．

【**外側縦アーチ**】［図8②］〔**踵骨**〕，〔**立方骨**〕，〔**第5中足骨**〕より構成されている．さらに靱帯としては，長足底靱帯，踵立方靱帯，足根中足靱帯，筋としては長腓骨筋，短腓骨筋が関与する．

【**横アーチ**】〔**中足部**〕と〔**前足部**〕の2カ所で構成されるのが横アーチである．中足部では，〔**内側楔状骨**〕，〔**中間楔状骨**〕，〔**外側楔状骨**〕，〔**立方骨**〕により構

成され，楔間靱帯，楔立方靱帯や長腓骨筋といった結合組織により支持されている［図8③］．**前足部**では，**第1〜5中足骨**により構成され，深横中足靱帯や母指内転筋横頭といった結合組織により支持されている［図8④］．

◆足部のウィンドラス機構

足底腱膜は，踵骨隆起と第1〜5趾の基節骨に付着している．このため，中足

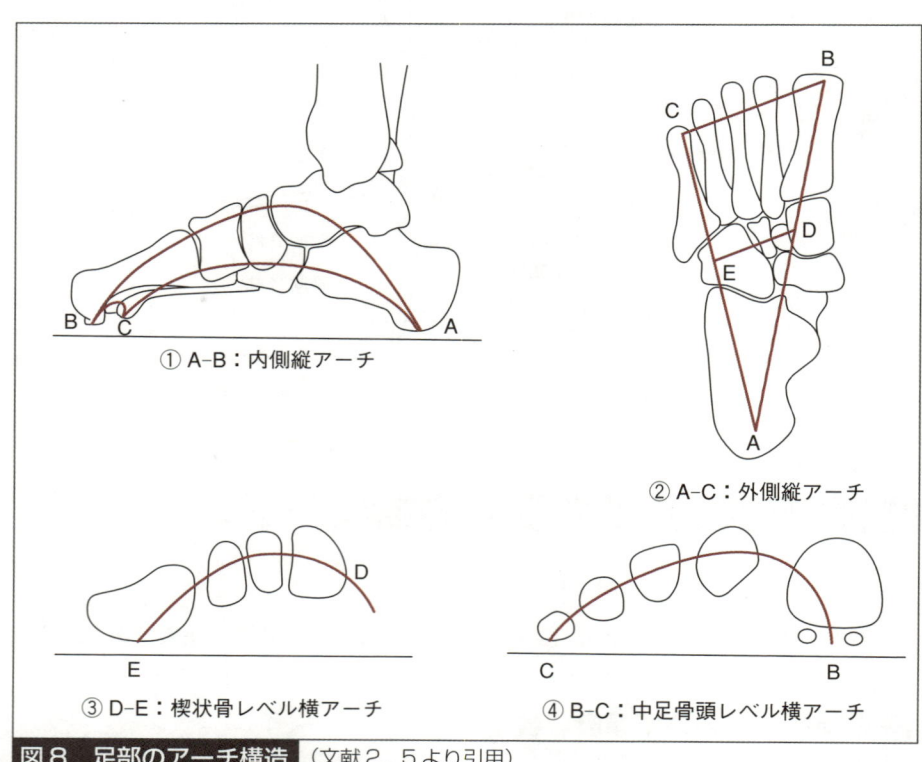

① A-B：内側縦アーチ

② A-C：外側縦アーチ

③ D-E：楔状骨レベル横アーチ

④ B-C：中足骨頭レベル横アーチ

図8　足部のアーチ構造（文献2，5より引用）

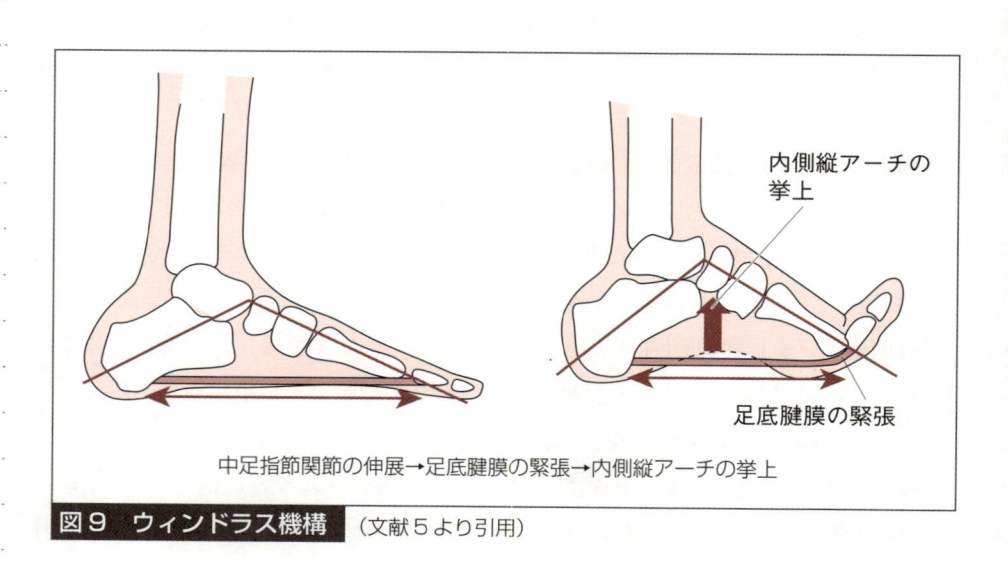

内側縦アーチの挙上

足底腱膜の緊張

中足指節関節の伸展→足底腱膜の緊張→内側縦アーチの挙上

図9　ウィンドラス機構（文献5より引用）

指節関節を伸展することによって腱膜は**緊張**し，**内側縦アーチ**が〔巻き上げられ〕て挙上する［図9］．これを〔ウィンドラス（巻き上げ）機構〕という．これは足部の**剛性**を高めるのに役立っている．

<文　献>

1）「解剖学カラーアトラス」（J. W. Rohen, ほか／著），医学書院，2007
2）「基礎運動学」（中村隆一，ほか／著），医歯薬出版，2003
3）「プロメテウス解剖学アトラス 解剖学総論・運動器系」（坂井建雄／著），医学書院，2007
4）「ザ ROM」（理学療法科学学会／監），IPEC，2007
5）「障害別・ケースで学ぶ理学療法臨床思考」（嶋田智明／編，有馬慶美・郷貴大／編集協力），文光堂，2007
6）「筋骨格系のキネシオロジー」（D. A. Neumann／著，嶋田智明・平田総一郎／監訳），医歯薬出版，2005

演習問題で理解度をチェック！ 別冊 p.13 へ

第3章 体軸骨格

1 脊柱の機能解剖と運動学

概略図 体幹の構成（文献1より）

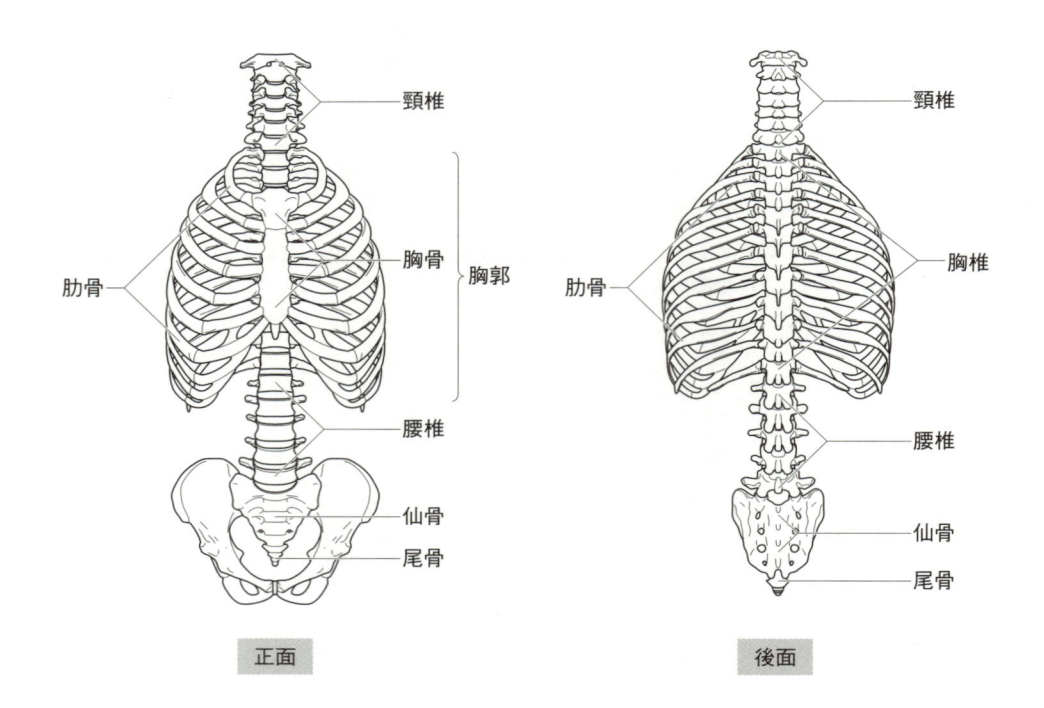

正面

後面

Point

- □ 体幹とは，頭部，頸部および四肢を除く，胸骨と肋骨を含めたヒトの身体をいう．
- □ 脊柱には4つの生理的彎曲があり，頸椎と腰椎は前弯，胸椎と仙・尾椎は後弯を呈する．
- □ 椎間円板は，髄核と線維輪からなり，上下椎体の連結，衝撃吸収やスペーサーとして脊柱を安定させる働きをもつ．
- □ 前縦靭帯は脊柱の伸展を制限し，黄色靭帯・後縦靭帯・棘間靭帯・棘上靭帯・項靭帯は脊柱の屈曲を制動し，横突間靭帯は対側への側屈を制動する．
- □ 第1頸椎はその形状から環椎，第2頸椎は軸椎，第7頸椎は隆椎と呼ばれる．
- □ 椎間関節は上下の関節突起間にある平面関節で，脊柱の運動に重要な役割を果たす．
- □ 仙腸関節は仙骨と腸骨の耳状面との間にある滑膜関節（半関節）で，仙骨がわずかに前屈 - 後屈する．

1 体幹の基本的構成 ［概略図］

　体軸骨格は，頭蓋，椎骨，肋骨および胸骨から構成される．体幹はこの一部分であり，頭部，頸部および四肢を除く，胸骨と肋骨を含めたヒトの身体をいう．

◆脊柱の彎曲 ［図1］

　椎骨は全体として「**脊柱**」を，胸椎は肋骨や胸骨とともに「**胸郭**」を形成している．脊柱は32〜34個の椎骨（頸椎7個，胸椎12個，腰椎5個，仙椎5個が癒合した仙骨，尾椎3〜5個が癒合した尾骨）および椎間円板からなる．

　脊柱には〔頸椎前弯〕，〔胸椎後弯〕，〔腰椎前弯〕，〔仙・尾椎後弯〕の4つの**生理的彎曲**があり，頸部と腰部は前方に凸，胸部と仙・尾部は後方に凸の彎曲を示す．新生児の脊柱は全体的に後弯してC字状になっており（第一次彎曲），その後抗重力位での活動に伴って頸椎や腰椎の前弯が現れ，次第にS字状の曲線をつくる（第二次彎曲）．

◆椎骨の構造と基本的構成 ［図2］

　環椎，軸椎を除くすべての椎骨には，〔椎体〕と〔椎弓〕，〔棘突起〕，〔横突起〕（腰椎では肋骨突起），〔上関節突起〕，〔下関節突起〕がある．椎体と椎弓によって〔椎孔〕ができ，椎孔は全体として〔脊柱管〕となり，このなかに脊髄が納められている．脊柱の上から下にいくにしたがって，椎体は大きくなるが，椎孔は下にいくほど小さくなる．

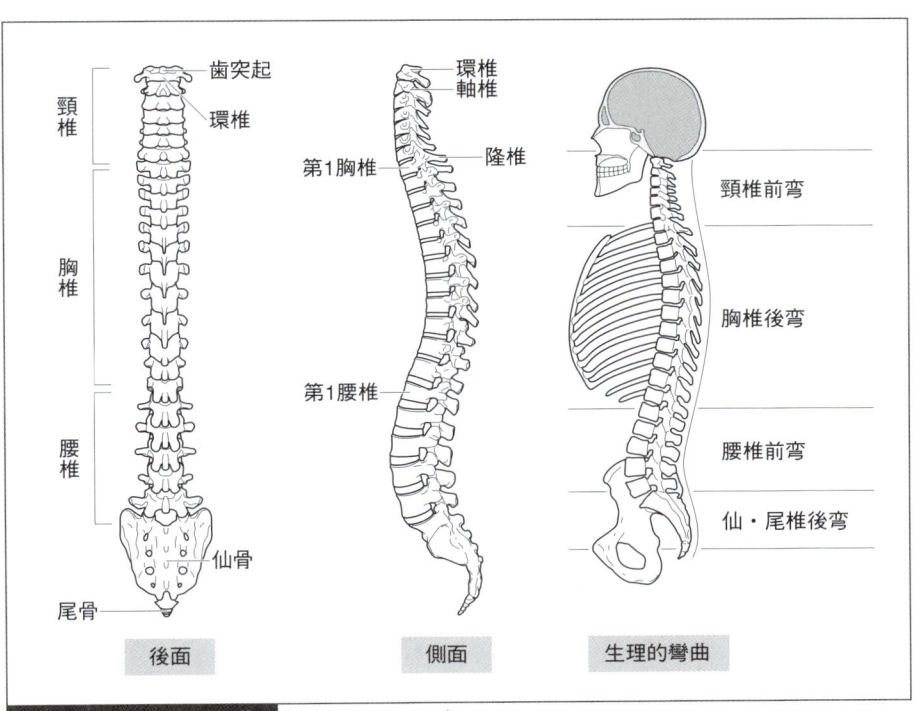

図1　脊柱とその彎曲　（文献1, 2より）

椎体は円柱形で上・下面は扁平となっており，上下の椎骨の間には椎間円板がある．

椎弓根の上・下縁をそれぞれ上椎切痕，下椎切痕という．上下で〔椎間孔〕を形成し，脊髄から出る神経根の通路となる．このほか椎間孔には血管，脂肪，リンパ管も通っている．

◆脊柱の連結

【椎間関節】上下2つの椎骨は上関節突起と下関節突起との間に滑膜性の平面関節を形成し，これを〔椎間関節〕という［図2-C］．

【椎間円板】椎間円板は，〔髄核〕とその周りを囲む〔線維輪〕からなる［図3-A］．第2頸椎以下の椎体間に存在し，上下椎体の連結，衝撃吸収やスペーサーとして脊柱を安定させる働きをもつ．

髄核は線維輪の中心にあるゼラチン様物質で，その80％は水分で，残りはタンパク質，ムコ多糖類，コンドロイチン硫酸，ヒアルロン酸からなる．**線維輪**は交互に異なる方向に斜走するコラーゲン線維でできており，椎体表面の軟骨板（椎体終板）を介して上・下椎体と線維輪は強固に結合している．運動時には椎間円板が変形し，髄核が線維輪内をわずかに移動する［図3-C］．体幹屈曲時には椎間円板の前部が圧縮され，髄核は後方へ移動する．伸展時には椎間円板後部が圧縮され，髄核は前方へ移動する．

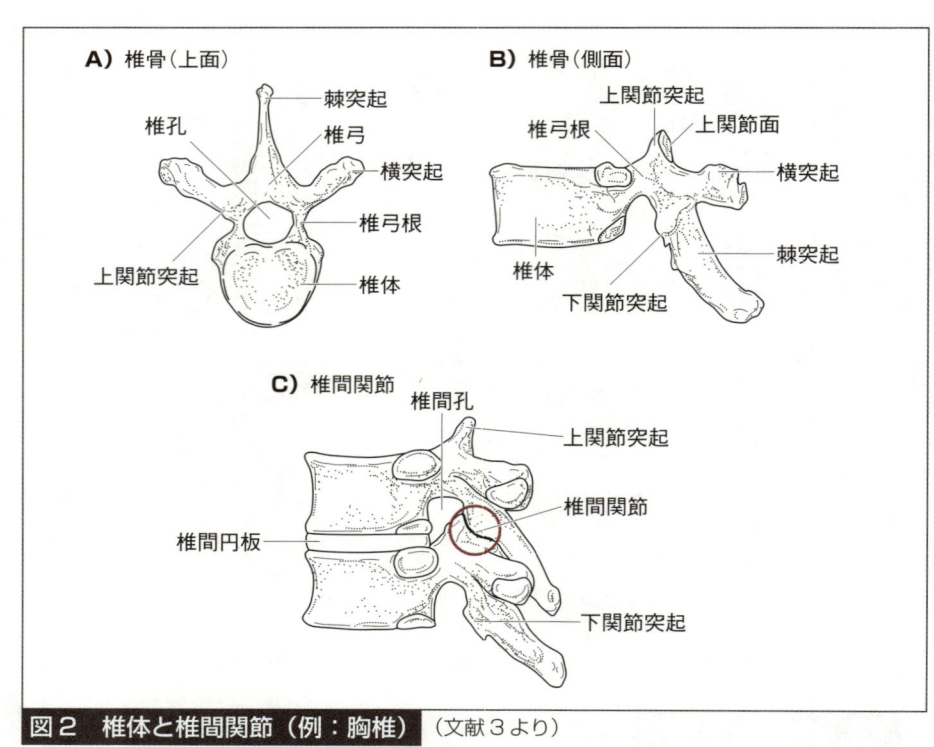

図2 椎体と椎間関節（例：胸椎）（文献3より）

【脊柱の靱帯】脊柱の靱帯は，運動を制限し，脊柱の彎曲を維持し，脊柱を保護する働きをしている．椎骨を連結する靱帯は，①全椎骨を通じて連結する靱帯（前縦靱帯，後縦靱帯，項靱帯，棘上靱帯など），②上・下椎骨間を連結する靱帯（黄色靱帯，棘間靱帯，横突間靱帯など）の2つに分けられる [図3-B]．

〔前縦靱帯〕は，後頭骨から仙骨前面に至る靱帯で，椎体前面にある．頸部や腰部の〔伸展（過度の前弯）〕を制限する．〔後縦靱帯〕は，後頭骨から仙骨に至る靱帯で，椎体後面にある．〔屈曲〕を制限する働きがあり，椎間円板と強固に結合して線維輪の後部を補強している．〔黄色靱帯〕は，軸椎から第1仙椎までの各椎骨の上下の椎弓板の間に張る靱帯で，脊髄の後方に位置して隣接する椎弓を連結する．脊柱全体にわたる〔屈曲〕を制限し，椎間円板への過度な圧迫力を避ける働きがある．多量の弾性線維を含んで黄色を呈する．〔棘間靱帯〕は，上下の隣接する棘突起間を結ぶ靱帯で，〔屈曲〕を制限する．腰部で強く，

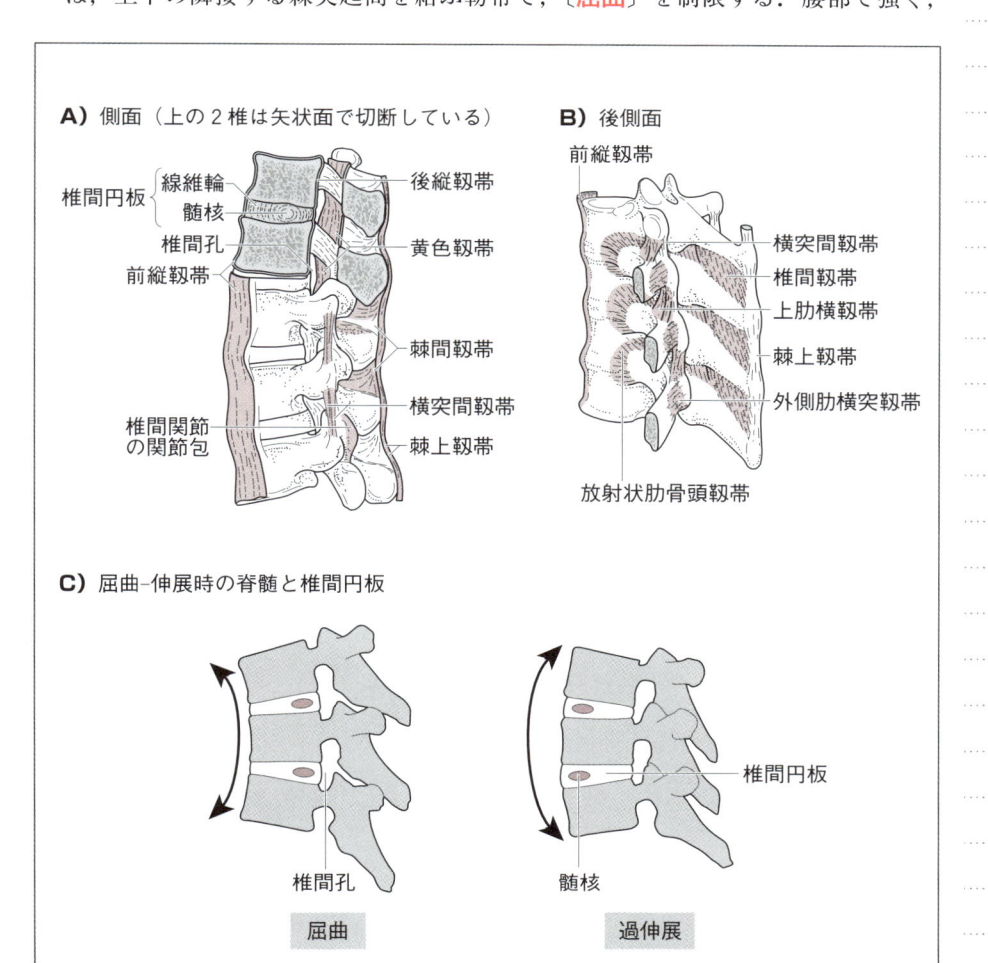

図3 椎間円板と脊柱の靱帯 （文献1, 2より）

A) 側面（上の2椎は矢状面で切断している）
椎間円板 — 線維輪／髄核／椎間孔／前縦靱帯／後縦靱帯／黄色靱帯／棘間靱帯／横突間靱帯／椎間関節の関節包／棘上靱帯

B) 後側面
前縦靱帯／横突間靱帯／椎間靱帯／上肋横靱帯／棘上靱帯／外側肋横突靱帯／放射状肋骨頭靱帯

C) 屈曲-伸展時の脊髄と椎間円板
椎間孔／屈曲／椎間円板／髄核／過伸展

それ以外は弱い．〔棘上靱帯〕は，第7頸椎棘突起から仙骨後面まで棘突起間をつないでおり，〔屈曲〕を制限する．〔項靱帯〕は，棘上靱帯が頭頸部へ伸びたものとされており，後頭骨と第7頸椎棘突起を結ぶ頑強な膜組織で，頭部・頸部を他動的に支持する働きがあり，僧帽筋，頭板状筋など頸背部の左右の筋を分ける中隔となっている．〔横突間靱帯〕は，上下に隣接する横突起間に張り，対側への側屈を制動する．

◆椎間関節と脊柱の動き［図4，5］

　脊柱は屈曲−伸展，側屈，回旋が可能で，3度の自由度をもつ．頸椎・胸椎・腰椎の椎骨の形態にはそれぞれ特徴がある．さらに椎間関節面の方向が異なることが各部の運動方向や運動範囲に影響を及ぼす．

【頸椎】頸椎は屈曲−伸展，側屈，回旋が可能で，いずれも比較的可動性が大きい．下部頸椎の椎間関節は水平面に対して45°傾き，前額面に対して平行である［図4-A］．

【胸椎】胸椎の椎間関節は水平面に対して60°傾き，前額面に対して20°傾いてい

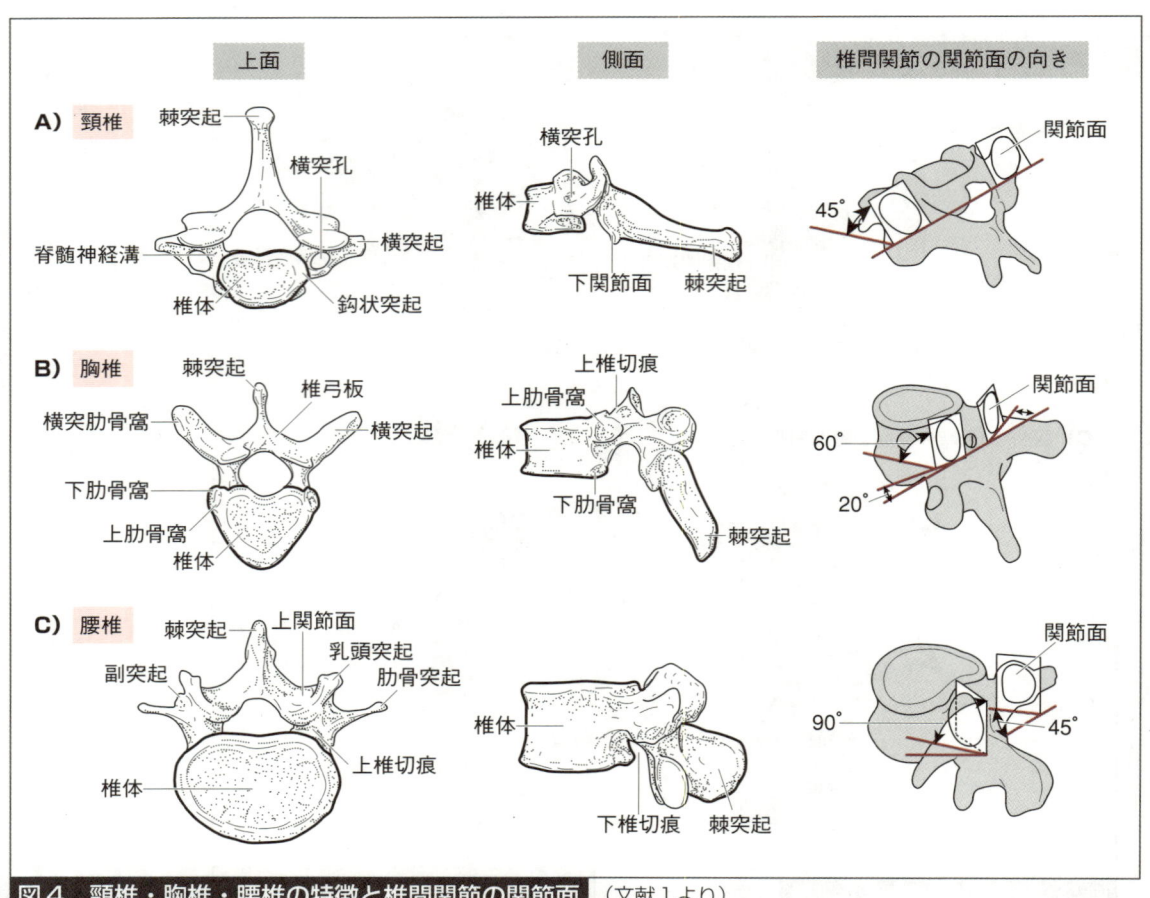

図4　頸椎・胸椎・腰椎の特徴と椎間関節の関節面　（文献1より）

る［図4-B］．胸椎では側屈，回旋，ある程度の屈曲-伸展が可能であるが，全体として胸郭を形成しているのでその可動域は小さい．屈曲-伸展の動きは胸腰椎から腰椎に近づくほど徐々に大きくなる．

【腰椎】腰椎の椎間関節は，水平に対して直角，前額面に対して45°の傾きがある［図4-C］．屈曲-伸展，側屈が可能であるが，回旋はほとんどできない．また腰椎の運動は股関節の動きを伴うことが多く，個人差も大きい．

個々の脊椎間の屈伸，側屈，回旋の可動域を図5に示す．

◆**脊髄と脊髄神経**

成人ではほぼ第2腰椎の高さ以下に脊髄はなく，脊髄神経の前根と後根が走行する**馬尾**となる．

脊髄を横断面でみると，前側面から遠心性（運動性）の前根が，後側面からは求心性（感覚性）の後根が左右対称に出ている．前根が**運動神経**，後根が**感覚神経**の線維であることをベル・マジャンディ（Bell-Magendie）の法則という．前根と後根は混合神経となり，椎間孔を通過し，混合神経のまま前枝と後枝に分かれ

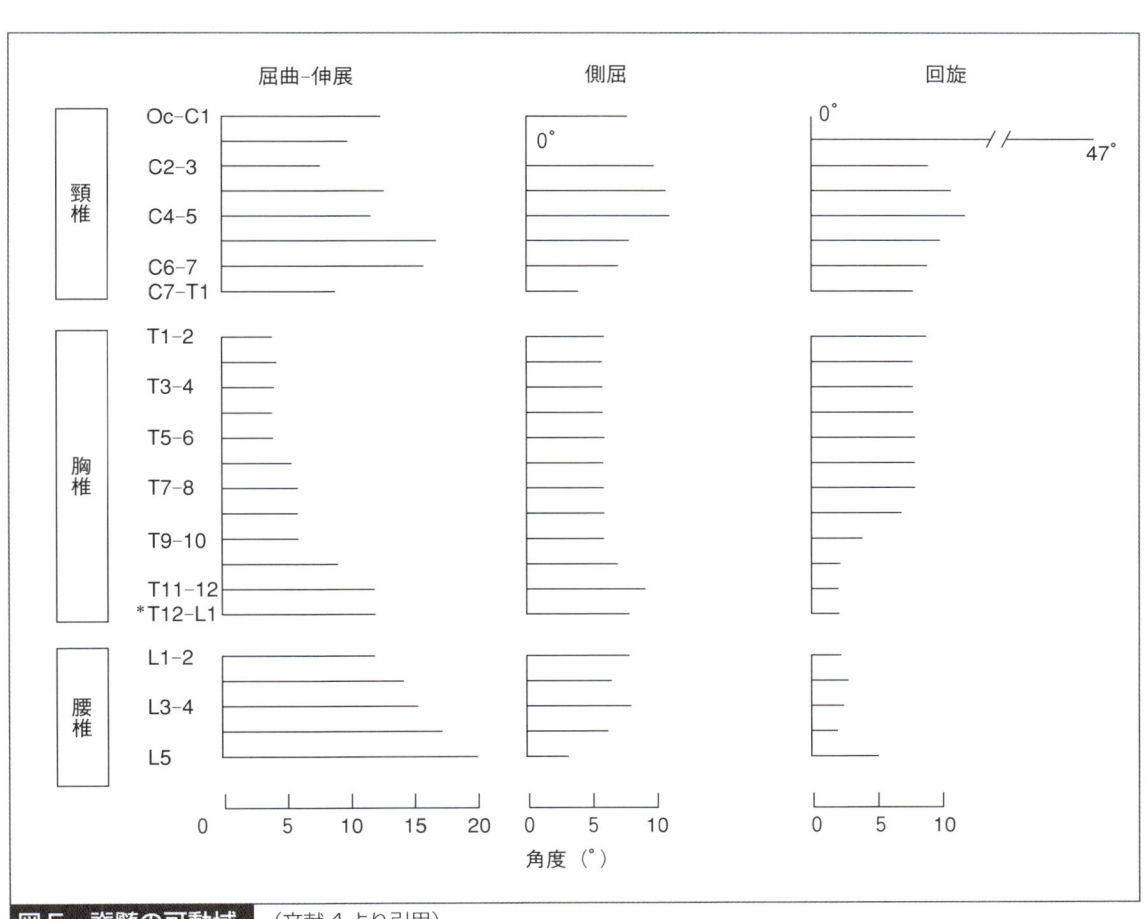

図5 脊髄の可動域 （文献4より引用）

て走行する．

　ヒトの脊髄神経は，頸神経8対（C1～8），胸神経12対（T1～12），腰神経5対（L1～5），仙骨神経5対（S1～5），尾骨神経1対（Co1）の合計31髄節からなる．胸神経を除く脊髄神経前枝は上・下肢に分布する前に複雑な神経叢を形成する．神経叢には**頸神経叢**（第1～5頸神経の前枝），**腕神経叢**（第5頸神経～第1胸神経）などがある．

　末梢神経は皮膚に分布する皮膚神経（感覚神経）と筋に分布する筋神経（混合神経）に区分される．

2 頭頸部の機能解剖と運動学

　頸椎は7個の椎骨で構成される［図6-A］．第1頸椎（C1）は〔環椎〕，第2頸椎（C2）は〔軸椎〕，第7頸椎（C7）は〔隆椎〕と呼ばれる．上位の2椎の形態は第3頸椎以下と著しく異なっており，環椎は全体で輪状となり，ここに軸椎の〔歯突起〕がはまりこむ［図6-B，C］．さらに，頸椎には**横突孔**（横突起にある孔で，ここを椎骨動脈などが通る），前結節（横突孔の前部），後結節（横突孔の

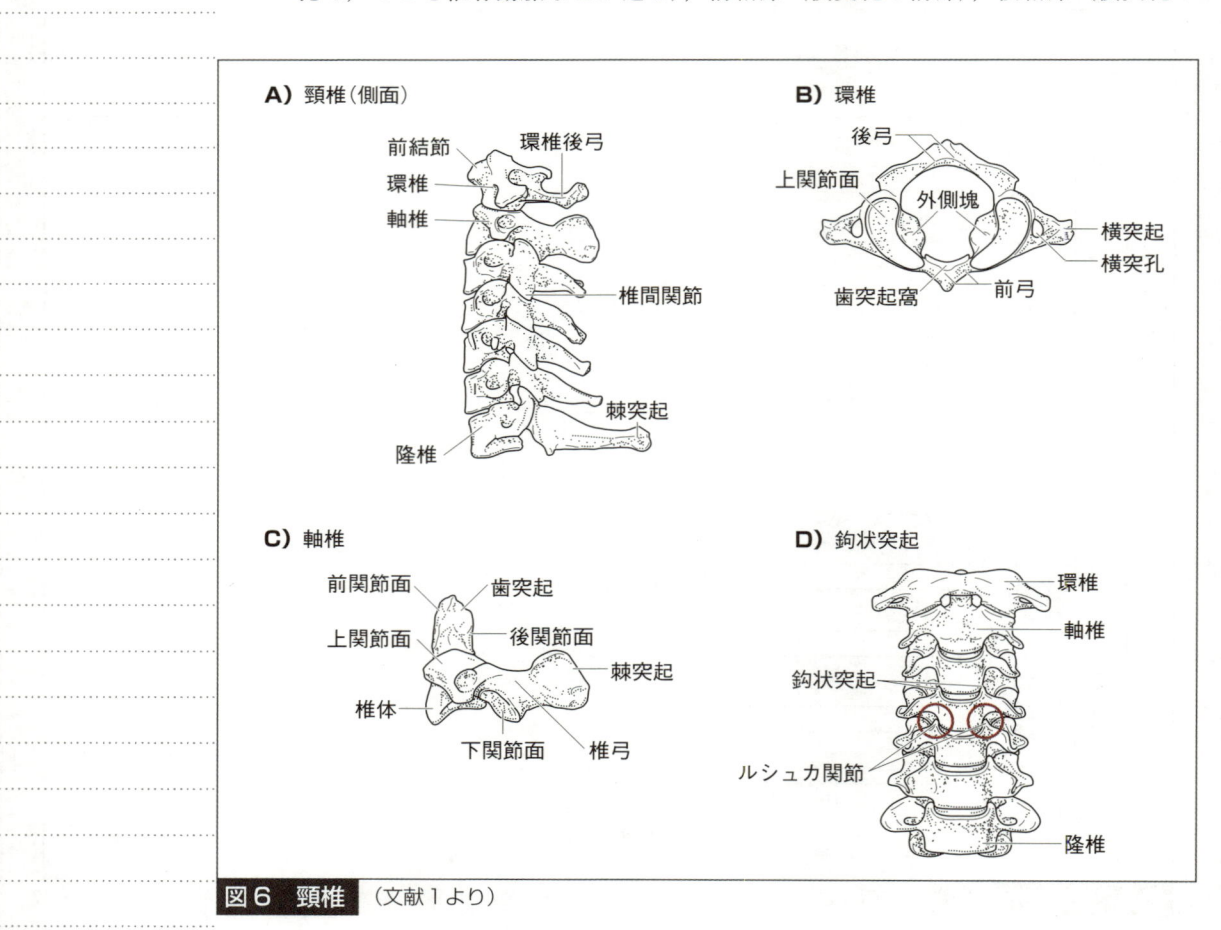

図6　頸椎　（文献1より）

後部），脊髄神経溝（脊髄神経が通る溝）がある．

◆頭部・上位頸椎の関節と靱帯

環椎・軸椎と後頭骨の間には，左右の**環椎後頭関節**と**環軸関節**がある．環軸関節は，さらに中央の正中環軸関節，および左右の外側環軸関節に分けられる．

環椎後頭関節は，環椎外側塊の上関節窩と後頭骨の後頭顆との間の**顆状関節**であり，主な動きは頭部の〔屈曲−伸展（うなづき）〕で，後頭骨が環椎の上関節面の上をゆりかごのように動く．わずかな側屈も可能である．

環軸関節のうち，**正中環軸関節**は，環椎前弓の歯突起窩と軸椎歯突起前関節面との間，および歯突起の後関節面と環椎横靱帯との間に，それぞれ関節腔をもつ**車軸関節**である．軸椎を中心として環椎を回旋させる．一方，**外側環軸関節**は，環椎の下関節窩と軸椎の上関節面との間の椎間関節であり，**平面関節**である．左右の関節が共同して環椎を**回旋**させるが，この椎間関節は脊柱のなかで最も可動性が大きく，関節面は水平に近い（約30°）．

環椎後頭関節の関節包近くには環椎と後頭骨の間に張る**後環椎後頭膜**があり，脊髄の後ろにある"黄色靱帯"の機能を果たす．軸椎の**歯突起**尖端と後頭骨は**歯尖靱帯**で結ばれる．また，環椎の左右の外側塊の間に張る強靱な**環椎横靱帯**と，後頭骨と軸椎をつなぐ**縦束**は，合わせて**環椎十字靱帯**と呼ばれ，軸椎の歯突起を後方から覆って後方への偏位を防いでいる．さらに環椎十字靱帯の後方は，**蓋膜**で覆われる．蓋膜は第3頸椎以遠の後縦靱帯からつながって後頭骨に至る［図7］．

◆下位頸椎の関節と靱帯

第3頸椎以下は一般的な椎骨と同様に，棘突起，横突起，上・下関節突起がある．軸椎−第3頸椎以下の椎骨には椎間円板があり，**椎間関節**で連結する．このほか頸椎には，**横突孔**，成人では椎体の後外側面に**鉤状突起（ルシュカ突起）**がみられ，上下で小さな関節を形成し，これを**ルシュカ関節**という［図6-D］．これによって側屈の可動域が制限される．第3〜6頸椎の棘突起は短く，先端が二分している．第7頸椎（隆椎）の棘突起は長く後ろへ突き出ており，体表から容易に触知できる（靱帯については，p.81【脊柱の靱帯】を参照）．

◆頸部の運動

頸椎は**屈曲−伸展，側屈，回旋**が可能で，いずれも比較的**可動性が大きい**．下位頸椎の椎間関節は水平面に対して45°傾き，前額面に対して平行である［図5-A］．頸部屈曲時には，上位頸椎では主として〔環椎後頭関節〕でうなずき運動，下位頸椎で**屈曲運動**を生じる．回旋運動は主として〔正中・外側環軸関節〕で生じ，側屈，回旋の運動は下部頸椎では制限される．また，下位頸椎では側屈と回旋は連動して，同方向へ起こり，棘突起は側屈側と反対方向へ移動する［図8］．

頸部の運動に関与する筋は，大別すると頸部の筋と背部の筋に区分される．

図7 頸椎 （文献1より）

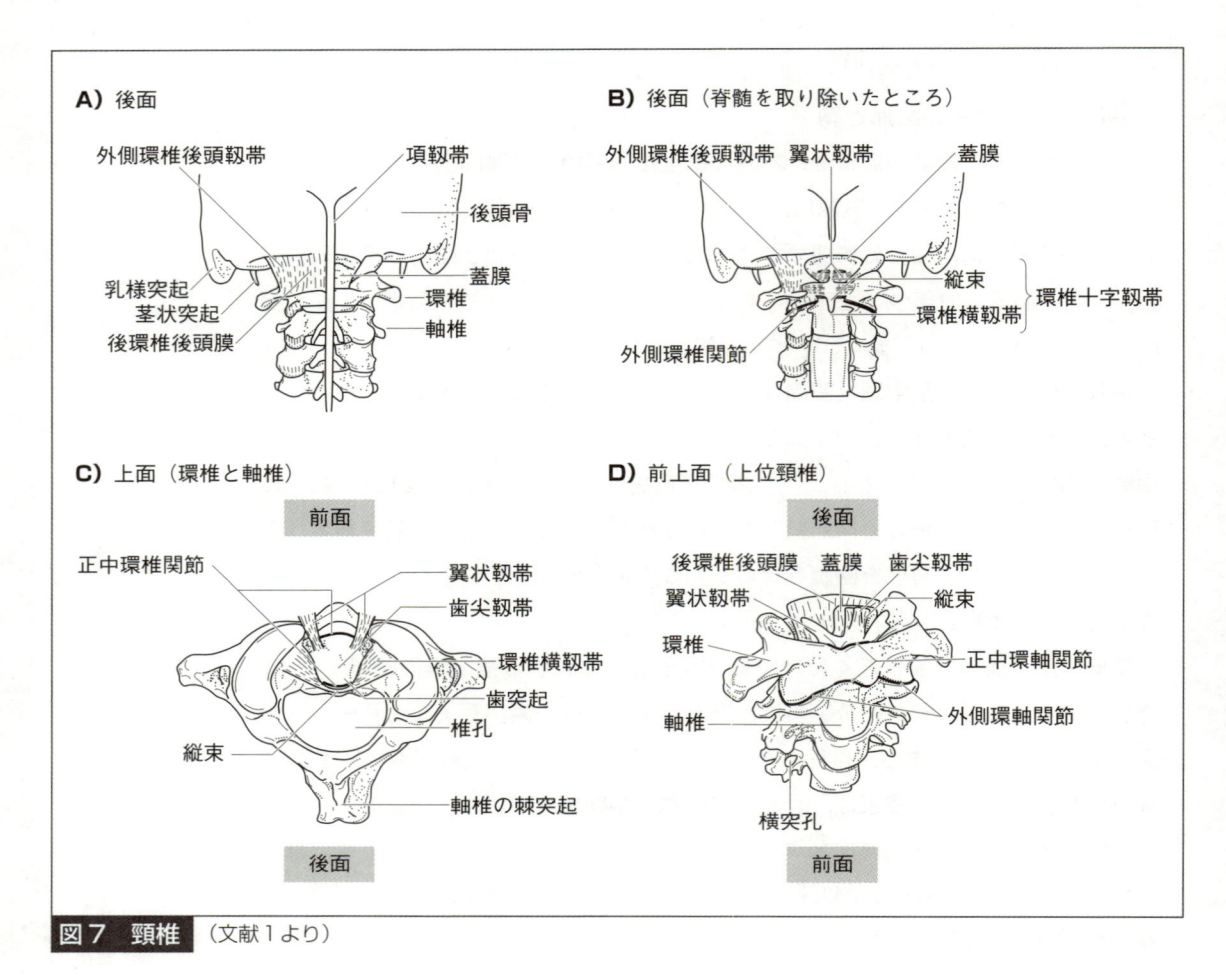

A) 後面
外側環椎後頭靱帯／項靱帯／後頭骨／乳様突起／茎状突起／後環椎後頭膜／蓋膜／環椎／軸椎

B) 後面（脊髄を取り除いたところ）
外側環椎後頭靱帯／翼状靱帯／蓋膜／外側環椎関節／縦束／環椎横靱帯／環椎十字靱帯

C) 上面（環椎と軸椎）
前面／正中環椎関節／翼状靱帯／歯尖靱帯／環椎横靱帯／歯突起／椎孔／縦束／軸椎の棘突起／後面

D) 前上面（上位頸椎）
後面／後環椎後頭膜／蓋膜／歯尖靱帯／翼状靱帯／縦束／環椎／正中環軸関節／軸椎／外側環軸関節／横突孔／前面

【頸部の筋】外側部の筋（胸鎖乳突筋），前頸部の筋（舌骨上筋群，舌骨下筋群），頸椎の前面にある筋（斜角筋群，椎前筋群）などがある．

【背部の筋】脊髄神経後枝に神経支配される固有背筋には，長背筋群，短背筋群がある．**長背筋群**には，頭板状筋，頸板状筋，脊柱起立筋がある．**頭板状筋・頸板状筋**は，固有背筋のうちで最も表層にあり，下位頸椎と上位胸椎棘突起から起こって乳様突起に付く．**脊柱起立筋**は，後頭部から仙骨部まで至る長い筋で，外側から**腸肋筋**（頸腸肋筋，胸腸肋筋，腰腸肋筋），**最長筋**（頭最長筋，頸最長筋，胸最長筋），**棘筋**（頭棘筋，頸棘筋，胸棘筋）の順に並んでおり，脊柱の直立位保持に働く．**短背筋群**には**横突棘筋**（半棘筋，多裂筋，回旋筋），**棘間筋**，**横突間筋**がある．

体幹筋の多くは左右一対で存在している．左右の同じ名前の筋が同時に収縮した場合には矢状面での〔**屈曲・伸展運動**〕を生じ，片側だけ作用すると〔**側屈**〕あるいは〔**回旋**〕を生じる．

図8 頸椎の運動 （文献5より）

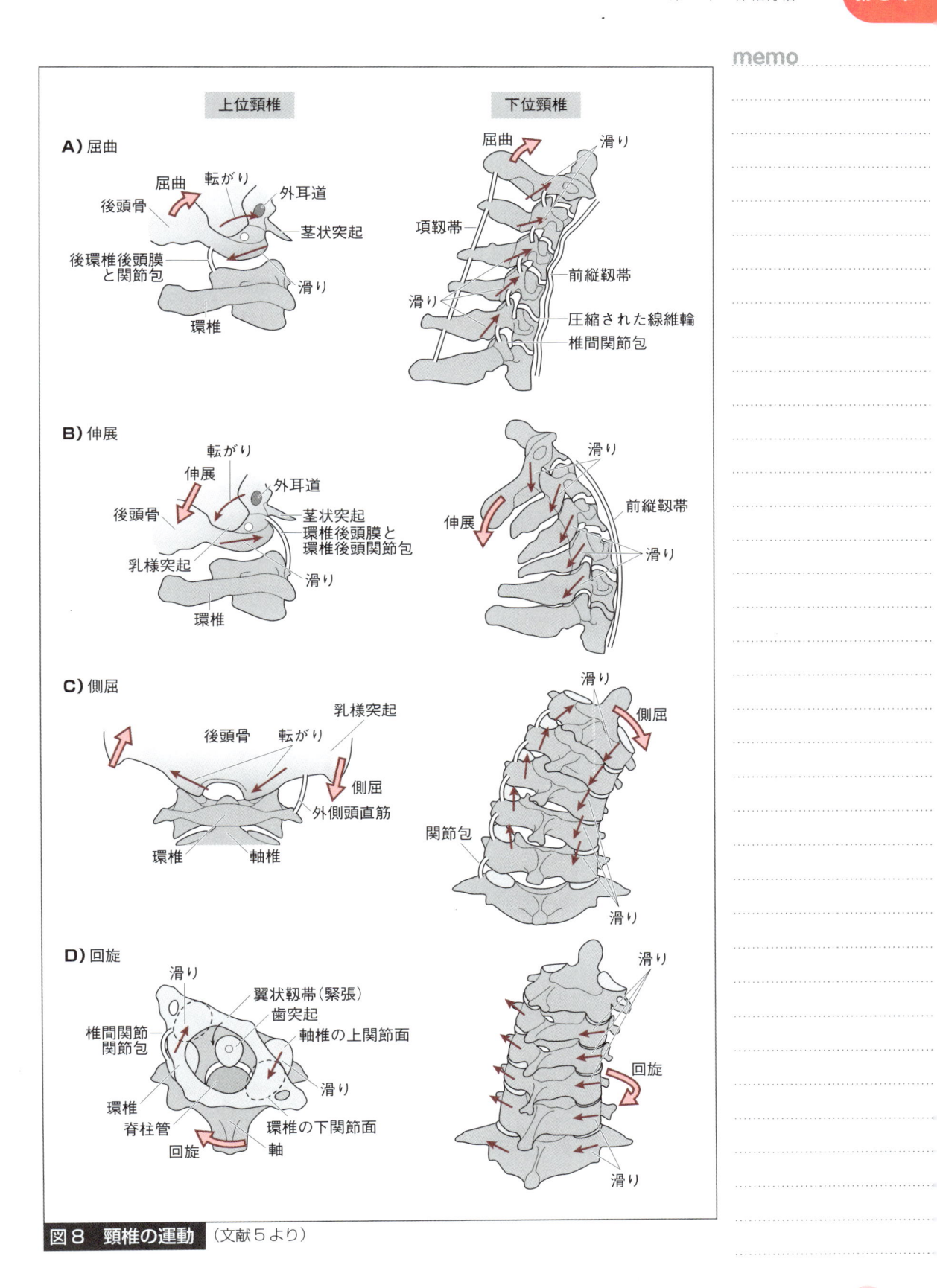

memo

① **頸部の屈曲-伸展**：屈曲には〔胸鎖乳突筋〕，椎前筋群，斜角筋群が関与する．舌骨上筋群，舌骨下筋群も下顎を下制させて屈曲を補助する．胸鎖乳突筋は，肢位によって頸部の屈曲・伸展のいずれにも作用するが，相対的には屈曲が強い．

伸展の主働作筋は，〔板状筋群〕，〔脊柱起立筋群〕，後頭下筋群，短背筋群である．頸部伸展位では胸鎖乳突筋，そのほか僧帽筋も伸展に作用する．いずれも両側同時に収縮すると頸部や脊柱全体を伸展させる．

② **頸部の側屈**：〔胸鎖乳突筋〕，〔斜角筋群〕，〔脊柱起立筋〕など，上述の左右一対の筋群が片側だけ収縮した場合に側屈を生じる．ただし，胸鎖乳突筋は片側だけ短縮すると，頸部を反対側に回旋し，同側に側屈し，その位置で伸展させる．このため顔面は反対側のやや上方を向く．

③ **頸部の回旋**：左右一対の筋群が**片側だけ**収縮した場合，〔板状筋群〕，〔脊柱起立筋群〕，後頭下筋群など多くの筋で**同側へ回旋**する．ただし，**胸鎖乳突筋，短背筋群**が収縮した場合は**反対側へ回旋**が生じる．

3 胸椎部の機能解剖と運動学

◆関節と靱帯

胸椎は12個の椎骨から構成され，12対の肋骨とともに胸郭を形成する．椎骨には，棘突起，横突起，上・下関節突起があり，胸椎の形態は椎骨の一般的な形状とほぼ一致している[図9-A]．胸椎には椎間関節のほかに肋骨と胸椎との間にあ

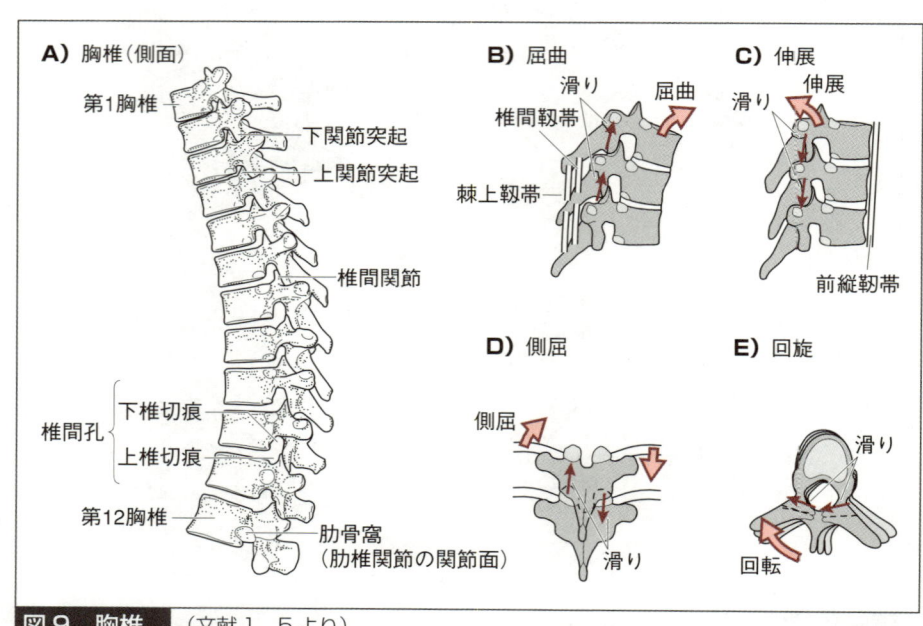

図9 胸椎 （文献1，5より）

る〔肋椎関節〕がある（肋椎関節の詳細については，p.96〜，「第3章-2 胸郭の機能解剖と運動学」を参照）．

◆胸椎部の運動

　胸椎の椎間関節は水平面に対して60°傾き，前額面に対して20°傾いている．屈曲－伸展の可動域は非常に小さいが，運動には有利な構造である．胸椎では**側屈，回旋，ある程度の屈曲－伸展**が可能であるが，全体として胸郭を形成しているのでその可動域は小さい［図9-B〜E］．一般には，上位胸椎では回旋が大きく，下位胸椎になるにつれて屈曲－伸展，側屈の可動性が大きくなる．

4 腰椎部の機能解剖と運動学

◆関節と靱帯

　腰椎は5個の椎骨から構成され，頸椎，胸椎よりも大きく，なかでも**第5腰椎**は最も大きい椎骨である［図10-A］．腰椎には，横突起がなく，棘突起，上・下関節突起，**肋骨突起，乳頭突起，副突起**がある．腰椎にある関節は，椎間関節で

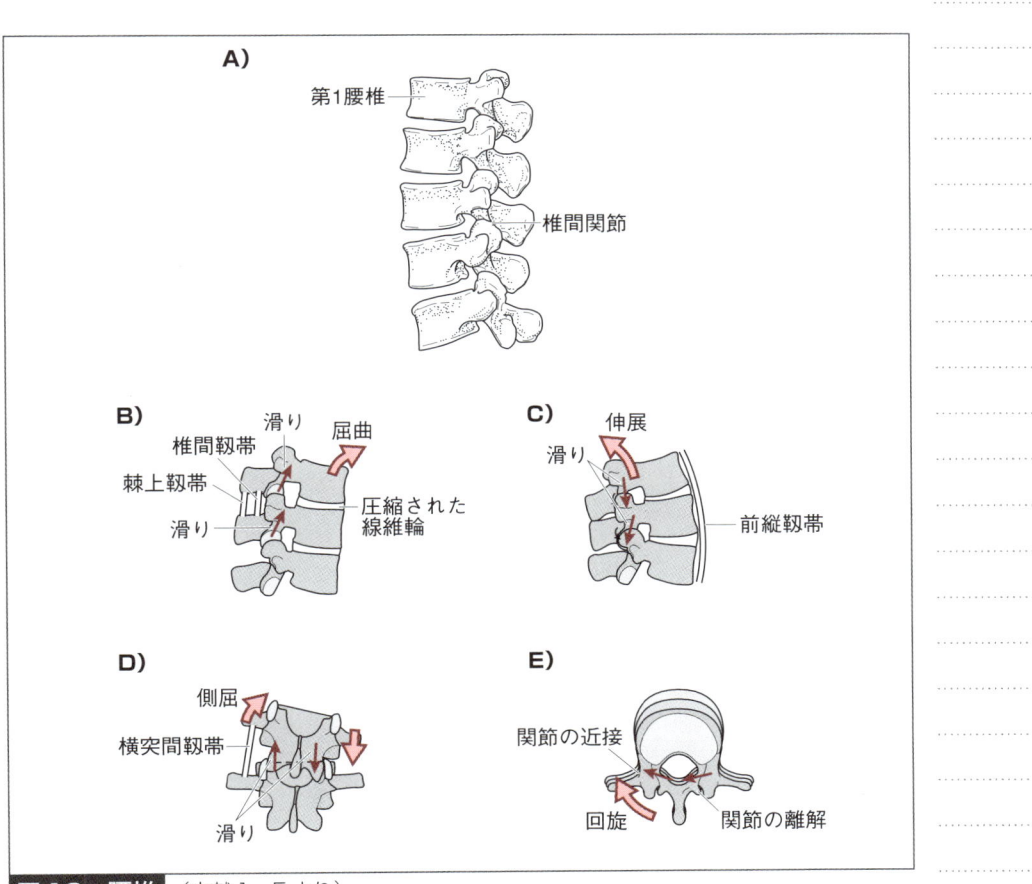

図10　腰椎　（文献1, 5より）

あり，腰椎と仙椎間は普通の脊椎間の結合である．体表から腰椎の位置を確認するには，左右の腸骨稜を結んだ線（**ヤコビー線**）が第4〜5腰椎間を通ることを利用して触診する．椎間円板のうち第5腰椎〜第1仙椎間の椎間円板には，最も加重がかかり，大きな可動性が要求される．第3〜4腰椎椎間円板にかかる負荷量を5つの姿勢で比較すると，負荷量は体位によって異なり，〔背臥位〕が最も小さく，〔立位〕，〔直立した椅座位〕，〔前屈した立位〕，〔前屈した椅座位〕の順に大きく，立位時には体重の2倍の負荷がかかる［図11］．

◆**腰部の運動**

腰椎の椎間関節は，水平に対して直角，前額面に対して45°の傾きがある．**屈曲‐伸展，側屈運動**が生じるが，関節面の形状より回旋の動きは非常に少ない［図10-B〜E］．腰椎屈曲の可動域は，**第5腰椎〜第1仙椎間**の動きが最も大きく60〜75％，次に第4〜5腰椎間で20〜25％，残りの腰椎で5〜10％を担う．立位で体幹を前屈する場合は，はじめは腰椎の屈曲が起こるが，さらに前屈すると骨盤が前傾して股関節屈曲が増加する．このように腰椎と骨盤が連動して動くことを**腰椎骨盤リズム**という．

また，背臥位で股関節を深く屈曲すると骨盤の後傾が起こり，腰椎前弯は減少する．逆に股関節伸展の際には骨盤前傾が生じ，それに伴って腰椎前弯が増大する．腰椎前弯が増強すると同時に仙骨の傾斜（前傾）が大きくなり，第5腰椎に

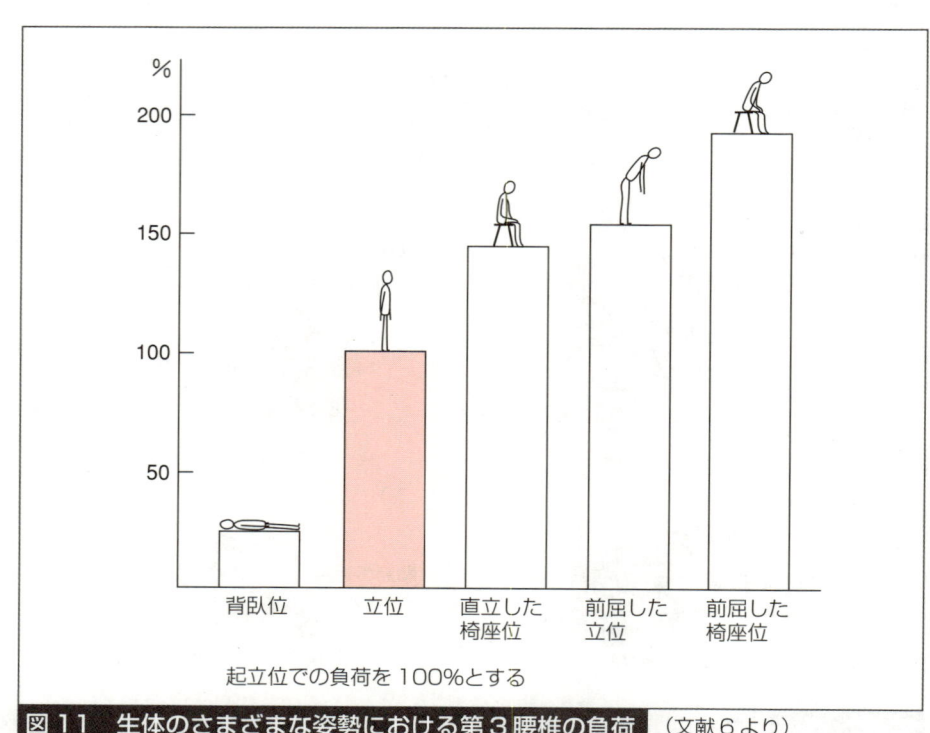

起立位での負荷を100％とする

図11　生体のさまざまな姿勢における第3腰椎の負荷　（文献6より）

前方への剪力が働き，椎間円板や椎間関節，さらに背部の筋にも負荷が大きくなりやすい．

　水平面に対する仙骨上縁の傾斜角を**仙骨角**と呼び，正常は30°とされている［図12］．この傾斜角には個人差があるが，直上にある腰椎の前弯に影響を与え，さらには体幹全体の姿勢にも影響を及ぼす．

◆**腰部の筋**

① **腰部の屈曲**：胸郭と骨盤を近づけるように体幹を腹側へ曲げる動きであり，体幹前部にある腹直筋，外腹斜筋，内腹斜筋が〔**両側同時**〕に収縮すると体幹を屈曲させる［図13, 14］．

　　腹直筋には剣状突起から恥骨結合まで白線（腱組織）が縦走し，3〜4個の腱画が筋腹を分けている．外腹斜筋の線維は後上方から斜め前下方に走行し，後部線維はほぼ垂直に走る．内腹斜筋は外腹斜筋の内側にあり，大部分が下外方から上内方に向かって走行し，後部は上前方に，前部は水平ないしは前下方に向かう．側腹部では外腹斜筋と直角に交差する．

② **腰部の伸展**：体幹後面にある長背筋群，短背筋群が〔**両側同時**〕に働くと伸展に作用する．

③ **腰部の側屈と回旋**：左右両側にある筋が片側だけ働くと側屈や回旋が起こる．腹直筋，外腹斜筋，内腹斜筋，腰方形筋，脊柱起立筋，短背筋群が〔**片側だけ**〕収縮すると**同側**へ側屈する．

　　回旋については，〔**内腹斜筋**〕と〔**脊柱起立筋**〕が片側のみ収縮すると**同側**

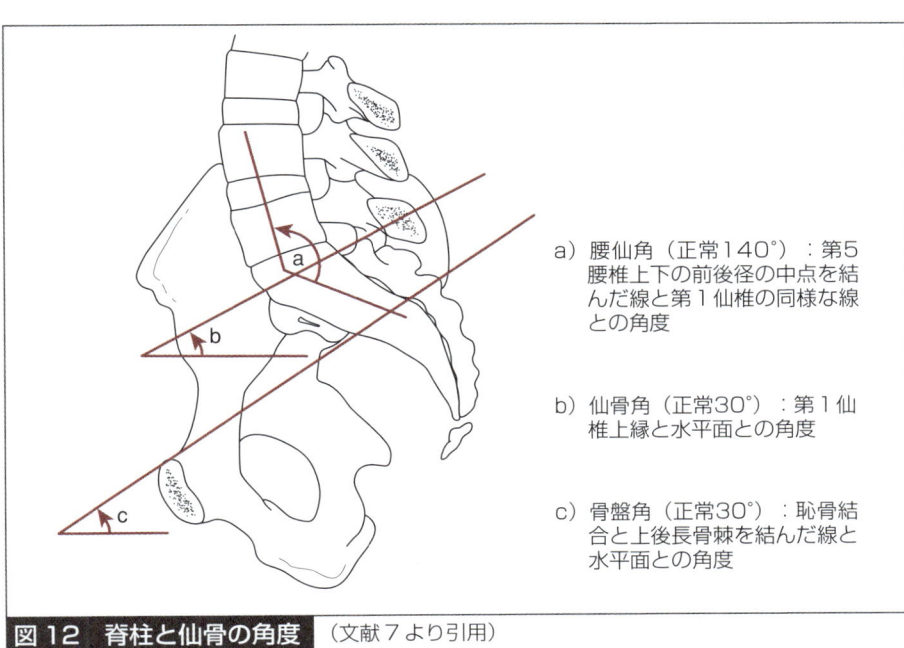

a) 腰仙角（正常140°）：第5腰椎上下の前後径の中点を結んだ線と第1仙椎の同様な線との角度

b) 仙骨角（正常30°）：第1仙椎上縁と水平面との角度

c) 骨盤角（正常30°）：恥骨結合と上後長骨棘を結んだ線と水平面との角度

図12　脊柱と仙骨の角度　（文献7より引用）

へ回旋する．一方，〔**外腹斜筋**〕や短背筋群の片側のみの収縮では**反対側への回旋**を生じる．

5 骨盤の機能と運動学
◆骨盤の骨格

骨盤は，左右の**寛骨**（**腸骨・恥骨・坐骨**）および**仙骨**，**尾骨**からできる骨格である．寛骨各部の結合は成人では骨結合となる．前方には**恥骨結合**，後方では仙

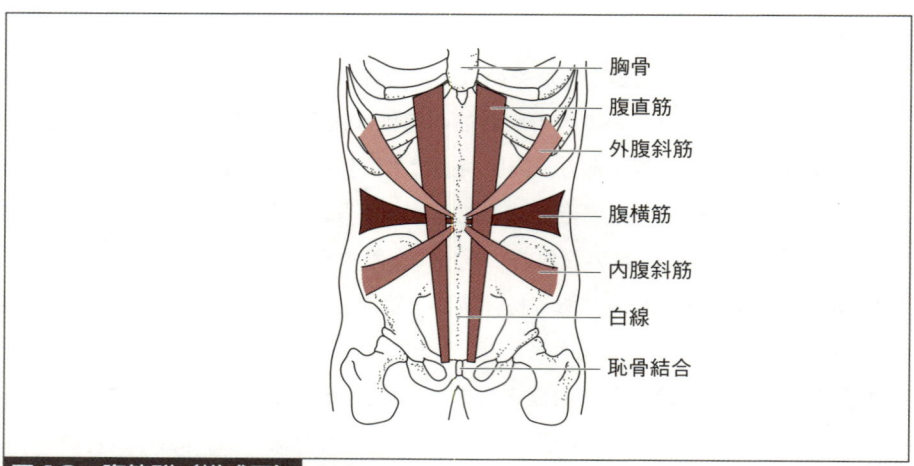

図13 腹筋群（模式図） （文献1より引用）

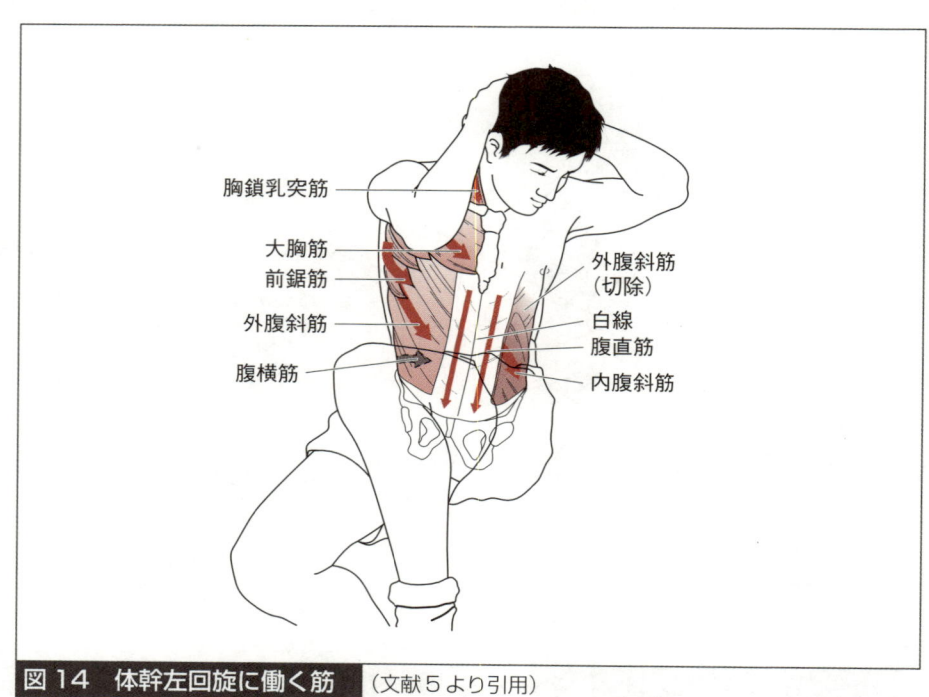

図14 体幹左回旋に働く筋 （文献5より引用）

腸関節が存在する．恥骨結合は**恥骨間円板**が存在する線維軟骨性結合である．恥骨結節から恥骨結合面上縁に至る部分を恥骨稜といい，ここに腹直筋などが付く．恥骨結合の下縁と両側の恥骨下枝のなす角を恥骨下角といい，女性の恥骨下角は約90°，男性は約60°である．

◆仙腸関節とその動き

仙腸関節は仙骨と腸骨の耳状面との間にある滑膜関節で，半関節である［図15］．関節包および前仙腸靱帯，後仙腸靱帯，骨間仙腸靱帯，仙結節靱帯，腸腰

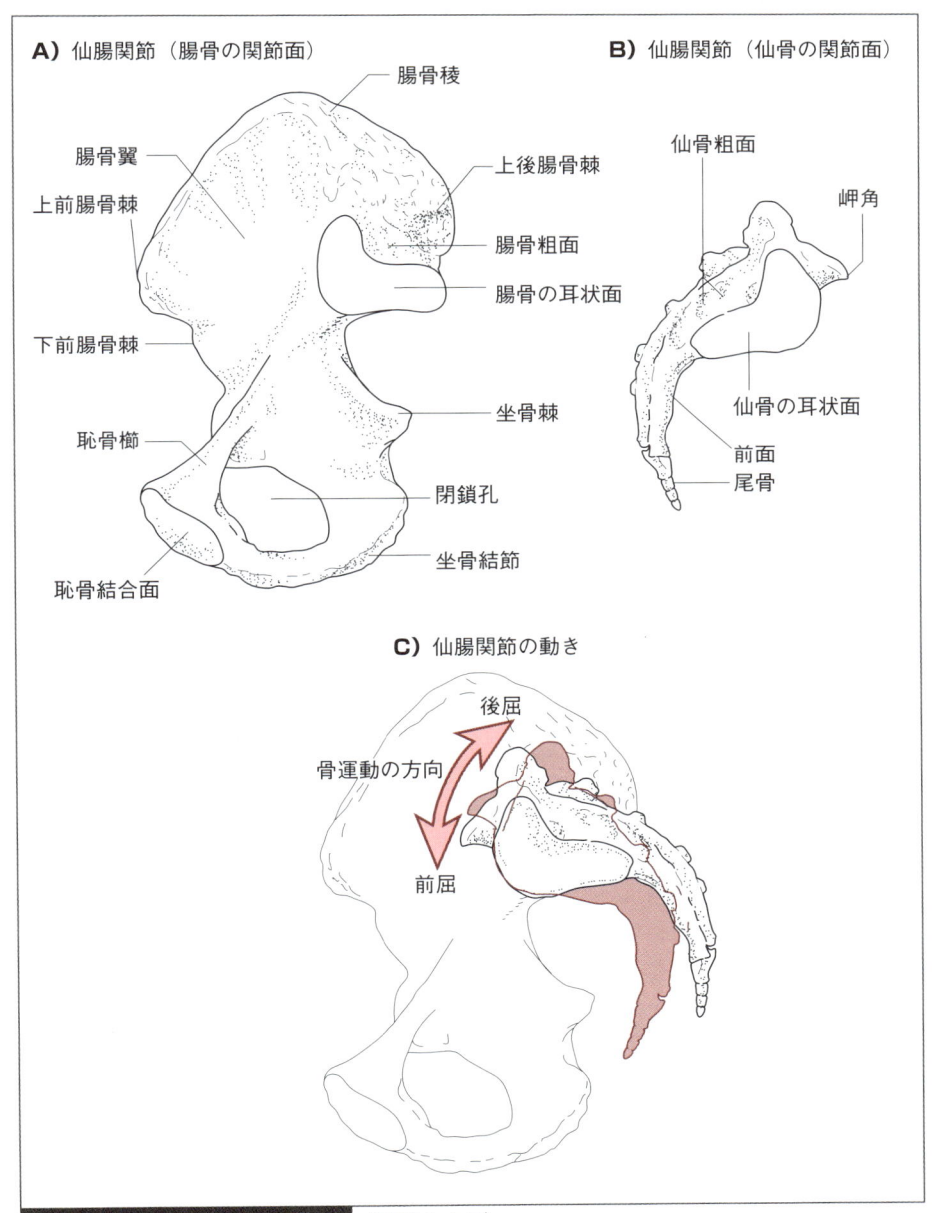

図15　仙腸関節とその動き　（文献1より）

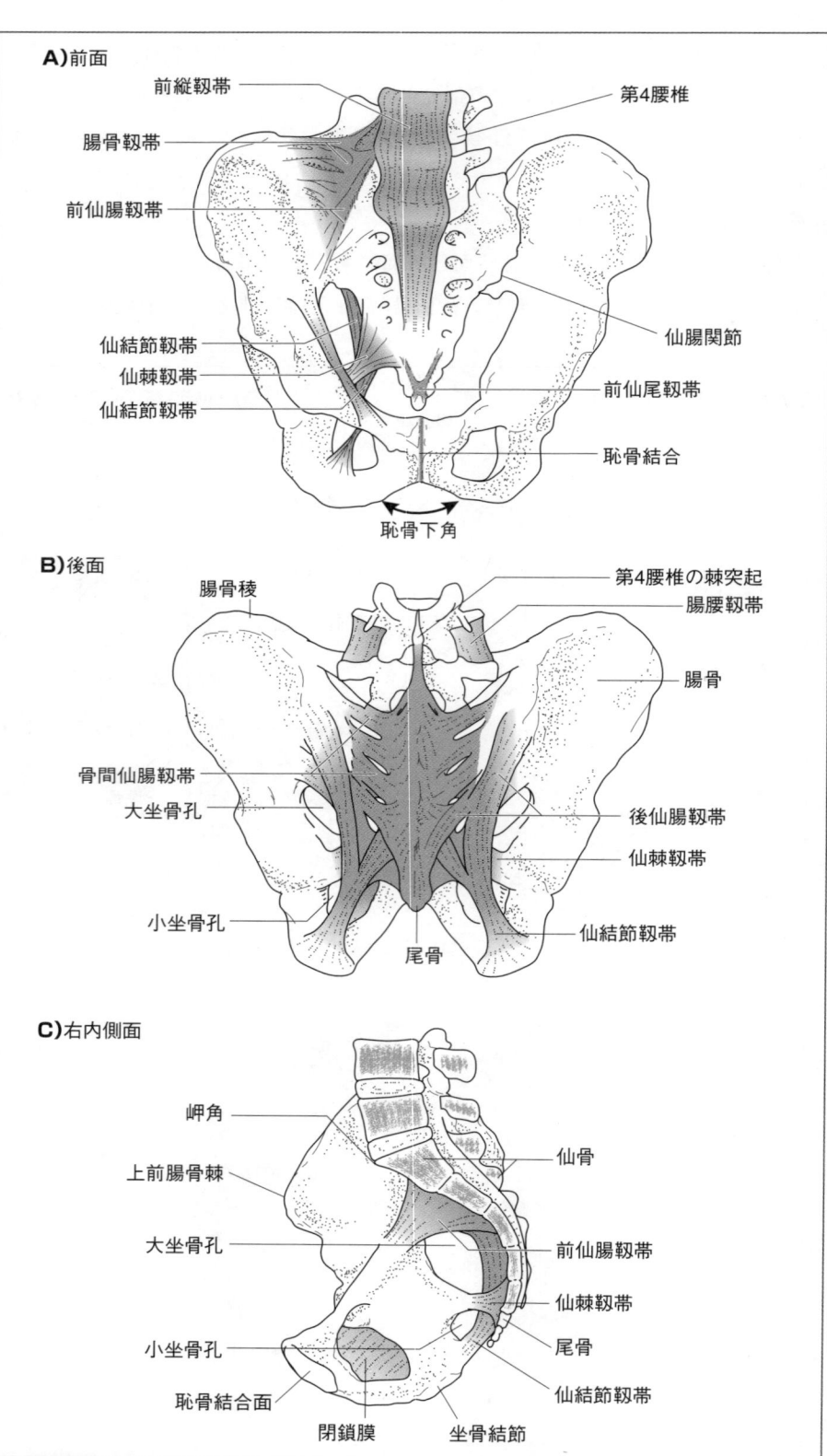

図16 骨盤の靭帯 （文献1, 3より）

A）前面
- 前縦靭帯
- 腸骨靭帯
- 前仙腸靭帯
- 仙結節靭帯
- 仙棘靭帯
- 仙結節靭帯
- 第4腰椎
- 仙腸関節
- 前仙尾靭帯
- 恥骨結合
- 恥骨下角

B）後面
- 腸骨稜
- 骨間仙腸靭帯
- 大坐骨孔
- 小坐骨孔
- 尾骨
- 第4腰椎の棘突起
- 腸腰靭帯
- 腸骨
- 後仙腸靭帯
- 仙棘靭帯
- 仙結節靭帯

C）右内側面
- 岬角
- 上前腸骨棘
- 大坐骨孔
- 小坐骨孔
- 恥骨結合面
- 閉鎖膜
- 坐骨結節
- 仙骨
- 前仙腸靭帯
- 仙棘靭帯
- 尾骨
- 仙結節靭帯

靭帯などによって強固に補強されている［図16］．可動性はきわめて小さく，仙骨がわずかに前屈－後屈する．仙腸関節の運動は体幹や股関節の屈曲－伸展運動などと連動して生じる．

<文　献>

1）「プロメテウス解剖学アトラス　解剖学総論・運動器系」（坂井建雄／著），医学書院，2007
2）「からだの構造と機能」（A. Schöaffler・S. Schdmidt／著，三木明徳・井上貴央／監訳），西村書店，1998
3）「日本人体解剖学 上巻」（金子丑之助／著）．南山堂，1999
4）Soderberg GL：Kinesiology：application to pathological motion. Williams & Wilkins, pp.267-307, 1986
5）「筋骨格系のキネシオロジー」（D. A. Neumann／著，嶋田智明・平田総一郎／監訳），医歯薬出版，2005
6）Nachemson, A. L.：The lumber spine an orthopaedic challenge. Spine1 (1)：59-71，1976
7）「運動器疾患の評価」（D. J. Magee／著，岩倉博光・栢森良二／監訳），医歯薬出版，1990

第3章 体軸骨格

2 胸郭の機能解剖と運動学

概略図 胸郭の構成（文献1より）

A）前面

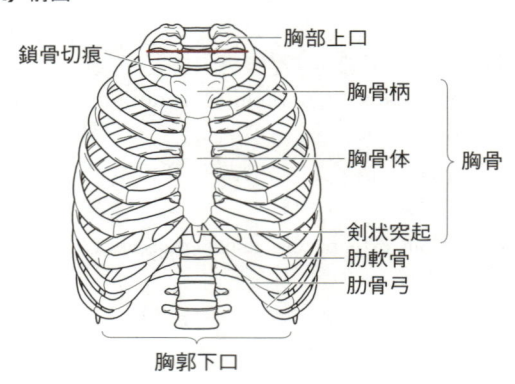

- 鎖骨切痕
- 胸部上口
- 胸骨柄 ┐
- 胸骨体 ├ 胸骨
- 剣状突起 ┘
- 肋軟骨
- 肋骨弓
- 胸郭下口

B）後面

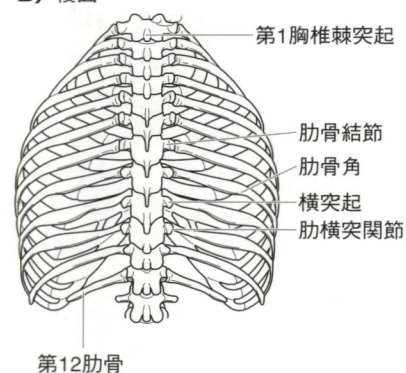

- 第1胸椎棘突起
- 肋骨結節
- 肋骨角
- 横突起
- 肋横突関節
- 第12肋骨

C）側面

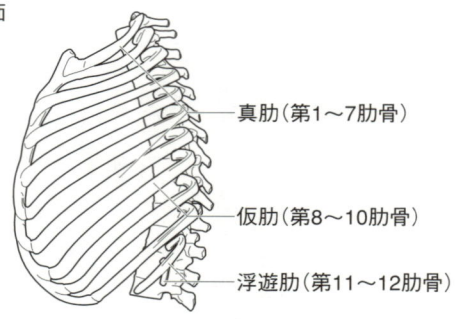

- 真肋（第1〜7肋骨）
- 仮肋（第8〜10肋骨）
- 浮遊肋（第11〜12肋骨）

Point

- □ 胸郭は，胸椎12個，肋骨12対，胸骨1個からなり，その運動は呼吸運動に重要な役割を果たしている．
- □ 12対の肋骨のうち，上位7対は真肋，下位5対は仮肋ともいう．さらに第11・12肋骨は浮遊肋とも呼ばれる．
- □ 安静吸気には横隔膜，外肋間筋，内肋間筋の前部線維が働き，強制吸気時にはさらに胸鎖乳突筋，斜角筋群，大・小胸筋，肋骨挙筋や僧帽筋，肩甲挙筋，脊柱起立筋などが働く．
- □ 安静呼気には呼吸筋はほとんど働かないが，強制呼気時には，内肋間筋や腹筋群（腹直筋，内腹斜筋，外腹斜筋，腹横筋），胸横筋が働く．

1 胸郭の基本的構成 [概略図]

　胸郭は胸椎12個，肋骨12対，胸骨1個から構成され，胸腔を取り囲んで上下に開口（胸郭上口，胸郭下口）をもつ．胸郭は呼吸運動に重要な役割を果たしており，さらに心臓や肺など胸腔内の重要な臓器を保護し，頭頸部や上肢の運動と安定のための筋付着部としての機能をもつ．

　肋骨は後方で胸椎と，前方で胸骨と連結して胸郭の側壁をつくる．12対の肋骨のうち，**上位7対**は肋軟骨を介して胸骨に直接連結しており，これを〔真肋〕という．**下位5対**は直接胸骨に連結せずに，すぐ上の肋骨に接続する，これを〔仮肋〕という．仮肋のうち，**第11・12肋骨**は末端が遊離した状態にあるので，〔浮遊肋〕とも呼ばれる．第7〜10肋軟骨がつくる線を肋骨弓，左右の肋骨弓が作る角度（約70°）を肋骨下角という．

　胸骨は胸郭前面にある扁平骨で，鎖骨および肋骨と関節をなす．胸骨柄，胸骨体および剣状突起の3部分の軟骨結合からなるが，成人になると，その大部分が骨化して単一の骨になる．胸骨の上端は**第3胸椎**，下端は**第9胸椎**の高さに位置している．

2 胸郭の機能解剖

　胸郭の連結は，大別すると肋椎関節と胸肋連結に分けられる．肋椎関節は胸椎と肋骨の間にある関節で，肋骨頭関節と肋横突関節の2種類があるが，これらの関節は機能的に1つの関節として運動する．胸肋連結は，胸骨ならびに肋骨領域にある関節や結合であり，胸肋関節，肋骨肋軟骨連結，軟骨間関節，胸骨結合がある．これらの関節はいずれも胸郭の動きに関与する．

◆肋椎関節の構造と機能

　胸椎と肋骨を連結している〔肋椎関節〕は，〔肋骨頭関節〕と〔肋横突関節〕からなる［図1］．**肋骨頭関節**は，肋骨頭と胸椎肋骨窩の間の関節で，第1・11・12肋骨頭はそれぞれ第1・11・12胸椎肋骨窩と連結し，第2〜10肋骨頭は第1〜10胸椎の上・下肋骨窩と連結し，**半関節**をなす．この関節は関節包と**放線状肋骨頭靭帯**で補強され，2椎体にわたっている場合には肋骨頭から椎間板に付着する**関節内肋骨頭靭帯**が関節腔を上下に二分している．

　肋横突関節は，肋骨結節と同番号の胸椎横突起先端の横突起肋骨窩とによって形成される関節で，次の3つの強靭な靭帯が補強する．関節腔をはさんで肋骨結節外方にある**外側肋横突靭帯**，内方頸部にある**肋横突靭帯**，そして横突起下縁から下位の肋骨頸部に付着する**上肋横突靭帯**である．

◆胸肋連結の構造と機能

　肋骨と胸骨周囲の**胸肋連結**には，〔胸肋関節〕，〔肋骨肋軟骨連結〕，〔軟骨間関節〕，

図1 肋椎関節と靱帯

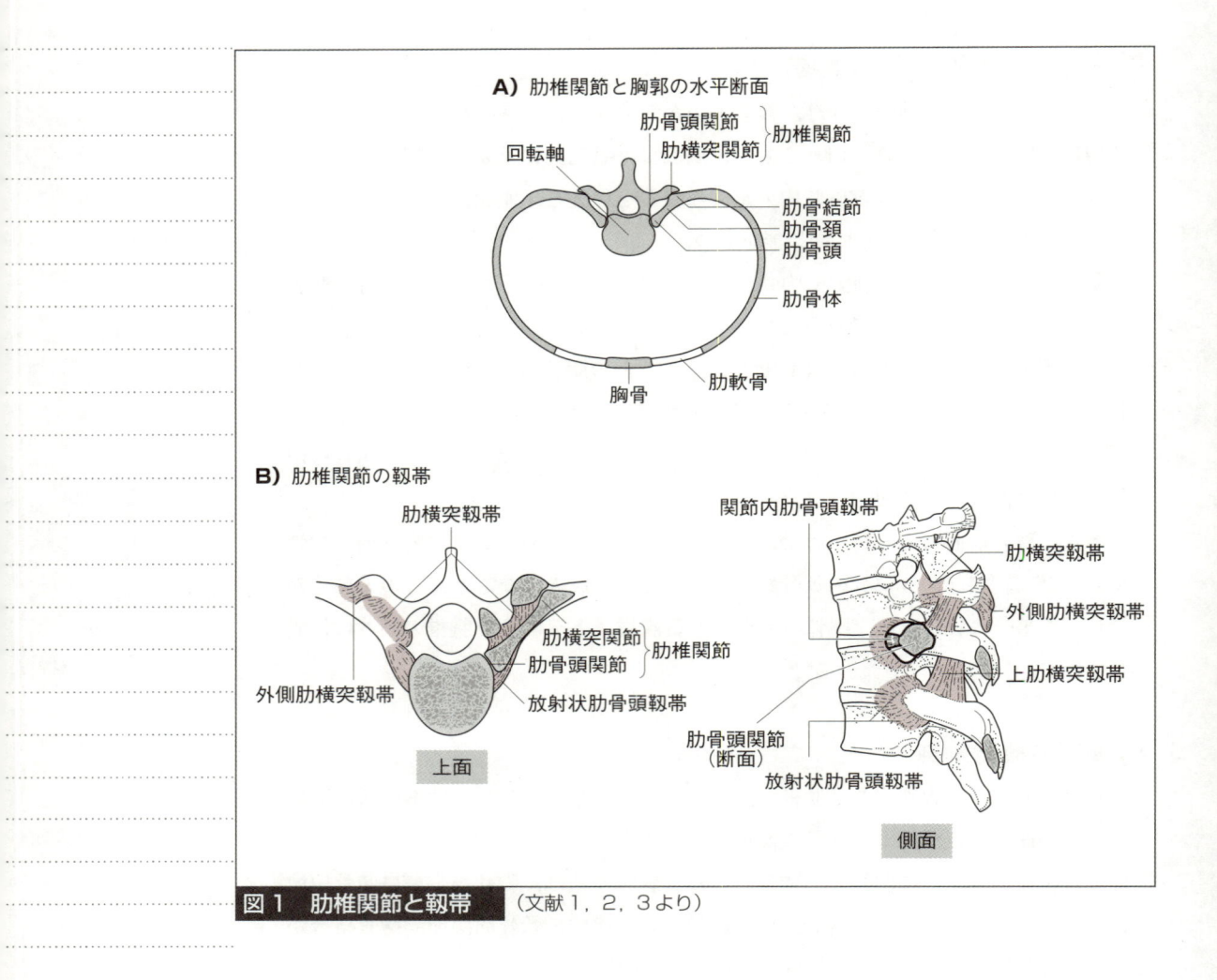

A) 肋椎関節と胸郭の水平断面
　回転軸／肋骨頭関節／肋横突関節／肋椎関節／肋骨結節／肋骨頸／肋骨頭／肋骨体／肋軟骨／胸骨

B) 肋椎関節の靱帯
　上面：肋横突靱帯／肋横突関節／肋骨頭関節／肋椎関節／外側肋横突靱帯／放射状肋骨頭靱帯
　側面：関節内肋骨頭靱帯／肋横突靱帯／外側肋横突靱帯／上肋横突靱帯／肋骨頭関節（断面）／放射状肋骨頭靱帯

（文献1, 2, 3より）

〔胸骨結合〕がある［図2］．まず，**胸肋関節**は，第2～7肋軟骨と胸骨の間に形成される**半関節**で，その関節包は**放線状胸肋靱帯**によって前後を補強されている．第2胸肋関節は胸骨柄と胸骨体の境に位置し，**関節内胸肋靱帯**によって関節腔が上下2つに分けられる．胸肋関節の運動は，肋椎関節における肋骨の運動に追従して生じる．また，第1肋軟骨は胸肋軟骨結合として直接胸骨と軟骨結合し，可動性はほとんどない．このほか第6・7肋軟骨の前面から剣状突起に至る**肋剣靱帯**や，肋間隙の肋間筋を欠く部分にある靱帯性の肋間膜がある．**肋骨肋軟骨連結**は，肋骨の骨部と肋軟骨間の連結をいう．関節包や靱帯の補強はなく，肋骨の骨膜が軟骨の軟骨膜に移行している．非常にわずかな運動が可能である．**軟骨間関節**は，第5～9（または第10）肋軟骨の間にみられる**半関節**で，薄い関節包に包まれ，**軟骨間靱帯**がこれを補強している．**胸骨結合**には，胸骨柄と胸骨体を結ぶ胸骨柄結合（線維軟骨結合）と，胸骨体と剣状突起とを結ぶ胸骨剣結合があるが，成人ではほぼ骨化している．

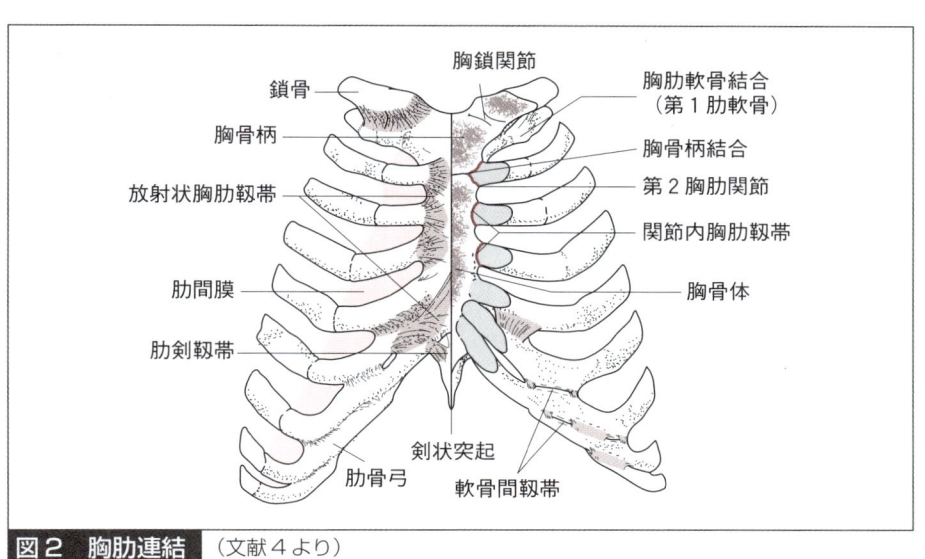

```
         胸鎖関節
   鎖骨            胸肋軟骨結合
                   （第1肋軟骨）
   胸骨柄          胸骨柄結合
   放射状胸肋靱帯  第2胸肋関節
                   関節内胸肋靱帯
   肋間膜          胸骨体
   肋剣靱帯
          剣状突起
       肋骨弓 軟骨間靱帯
```

図2 胸肋連結（文献4より）

3 胸郭の運動学

◆**胸郭の動き**

呼吸運動の際，胸郭は前後，左右，上下方向の3方向に拡大する．胸郭の動きには肋椎関節が重要である．肋骨は，後部の肋骨頭関節と肋横突関節を結ぶ運動軸で回転して垂直に挙上する［図3-A］．このわずかな動きが肋骨全体を大きく変位させて，胸郭の前後ならびに左右径を増やす．この様子はバケツ柄の動きに似ている．また追従して胸肋関節にも動きが生じる．

肋椎関節の運動軸の方向によって肋骨が動く方向に特徴がある．運動軸が前額面に近い**上位肋骨**では肋骨挙上によって〔前後方向への拡大〕が生じやすく，主として胸郭上部の前後径が増大する．ところが，運動軸が矢状面に近い**下位肋骨**が挙上すると〔左右方向への拡大〕が生じ，胸郭下部の横径が増大しやすい［図3-B］．また，**上下方向の拡大**は第1・2肋骨の挙上ならびに横隔膜の収縮による下方移動によって生じる［図3-C］．

◆**呼吸にかかわる筋**

呼吸運動の形式には腹式呼吸と胸式呼吸がある．腹式呼吸は横隔膜呼吸ともいい，主に横隔膜の活動による．胸式呼吸は肋間筋による胸部の働きを主とした呼吸である．安静時にはほとんど横隔膜呼吸に依存しているが，全身運動などで換気が亢進すると外肋間筋の活動も明らかとなる．

代表的な呼吸筋は横隔膜，外肋間筋，内肋間筋である．〔横隔膜〕は，胸腔と腹腔の境となる膜状の筋で，3つ（腰椎部，肋骨部，胸骨部）の起始をもち，ドーム状になっている中央の腱膜（腱中心）に停止する．最も重要な吸気筋である．

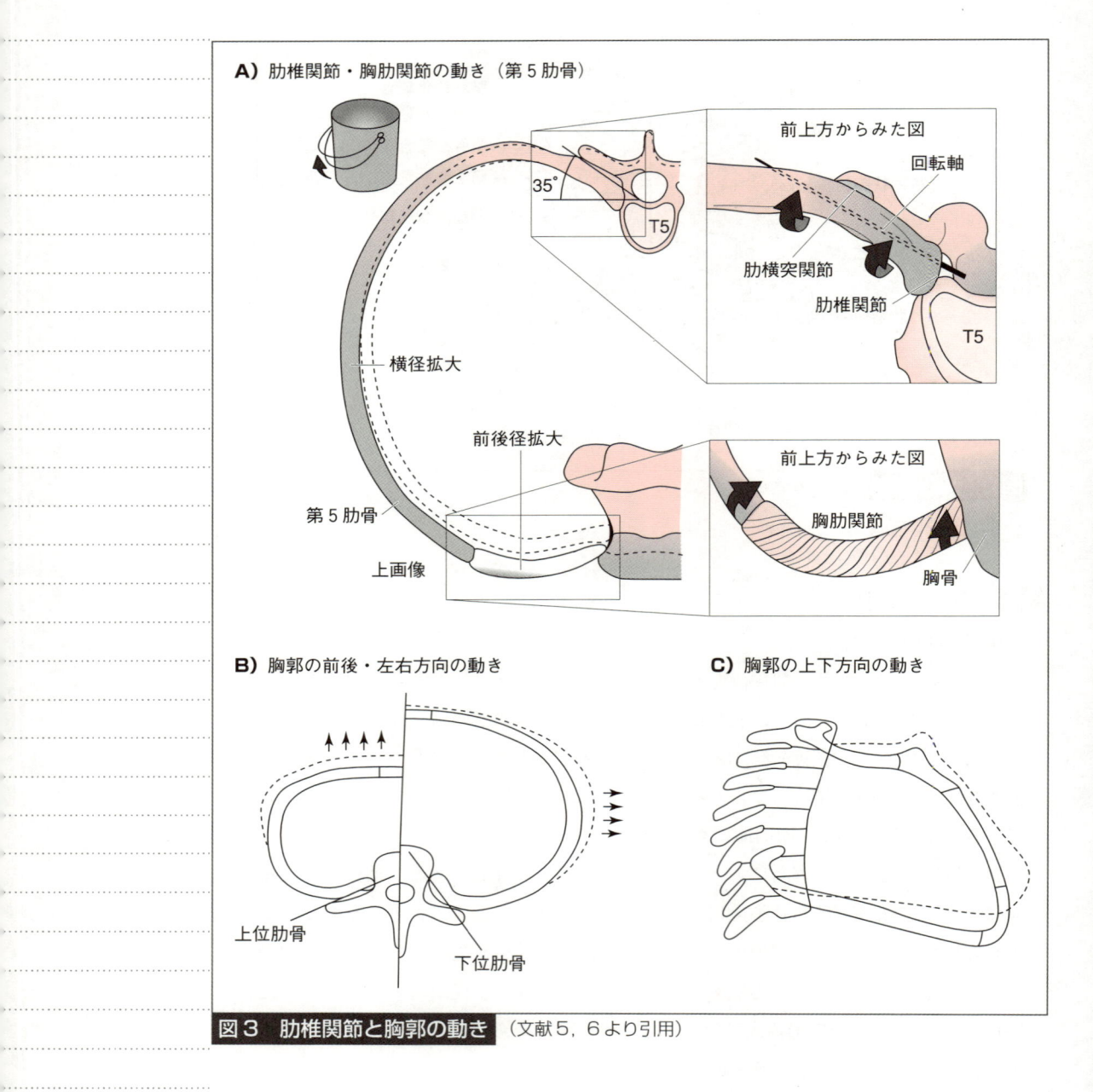

A) 肋椎関節・胸肋関節の動き（第5肋骨）

前上方からみた図
回転軸
肋横突関節
肋椎関節
T5

横径拡大
前後径拡大
第5肋骨
上画像

前上方からみた図
胸肋関節
胸骨

B) 胸郭の前後・左右方向の動き

上位肋骨
下位肋骨

C) 胸郭の上下方向の動き

図3　肋椎関節と胸郭の動き（文献5, 6より引用）

　横隔膜は収縮に伴って平坦化し，腱中心が下降して胸腔が拡大する．腱中心が1.5cm下降すると胸腔容積は約400mL増加する．これは1回換気量（500mL）の80％を占める．また最大吸気時と最大呼気時で横隔膜の高さは異なり，約4～6cm移動する［図4］．次に〔外肋間筋〕は，上位肋骨の下縁から下位肋骨の上縁へ走行し，肋軟骨に移行するところで腱膜様の外肋間膜に続く．外肋間筋の走行は上後方から前下方へ向かい，収縮によって**肋骨が挙上**し，胸郭の前後・左右径が拡大する．一方，〔内肋間筋〕は，外肋間筋の内方に位置し，外肋間筋と反対に，上位肋骨と肋軟骨の下縁から下位肋骨の上縁へ，下後方から前上方に向かって走

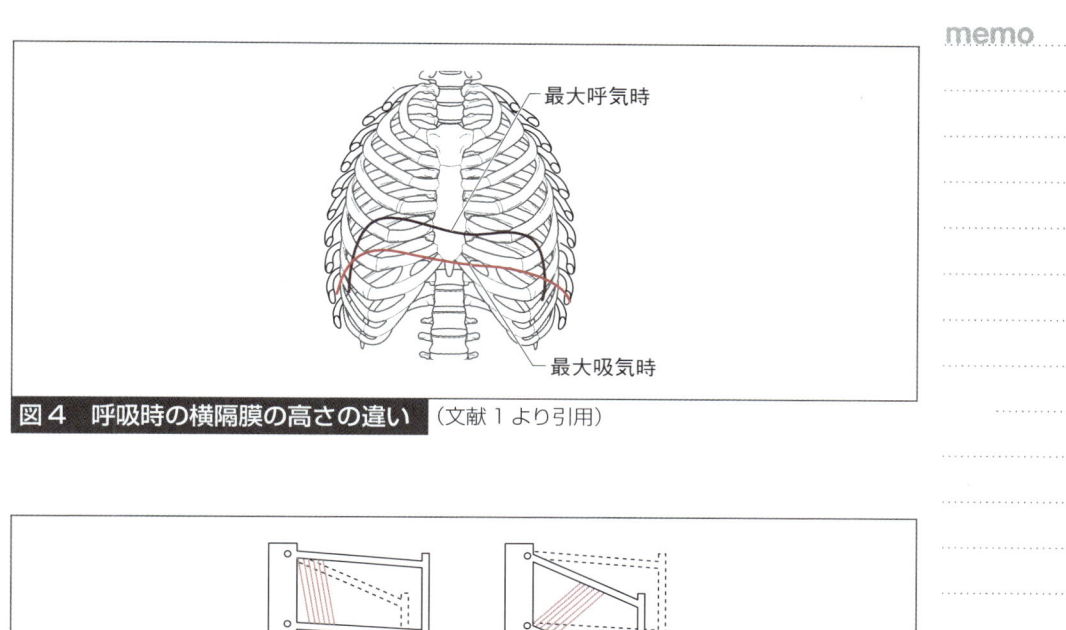

図4 呼吸時の横隔膜の高さの違い（文献1より引用）

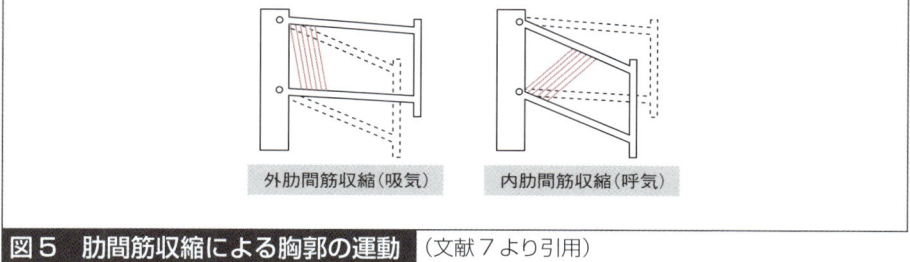

図5 肋間筋収縮による胸郭の運動（文献7より引用）

行し，収縮すると**肋骨を引き下げて**肋間隙を狭くし，胸腔を縮小する［図5］．後部は内肋間膜となって胸椎に至る．

以下に吸気・呼気それぞれに働く筋を記す．

【安静吸気】主として〔横隔膜・外肋間筋〕が働いて肋骨を挙上する．また〔内肋間筋の前部線維〕は胸肋関節部で肋骨挙上に働く．

【強制吸気】安静吸気時に働く筋（横隔膜，外肋間筋，内肋間筋の前部線維）に加えて，呼吸運動の補助動筋である〔胸鎖乳突筋〕，〔斜角筋群〕，**大・小胸筋**や**僧帽筋**，**肩甲挙筋**，**肋骨挙筋**，**上後鋸筋**などの働きによって肋骨や鎖骨，胸骨などを挙上して胸郭を拡大する．また，**脊柱起立筋**も体幹を伸展させて胸郭を拡大する．

【安静呼気】呼吸筋の関与はほとんどない．吸気時に収縮した横隔膜などの筋が弛緩して胸郭がもとの大きさに戻り，肺も弾性によって縮んで空気が呼出される．

【強制呼気】〔内肋間筋〕（横・後部）と腹筋群（〔腹直筋〕，〔内腹斜筋〕，〔外腹斜筋〕，〔腹横筋〕）が働く．〔胸横筋〕，肋下筋，下後鋸筋も補助動筋として働く．腹筋群は収縮により内臓を圧迫して横隔膜を押し上げるほか，体幹屈曲に働いて胸郭を狭小させる．

memo

<文　献>

1）「プロメテウス解剖学アトラス　解剖学総論・運動器系」（坂井建雄／著），医学書院，2007
2）「人体解剖学」（藤田恒太郎／著），南江堂，2003
3）「図解　解剖学事典」（山田英智／監訳，石川春律・廣澤一成／訳），医学書院，1983
4）「分担 解剖学1　総説・骨学・靭帯学・筋学」（森 於菟，ほか／著），金原出版，1982
5）「筋骨格系のキネシオロジー」（D. A. Neumann／著，嶋田智明・平田総一郎／監訳），医歯薬出版，2005
6）「基礎運動学」（中村隆一，ほか／著），医歯薬出版，2003
7）「ICUのための新しい肺理学療法」（丸川征四郎／編），メディカ出版，1999

第3章　体軸骨格

3 顔面・頭部の機能解剖と運動学

概略図 頭蓋の構成（文献1より）

A) 側面

- 頭頂骨
- 側頭骨
- 後頭骨
- 頬骨
- 前頭骨
- 蝶形骨
- 涙骨
- 鼻骨
- 上顎骨
- 下顎骨

B) 前面

- 鼻骨
- 涙骨
- 頬骨
- 下鼻甲介
- 鋤骨
- 下顎骨
- 前頭骨
- 蝶形骨
- 篩骨
- 上顎骨

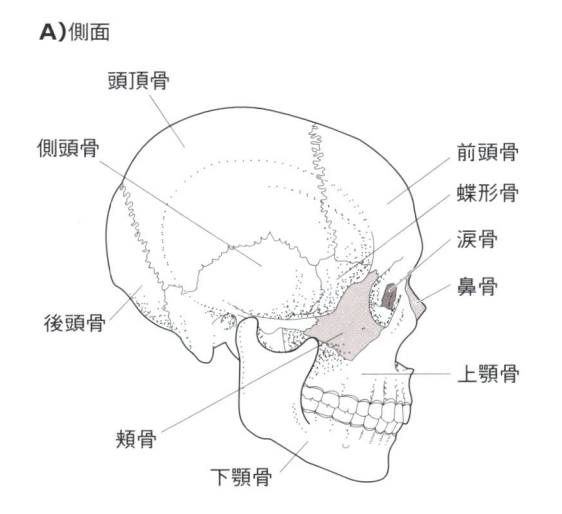

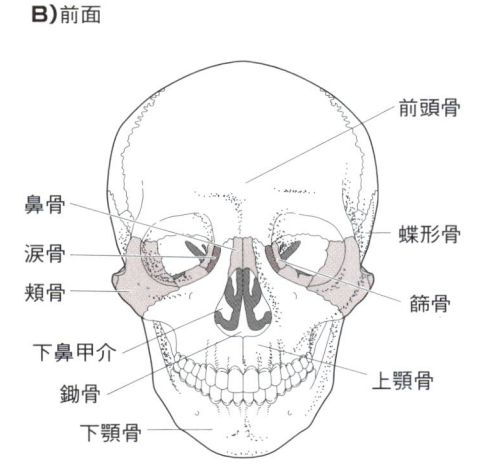

Point

- □ 顎関節は，下顎骨と側頭骨との間にある楕円関節で，ここには関節円板が存在する．
- □ 下顎骨は前突－後退，側方運動（左側方運動－右側方運動），下制－挙上の3つの運動を行う．
- □ 咀嚼に働く筋には，咬筋，側頭筋，内側翼突筋，外側翼突筋がある．
- □ 表情筋には，眼輪筋，上眼瞼挙筋，皺眉筋，鼻根筋，口輪筋，上唇挙筋，小頬骨筋，大頬骨筋，笑筋，頬筋，オトガイ筋，下唇下制筋，口角下制筋などがある．
- □ 眼球運動には，上直筋，下直筋，内側直筋，外側直筋，上斜筋，下斜筋の6筋が関与する．

memo

1 顔面・頭部の構成 ［概略図］

　頭蓋骨は，脳頭蓋と顔面頭蓋の2つの部分から構成されている．**脳頭蓋**は，後頭骨，前頭骨，蝶形骨，側頭骨（2個），頭頂骨（2個）からなり，脳を保護している．**顔面頭蓋**は，篩骨，下鼻甲介（2個），涙骨（2個），鼻骨（2個），鋤骨，上顎骨（2個），口蓋骨（2個），頬骨（2個），下顎骨，舌骨の10種類の骨からなり，感覚・消化・呼吸器を保護する．

　頭蓋骨の連結は大部分が**縫合**で，一部に軟骨結合や骨結合がある．顔面・頭部にある唯一の滑膜性関節は〔顎関節〕である．

2 顎関節の機能解剖と運動学

◆顎関節の機能解剖

　顎関節は，下顎骨の**下顎頭**と側頭骨の**下顎窩**（その前部の**関節結節**まで）との間にある**楕円関節**である．ここには**関節円板**が存在し，これによって関節腔は上下に二分されている．関節包は**外側靱帯**，**蝶下顎靱帯**，**茎突下顎靱帯**の3つの靱帯によって補強されている［図1］．

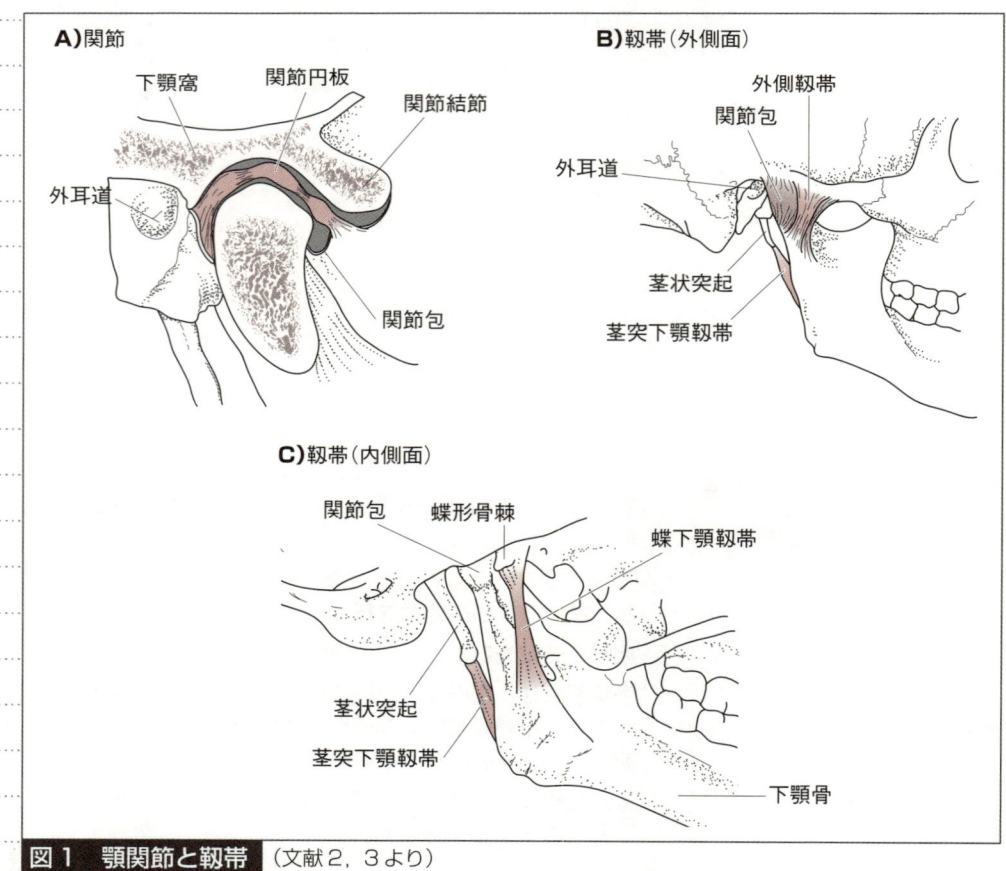

図1　顎関節と靱帯（文献2, 3より）

A) 関節：下顎窩，関節円板，関節結節，外耳道，関節包
B) 靱帯（外側面）：外側靱帯，関節包，外耳道，茎状突起，茎突下顎靱帯
C) 靱帯（内側面）：関節包，蝶形骨棘，蝶下顎靱帯，茎状突起，茎突下顎靱帯，下顎骨

下顎の運動は主として，咀嚼や会話の際の口の動きに関係し，下顎骨は〔**前突 – 後退**〕，〔**側方運動**（左側方運動 – 右側方運動）〕，〔**下制 – 挙上**〕の3つの運動を行う［図2］．

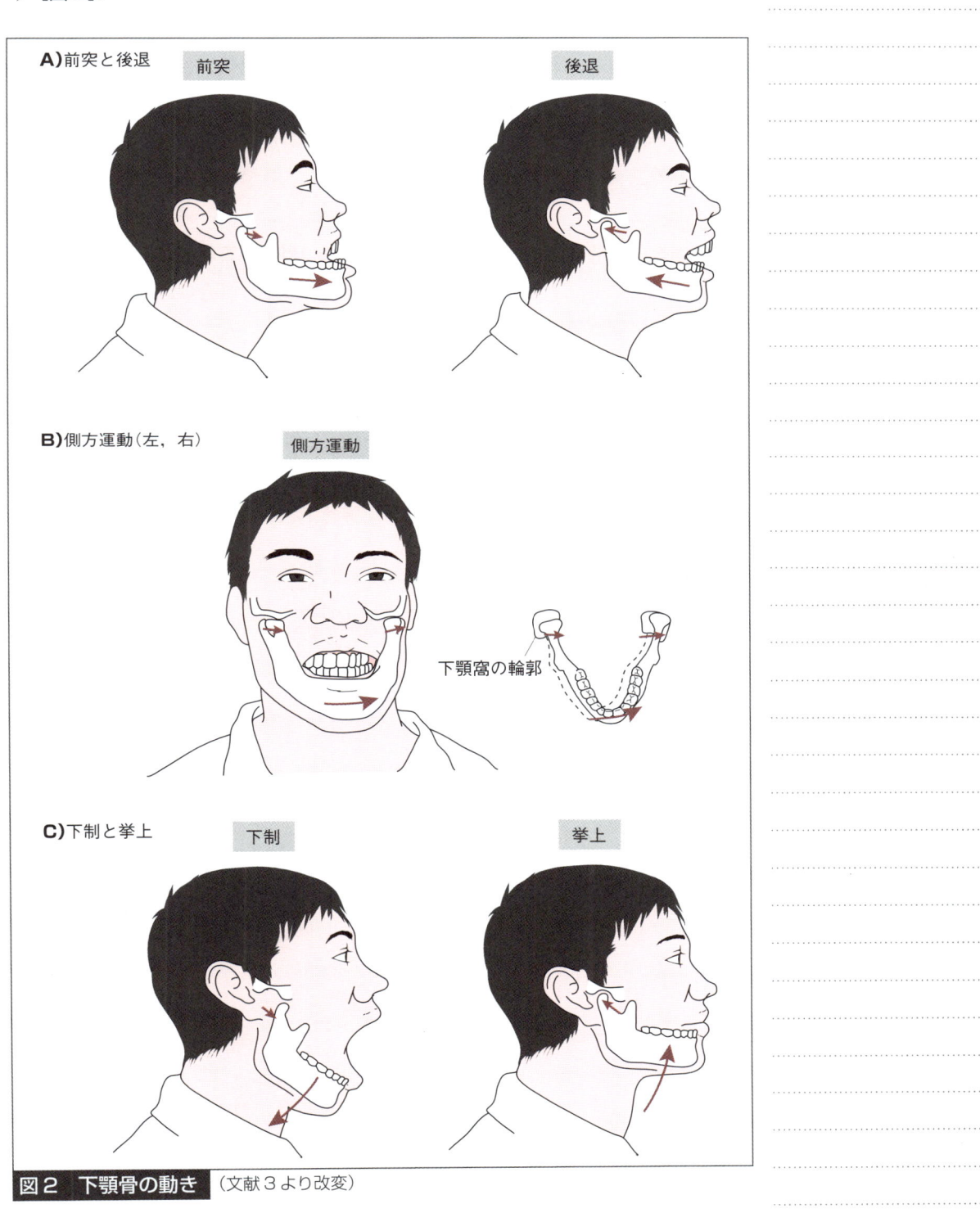

図2　下顎骨の動き　（文献3より改変）

A) 前突と後退　前突　後退

B) 側方運動（左，右）　側方運動　下顎窩の輪郭

C) 下制と挙上　下制　挙上

3. 顔面・頭部の機能解剖と運動学

◆顎関節の運動に関係する筋

　咀嚼は，歯によって食物を噛み，砕きつぶしていく過程である．**咀嚼筋**（咀嚼の主働作筋）は，〔咬筋〕，〔側頭筋〕，〔外側翼突筋（上頭，下頭）〕，〔内側翼突筋〕である［図3］．**側頭筋**は側頭部から起こり，下顎骨の筋突起に停止する．**咬筋**は頬骨弓から起こり下顎に停止する．**外・内側翼突筋**は蝶形骨から起こり，それぞれ下顎角の内面や下顎骨の関節突起に停止する．咬筋，側頭筋は歯をくいしばる働き，外・内側翼突筋は下顎を左右かつ前方へ移動させる働きをする．これらはいずれも三叉神経の支配を受けている．さらに，舌骨上筋と舌骨下筋が補助的に働く．

　下顎を前へ突き出す運動（前突）は，左右の**外側翼突筋**と内側翼突筋が一緒に収縮して生じる．下顎を側方へ片寄せる（側方移動）場合は，例えば右へ片寄せるには**右外側翼突筋**と**左内側翼突筋**が主として働き，左に動かす場合は逆に左の外側翼突筋と右内側翼突筋が作用する．

　〔閉口〕には**咬筋，側頭筋，内側翼突筋，外側翼突筋**が働き，〔下顎骨が挙上〕する．〔開口〕は主として**外側翼突筋の下頭**と**舌骨上筋群**（顎二腹筋，茎突舌骨筋，顎舌骨筋，オトガイ舌骨筋）の収縮によって行われ，〔下顎骨の下制〕が起こる．**舌骨下筋群**（胸骨舌骨筋，肩甲舌骨筋，胸骨甲状筋，甲状舌骨筋）も下顎骨の下制を補助する．

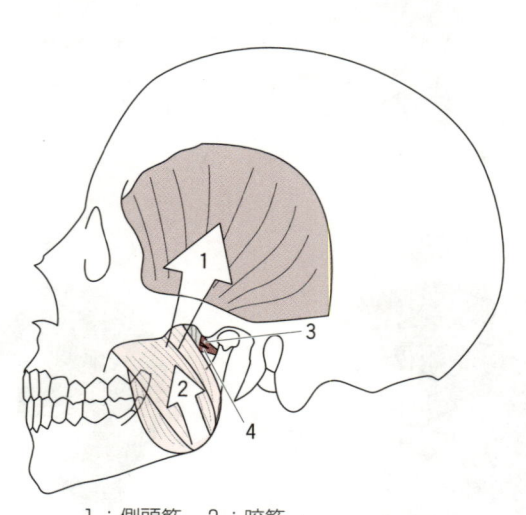

1：側頭筋，2：咬筋，
3：外側翼突筋上頭，4：外側翼突筋下頭
外側翼突筋上頭は閉口に，外側翼突筋下頭は開口に作用する

図3　咀嚼筋とその作用　（文献4より）

3 表情筋の機能解剖

表情筋は顔または頭蓋の表面にある皮筋で，頭蓋冠の表情筋，眼瞼裂周囲の筋，鼻部の筋および口裂周囲の筋に分けられる．

◆頭蓋冠の表情筋

頭蓋冠の表情筋には後頭前頭筋，側頭頭頂筋などがある．〔後頭前頭筋〕の〔前頭筋〕部分は額の皮膚に横のひだを作り，眉を上げる．後頭筋部分は頭の皮膚を後ろに引いて額を滑らかにする．側頭頭頂筋は帽状腱膜を横に張り，上耳介筋（耳介を上方に引く）ともいわれる．後耳介筋は耳介を後方に，前耳介筋は耳介を前方に引く作用がある．

◆眼の筋

〔眼輪筋〕（顔面神経支配）の眼瞼部・眼窩部には眼裂を閉じる作用があり，涙腺部は涙嚢を広げて涙を吸い込ませる働きをする．〔上眼瞼挙筋〕（動眼神経支配）は上眼瞼を上げて開眼に働く．

◆額部および鼻根部の筋

〔皺眉筋〕には眉間に縦皺をいれて眉をひそめたり，眉を真ん中に寄せる作用がある．眉毛下制筋は眉毛を下に引く作用がある．〔鼻根筋〕は眉間の皮膚を引き下げて嫌悪感を示すように鼻に**横シワ**を寄らせる．鼻孔圧迫筋は鼻孔を圧迫して狭め，鼻孔拡大筋は鼻孔を外下方に引き，鼻孔を広げるように働く．鼻中隔下制筋は鼻中隔を引き下げ，鼻孔を狭めたり広げたりする．

〔口輪筋〕は口唇を閉じる，突き出す，吸い込む，口笛を吹くときなどに作用する．口角を持ち上げるのは口角挙筋，上唇を持ち上げるのは〔上唇挙筋〕，〔小頬骨筋〕，上唇鼻翼挙筋である．〔大頬骨筋〕は口角を上側方へ引き上げて微笑む表情を作る．〔笑筋〕は上下の唇をぴったりと合わせ，口角を横に引いてえくぼをつくる．〔頬筋〕は頬をくぼませて食物の通過を促し，息を吹くときにも作用する．そのほか，二重顎に関係する**オトガイ横筋**，下唇を突き出す〔オトガイ筋〕，下唇を外下方へ引いて憂鬱な表情を起こさせる**下唇下制筋**，口角を引き下げて深い悲しみの表情を見せる〔口角下制筋〕がある．〔広頸筋〕は下顎骨縁から第2肋骨付近まで走行し，頸部および鎖骨下方の皮膚を上に引き，下唇を後下方へ引いて恐怖の表情を示す．

4 外眼筋の機能解剖

眼球運動には6つの外眼筋（**上直筋，下直筋，内側直筋，外側直筋，上斜筋，下斜筋**）が関与する．各筋の収縮によって眼球はそれぞれ次の方向へ動く．〔上直筋〕（動眼神経支配）は眼球を上外方へ，〔下直筋〕（動眼神経支配）は下外方へ，〔内側直筋〕（動眼神経支配）は内転，〔外側直筋〕（外転神経支配）は外転，〔上斜

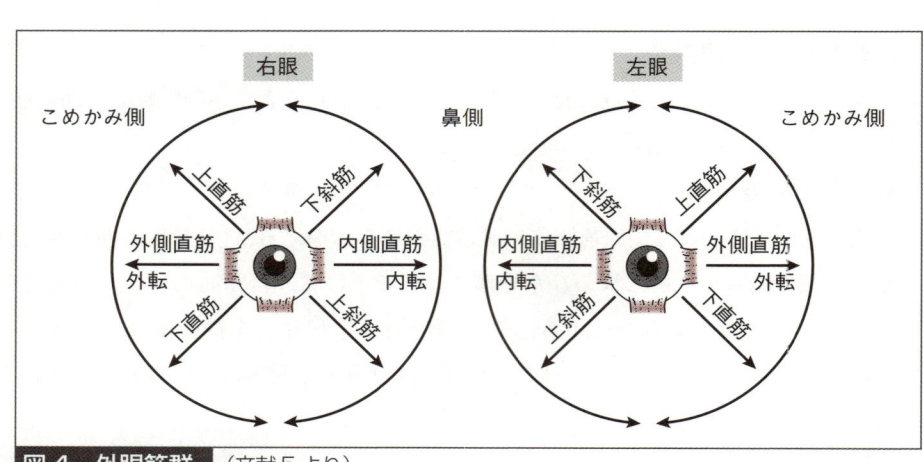

図4 外眼筋群（文献5より）

筋〕（滑車神経支配）は下内方へ，〔**下斜筋**〕（動眼神経支配）は上内方へ眼球を動かす［図4］．

5 舌筋の機能解剖

舌筋は舌外筋（外在筋）と舌内筋（内在筋）からなる．〔**オトガイ舌筋**〕は**舌外筋**であって最も強力な**舌筋**である．後部線維は舌を前に突き出し，前部線維と茎突舌筋が働いて舌を引っ込める．さらに一側だけ働くと舌の片寄せ運動ができ，両側同時に舌内筋とともに働いて舌の中央をくぼませる．**舌内筋**は主に舌体の形を変える作用をもつ．舌骨上筋と舌骨下筋は咀嚼の補助作用以外に，舌の運動と嚥下にもかかわっている．

<文　献>
1）「人体解剖学」（藤田恒太郎／著），南江堂，2003
2）「解剖学アトラス」（V. W. Kahle，ほか／著，越智淳三／訳），文光堂，2002
3）「筋骨格系のキネシオロジー」（D. A. Neumann／著，嶋田智明・平田総一郎／監訳），医歯薬出版，2005
4）「カパンディ関節の生理学Ⅲ 脊椎・体幹・頭部」（A. I. Kapandji／著，塩田悦仁／訳），医歯薬出版，2008
5）「新・徒手筋力検査法」（H. J. Hislop・J. Montgomery／著，津山直一・中村耕三／訳），協同医書出版社，2007

Try 演習問題で理解度をチェック！ 別冊p.22へ

第4章 生体力学

1 身体と運動

概略図 身体の基本面（文献1より改変）

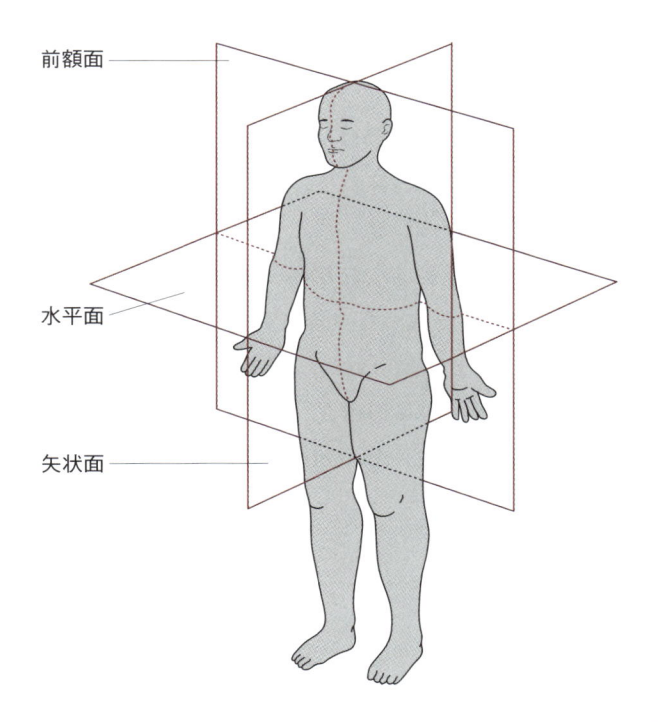

- 前額面
- 水平面
- 矢状面

Point

- □ 身体重心を直交する3平面を身体の基本面という．
- □ 身体を左右に分ける平面を**矢状面**という．
- □ 身体を前後に分ける平面を**前額面**という．
- □ 身体を上下に分ける平面を**水平面**（横断面）という．
- □ 変位を時間で微分したものが**速度**であり，速度を微分すると**加速度**となる．
- □ 加速度を時間で積分したものが**速度**であり，速度を積分すると**変位**となる．
- □ 速度の単位はm/秒，加速度の単位はm/秒^{2}である．
- □ 角変位を時間で微分したものが**角速度**であり，角速度を微分すると**角加速度**となる．
- □ 角加速度を時間で積分したものが**角速度**であり，角速度を積分すると**変位**となる．
- □ 角速度の単位はrad/秒，角加速度の単位はrad/秒^{2}である．

1 基本肢位 ［図1］

「気をつけ」の肢位のことを**基本的立位肢位**と呼ぶ．基本的立位肢位から手掌を前方に向けた肢位を**解剖学的立位肢位**と呼ぶ．

2 身体の基本面 ［概略図］

身体重心を通過する直交3平面を**基本面**と呼び，基本面ではない投影面を矢状面，前額面，水平面と呼ぶ．

3 運動の軸 ［図2］

水平面で行われる回転運動は〔垂直軸〕を有する．例えば，基本的立位肢位からの頸椎での左右回旋，体幹の左右回旋，股関節回旋，膝関節回旋，肩関節回旋，前腕回内外などが挙げられる．

矢状面で行われる運動は左右方向の軸をもつ．この軸を〔水平前額軸〕と呼ぶ．例えば，基本的立位肢位からの頸椎屈曲伸展，体幹屈曲伸展，肩関節屈曲伸展，股関節屈曲伸展などが挙げられる．

前額面で行われる運動は前後方向の軸をもつ．この軸を〔水平矢状軸〕と呼ぶ．例えば，基本的立位肢位からの頸椎側屈，体幹側屈，肩関節内外転，股関節内外転などが挙げられる．

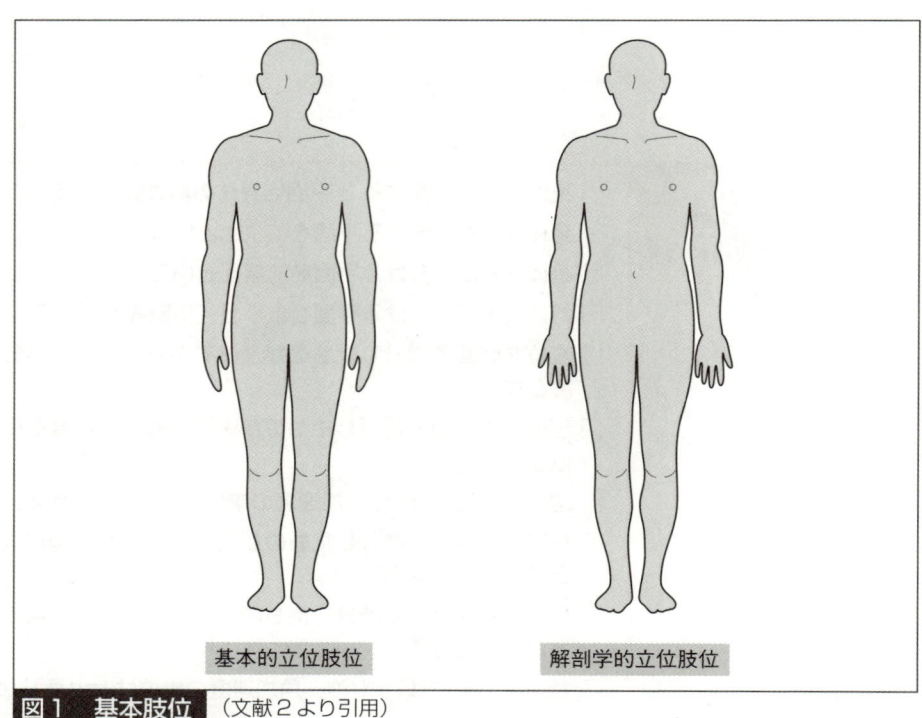

図1 基本肢位 （文献2より引用）

基本的立位肢位　　解剖学的立位肢位

すなわち，基本的立位肢位からは水平面（垂直軸）では回旋運動，前額面（矢状水平軸）では内外転運動（内外反），矢状面（前額水平軸）では屈曲-伸展運動がそれぞれ行われる．

4 並進運動における変位，速度，加速度の関係

位置データから運動の特徴を読み取ることを運動学的分析という．観測頻度が明確であれば，位置データから〔変位〕，〔速度〕，〔加速度〕が計算できる．

ある観測データと次の観測データの間の位置変化量を，その間の〔変位〕と呼ぶ．時間あたり（Δt）の変位量の差（Δd）を平均〔速度〕vと呼ぶ．Δtを限りなく小さくしたものを瞬間速度と呼ぶ．速度の単位は距離を時間で割った単位となり，「m/秒」などとなる．

$$v = \frac{\Delta d}{\Delta t}$$

時間あたり（Δt）の速度変化（Δv）を平均〔加速度〕aと呼ぶ．Δtを限りなく小さくしたものを瞬間加速度と呼ぶ．加速度の単位は速度を時間で割った単位となり，「m/秒²」などとなる．

$$a = \frac{\Delta v}{\Delta t}$$

変位，速度，加速度の関係は図3のようになる．

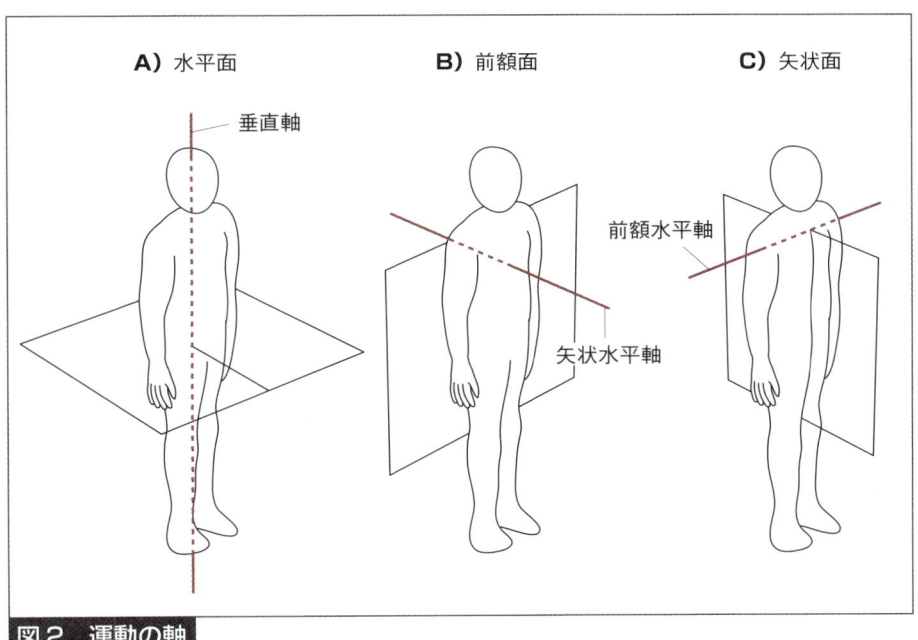

図2 運動の軸

5 回転運動における角変位，角速度，角加速度の関係

個々の関節は回転運動で近似されることが多い．円運動では関節角度の変化量（θ）でその位置が決定される．角度の時間変化を〔**角速度**〕と呼び，ωで表す．角速度は角度を時間で微分したものである．単位は「rad/秒」[※1]などとなる．

$$\omega = \frac{\Delta \theta}{\Delta t}$$

また単位時間あたりの角速度の変化量を〔**角加速度**〕と呼び，aで表す．角加速度は角速度を時間で微分したものとなる．単位は「rad/秒²」などとなる．

$$a = \frac{\Delta \omega}{\Delta t}$$

角変位，角速度，角加速度の関係は図4のようになる．

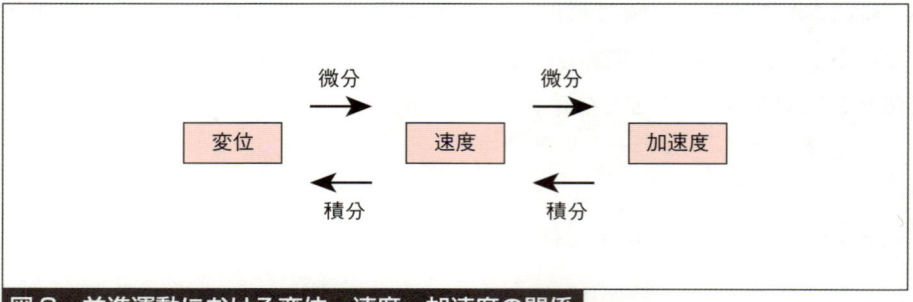

図3　並進運動における変位，速度，加速度の関係

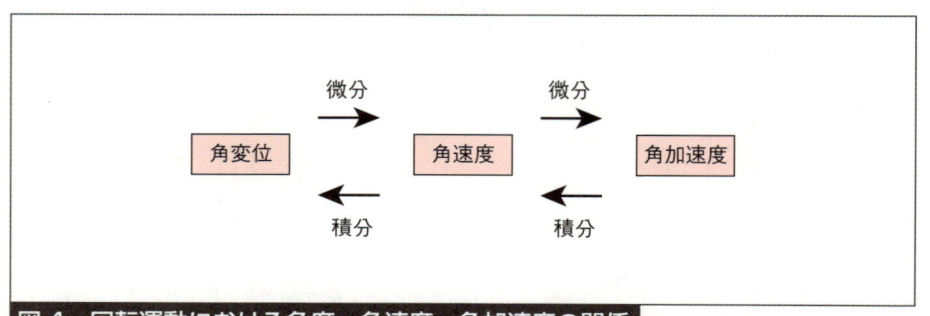

図4　回転運動における角度，角速度，角加速度の関係

※1　**ラジアン**
ラジアンとは円弧の長さを半径で割ったものであり，2π rad ＝ 360°である．

<文　献>
1）「消っして忘れない　解剖学要点整理ノート」（井上　馨，松村讓兒／編），羊土社，2008
2）「基礎運動学」（中村隆一，ほか／著），医歯薬出版，2003

第4章　生体力学

2 力と運動

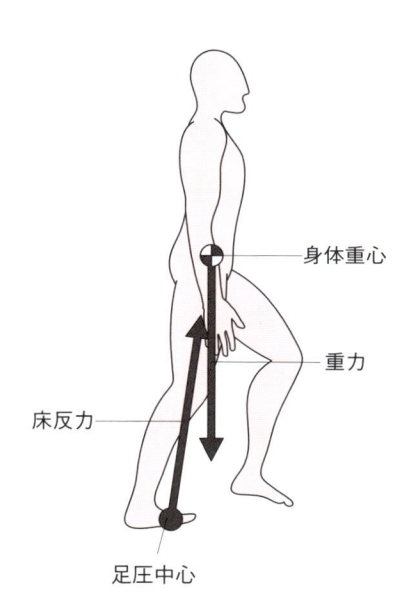

概略図 重力と床反力は身体重心，足圧中心に作用する

（図：身体重心，重力，床反力，足圧中心）

Point

- □ 身体重心に**重力**が作用し，足圧中心に**床反力**が作用する．
- □ 重力も床反力もベクトルで示すことができ，この両者の関係で身体が運動する．
- □ 重力より床反力が大きい場合で身体は上方に移動し，床反力より重力が大きい場合，身体は下方移動する．
- □ 床と接している面で囲まれる部分を**支持基底面**という．
- □ 質量 m の物体に力 F が作用する場合，生じる加速度 α には〔$F=m\alpha$〕の関係が成り立つ．
- □ 安定性の条件：〔**体重が大きい**〕・〔**支持基底面が広い**〕・〔**身体重心が低い**〕
- □ 物体を回転させる働きの大きさを**力のモーメント**という．
- □ 第1～第3のてこではそれぞれ中央にあるのが，**支点**，**作用点**，**力点**である．

memo

1 重力と床反力

　静止状態で立位をとっている人には大きく2つの力が作用していると考えることができる．それが〔重力〕と〔床反力〕である［概略図］．それぞれが作用していると考えてよい場所をそれぞれ，〔身体重心（Center of Gravity：COG）〕，〔足圧中心（Center of Pressure：COP）〕と呼ぶ．重力，床反力ともに力であるため，ベクトルで表すことができる．**重力**は常に鉛直下方で前後，左右の成分をもたない．これに対して**床反力**は前後，左右，上下の三次元ベクトルである．重力は必ず下方に，床反力は必ず上方に作用する．重心位置は，動作解析装置によって空間座標が定義可能であり，また足圧中心も，床反力計を用いることによって位置を決めることができる．身体全体はこの2つの力で動かされていると考えることも可能である．図1-Aは，重力より床反力が大きい場合であり，この際，身体は**上方**に移動する．図1-Bは，逆に床反力より重力が大きい場合であり，身体は**下方**移動する．

2 重力と床反力の関係

　重心位置は肢位を変化させることで移動させることが可能である．例えば立位で後方転倒しそうな場合には，転倒しないように上肢を前方に挙上させることで上肢の**質量**を前方に移動させ，重心の後方への移動を小さくすることができる［図2］．同様につま先を持ち上げて，かかとだけで床と接触することによって**足圧中心**を**後方**に移動させ，転倒しないようにすることも可能である．重心を移動させることは重力の作用する位置の制御であり，足圧中心を移動させることは床

図1　重力と床反力の関係

A）重力＜床反力　　B）重力＞床反力

反力の作用する位置の制御であるといえる．これらの移動はともに，姿勢制御には重要である．

　完全な静止状態の立位姿勢をとることは不可能であり，実際は常に身体は動揺している．静止立位状態というのは重心位置をあまり変化させないように，足圧中心が小刻みに移動して，倒れようとする反対方向に足圧中心が移動してバランスを保っている状態である．この**足圧中心**の軌跡を計測する装置を**重心動揺計**といい，実際には**重心**位置を計測しているのではなく，**足圧中心**位置を計測するものである．

3 支持基底面

　〔支持基底面〕とは床と接している面で囲まれる部分のことであり，立位では両足とその間を囲む面である．人間の立位姿勢では"〔足圧中心〕が位置することが可能な場所"ということもできる．座位や臥位といったように接触面が大きくなれば重心の床への投影点（重心とこの投影点を結ぶ線を〔重心線〕と呼ぶ）は，支持基底面内に位置しやすくなる．一般に立位のように重心位置が高いほど，また，支持基底面が狭いほど不安定とされ，臥位のように重心位置が低く，支持基底面が広いほど安定しているとされる［図3］．

　安定性の条件としては，〔体重が大きい〕・〔支持基底面が広い〕・〔身体重心が低い〕の3つが挙げられる．

足圧中心を後方移動，重心を前方移動させて，後方へ回転しないようにバランスをとっている

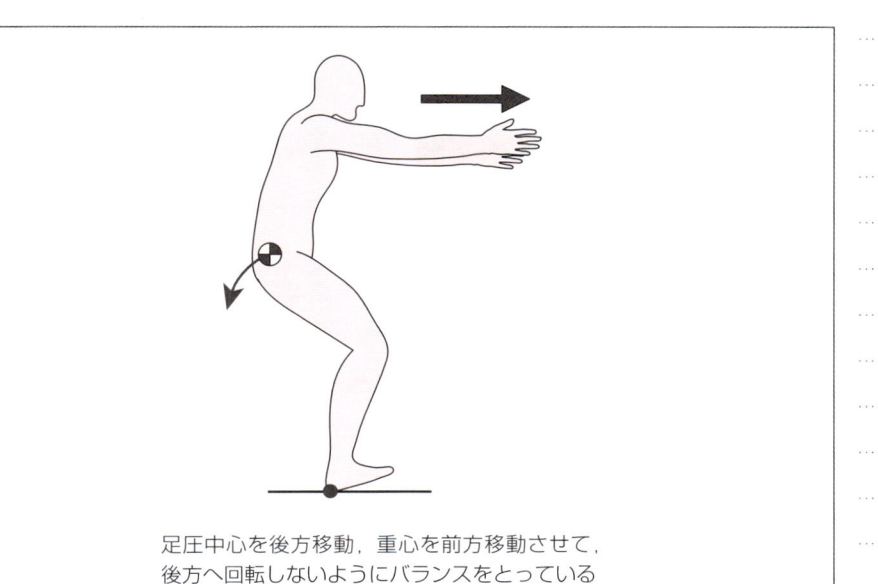

図2　後方に転倒しそうな場合の身体制御の例

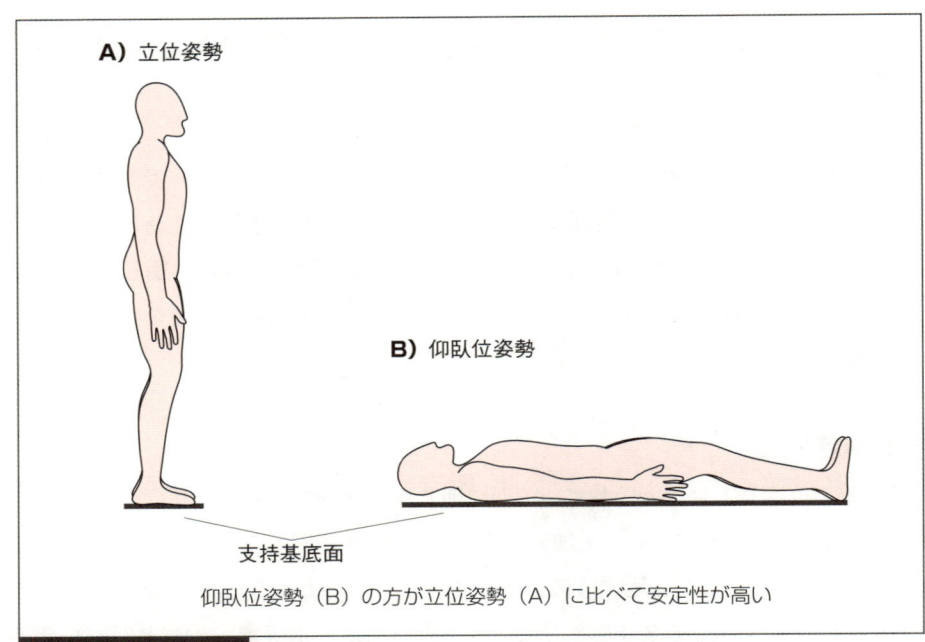

図3 支持基底面

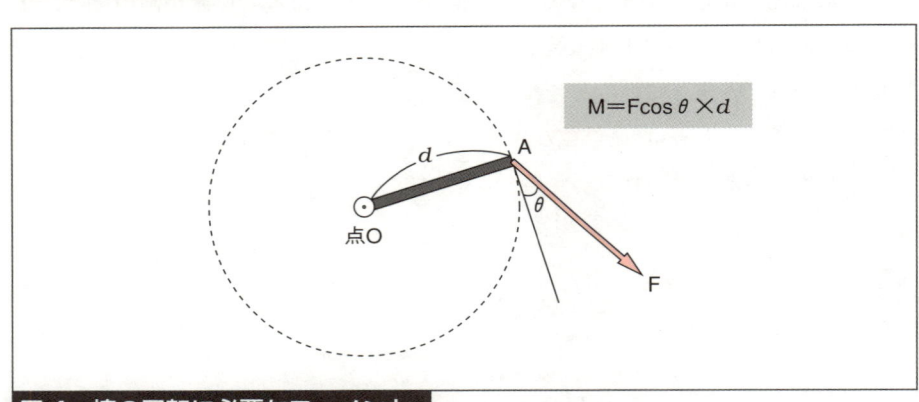

A) 立位姿勢
B) 仰臥位姿勢
支持基底面
仰臥位姿勢（B）の方が立位姿勢（A）に比べて安定性が高い

図4 棒の回転に必要なモーメント

$M = F\cos\theta \times d$

4 力のモーメント

　棒の一端を固定して，棒が点Oの周りを距離dを半径に自由に回転できるようにする．この棒の1点Aに力Fを加えると，棒は回転を始める．物体に加わった力が物体を回転させる．この働きの大きさを"力のモーメント"という．

　図4のように力Fの向きが角度θをなす場合，**力のモーメントMは〔$M = F\cos\theta \times d$〕**となる．力Fが距離dに対して垂直となっていれば，〔$M = Fd$〕となる．

　関節に必要となる力のモーメントを運動学的に考察することが必要である．図5は，膝関節軽度屈曲位で止まっており，足部が床と接触していない場合の例である．下腿との足部を合わせた質量をmとし，その部分の重心位置から膝関節中

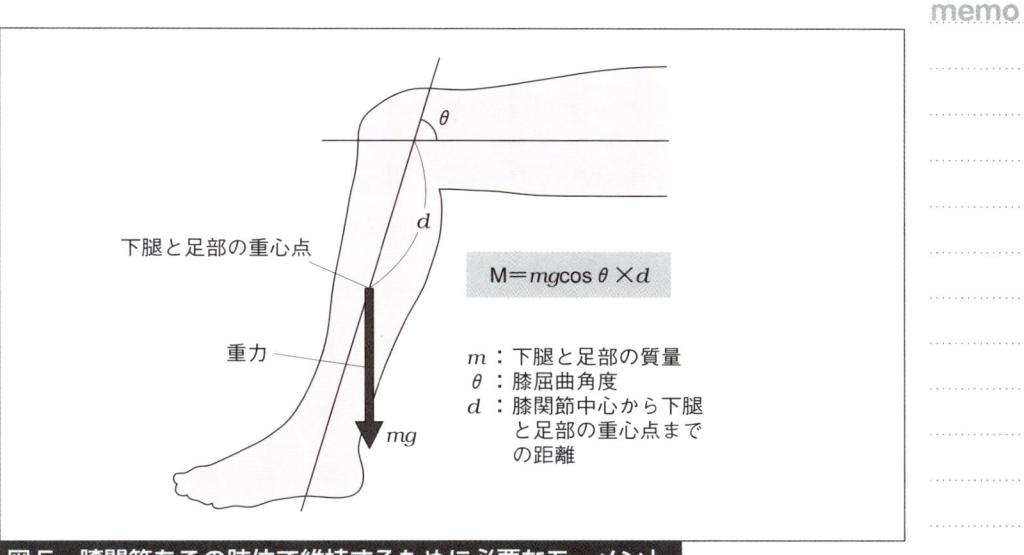

図5 膝関節をこの肢位で維持するために必要なモーメント

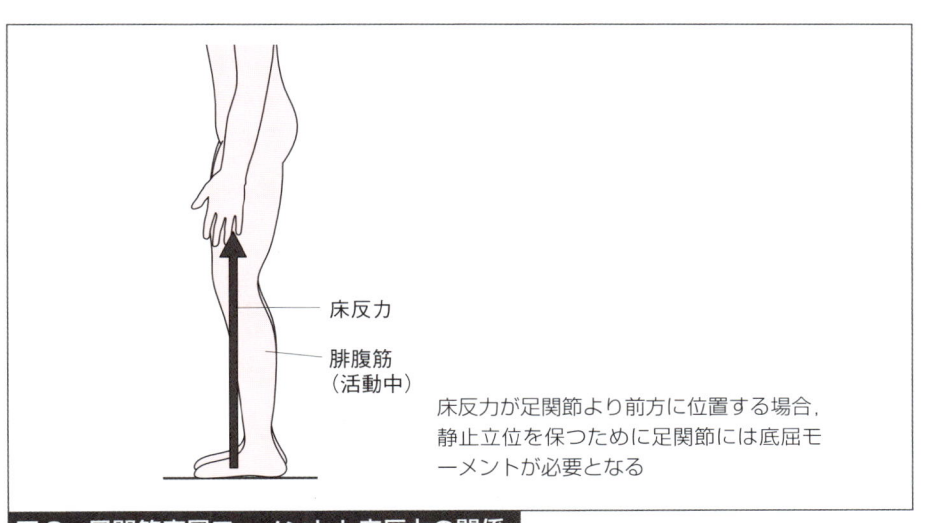

$M = mg\cos\theta \times d$

m：下腿と足部の質量
θ：膝屈曲角度
d：膝関節中心から下腿と足部の重心点までの距離

図6 足関節底屈モーメントと床反力の関係

床反力が足関節より前方に位置する場合、静止立位を保つために足関節には底屈モーメントが必要となる

心までの距離を d とすると，膝関節でこの位置を維持するために必要なモーメント M は〔$M = mg\cos\theta \times d$〕となる．

5 関節モーメント

　関節モーメントとは，関節周りで筋力などが関節を回転させようとする作用の大きさのことである．立脚期では床反力の影響が大きく，床反力という外力の影響によって回転させられる作用（以下：外部モーメント）に抗して生体が発揮する抵抗力が関節モーメントを構成するため，筋以外に，靱帯，関節包，筋膜，皮膚による抵抗と考えてよい．

　例えば，図6は静かに立っている人の足関節の状態であり，床反力が足関節よ

り前方に作用している．この床反力は背屈させようとする外力として作用するため，静止立位で足関節が回転しない状態の場合に，生体が底屈させる作用を発揮していると考えるのである．これを"足関節底屈モーメント"と呼ぶ．関節モーメントは**外力**と**関節の距離**で決まるため，静止立位で床反力が足関節から離れるほど，生体の発揮する足関節底屈モーメントも大きくなる．すなわち腓腹筋活動が大きくなる．

6 ニュートンの法則

ニュートンの法則は物体の運動を表した法則であり，次の3つがある．

◆**ニュートンの第1法則**

"慣性の法則"といわれ，物体に力が作用しない場合には，物体は静止状態でい続けるか，等速度で運動を続けるというものである [図7-A]．

◆**ニュートンの第2法則**

物体に力Fが作用すると，物体には加速度αが生じる．加速度は作用した力を質量mで割ったものである．すなわち〔$F=m\alpha$〕の関係が成り立つ [図7-B]．

A) ニュートンの第1法則

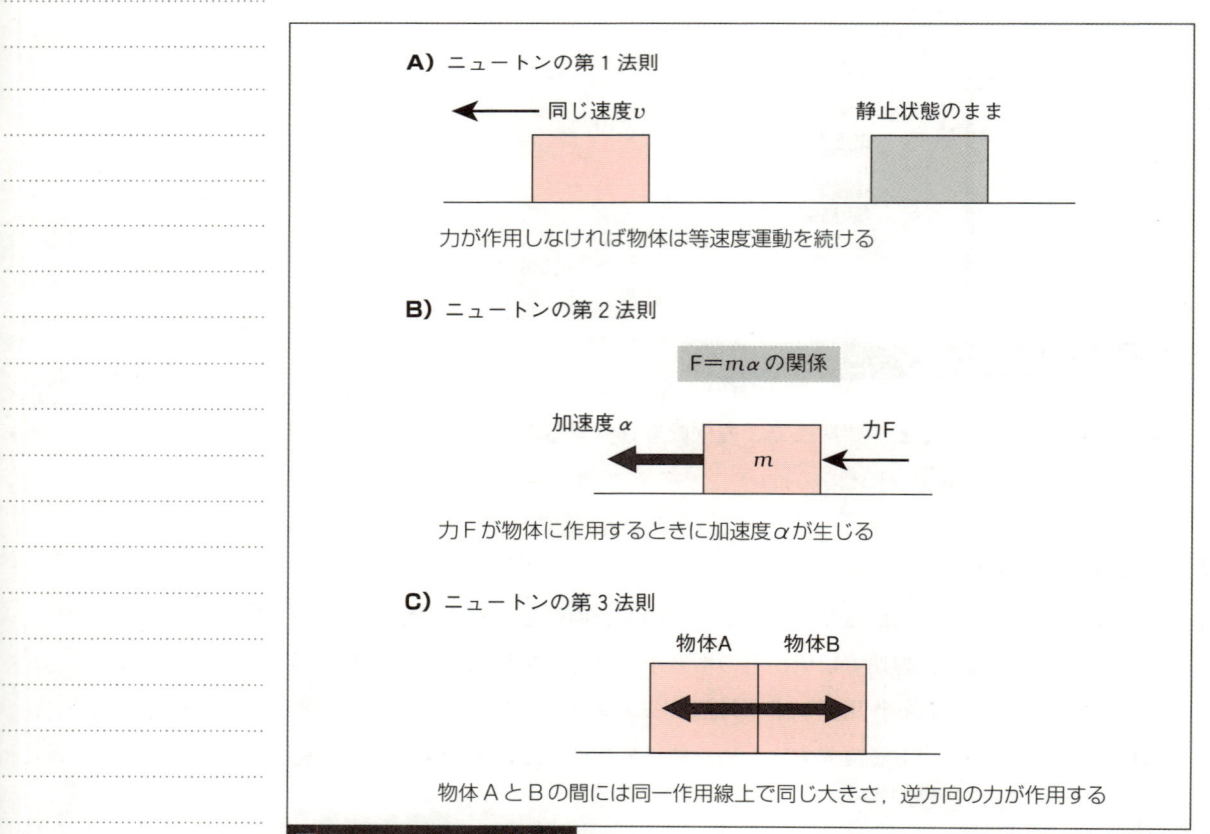

← 同じ速度v　　静止状態のまま

力が作用しなければ物体は等速度運動を続ける

B) ニュートンの第2法則

$F=m\alpha$の関係

加速度α ← m ← 力F

力Fが物体に作用するときに加速度αが生じる

C) ニュートンの第3法則

物体A　物体B

物体AとBの間には同一作用線上で同じ大きさ，逆方向の力が作用する

図7　ニュートンの法則

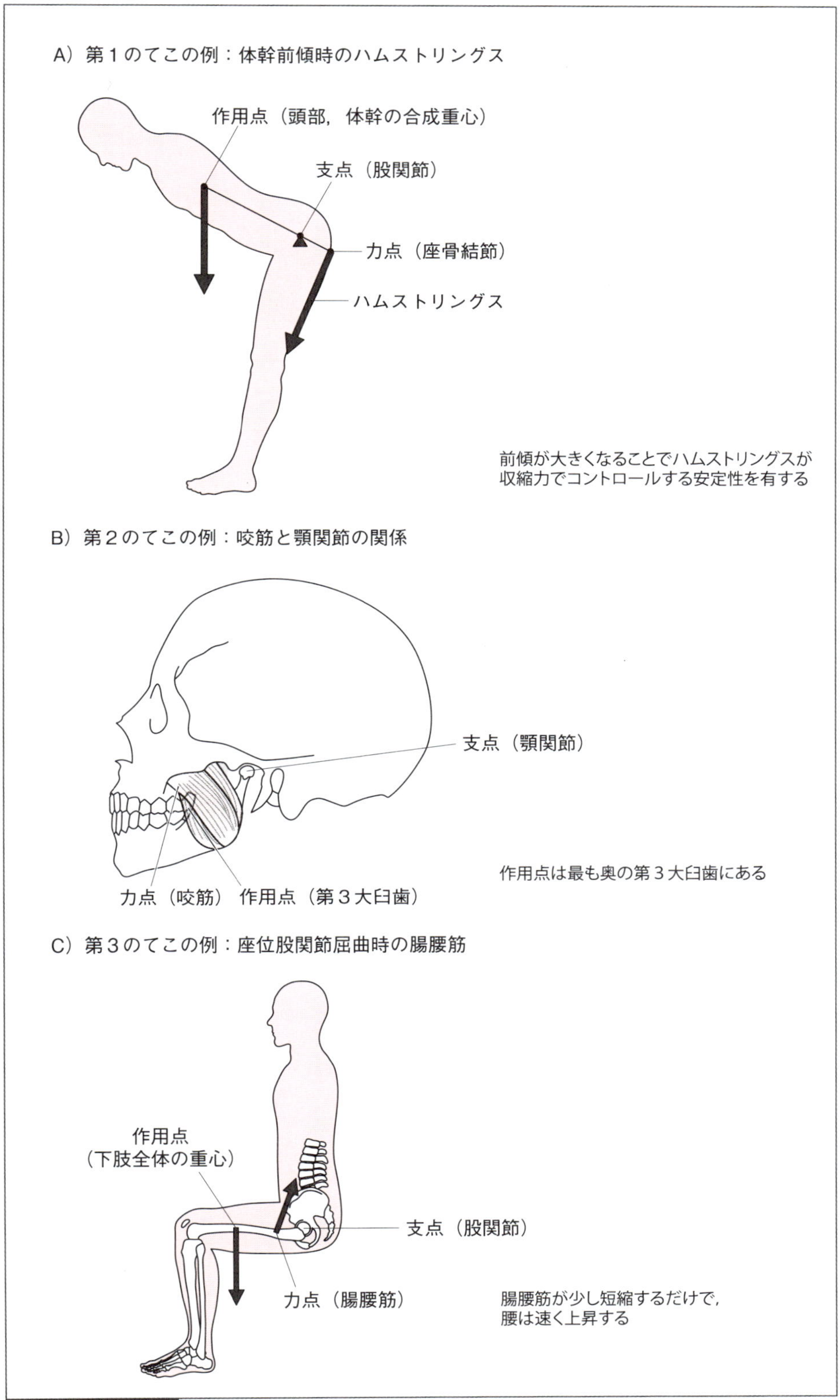

A) 第1のてこの例：体幹前傾時のハムストリングス

作用点（頭部，体幹の合成重心）
支点（股関節）
力点（坐骨結節）
ハムストリングス

前傾が大きくなることでハムストリングスが収縮力でコントロールする安定性を有する

B) 第2のてこの例：咬筋と顎関節の関係

支点（顎関節）
力点（咬筋）　作用点（第3大臼歯）

作用点は最も奥の第3大臼歯にある

C) 第3のてこの例：座位股関節屈曲時の腸腰筋

作用点（下肢全体の重心）
支点（股関節）
力点（腸腰筋）

腸腰筋が少し短縮するだけで，腰は速く上昇する

図8　てこの例

◆ニュートンの第3法則

　ある物体Aからほかの物体Bに力が作用するときには，逆に物体BからAに対して，方向が逆で同じ大きさの力が作用する．"**作用反作用の法則**"とも呼ばれる［図7-C］．

7 てこの種類

　てこには，第1のてこ，第2のてこ，第3のてこと呼ばれる3種類のてこがある．いずれも筋収縮を関節運動に結びつける重要な役割を有する．てこの種類は，支点，力点，作用点の位置関係で決定する．

【第1のてこ】支点が力点と作用点の間にあり，安定性がある．例えば，**体幹前傾時のハムストリングス**［図8-A］，後傾時の大腿四頭筋，片脚立位の中殿筋などは第1のてこである．

【第2のてこ】作用点が力点と支点の間にあり，力の有利性がある．例えば，**咬筋と顎関節の関係**［図8-B］などは第2のてこである．

【第3のてこ】力点が支点と作用点の間にあり，運動の速さに有利である．例えば，**座位股関節屈曲時の腸腰筋**［図8-C］などは第3のてこである．

第4章 生体力学

3 仕事と力学的エネルギー

概略図 仕事と力学的エネルギー

A) 仕事は力と距離の積である

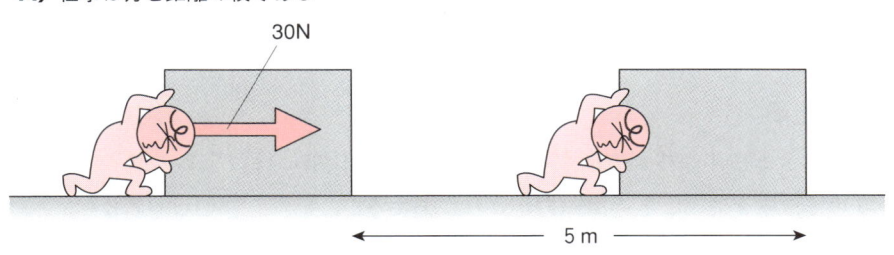

30N

5 m

B) 回転運動の仕事とモーメント

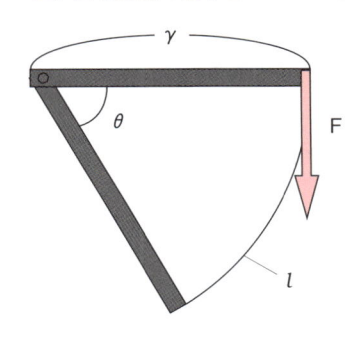

γ, θ, F, l

C) 高いところにある物体はエネルギーをもつ

位置エネルギー＝mgh　（質量×重力加速度×高さ）

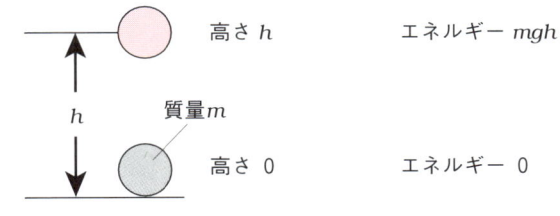

高さ h　　エネルギー mgh
質量 m
高さ 0　　エネルギー 0

Point

- 仕事とは加えた方向の力と移動距離の積である〔単位：J（ジュール）〕．
- 単位時間あたりの仕事のことを仕事率（パワー）と呼ぶ〔単位：W（ワット）〕．
- 位置エネルギー＝mgh（質量×重力加速度×高さ）
- 運動エネルギー＝$\frac{1}{2}mv^2$（$\frac{1}{2}$×質量×速度^2）
- 力学的エネルギー＝位置エネルギー＋運動エネルギー
- 力学的エネルギーは重力や弾性力のみが働くときには一定である．
- 仕事率（パワー）は関節モーメントと角速度の方向が同じであれば正となるが，逆の場合には負となる．

1 仕事

30N（ニュートン）の力で5m床に沿って荷物を移動した場合，"30〔N〕×5〔m〕＝150〔J（ジュール）〕の〔仕事〕をした"という［概略図-A］．またこの仕事を5秒間にわたって行った場合，1秒あたりに換算すると，"150〔J〕÷5〔秒〕＝30〔W（ワット）〕の〔仕事率〕である"という．仕事率のことは"パワー"とも呼ぶ．5mを5秒かけて移動したということは，毎秒1mの速度で移動したことになる．仕事率は力×距離÷時間だが，距離÷時間は速度で置き換えられるので，仕事率＝力×距離÷時間＝〔力×速度〕と考えられる．30〔N〕×〔1m/秒〕＝30〔W〕としても同様である．

2 負の仕事

力の向きと物体の移動方向が反対の場合には，仕事は負となる．例えば，床に滑らせて物体を運ぶときの摩擦力がこれにあたる．

3 回転運動の仕事

概略図-Bのように，半径r上を動く物体を円弧上，力Fでlだけ移動すると，仕事WはW＝F×lとなる．回転運動であるため，θラジアン動く際の距離lは$l＝r×\theta$となる．このため，W＝F×l＝F×r×θとなる．F×rはこの力Fのモーメントであるため，これをMで示すとW＝M×θとなる．1 と同様に距離÷時間＝速度であるため，W＝M×ω（角速度）となる．

4 運動エネルギー ［図1］

物体がほかの物体に仕事をする能力を有するときには，"エネルギーを有する"という．運動をしている物体はほかの物体に仕事をする能力を有するためエネルギーを有する．これを〔運動エネルギー〕という．その大きさはの下式のとおりである．

$$運動エネルギー＝\frac{1}{2}mv^2 \quad (\frac{1}{2}×質量×速度^2)$$

5 位置エネルギー ［概略図-C］

高いところにある物体もほかの物体に仕事をする能力，つまりエネルギーを有する．これを重力による〔位置エネルギー〕という．その大きさは下式のとおりである．

$$位置エネルギー＝mgh \quad (質量×重力加速度×高さ)$$

6 力学的エネルギー保存の法則

物体のもつ位置エネルギーと運動エネルギーの合計を〔**力学的エネルギー**〕という．質量 m の物体を高さ h の点から落とした場合のエネルギー変化を考える．高さ h では位置エネルギーは mgh，運動エネルギーは 0 である［図2］．この物体が高さ 0 での速度を v とすると，〔$mgh=\frac{1}{2}mv^2$〕の関係が成り立つ．つまり物体に作用する力が重力のみであると，運動エネルギーと位置エネルギーの和，すなわち力学的エネルギーは一定である．この関係を〔**力学的エネルギー保存の法則**〕と呼ぶ．

歩行中の身体では，立脚中期で最も重心位置が高いため，最も位置エネルギーが大きいということができる．

運動エネルギー $=\frac{1}{2}mv^2$ （$\frac{1}{2}$×質量×速度^2）

速度 0
エネルギー 0

速度 v
エネルギー $\frac{1}{2}mv^2$

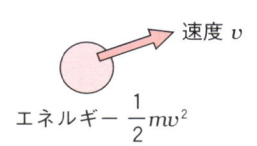

図1 運動している物体はエネルギーをもつ

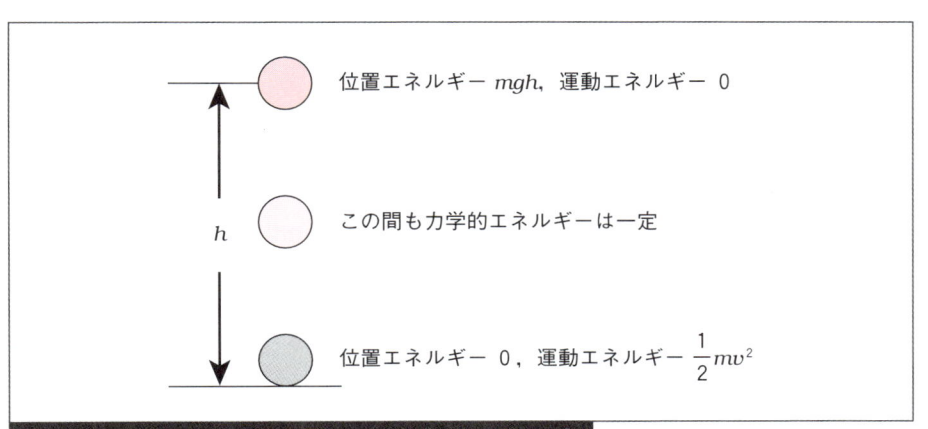

位置エネルギー mgh，運動エネルギー 0

この間も力学的エネルギーは一定

位置エネルギー 0，運動エネルギー $\frac{1}{2}mv^2$

図2 位置エネルギーと運動エネルギーの和は一定

7 関節モーメントとパワー

　ある筋が作用している最中に，その関節が筋の作用方向に回転すれば，正の仕事をしたこととなる．〔パワー〕は前述のように，**関節モーメント**と**角速度**を乗じたものとなる．そのため，パワーは〔関節モーメント〕と〔角速度〕の方向が同じであれば〔正〕となるが，逆の場合には〔負〕となる．これは筋活動と関節運動の関係から，前者が短縮性収縮，後者が伸張性収縮に相当する［図3］．

A) →B) 正のパワー：底屈モーメント作用し底屈する（下腿三頭筋短縮性収縮）
B) →A) 負のパワー：底屈モーメント作用し背屈する（下腿三頭筋伸張性収縮）

図3　カーフレイズでは足関節底屈モーメントを要する

第5章 姿勢

1 姿勢

概略図 体位と構え

A）体位の表現方法

座位　　立位　　背臥位　　腹臥位

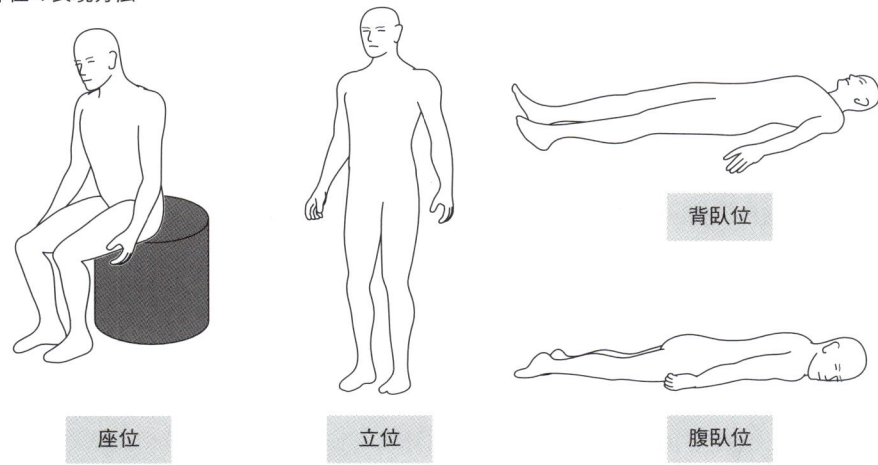

B）構えの表現方法

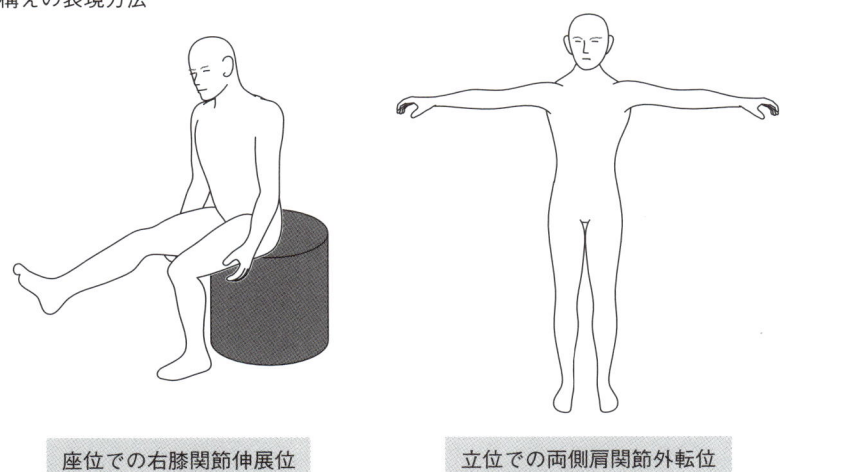

座位での右膝関節伸展位　　立位での両側肩関節外転位

Point

□ 姿勢は**体位**と**構え**の2つに分けられる．

1 姿勢

姿勢は体位と構えの2つに大別される．

◆体位（position）［概略図-A］

体位は重力の方向に対する身体の位置を示すものである．座位，立位，背臥位，腹臥位などと表わされる．立位では頭尾方向，背臥位では前後方向にそれぞれ重力が働いている．

◆構え（attitude）［概略図-B］

構えは各体節との相対的な位置関係を示すものである．肩関節外転位，体幹屈曲位，膝関節伸展位などと表される．関節角度を通して表すことができる．

2 姿勢の分類

◆臥位（lying）

支持基底面※1が広く，重心位置が低い安定した姿勢である．例えば腹臥位，背臥位，側臥位，半臥位などが挙げられる．

◆座位（sitting）

重心位置は低いが，重心線の位置は支持基底面後方にある．例えば腰かけ座位，長座位，横座り，正座，あぐら座位，端座位などが挙げられる．

◆立位（standing）

支持基底面は狭く，重心位置は高いため，臥位，座位に比べ不安定である．例えば膝立ち，片膝立ち，四つ這い位，蹲踞（そんきょ），立位，片足立ち位などが挙げられる．

3 良い姿勢と不良姿勢

良い姿勢とは，力学的に安定し，生理学的に疲労しにくい姿勢である．また健康状態は良好で心理的にも安定し，美的にみて美しいことである．生理学的視点から姿勢をとらえると，同じ姿勢を長時間にわたって保持すると筋の〔血液循環量〕が減少し〔筋疲労〕が生じるため，わずかであっても姿勢を変化させることは〔筋疲労の軽減〕につながる．心拍数は，〔背臥位〕＜〔座位〕＜〔立位〕の順で増加する．

血圧においても同様に，〔背臥位〕＜〔座位〕＜〔立位〕の順で増加するものの，その差は大きくない．

不良姿勢は，日常での習慣，心理的ストレス，疲労，環境，疾病などが原因となり生じるものである．これらの原因を除去することで不良姿勢は改善される傾向にある．

※1 支持基底面
支持基底面とは，立位の場合，両足底面とその間の部分を合計した面積のことをいう．

第5章 姿勢

2 立位姿勢

概略図 重心と支持基底面

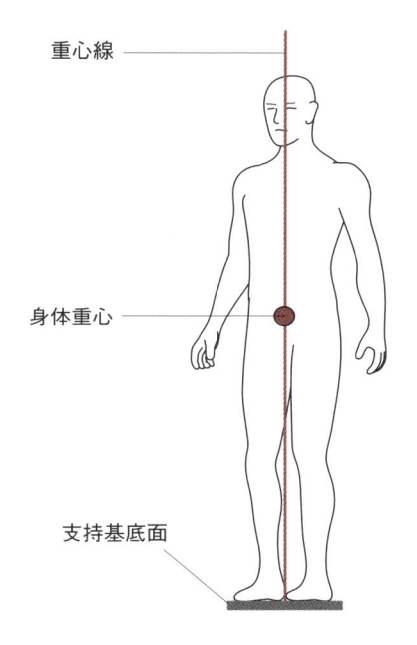

重心線
身体重心
支持基底面

Point

- □ 成人男性は床面から身長の 56〜57％，成人女性は 55〜56％の位置に重心はある．
- □ 重心は解剖学的におよそ第2仙骨前方にある．
- □ 主要な抗重力筋は頸部筋，脊柱起立筋，大腿二頭筋，ヒラメ筋である．
- □ 立位前後方向の安定維持には足関節戦略，股関節戦略，踏み出し戦略が関与する．

memo

1 身体重心

　地球上のあらゆる物体は，常に鉛直下向きの力（重力）が作用している．重力は物体のあらゆる部分にその重さに比例した分の大きさで鉛直下向きに作用する．これらの作用する力は1つに合成でき，この力の作用点を〔重力〕の働く中心として〔身体重心〕（center of gravity：COG）という．人間の身体重心は，身体があらゆる方向に自由に回転しうる点，身体各部の重量が相互に平衡である点，矢状面・前額面・水平面の3面が交差する点の3つの要素で規定されている．身体重心の位置は年齢，性別により異なるが，成人の場合，立位姿勢で床面から**男性**で身長の **56〜57％** のところにあり，**成人女性**で身長の **55〜56％** のところにある．解剖学的にはおよそ〔第2仙骨前方〕で重心線上にある［概略図］．小児は，頭部が下肢と比較して大きいため，身体重心の位置は第2仙骨前方より高い第12胸椎あたりにある．この身体重心の位置と低い身長から，小児は成人より速い速度で動揺することから，立位姿勢のバランスが不安定となる［図1］．

2 重心線

　重心線は床に対し身体重心を通る垂直線をいう．安静立位における姿勢の特徴として，自発的な身体動揺はわずかであり，直立姿勢を乱すように働く重力の影響を最小にしてかつ保持するのに要する筋活動やエネルギー消費は**最少**であることが挙げられる．この立位姿勢を〔基本的立位姿勢〕といい，理想的アライメントとしてとらえることができる［図2］．このアライメントは身体の左右，前後方

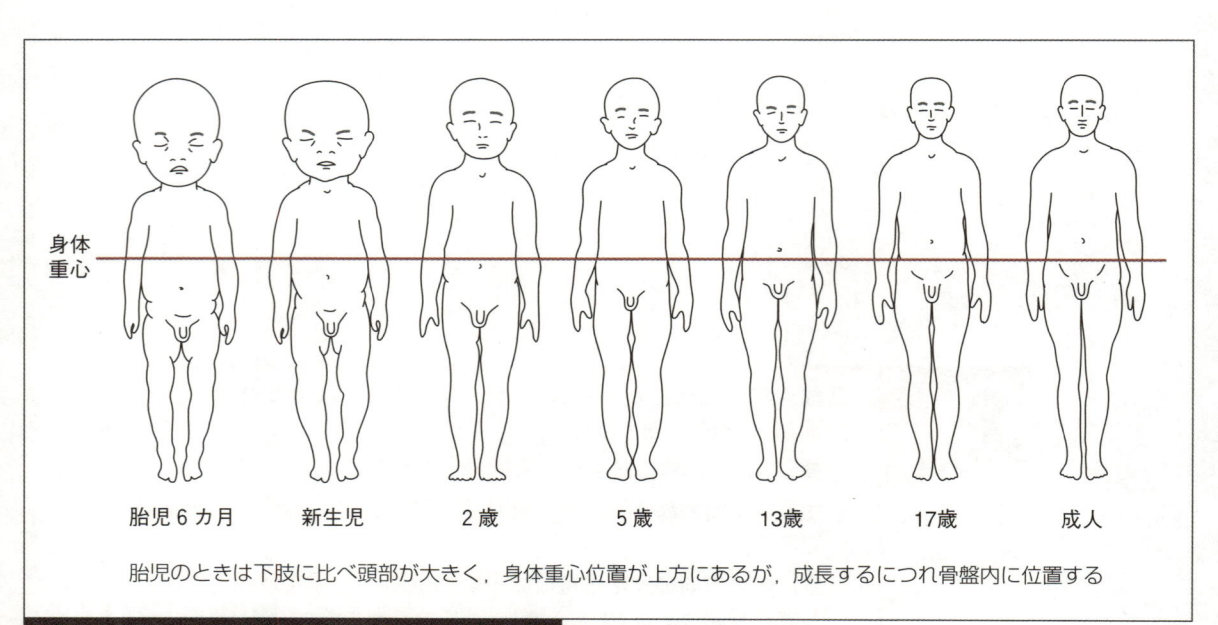

身体重心

胎児6カ月　　新生児　　2歳　　5歳　　13歳　　17歳　　成人

胎児のときは下肢に比べ頭部が大きく，身体重心位置が上方にあるが，成長するにつれ骨盤内に位置する

図1　成長過程でみられる身体重心位置の変化　（文献1より引用）

向とも，ほぼ身体重心から下ろした垂線（重心線）に一致する．

【前額面での理想的なアライメント】〔後頭隆起〕-〔椎骨棘突起〕-〔殿裂〕-〔両膝関節内側の中心〕-〔両内顆間の中心〕

【矢状面での理想的なアライメント】〔耳垂〕-〔肩峰〕-〔大転子〕-〔膝関節前部（膝蓋骨後面）〕-〔外顆の前方〕

3 姿勢筋

　人間が立位姿勢を保持するには，1本の柱を前後から引くように腹側と背側の筋群が活動している．このような重力に抗して活動している筋を〔抗重力筋〕といい，相対的に背側の筋群が重要な機能を果たしている［図3］．**主要姿勢筋**は，〔頸部筋〕，〔脊柱起立筋〕，〔大腿二頭筋〕および〔ヒラメ筋〕である．ただし，体幹では脊柱に対して脊柱起立筋による後方支持と胸腔と腹腔の内圧による前方からの支持も重要な役割を果たしている．

4 安定の条件

　姿勢の安定性は，身体の位置，特に身体質量中心の位置を，**安定性限界**と呼ばれる特定の範囲内に保持する能力と定義される．**安定性限界**は身体がその支持基底面を変化させることなく自分の位置を保持できる平面的領域の限界である．

　重力環境のもとで立位保持を行う際，安定性に影響する要因として以下の8つ

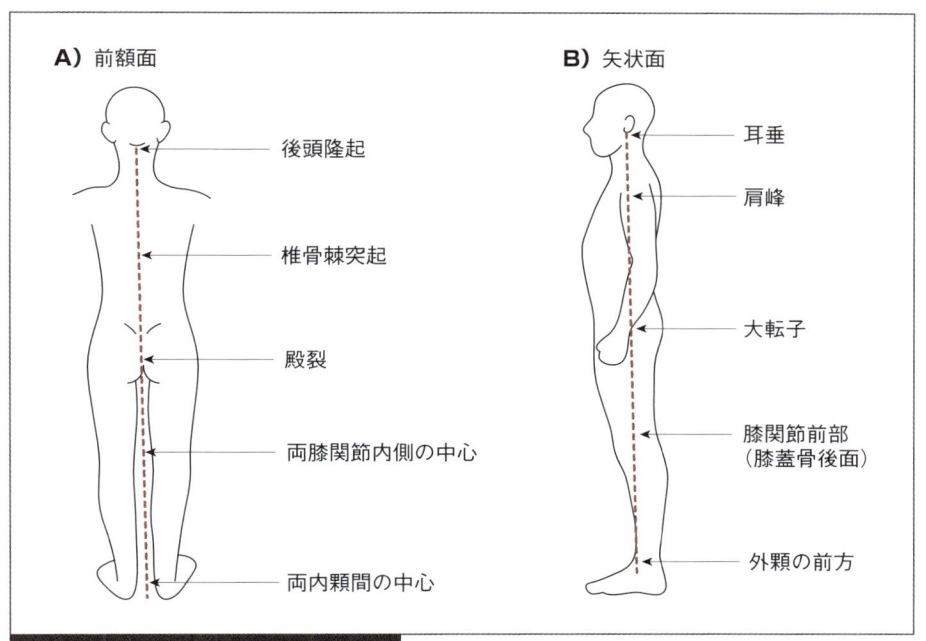

図2　立位の理想的アライメント

A）前額面：後頭隆起，椎骨棘突起，殿裂，両膝関節内側の中心，両内顆間の中心

B）矢状面：耳垂，肩峰，大転子，膝関節前部（膝蓋骨後面），外顆の前方

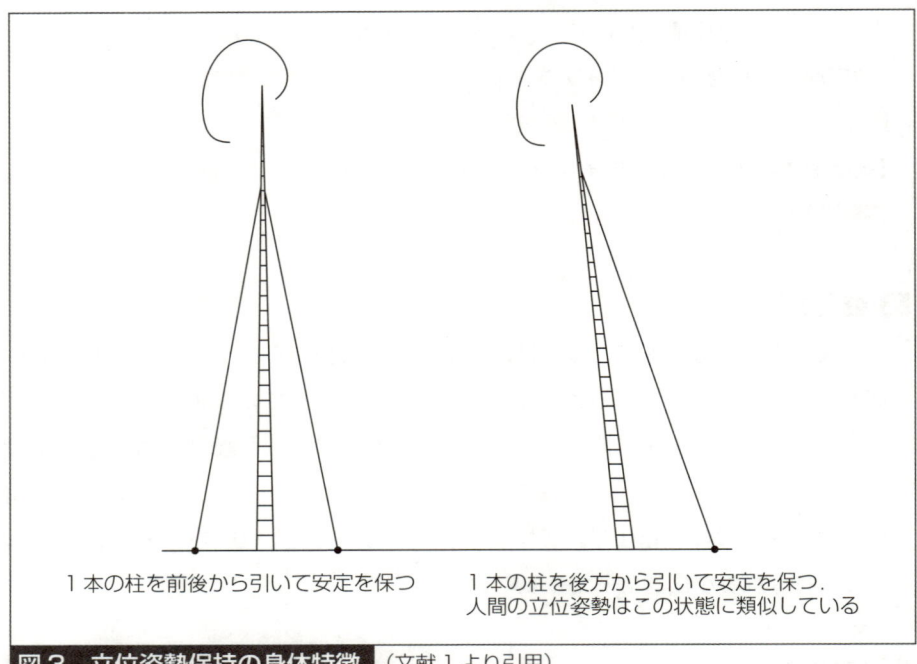

図3 立位姿勢保持の身体特徴（文献1より引用）

1本の柱を前後から引いて安定を保つ　　1本の柱を後方から引いて安定を保つ．人間の立位姿勢はこの状態に類似している

が挙げられる．

① [支持基底面] の大きさ [図4]：両足内側を密着させた立位より，足を開いた立位の方が安定する．歩行器や松葉杖使用による立位は，支持基底面が大きくなるため安定性は向上する．

② [身体重心] の位置：身体重心の位置が低いほど安定性はよく，立位，座位，臥位の順で安定性が向上する．

③ [重心線] の位置：重心線が支持基底面の中心に近いほど安定性はよい．立位に比べ，両膝立ち位は重心が低く支持基底面が両下腿となることから広い支持基底面をもつ．しかし重心線は膝部の近くを通ることから前方に対し不安定となり，姿勢の安定性は低くなる [図5]．

④ [質量] の大きさ：質量が大きいほど安定性は向上する．

⑤ 床との [摩擦抵抗] の大きさ：床との摩擦抵抗が大きいほど安定性は向上する．

⑥ [身体各分節] の重心線の位置：人間は複雑な分節構造で成り立つため，平衡を維持するためには上位分節の重心線が最下位分節の支持基底面内にあることが必要となる．

⑦ 心理的要因：心理的な不安感から平衡が失われる．

⑧ 生理的要因：重力に抗して立位姿勢を保持するには，抗重力筋活動と伸張反射，交差性伸展反射，緊張性迷路反射，立ち直り反射などの反射も不可欠である．

A) 両足内側を接触させた立位　　B) 基本的立位姿勢　　C) 杖を使用した立位

A, B, Cの順で支持基底面が大きくなり，安定性が向上する

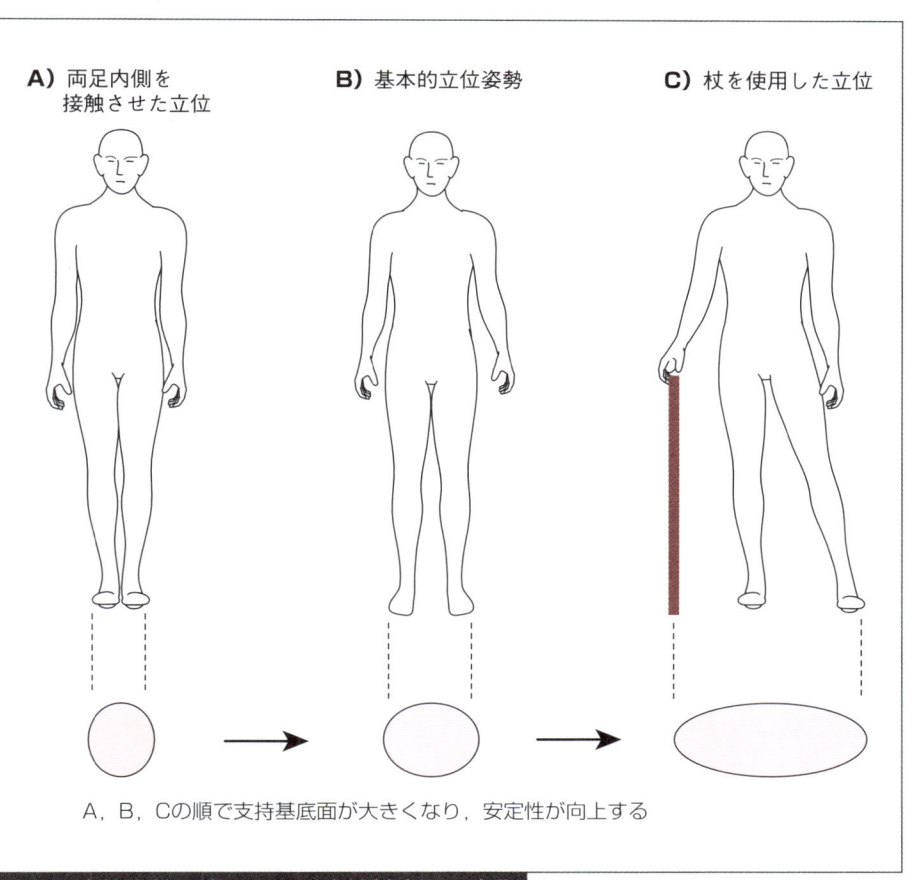

図4　立位姿勢の違いによる支持基底面の変化

重心線

支持基底面上の重心線

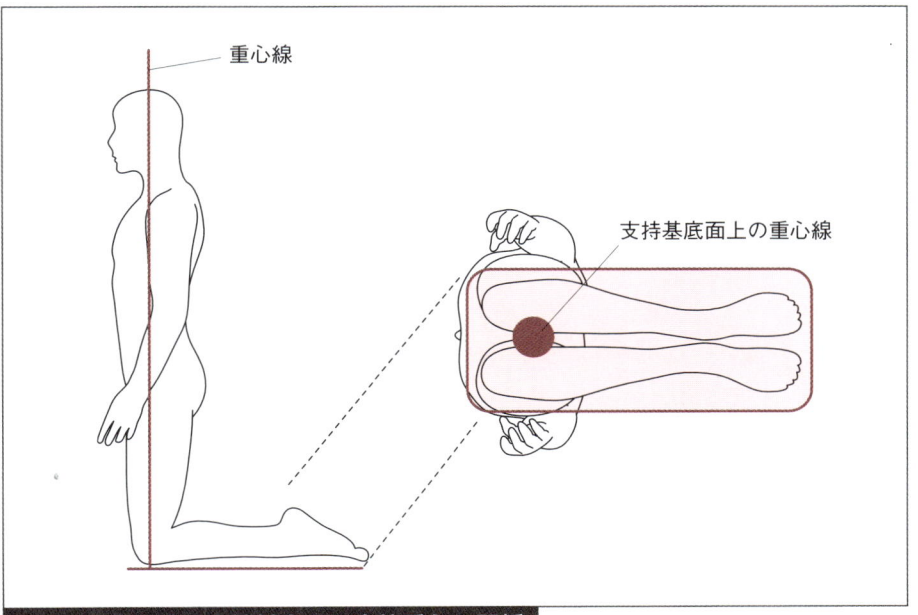

図5　膝立ち位の支持基底面と身体重心の関係

5 姿勢維持機能

　立位姿勢では，矢状面の重心線が足関節外顆の前方に位置するため，重力は身体を前方に倒すよう作用する．それに抗するには下腿三頭筋など〔背側にある筋群〕の活動が必要となり，**重心の前後動揺**が起こる．このように，立位姿勢を保持するには微小で間欠的な姿勢動揺があり，頭部や重心は常に動揺している．

　〔重心動揺面積〕は，幼児期から10歳代後半までは年齢とともに減少し，20歳代には最小となる．その後，増加傾向となり70歳代以降は増加量が大きい．

6 防御反応

　立位姿勢を保持しているとき，突然後方から押された場合，重心が安定性限界を超えてしまうと前方に足を踏み出す反応が起こる．立位姿勢を保持するには，さまざまな調整機能が働き，このような身体が水平方向に急に動かされたときの反応を**防御反応**という．

　例えば，後方から前方に向かって背中を押したとき，外力が弱いと足関節底屈，股関節伸展，体幹伸展，肩関節伸展が起こり，重心を後方に移動させようとする．この反応は上位中枢の反射機構が関与している．

7 姿勢戦略

　立位姿勢における前後方向の安定性を維持するために使用される姿勢戦略には，

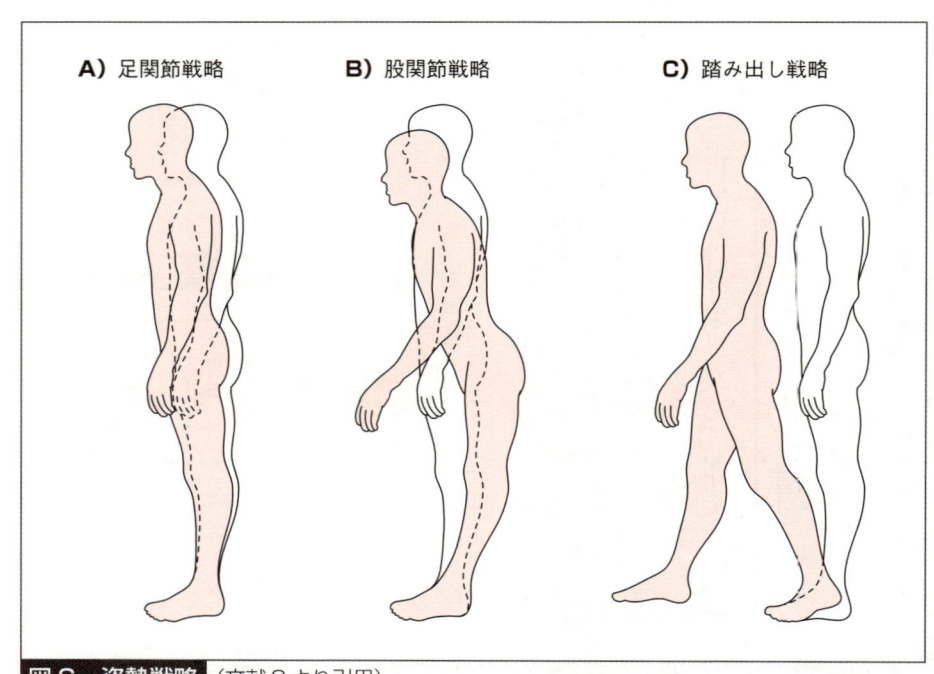

図6　姿勢戦略 （文献2より引用）

A) 足関節戦略　　B) 股関節戦略　　C) 踏み出し戦略

〔足関節戦略〕，〔股関節戦略〕，〔踏み出し戦略〕がある［図6］．

◆足関節戦略（ankle strategy）

　立位保持している支持基底面が不意に前方・後方に移動する際，後方移動の場合，前方に倒れないよう腓腹筋－ハムストリングス－脊柱起立筋の順で活動が起こり，立位姿勢を保持しようとする．反対に前方移動の場合には，後方に倒れないよう前脛骨筋－大腿四頭筋－腹筋の順で活動が起こる［図7］．このように遠位筋から近位筋の順で活動するという，主に足関節を中心とした身体運動を介して重心を安定な位置に回復させる戦略である．この戦略は，平衡に対する影響が少なく，支持基底面が安定している場合に使用される．この戦略を有効に機能させ

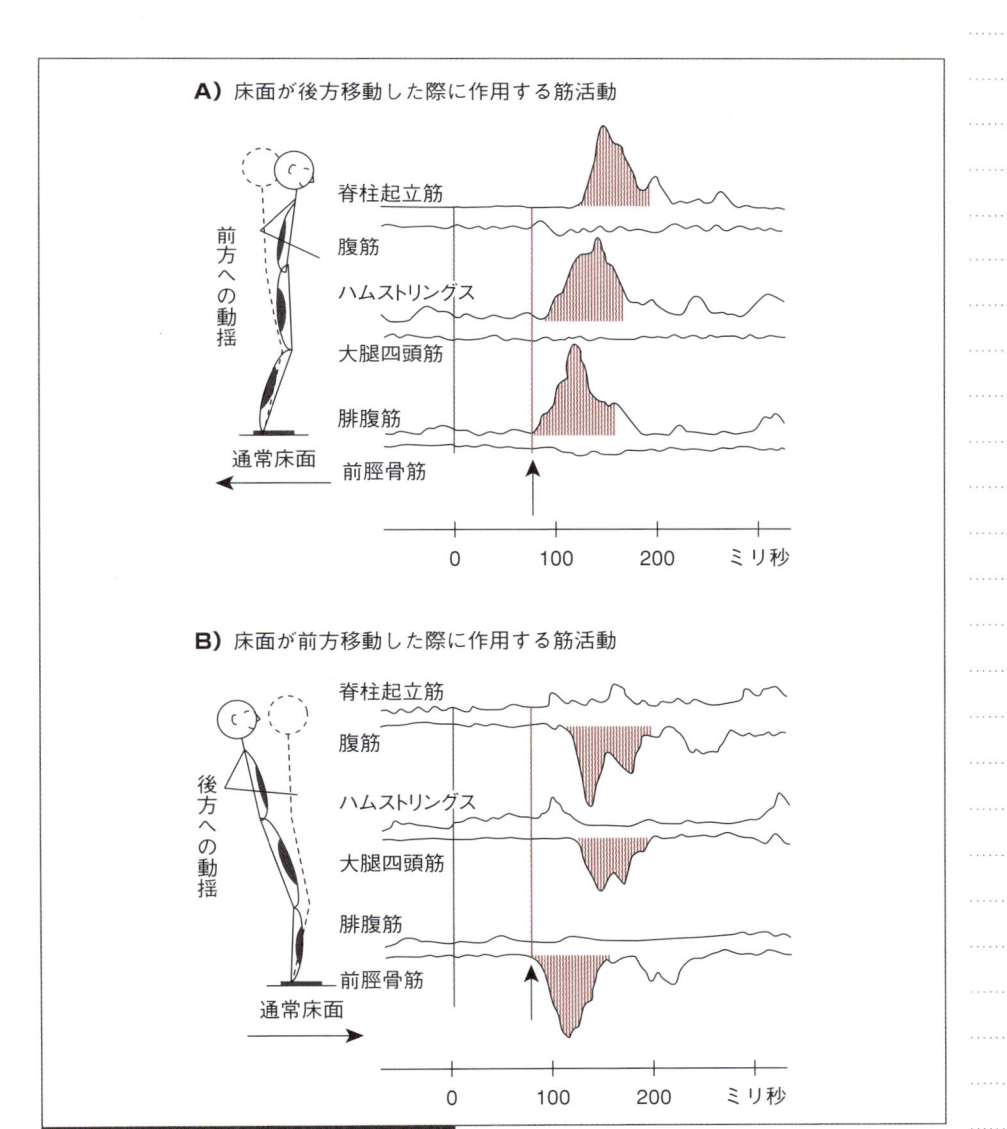

図7　足関節戦略に作用する筋活動　（文献3より引用）

るには，足関節の**可動域**と**筋力**が正常でなければならない．

　加齢に伴い，足関節筋力低下，可動域低下，足底感覚低下が生じることで，足関節制御の機能低下が起こるとされる．このため高齢者は足関節制御より股関節制御を多く利用する．

◆股関節戦略（hip strategy）

　立位姿勢を保持している支持基底面が狭い場合や柔らかい場合に支持基底面を前方・後方に移動すると，後方移動では近位筋の腹筋から大腿四頭筋の順で筋活動が起こる．反対に前方移動では，脊柱起立筋からハムストリングスの順で筋活動が起こる［図8］．このように股関節に大きく迅速な運動を発生させることで重心の移動を制御するために働く戦略であり，身体の動揺が大きい場合，速い場合，支持基底面が柔らかい場合や足底より狭い場合に使用される．

◆踏み出し戦略（stepping strategy）

　〔足関節制御〕あるいは〔股関節制御〕のような支持基底面を固定した際，バランスを回復させるのに不十分な場合，踏み出すことで新たな支持基底面を形成し重心移動に対応する戦略である．例えば，電車のなかで吊革や手すりを使用せず立っている場合，不意なブレーキや揺れによってステップを踏むことで身体を安定させようとすることである．この戦略は，〔平衡反応〕の1つである保護伸展反応（足踏み反応）と同じである．

8 異常姿勢

　姿勢の異常は，骨関節の変形，関節可動域制限や神経筋組織や中枢神経系の機能障害に伴い生じる．骨関節疾患の異常姿勢は，骨関節，筋から派生する痛みによる筋緊張異常や形態などの構造異常から起こることが多く，脊柱では脊柱管狭窄症，胸椎・腰椎圧迫骨折などで観察される過度に後弯した状態（**円背**）が特徴的である［図9］．

　代表的な神経疾患の異常姿勢は，脳卒中など上位運動ニューロン障害がもたらす痙性筋の影響から非麻痺側に重心線は変位し，麻痺側肩甲帯は後退・挙上，肩関節外転・外旋，肘関節屈曲，手関節屈曲，股関節伸展・内転・内旋，膝関節伸展，足関節底屈・内反など主に非麻痺側下肢で体重を支えている非対称性の姿勢が観察される．パーキンソン病では，**頭部前方突出，円背，体幹前屈，骨盤後傾，股関節・膝関節屈曲姿勢**，脊髄小脳変性症では両脚を開き支持基底面を拡大（**wide base**）させ立位を保持する姿勢が観察される．デュシャンヌ型筋ジストロフィーでは，〔wide base〕で立位保持を行い，症状の進行につれ股関節屈曲拘縮・腰椎前弯増強した，いわゆる反り身になった立位が観察される．

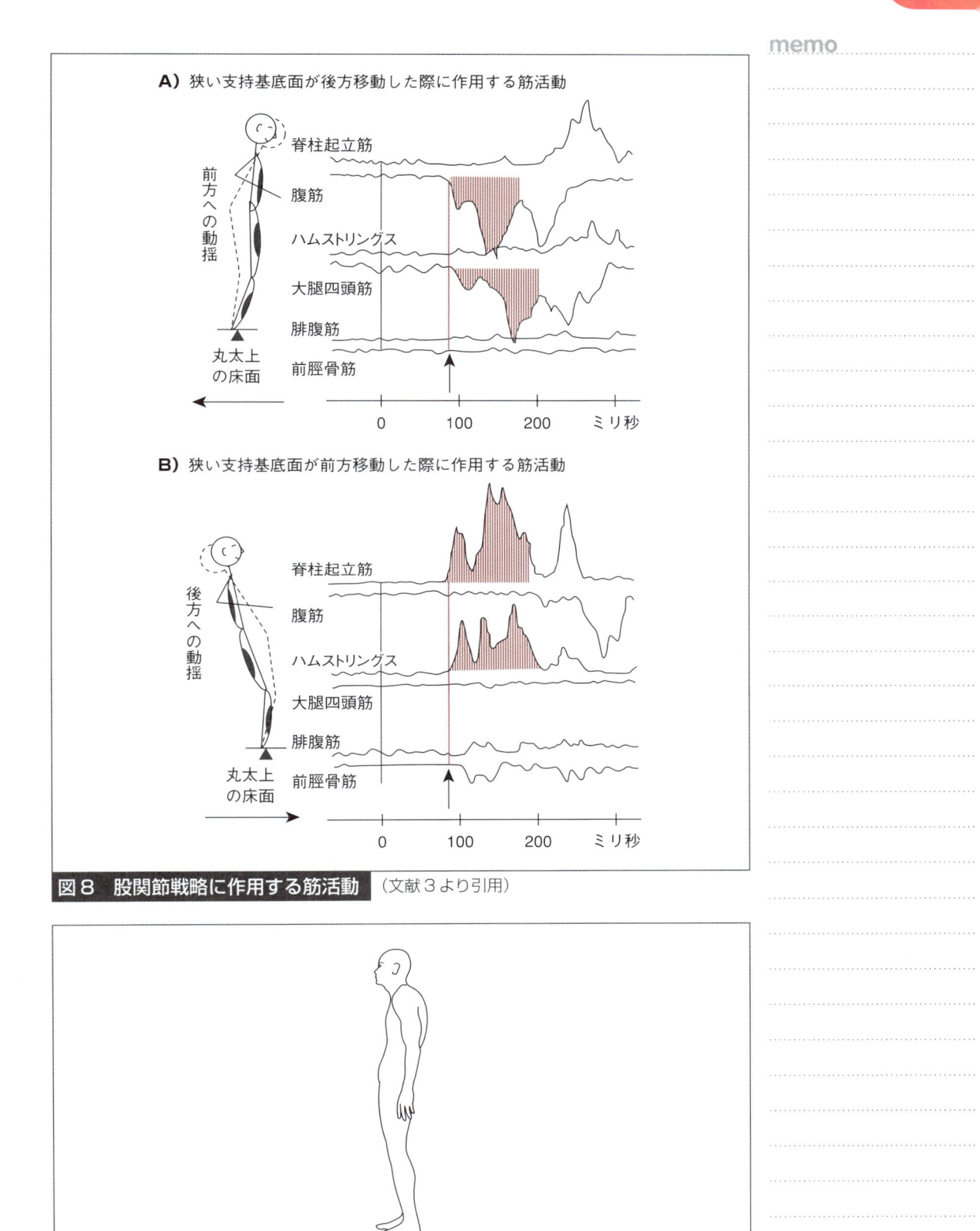

A）狭い支持基底面が後方移動した際に作用する筋活動

- 脊柱起立筋
- 腹筋
- ハムストリングス
- 大腿四頭筋
- 腓腹筋
- 前脛骨筋

前方への動揺／丸太上の床面

B）狭い支持基底面が前方移動した際に作用する筋活動

- 脊柱起立筋
- 腹筋
- ハムストリングス
- 大腿四頭筋
- 腓腹筋
- 前脛骨筋

後方への動揺／丸太上の床面

図8　股関節戦略に作用する筋活動（文献3より引用）

図9　円背

memo

＜文　献＞
1）「基礎運動学」（中村隆一，ほか／著），医歯薬出版，2003
2）「モーターコントロール－運動制御の理論と臨床応用」（A. S. Cook・M. H. Woollacott／著，田中　繁・高橋　明／訳），医歯薬出版, 1999
3）「考える膝」（井原秀俊／著），全日本病院出版会，2002

3 姿勢調節

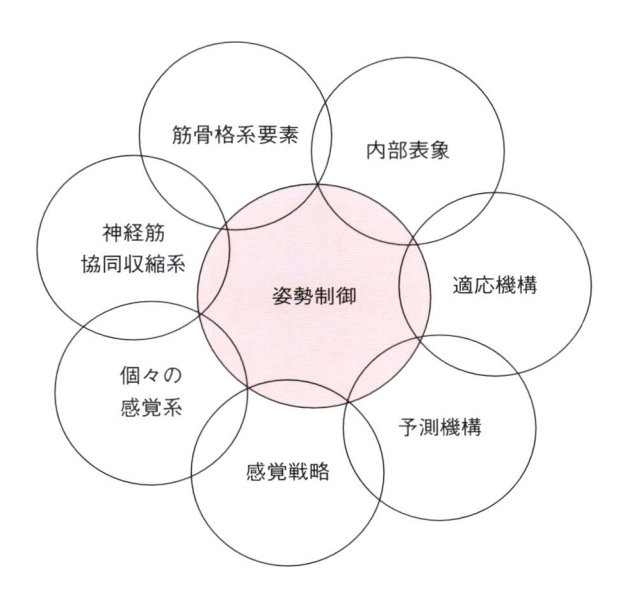

概略図 姿勢調節に寄与するシステムの概念図（文献1より引用）

- 筋骨格系要素
- 内部表象
- 神経筋協同収縮系
- 適応機構
- 個々の感覚系
- 予測機構
- 感覚戦略
- 姿勢制御

Point
- □ 直立姿勢の維持では，**前庭系**，**体性感覚系**，**視覚系**の3つの感覚系によるフィードバックが働いている．
- □ **姿勢反射**はそれぞれ中枢神経のある部位に反射中枢が存在する．

memo

1 感覚によるフィードバック

姿勢調節は姿勢変化を認識する〔前庭系〕，〔体性感覚系〕，〔視覚系〕などの感覚系，感覚系からの情報を処理して適切な指令を出す中枢神経系，指令に応じて力を発生し姿勢を維持する筋骨格系の協同作業によりなされる．

通常の直立姿勢の維持では，〔前庭系〕，〔体性感覚系〕，〔視覚系〕の3つの感覚系によるフィードバックが働いているが，これらの重みは与えられた条件により変化すると考えられている．3つの感覚に矛盾が生じた場合，うまく適応するためには間違った情報を与える感覚の重みを少なくしなければならない．

◆前庭系

空間における頭部の位置や頭部が動く突然の変化という2つのタイプ情報に敏感である．ほかの感覚同様，意識的に前庭感覚に気づかなくても前庭入力は多くの運動応答の協調にとって重要であり，眼の安定や立位，あるいは歩行中の姿勢の安定性を維持するのを支援する．

◆体性感覚系

体性感覚には皮膚感覚と深部感覚があり，皮膚，粘膜，筋，腱などにある受容器の興奮で生じる．刺激の種類から分類すると，触覚，圧覚，冷覚，温覚，痛覚，**運動感覚**，位置感覚である．

運動感覚は深部感覚と一部の皮膚感覚とに基づく複合的な感覚で，身体各部の位置関係，それらの運動，加えられた抵抗，重量などを感じる感覚である．

◆視覚系

視覚は姿勢を安定させる．閉眼立位では開眼立位の50％以上も身体動揺が大きくなる．特に移動量は重心よりも頭部が大きくなる．閉眼では重心はやや前方へ移動するが，これは目からの立ち直り反応の欠如によるものと解釈されている．

2 姿勢反射

姿勢反射は体位反射ともいわれ，感覚受容器に加えられた刺激に対応して，反射的に筋が適切に緊張し，身体の位置や姿勢，運動の平衡を維持するものである〔図1〕．

Magnusは動物が重力と体幹・四肢間の関係の一定した姿勢をとることから姿勢反射を平衡反応と呼び，以下の3種類に分類している．

① **局在性平衡反応**：一肢に与えられた刺激に対してその肢に反応が現れるもの．
② **体節性平衡反応**：一肢に与えられた刺激に対して反対肢に反応が現れるもの．
③ **汎在性平衡反応**：身体の一部に加えられた刺激に対して，上下肢の反応など多くの体節に反応が現れるもの．

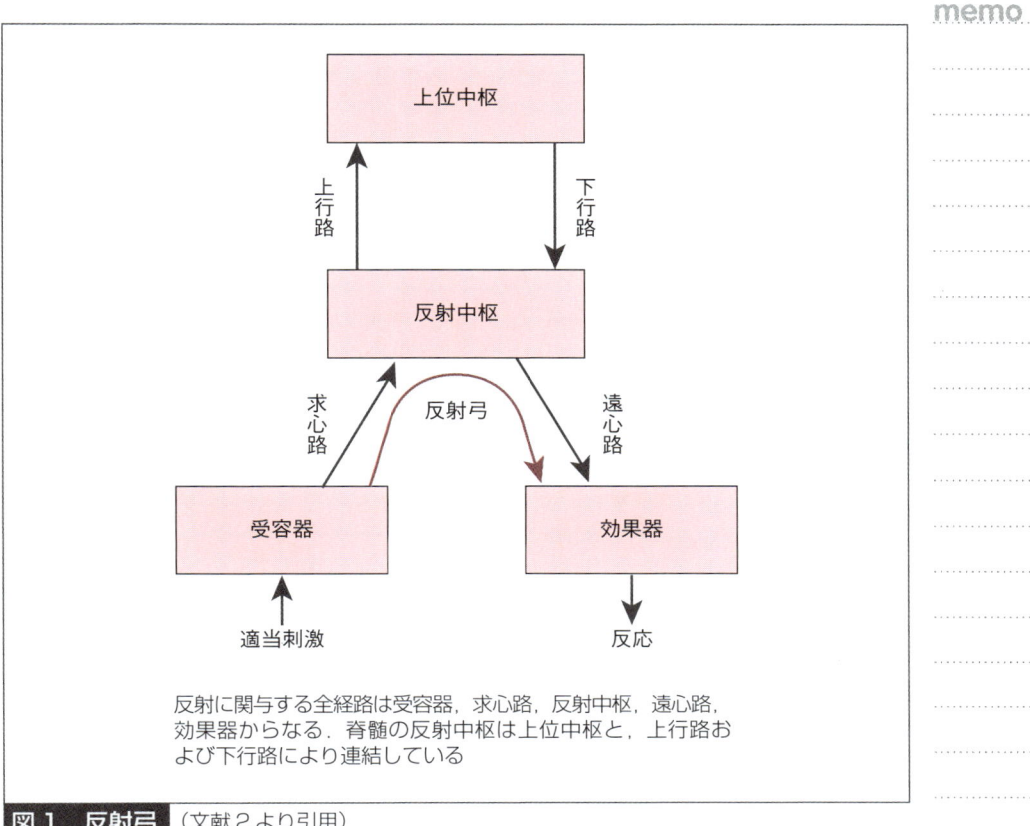

図1 反射弓 （文献2より引用）

上位中枢 — 上行路／下行路 — 反射中枢 — 求心路／遠心路 — 受容器／効果器 — 適当刺激／反応 — 反射弓

反射に関与する全経路は受容器，求心路，反射中枢，遠心路，効果器からなる．脊髄の反射中枢は上位中枢と，上行路および下行路により連結している

3 姿勢反射の分類

◆局在性平衡反応

【伸張反射】骨格筋を急速に伸ばすと筋紡錘が興奮する．そこから発する求心性入力は脊髄に伝わり，同じ筋の運動ニューロンに単シナプス性に興奮を伝え，筋収縮が起こる．これを〔伸張反射〕という［図2］．臨床の場面でよく行われる膝蓋腱反射は伸張反射にあたる．膝蓋腱反射は大腿四頭筋の腱をハンマーで叩打すると筋の伸張が起こり，反射性に筋収縮が生じ下腿が跳ね上がる現象である．

【屈曲反射】四肢の皮膚に痛み刺激を加えると，四肢の屈筋が収縮し四肢を引っ込めて刺激から遠ざかろうとする反射が起こる．この反射を屈曲反射，または〔屈筋反射〕，逃避反射という［図3］．この反射の受容器は四肢の皮膚にあり，効果器は屈筋である．侵害性刺激から四肢を遠ざけるので〔防御反射〕として働く．刺激強度を増大させると反応時間が短縮し，四肢はより早く引っ込む．これは多シナプス反射の特徴である加重が生じるからである．反射が起こる際，拮抗筋の伸筋は弛緩している．屈曲反射は人では上肢よりも下肢に出現しやすい．

【陽性支持反応】［図4］新生児を支えて足底を床につけると下肢，体幹が伸展し，

memo

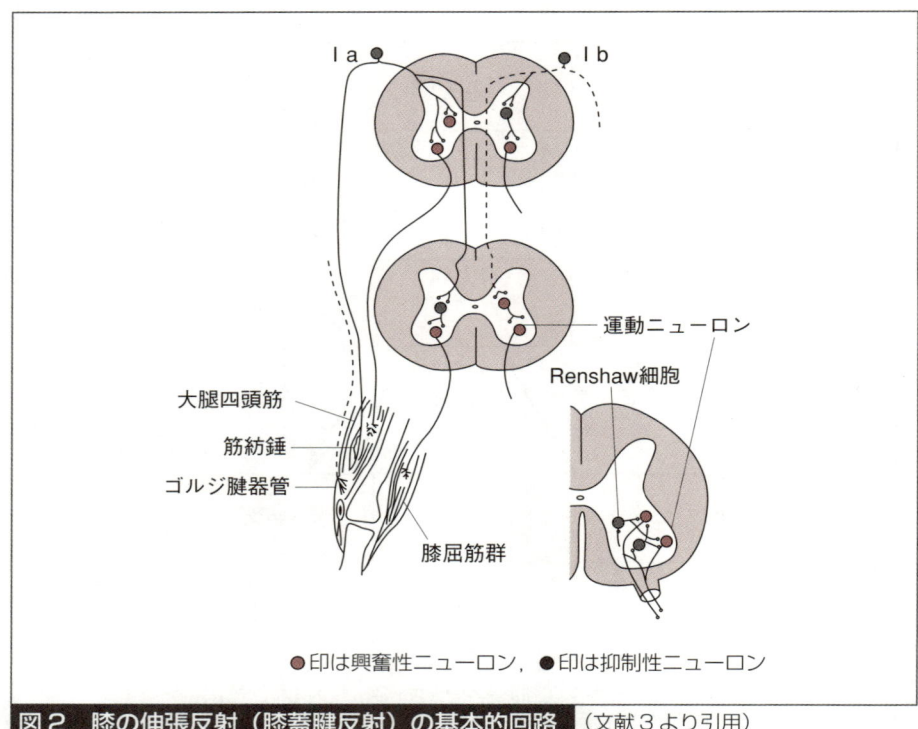

●印は興奮性ニューロン，●印は抑制性ニューロン

図2　膝の伸張反射（膝蓋腱反射）の基本的回路　（文献3より引用）

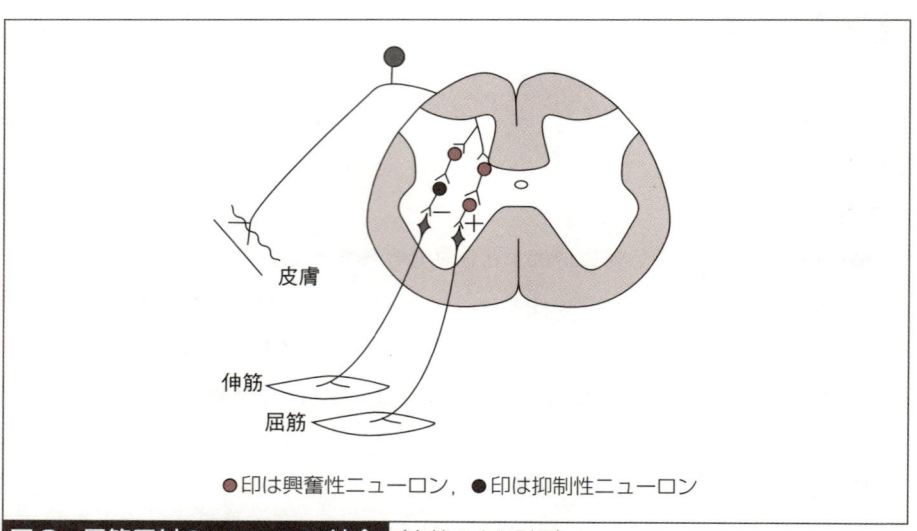

●印は興奮性ニューロン，●印は抑制性ニューロン

図3　屈筋反射のニューロン結合　（文献4より引用）

頸部が安定する反応が起こる．これを〔陽性支持反応〕という［図4］．
【陰性支持反応】立位で下肢が強固に伸展している状態から体を持ち上げ，床から足先を離したり，足趾を他動的に底屈することにより，下肢が強固に伸展している状態から解放されて筋が弛緩する．これを〔陰性支持反応〕という．

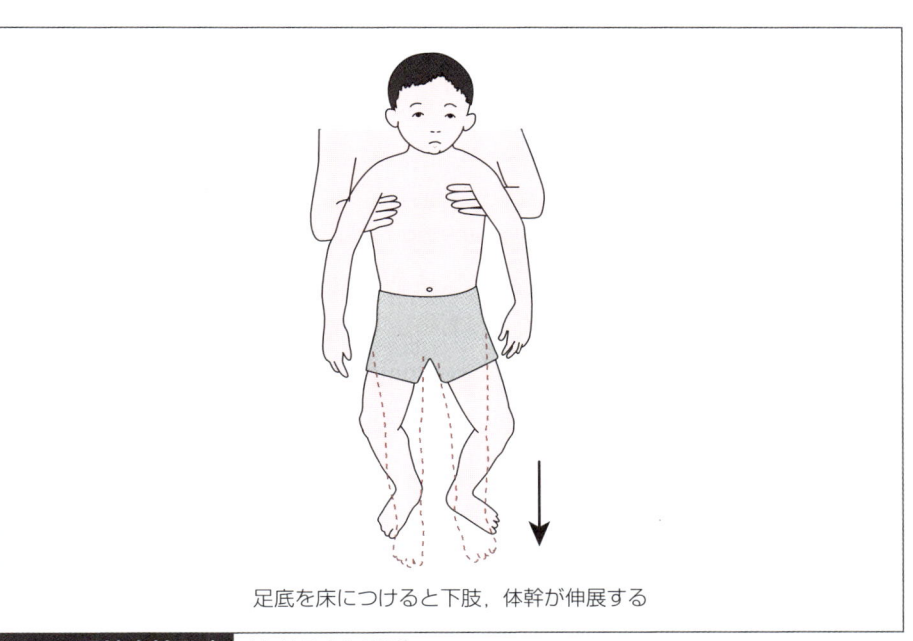

図4　陽性支持反応　（文献5より引用）

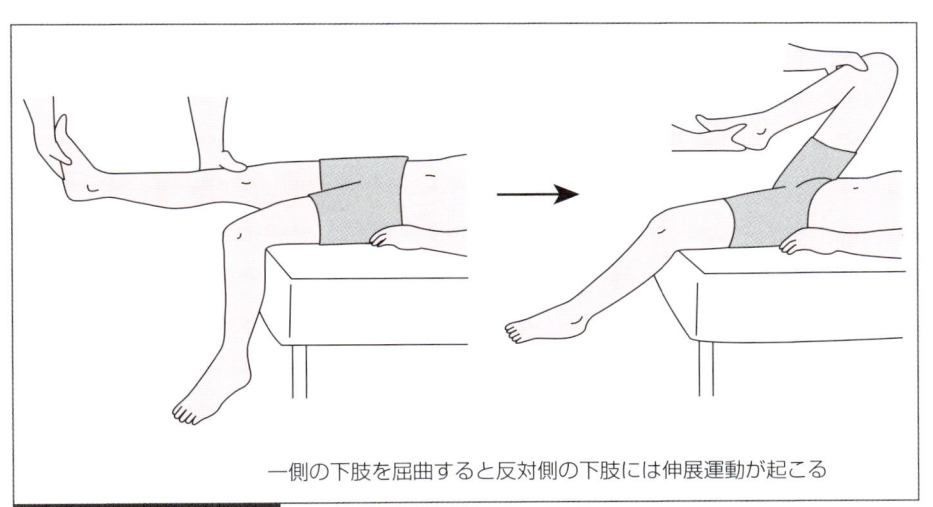

足底を床につけると下肢，体幹が伸展する

図5　交叉性伸展反射　（文献5より引用）

一側の下肢を屈曲すると反対側の下肢には伸展運動が起こる

◆体節性平衡反応

【交叉性伸展反射】一側の足底刺激で屈曲反射が生じ，刺激を強くすると同側の屈曲共同運動となり，さらに強い刺激では同側の下肢が屈曲するとともに，対側の下肢が伸展する．この伸展反射を〔交叉性伸展反射〕という［図5］．交叉性伸展反射は片方の下肢を引っ込めたとき，残った下肢で体重を支える役割をする．交叉性伸展反射による下肢の屈曲あるいは伸展は，基本的な運動パターンであり，歩行運動で用いられる．

memo

【交叉性屈曲反射】肢を伸展位にして対側肢に刺激を加えると，肢は屈曲する．これを〔交叉性屈曲反射〕という．

◆汎在性平衡反応

【緊張性頸反射】

　A）**非対称性緊張性頸反射（asymmetric tonic neck reflex：ATNR）**：頭部の回旋により顔の向いた側の上下肢は伸展，後頭部側は屈曲し，フェンシングの構えの形になる．これを〔非対称性緊張性頸反射〕という［図6-A］．

　B）**対称性緊張性頸反射（symmetric tonic neck reflex：STNR）**：頭部を前屈すると上肢（動物では前肢）が屈曲し，下肢（後肢）が伸展する．逆に頭部を後屈すると上肢が伸展し，下肢が屈曲する．これを〔対称性緊張性頸反射〕という［図6-B］．

【緊張性迷路反射（tonic labyrinthine reflex：TLR）】空間における頭位の変化により四肢筋の緊張が変化する反射である．新生児では背臥位で枕を叩いたり，

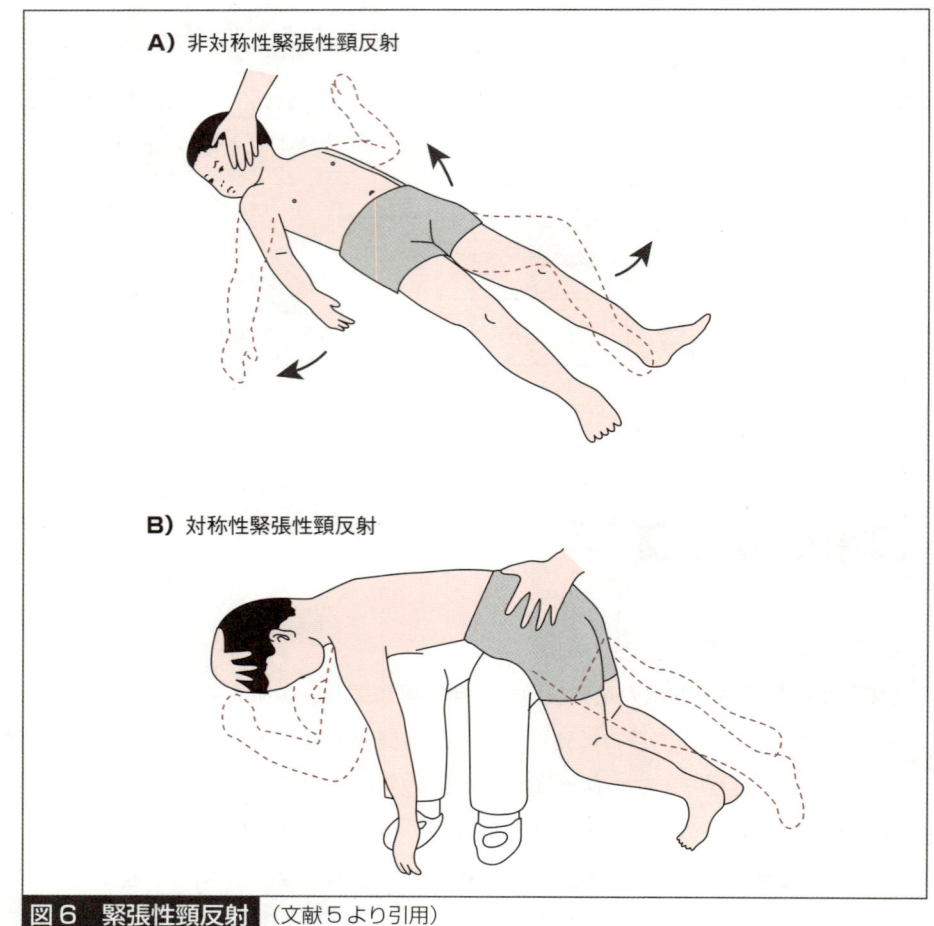

図6　緊張性頸反射　（文献5より引用）

座位で支えて急速に後方に倒すと,上肢を大きく開く〔モロー反射〕が出現する［図7］.これは頭部の急激な矢状方向への振動が一定の姿勢反射を誘発する迷路反射の1つである.

◆その他

【連合反応】連合反応とは随意運動やある種の反射運動で,身体のほかの部分に同時に起こる自動的な動きを誘発する現象である.例えば握力計検査で,全身性に筋緊張が高まり,反射側上肢の屈曲や把握を生じることがある.

【立ち直り反応】〔立ち直り反応〕は,動物が正常な姿勢からずれた姿勢にあるとき,正常の姿勢に戻る動きを引き起こすものである.人の正しい姿勢とは,頭頂部を真上に向け,顔面が垂直になり,口裂が水平になっている直立姿勢である.立ち直り反応は刺激の受容部位と運動効果の出現部位との関係から大きく4群に区分される.

A)〔頸部からの立ち直り反応〕:頭部と体幹の位置変化により体幹を回転させてくる反応である.背臥位で他動的に頭部をねじると頸部が刺激され,それによって胸郭,腰部,下肢が同側に回旋し,頭部と体幹が一直線上に並ぶ.

B)〔迷路からの立ち直り反応〕:体幹の位置が傾いたとき,頭部は正しい位置,すなわち重力方向に対し顔面が垂直,口裂が水平位に保たれるように働く反応である.視覚を遮断したり,頸部からの入力経路を遮断しても,迷路が正常であれば頭部の正しい位置に保つ機能は維持される.例えば,椅子座位で他動的に左右方向に傾けたとしても頭部は正しく垂直位を保つことができる［図8-A］.

C)〔体からの立ち直り反応〕:体表面に加わる刺激が非対称のとき頭部,体幹,

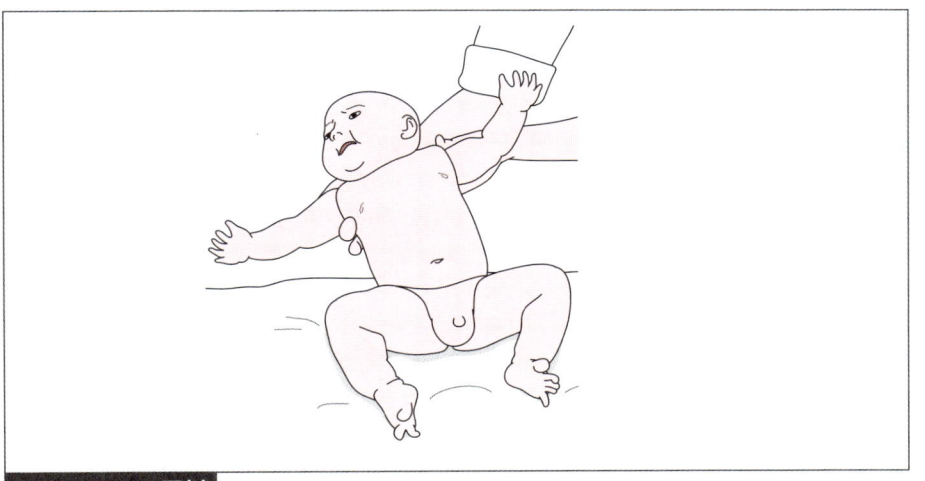

図7 モロー反射

四肢に作用し対称の状態に戻そうとする立ち直り反応である．寝返り動作で上半身のねじれによって下半身にも徐々にねじれが生じてくる［図8-B］．

D) 〔眼からの立ち直り反応〕：体幹の位置が傾いたとき眼からの視覚情報により外界が傾いていることを認識し，頭部を正しい位置に保つよう働きかける反応である．迷路に障害が生じたとしてもこの反応で姿勢保持を代償することが可能である．

これらの立ち直り反応はそれぞれが影響し合い活動することにより，多くの動作を可能にする．患者の動作パターンを観察することで障害の有無をみることも可能である．

【バランス反応】〔バランス反応〕とは，人に対し突然外力刺激が加わり重心の位置が変化したとき，四肢，体幹が無意識に，かつ自動的に運動を起こし，身体

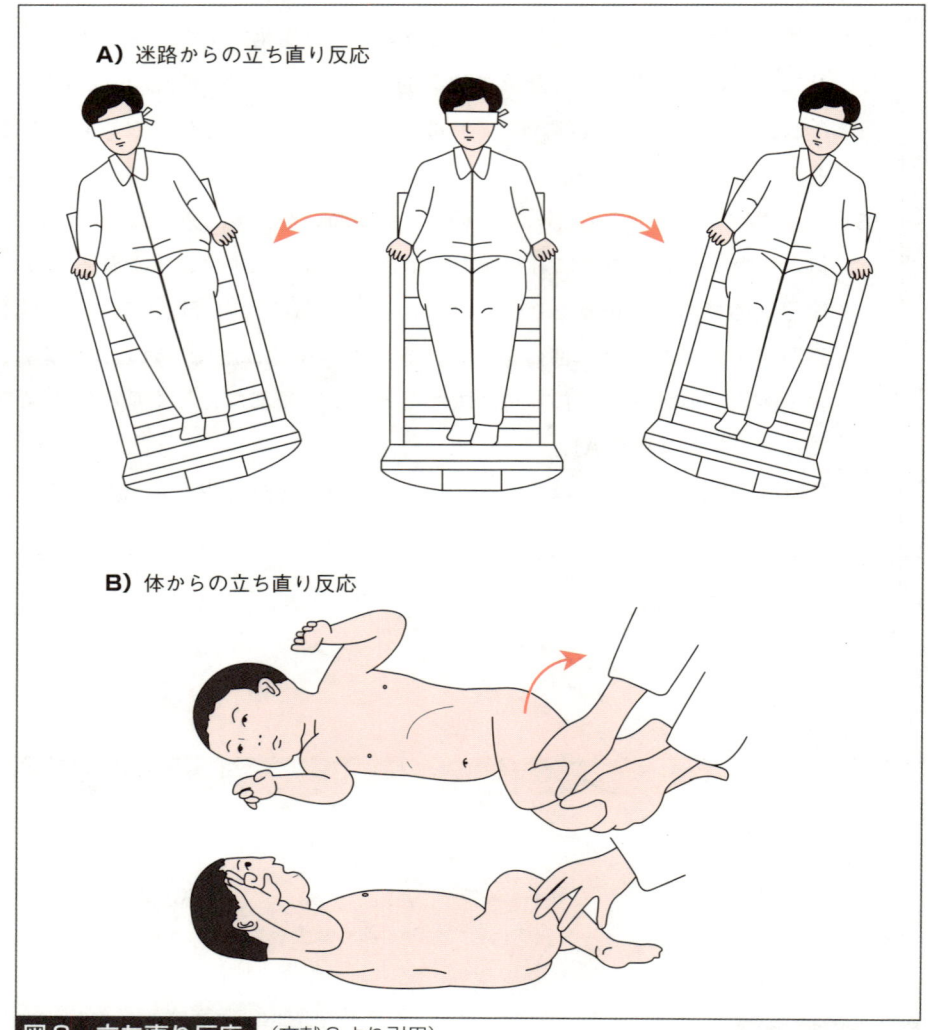

図8 立ち直り反応 （文献6より引用）

の安定した状態を取り戻そうとする反応である．バランス反応はその受容器により，〔運動感覚器系への刺激で起こる反応〕と〔迷路への刺激で起こる反応〕の2つに分けることができる．

A）運動感覚器系への刺激で起こる反応
- 〔踏み直り反応〕：動物に見えるようにして床に動物の体を他動的に近づけると四肢を伸展して体を支える準備をする．これは**視覚刺激による踏み直り反応**という．眼を覆い他動的に手背部や足背部をテーブルの角に触れさせるとテーブル上に手や足を置く．これは**皮膚刺激による踏み直り反応**である［図9］．
- 〔足踏み反応〕：立位で身体を急激に側方へ押して重心位置を動かすと，同側の下肢を踏みだしてバランスを保つ．これを〔足踏み反応〕という．また人が片足立ちになっているところで，急激に立っている足の方へ押すと，立っている方の足で跳び跳ねて立位を保持する．これを**跳び直り反応**という［図10］．
- 〔シーソー反応〕：立位で他動的に右下肢を持ち上げ，左下肢で立位を保っているところで，右側に重心位置を動かすと挙上していた右下肢に伸展運動が生じ，右下肢で身体を支える．これを〔シーソー反応〕という［図11］．

B）迷路への刺激で起こる反応
- 〔パラシュート反応〕：小児を空間に垂直に支え，急に下方へ動かすと両下肢を外転・伸展，足趾を開排して着床面を広くする準備状態になる．こ

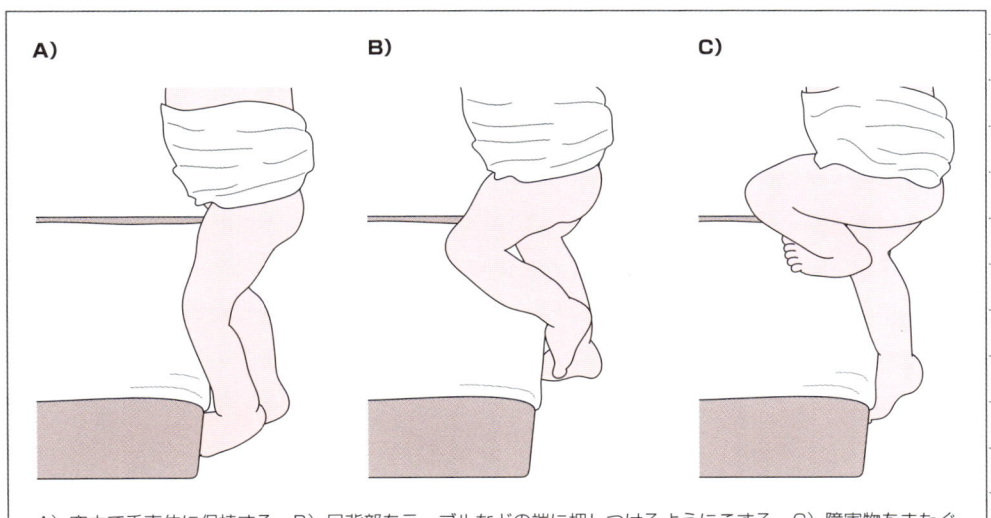

A）空中で垂直位に保持する．B）足背部をテーブルなどの端に押しつけるようにこする．C）障害物をまたぐように，股関節と膝関節を屈曲，足関節を背屈する

図9　踏み直り反応

memo

れを〔パラシュート反応〕という［図12］.

- 〔防御反応〕：立位で後方へ押されたとき，足関節と足趾は背屈し，上肢は前方挙上する［図13-A］．右側方へ押されると，左上下肢の外転運動が生じる．座位で前方，後方，そして側方に押されると，それぞれの方向に上肢を伸展して手掌を床につき（**上肢の保護伸展**），転倒を防止する［図13-B］．これらを〔防御反応〕という．
- 〔傾斜反応〕：板の上で四つ這い位，背臥位［図14］，腹臥位などの種々の姿勢をとらせ，板を傾けたときにバランスを取り戻そうとする反応である．

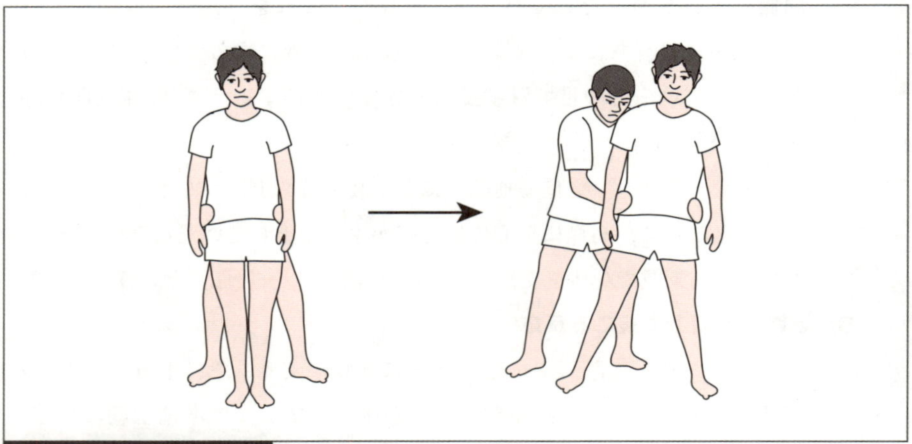

図10　跳び直り反応　（文献6より改変）

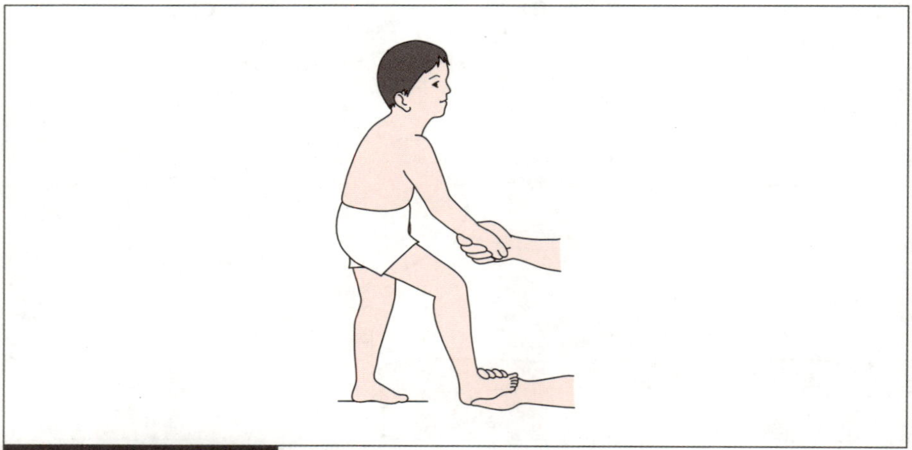

図11　シーソー反応　（文献5より引用）

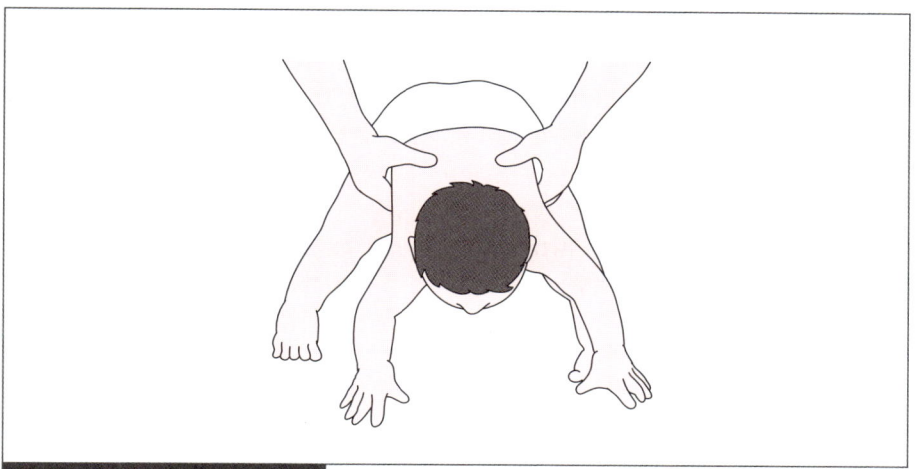

図12 パラシュート反応 （文献5より引用）

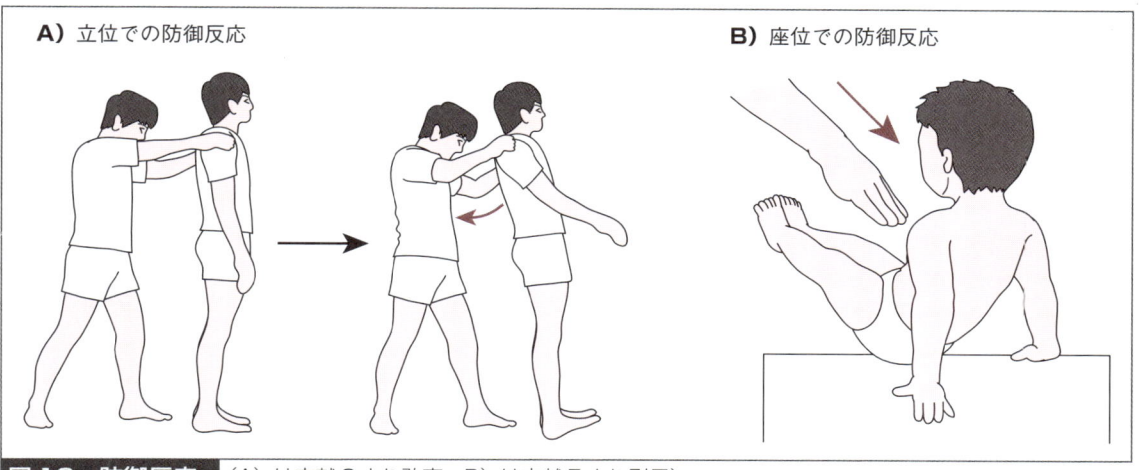

A) 立位での防御反応

B) 座位での防御反応

図13 防御反応 （A）は文献6より改変，B）は文献5より引用）

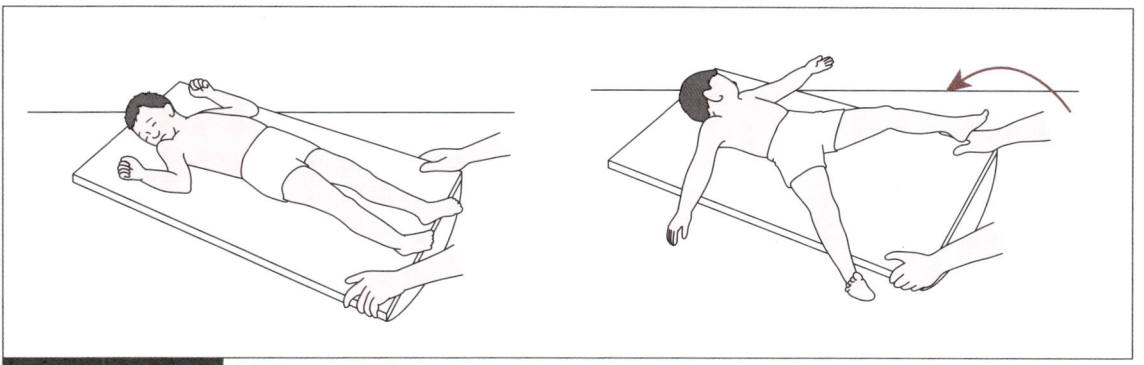

図14 傾斜反応 （文献5より引用）

3. 姿勢調節

memo

〈文　献〉

1）「モーターコントロール－運動制御の理論と臨床応用」（A. S. Cook・M. H. Woollacott／著，田中　繁・高橋　明／訳），医歯薬出版，1999
2）「生理学テキスト」（大地陸男／著），文光堂，2007
3）「脳卒中のリハビリテーション－基礎から実際まで」（江藤文夫／著），新興医学出版，1988
4）「基礎運動学」（中村隆一，ほか／著），医歯薬出版，2003
5）「理学療法評価学」（松澤　正／著），金原出版，2004
6）「臨床運動学」（中村隆一／編，斎藤　宏・長崎　浩／著），医歯薬出版，2002

Try 演習問題で理解度をチェック！ 別冊p.35へ

第6章 歩行

1 歩行周期

概略図 歩行周期と距離・時間因子

A) 歩行1周期

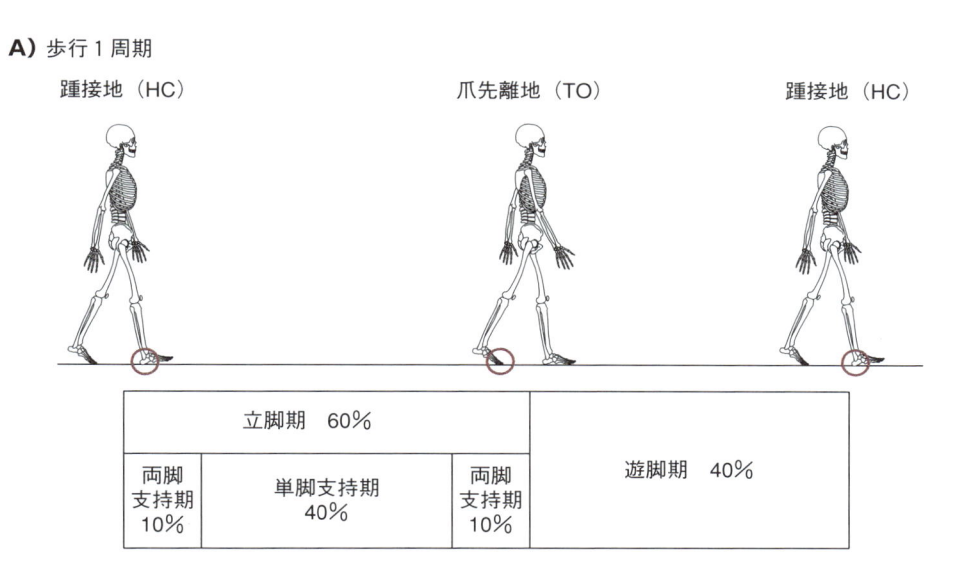

踵接地（HC） 　　爪先離地（TO） 　　踵接地（HC）

立脚期　60%			遊脚期　40%
両脚支持期 10%	単脚支持期 40%	両脚支持期 10%	

B) 距離・時間因子

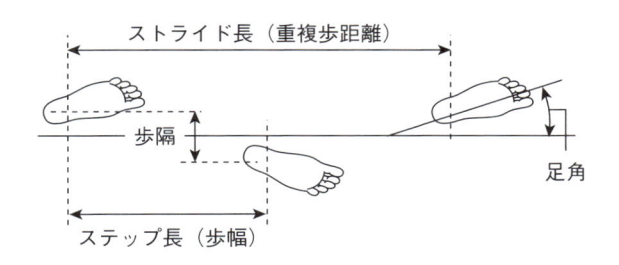

ストライド長（重複歩距離）
歩隔
足角
ステップ長（歩幅）

Point

- 歩行1周期とは，一側の足が床に接地し，床から離れ，再度接地するまでの期間．
- 歩行1周期は，立脚期と遊脚期に分けられる．
- 立脚期には両脚支持期と単脚支持期がある．
- ストライド長は一側の足底接地から同側の足底接地までの距離，ステップ長は一側の足底接地から反対側の足底接地までの距離である．
- 歩行速度は単位時間における歩行距離，歩行率（ケイデンス）は単位時間における歩数である．

1 歩行とは何か

歩行とは，ある地点から目的とする地点まで，身体全体を移動させる移動方法の1つである．歩行では，両下肢と骨盤を"移動させるもの（ロコモーターユニット）"，骨盤と体幹，頭部，上肢を"載っているもの（パッセンジャーユニット）"と区分することができる．連結部分である骨盤は両方に属する［図1］．二足歩行では，下肢の上に載っているパッセンジャーユニットをほぼ垂直に保ち，ロコモーターユニットを交互に動かすことにより移動する．歩行は，"**重力に対して垂直に姿勢を保つ**"，"**身体全体を移動させる**"という2つの目的を両立させなければならない複雑な運動である．ヒトの歩行は，〔健常歩行〕と〔異常歩行〕に大きく二分されるが，健常歩行でも個人，環境，心理状態などさまざまな要素によって違いが生じる［表1］．歩行の状態を示すためには，歩行速度などを示す**距離・時間因子**，歩き方（歩容）などを示す**運動学因子**，筋活動や力を示す**運動力学因子**がある．これらの距離・時間因子，運動学因子，運動力学因子を示すため，基本となる周期が〔歩行周期〕である．

2 歩行周期

歩行をよく観察すると，ある一定の運動をくり返していることがわかる．この基本となる周期を**歩行周期**という．通常，歩行1周期とは，一側下肢が接地し再度その下肢が接地するまでの期間を指す．歩行周期を大きく2つに分けると，床面に足が接地している〔立脚期〕，足が離れている〔遊脚期〕に分けられる．また，立脚期のなかでも，片脚しか床面についていない〔単脚支持期〕，右脚と左脚の両方が接地している〔両脚支持期〕がある［概略図-A］．歩行する速度が徐々に速く

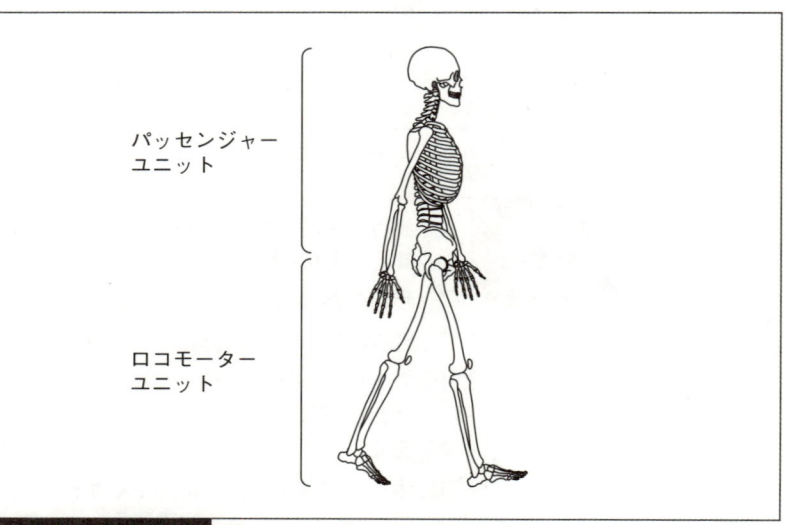

図1　歩行におけるユニット

パッセンジャーユニット

ロコモーターユニット

なると，両脚支持期が短くなる．両脚支持期がゼロになると「走行」になる．

歩行周期を理解するために，重要となるタイミング，歩行周期を構成する区間の名称，定義について頭に入れる必要がある．まずは片脚で考えてみよう．

◆歩行周期における重要なタイミング

【踵接地（heel contact：HC）】床面に踵が接地した瞬間

【足底接地（foot flat：FF）】床面に足底全体が接地した瞬間

【踵離地（heel off：HO）】床面から踵が離れた瞬間

【爪先離地（toe off：TO）】床面から爪先が離れた瞬間

◆区間

【歩行周期（gait cycle）】〔一側の足が床にHCし，再度HCするまでの期間〕．一側の踵接地から同側脚の踵接地まで．最初の踵接地を0％，次の同側脚の踵接地を100％として示すことが多い．

【立脚期（stance phase）】足が床についている期間．〔一側のHCからTOまで〕．健常者では，おおよそ歩行周期の60％．

【遊脚期（swing phase）】足が床から離れている期間．〔一側のTOから次のHCまで〕．健常者では，おおよそ歩行周期の40％．

前に述べたように，歩行は左右の脚を交互に動かす運動である．また，右脚と左脚の両方が床についている時期があるのが特徴である．両脚の歩行周期を重ねてみると，図2のようになる．

【単脚支持期（single support phase：SS）】1歩行周期に1回．〔反対脚のTOから反対側のHCまで〕．歩行周期の40％（反対脚の遊脚期と同じ）．

【両脚支持期（double support phase：DS）】1歩行周期に2回．〔観察脚のHCから反対脚のTOまで〕．〔反対脚のHCから観察脚のTOまで〕．歩行周期の10％，計20％．

表1 歩行に影響を与える要素 （文献1より改変）

要素	違い
年齢	幼児，高齢者
性別	男性，女性
身長，体重，体格	
路面，路面の状態	硬い路面，軟らかい地面
履物	裸足，運動靴，サンダル，ハイヒール
生活状況	肉体労働，デスクワーク，アスリート
生活環境	安心できる家の中，デパート，病院内
精神状態と気分	
服	スカート，ゆったりとしたパンツ
歩く目的	ウィンドウショッピング，遅刻しそうなとき

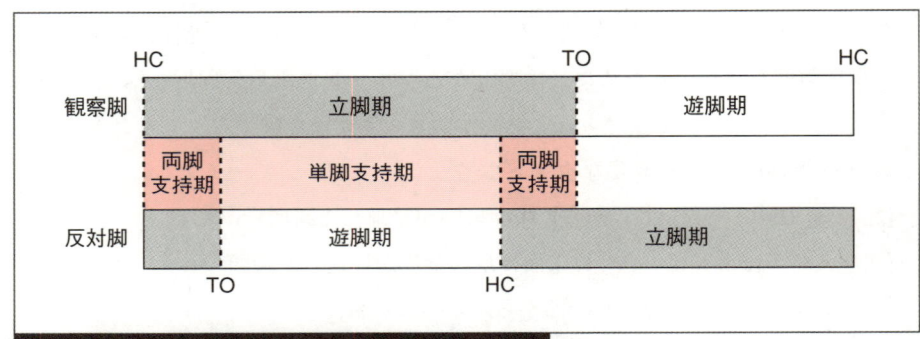

図2 立脚期における両脚支持期と単脚支持期

◆ 健常歩行と異常歩行

　健常者では，立脚初期の両脚支持期（観察脚のHCから反対脚のTOまで）と立脚後期の両脚支持期（反対脚のHCから観察脚のTOまで）は，おおよそ歩行周期の10％であるが，疾患をもった患者の場合はその割合が異なる．観察脚に障害をもっている場合，患側へ体重をかけにくくなるため，立脚初期の両脚支持期の割合は大きくなり，患側から健側へなるべく早く体重を移すため立脚後期の両脚支持期の割合は小さくなる．

　健常歩行では，踵から接地し爪先で離地する．しかし，疾患をもった患者は必ずしも踵から接地することはできない．このような事実をもとに，健常歩行と異常（病的）歩行の両方を記述できる方法をPerryら（ランチョ・ロス・アミーゴ国立リハビリテーションセンター）は提案している．この方法をランチョ・ロス・アミーゴ方式という．ランチョ・ロス・アミーゴ方式では，立脚期を5相，遊脚期を3相に分類している［図3，表2］．

3 距離・時間因子 ［概略図-B］

　歩行の状態を示すためには，歩行速度などを示す**距離・時間因子**，歩き方（歩容）などを示す**運動学因子**，筋活動や力を示す**運動力学因子**がある．距離・時間因子は，ストップウォッチなどによる簡易的な計測が可能であり，かつ運動学因子，運動力学因子を示すための基礎情報として重要である．

◆ 距離因子

【**ストライド長（重複歩距離）**】一側の足底接地位置から同側の足底接地位置までの距離．〔歩行1周期の距離〕を示す．（ステップ長との混同注意！）

【**ステップ長（歩幅）**】一側の足底接地位置から反対側の足底接地位置までの距離．

【**歩隔**】左右の踵の中心間の距離．

【**足角**】進行方向に対する足底の長軸のなす角度．

第6章 歩行

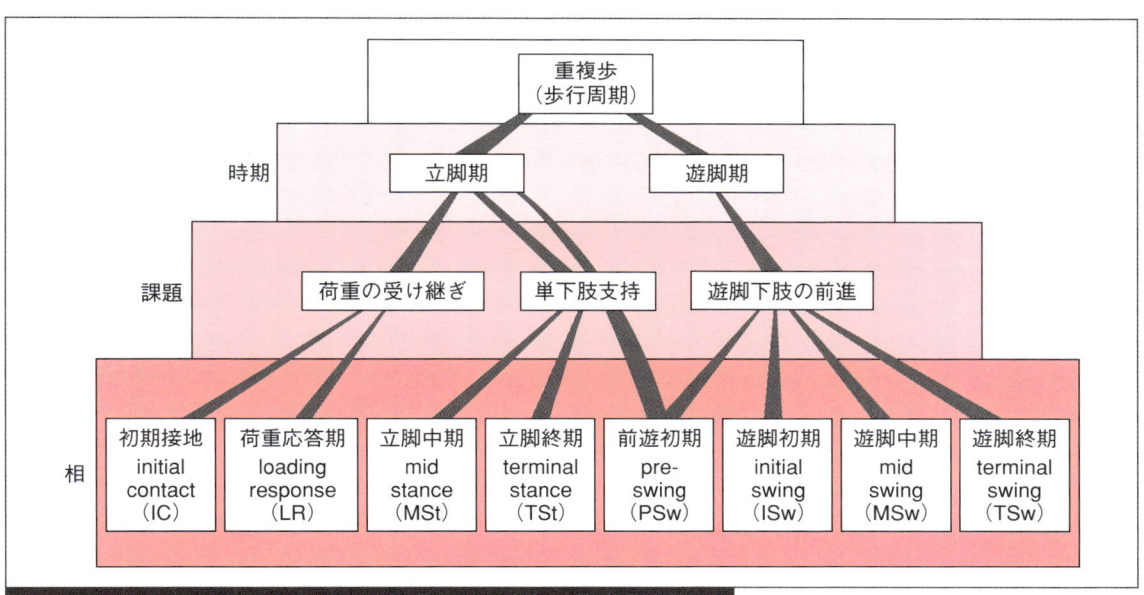

図3 ランチョ・ロス・アミーゴ方式による歩行周期分類概略図

時期：立脚期／遊脚期（重複歩＝歩行周期）

課題：荷重の受け継ぎ／単下肢支持／遊脚下肢の前進

相：
- 初期接地 initial contact（IC）
- 荷重応答期 loading response（LR）
- 立脚中期 mid stance（MSt）
- 立脚終期 terminal stance（TSt）
- 前遊初期 pre-swing（PSw）
- 遊脚初期 initial swing（ISw）
- 遊脚中期 mid swing（MSw）
- 遊脚終期 terminal swing（TSw）

表2 ランチョ・ロス・アミーゴ方式による歩行周期分類 （文献1より改変）

立脚期	はじめ	おわり
初期接地	観察している脚（観察脚）が接地した瞬間	
荷重応答期	観察脚の接地	反対脚が床から離れた瞬間
立脚中期	反対脚が床から離れた瞬間	観察脚の踵が床から離れた瞬間
立脚終期	観察脚の踵が床から離れた瞬間	反対脚の接地
前遊脚期	反対脚の接地	観察脚が床から離れた瞬間

遊脚期	はじめ	おわり
遊脚初期	観察脚が床から離れた瞬間	両脚の足関節が矢状面で交差した瞬間
遊脚中期	両脚の足関節が矢状面で交差した瞬間	観察脚の下腿が床に対し直角になった瞬間
遊脚終期	観察脚の下腿が床に対し直角になった瞬間	観察脚の接地

◆時間因子

【**歩行速度**】単位時間あたりの歩行距離．m/秒，m/分で示す．

【**歩行率，歩調，ケイデンス（cadence）**】単位時間あたりの歩数．steps/分で示す．

【**歩行周期割合**】
① **立脚期割合，遊脚期割合**：1歩行周期にかかる時間を100％として立脚期，遊脚期にかかる時間の割合を％で表示したもの．

② **単脚支持期割合，両脚支持期割合**：1歩行周期にかかる時間を100％として単脚支持期，両脚支持期にかかる時間の割合を％で表示したもの．

歩行速度を測る場合は，10mの距離を歩行し，それにかかる時間を計測して，10m/所要時間で算出する．歩行率も同様に，10m距離を歩行して歩数を数えながら時間を計測し，歩数/所要時間で算出する．

<文　献>
1)「観察による歩行分析」（K. G. Neumann／著，月城慶一，ほか／訳），医学書院，2005

第6章 歩行

2 歩行の生体力学

概略図 重心の動きと関節モーメント

A) 歩行1周期における重心の上下，左右方向の動き

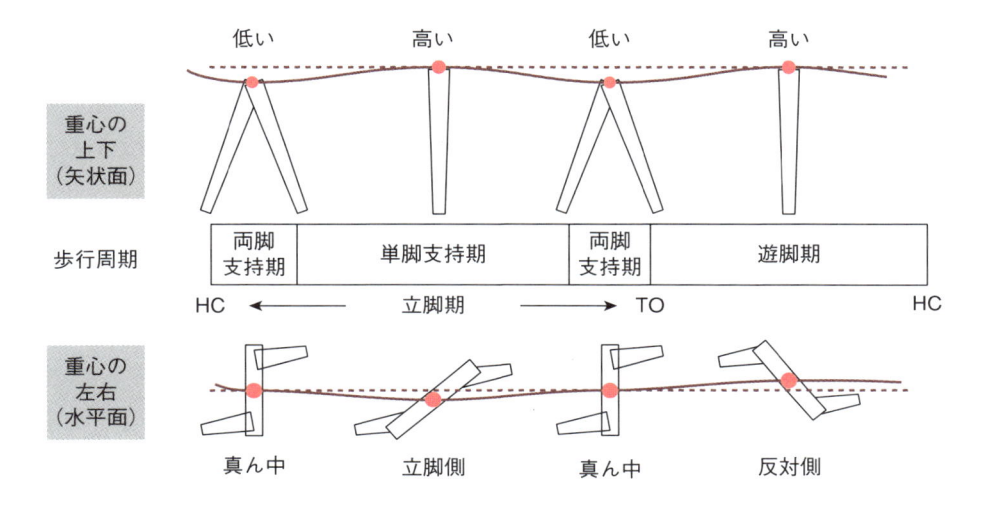

重心の上下（矢状面）： 低い／高い／低い／高い

歩行周期： 両脚支持期｜単脚支持期｜両脚支持期｜遊脚期
HC ← 立脚期 → TO　　HC

重心の左右（水平面）： 真ん中／立脚側／真ん中／反対側

B) 歩行1周期における関節モーメント

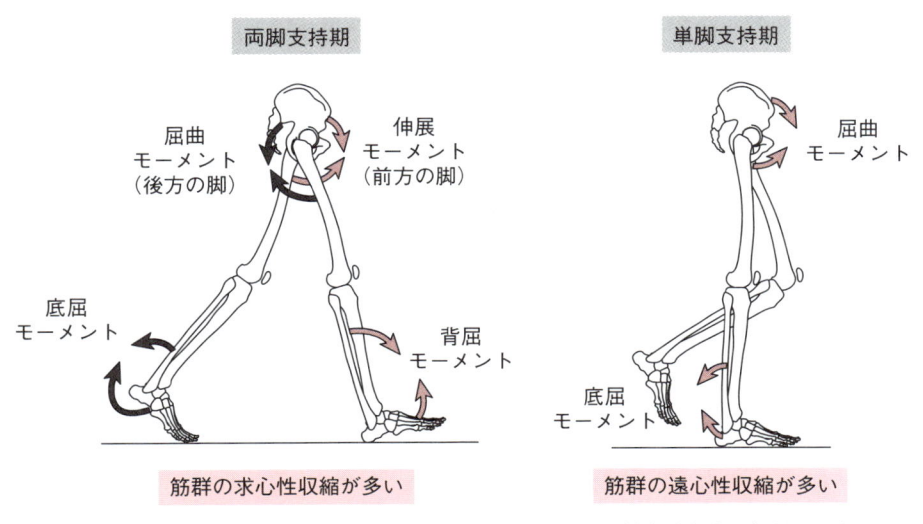

両脚支持期
- 屈曲モーメント（後方の脚）
- 伸展モーメント（前方の脚）
- 底屈モーメント
- 背屈モーメント

筋群の求心性収縮が多い

単脚支持期
- 屈曲モーメント
- 底屈モーメント

筋群の遠心性収縮が多い

関節モーメントは，求心性収縮を黒の矢印，遠心性収縮を赤の矢印で示す

> **Point**
> ☐ 歩行における重心の上下・左右方向への動きは最小になるよう調節されている．
> ☐ 床反力は重心の加速度を示す．
> ☐ 両脚支持期では筋群の求心性収縮が多く，力を生み出す時期，単脚支持期では遠心性収縮が多く，両脚支持期に生み出された力を制動する役割を果たす．

1 歩行における身体全体の動き

「重心（center of gravity：COG）」は身体全体の動きを示すパラメータである．歩行中，重心は上下，左右へ動きながら前へ進む．

◆重心の上下方向の動き

図1に示すように，横軸を歩行1周期，縦軸を重心の高さとし，重心の上下方向の動きを確認すると，1周期に2つの山がある二峰性の正弦波であることがわかる．図1において重心位置が最も高いのは〔単脚支持期と遊脚期（反対側の単脚支持期）〕のおおよそ中間，最も低いのは〔両脚支持期〕である．

重心の高さが単脚支持期に最大となり，両脚支持期に最小となるメカニズムについては，コンパスをイメージすればよい〔概略図-A〕．単脚支持期ではコンパスが閉じている状態，両脚支持期ではコンパスが開いている状態である．しかし，コンパス歩行では重心の上下方向への移動量（振幅）が大きくなり，力学的エネルギーが多く消費されてしまう．人間の身体では，エネルギー消費を最小にするため，身体各部で調節が行われ，重心の上下方向への動きは小さくなる．

健常者における重心の上下方向の振幅は，〔2〜5cm〕と報告されている．報告結果に差が生じる理由は，歩幅や歩行速度，性別などにより歩き方に違いが生じるためである．

◆重心の左右方向の動き

次に，重心の左右方向の動きを確認する．図2は横軸が歩行1周期，縦軸が重心の左右方向の距離を示している．図2において，値が最大，最小なのは〔単脚支持期と遊脚期（反対側の単脚支持期）〕，最も値がゼロに近いのは〔両脚支持期〕である．単脚支持期には，重心が立脚側へ移動し，値が最大もしくは最小となる．両脚支持期では左右の足の接地部位のおおよそ中間に位置するため，値がゼロに近くなる．

◆身体全体の動き

重心の上下方向と左右方向の動きを合わせて考えると，単脚支持期では〔重心が最も高くなり立脚側へ移動〕，両脚支持期では〔重心が最も低く，左右の足の中間付近に位置〕する．歩行中の重心の動きを後ろから観察すると，蝶のような形を示す．

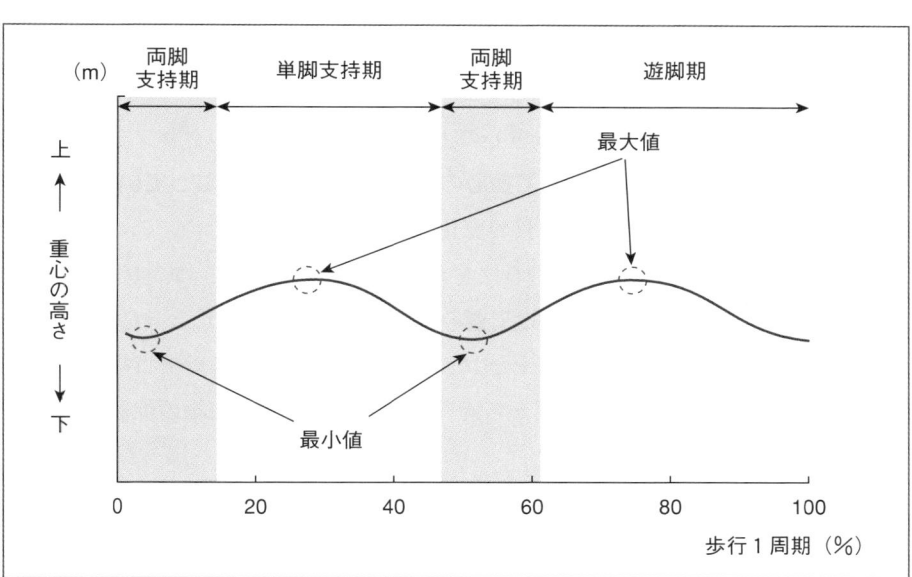

図1　歩行における重心の上下方向の動き

（両脚支持期／単脚支持期／両脚支持期／遊脚期）
重心の高さ（上↑↓下）、最大値、最小値
歩行1周期（％）

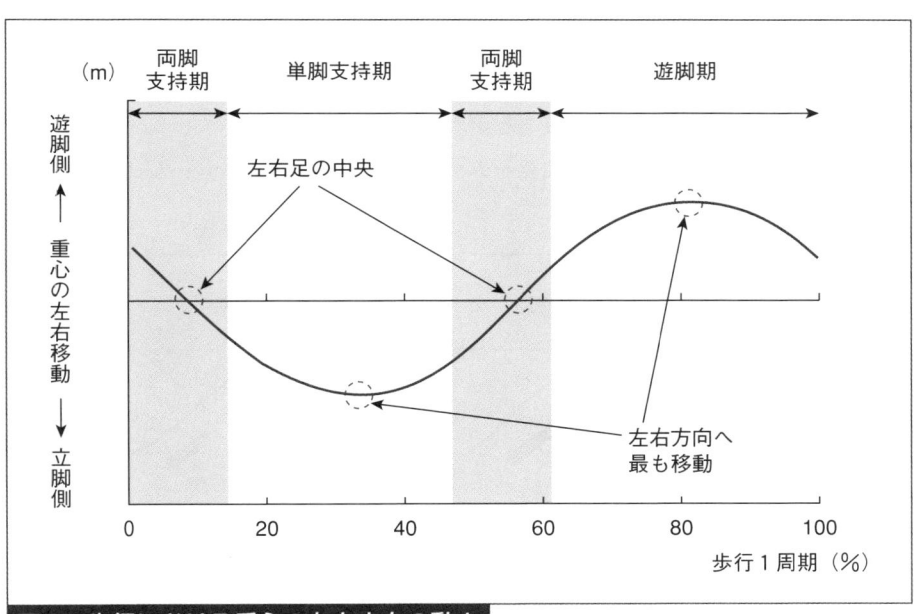

図2　歩行における重心の左右方向の動き

（両脚支持期／単脚支持期／両脚支持期／遊脚期）
重心の左右移動（遊脚側↑↓立脚側）、左右足の中央、左右方向へ最も移動
歩行1周期（％）

2 歩行における重心と床反力の関係

　重心位置と床反力には密接な関係がある．床反力は理解しにくいパラメータであるため，まずは重心位置と速度，加速度の関係について理解したうえで，床反力を考えるのがよい．

2. 歩行の生体力学

◆重心位置と速度・加速度

① 重心と速度

　図3に，歩行1周期における重心の上下方向位置と速度のグラフを示す．**両脚支持期から単脚支持期に向かって重心の上下方向位置は高くなっていく**．速度は，単位時間あたりにおける重心位置の変化分（m/秒）であるため，このとき重心には〔上向きの速度〕が生じ，重心位置が最も高くなったときに〔ゼロ〕になる．**単脚支持期から両脚支持期にかけて重心位置が低くなっていくときには**，〔下向きの速度〕が生じ，最も低くなるときには〔ゼロ〕となる．両脚支持期から遊脚期（反対脚の単脚支持期），遊脚期から両脚支持期にかけても同様の位置と速度の変化が起こる．

② 速度と加速度

　次に速度と加速度の関係について考えてみる［図4］．加速度とは，単位時間あたりにおける速度の変化分（m/秒/秒＝m/秒²）であるため，**速度が上がっているときには**〔上向きの加速度〕が生じ，**速度が下がっているときには**〔下向きの加速度〕が生じる．おおよそ両脚支持期では，〔速度が上がっていくため上向きの加速度〕が生じる．同様に単脚支持期（遊脚期）では，〔速度が下がっていくため下向きの加速度〕が生じていることがわかる．

　重心位置，速度，加速度の関係をみてみると，位置の〔微分〕が速度，〔二回微

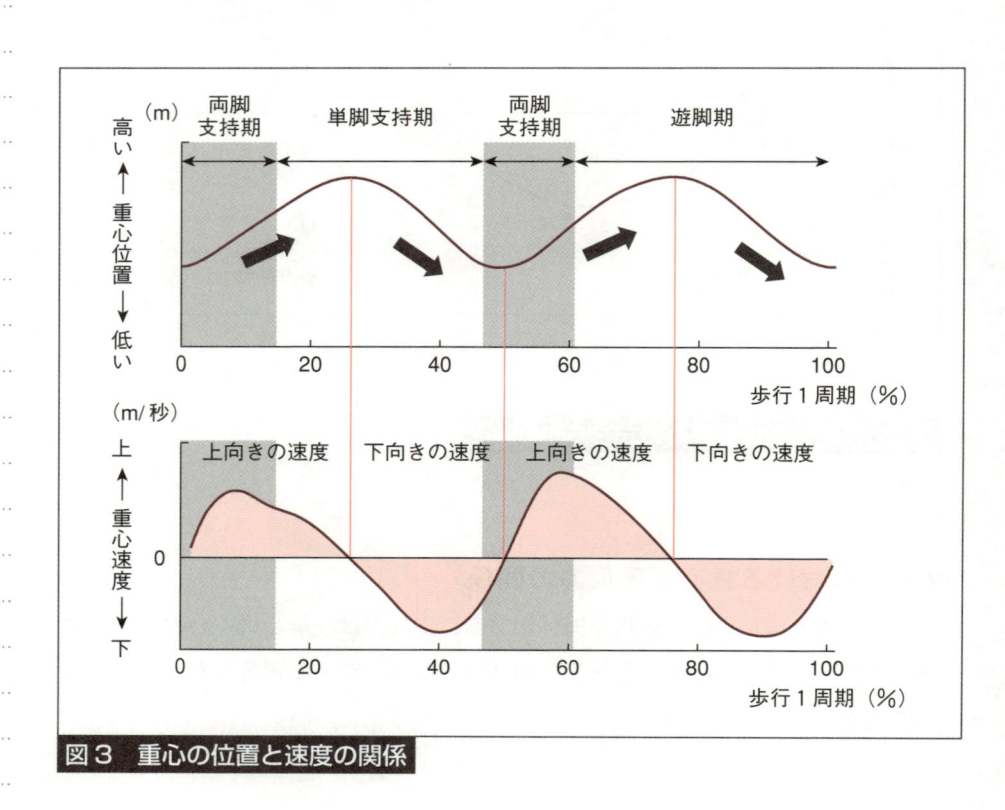

図3　重心の位置と速度の関係

分〕が加速度ということになる．加速度をもとに考えると，ヒトは**両脚支持期**に〔上向きの加速度〕を生み出し，速度を〔増加〕させ，両脚支持期から単脚支持期にかけての重心位置を〔上昇〕させる役割，単脚支持期に〔下向きの加速度〕を生み出し，速度を〔減少〕させ，単脚支持期から両脚支持期にかけて重心位置を〔低くする〕役割があることが理解できる．

◆床反力

重心位置，速度，加速度の関係が理解できたうえで床反力について考えてみる．歩行中，ヒトが自分以外と接している部分は床だけである．床反力とは，"**ヒトが床に対して加えている力の反力**"であり，足部にかかる無数の力を合成したものが〔床反力ベクトル〕である［図5］．ヒトが床を押すとき，床も逆の方向で同じ大きさの力を人間に加えている．力学的に考えると，**ニュートンの運動方程式：F（力）＝m（質量）×α（加速度）**から，a（加速度）＝F（力）/質量（m）

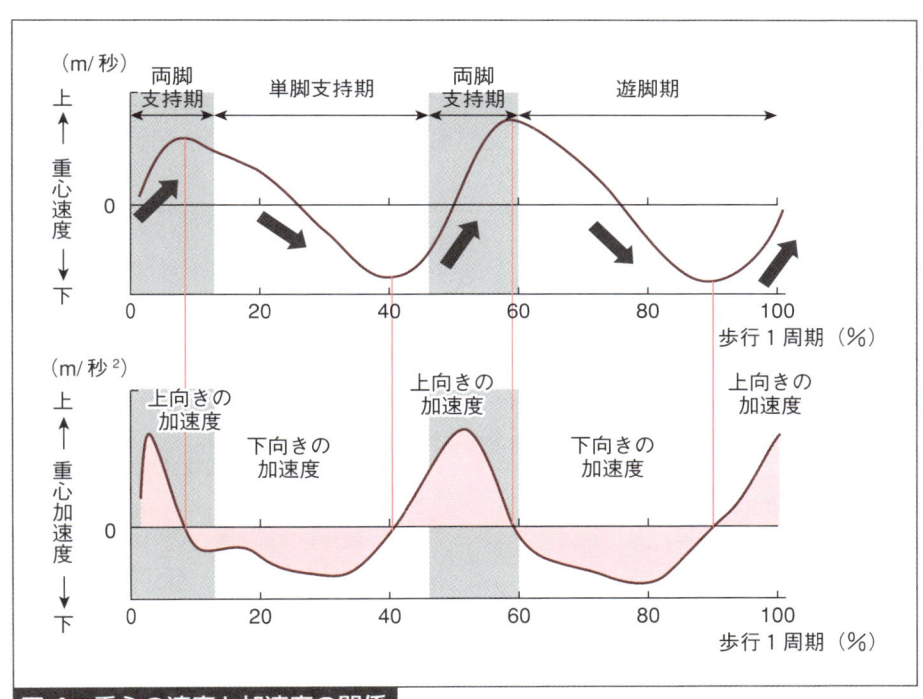

図4　重心の速度と加速度の関係

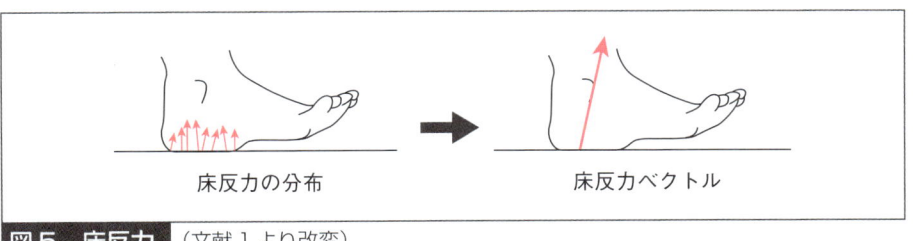

図5　床反力（文献1より改変）

となり，ヒトに加わっている力の総和を体重で割ると身体全体の加速度，つまり重心の加速度となることがわかる．

両脚の床反力上下方向成分を合成した波形を図6に示す．合成した床反力波形は，重心位置から計算した〔加速度〕とほぼ同じ波形を示し，床反力が〔重心加速度〕を示していることがわかる．歩行中，身体に加わる力が体重以上，もしくは体重以下になるのは，力が身体の加速度を反映しているためである．歩行以外でも，運動をしているときは，身体に体重以上，以下の力が加わる．

3 歩行1周期における床反力の変化

床反力とは，ヒトが床に加えた力を反映し，重心の加速度を示していることがわかった．図7に，歩行1周期における床反力の上下方向成分，進行方向成分，左右方向成分を示す．上下方向成分は，2つの山をもつ〔二峰性波形〕である［図7-A］．単脚支持期において立脚側に全荷重がかかっているにもかかわらず，体重以下の値を示すのは，**2**で示したように重心の加速度を反映しているためである．進行方向成分は，立脚期の前半に〔後ろ向き〕，後半に〔前向き〕の力を示す［図7-B］．立脚期前半は身体に対して足部を前方へ接地し，重心の前方への動

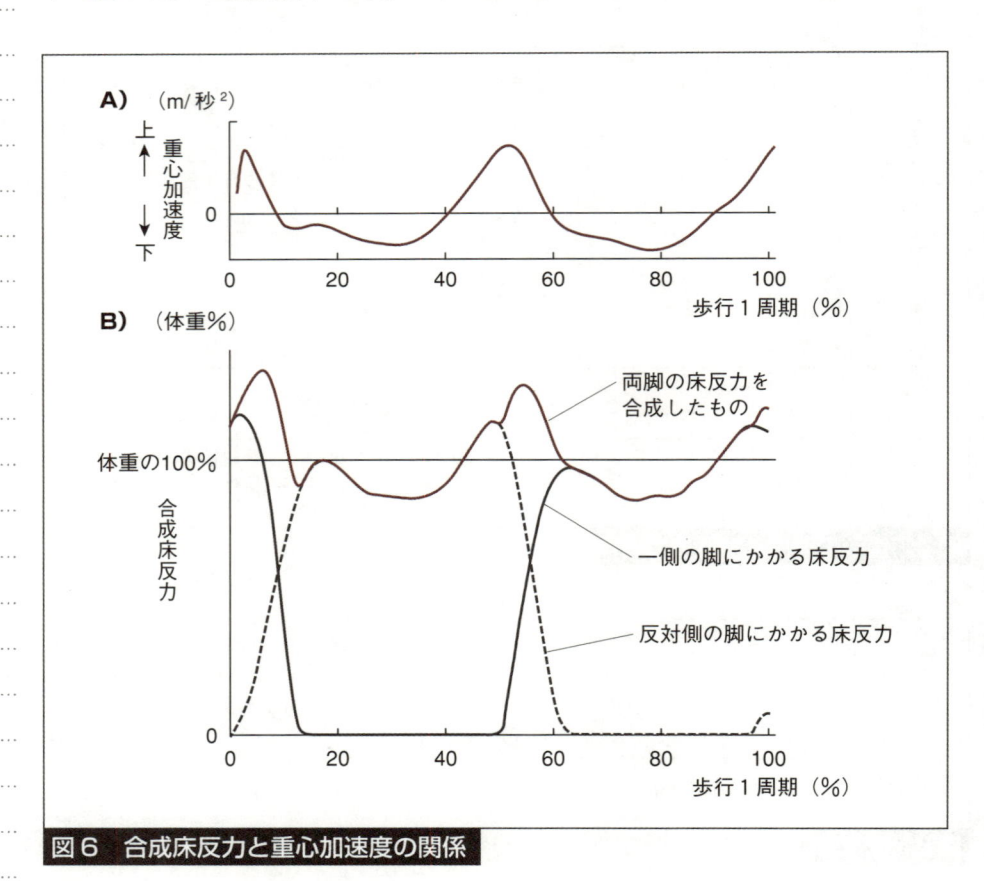

図6 合成床反力と重心加速度の関係

きを〔制動〕する役割，立脚期後半は身体に対して足部が後方に位置し，重心の前方への動きを〔駆動〕する役割を果たす．左右方向成分は，立脚期のはじめにわずかに〔外向き〕の力，それ以後は〔内向き〕の力を示す［図7-C］．両脚支持期のはじめに，重心位置を立脚側へ移動させるため，床反力は外向きの力が生じる．それ以降は重心位置を遊脚側へ移動させるため，内向きの力となる．

床反力の大きさは，上下方向が最も大きく，次に進行方向，左右方向の順となる．〔歩行速度が増加する〕とき，重心の上下，進行，左右方向への加速度も大きくなるため，床反力波形の山と谷（最大値と最小値）の差も大きくなる．疾患をもった患者や歩行速度が遅い高齢者などは山と谷が小さくなり，なだらかな波形となる．

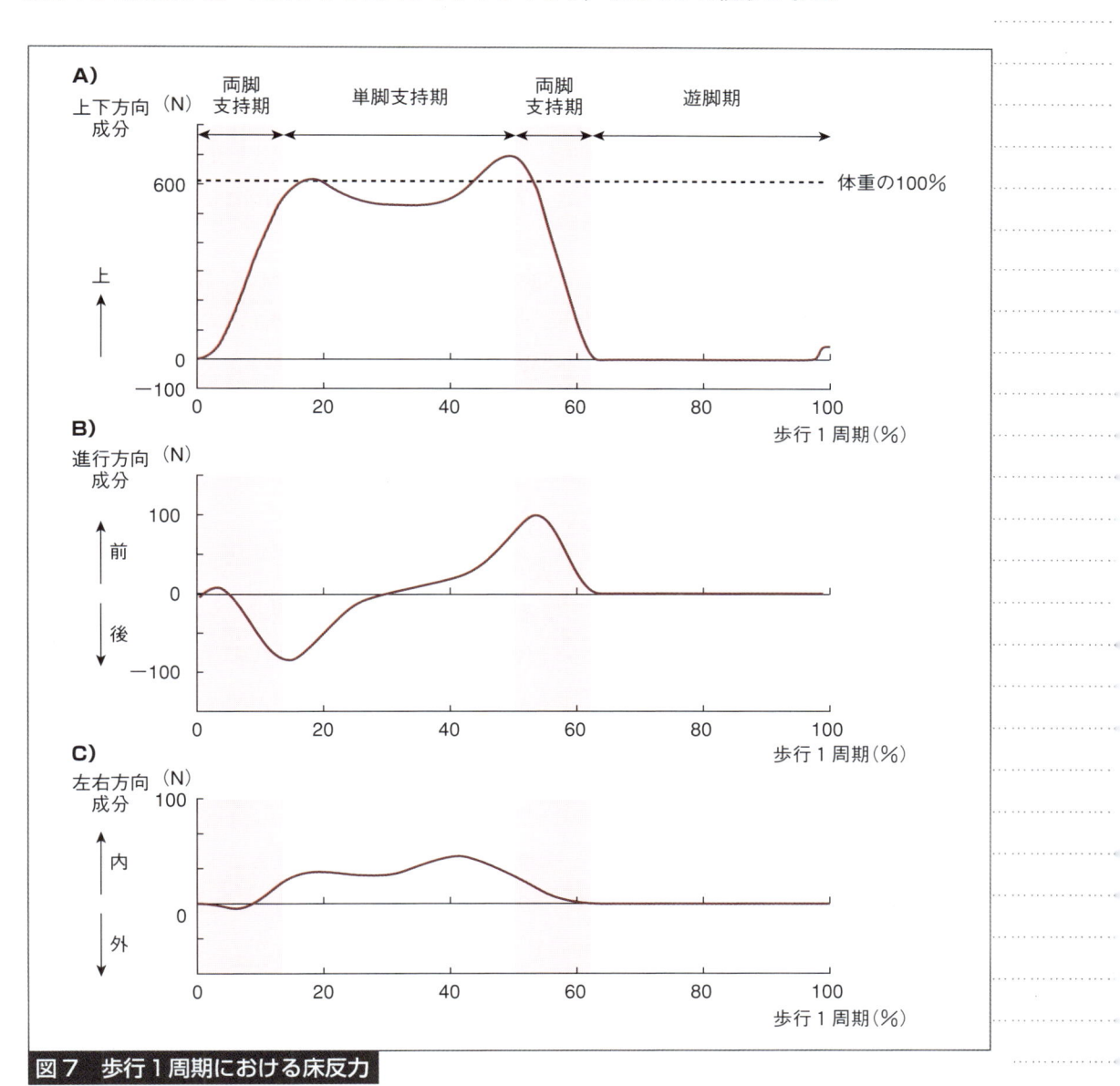

図7 歩行1周期における床反力

4 矢状面における下肢関節角度の変化と関節モーメント

図8に，矢状面における歩行1周期の股関節，膝関節，足関節の関節角度と関節モーメント，図9に歩行1周期における筋活動を示す．歩行の各相にどのような関節モーメント，筋活動が起こり，どのような角度変化が生じているかを理解しよう．

◆両脚支持期（IC～LR）

初期接地（IC）から荷重応答期（LR）にかけての両脚支持期では，足関節角度はわずかに〔底屈〕し，足関節モーメントは〔背屈モーメント〕を示す．関節モーメントは筋活動を示しているため，関節モーメントと関節の運動方向を組み合わせて考えることにより，どの筋群がどのような収縮形態をしているかが推察できる．足関節では，〔背屈モーメント〕を示していることから〔背屈筋群〕が働き，〔底屈〕方向への動きが起こっていることから，〔足関節背屈筋群〕が〔伸張しながら力を発する遠心性収縮〕をしていることがわかる．これは，**踵接地後に足部を滑らかに床面へ接地させ，下腿をわずかに**〔前方へ回転させる力〕**を生み出す**ためである．

膝関節角度はほとんど変化がないが，接地時は膝関節が〔屈曲モーメント〕，その直後に〔伸展モーメント〕が働き，〔膝関節屈曲筋群〕により下腿を前方へ回転させた後，**膝折れが生じないように**〔伸展筋群〕**が収縮している**ことがわかる．

股関節では，〔伸展〕方向へ角度変化しながら，〔伸展モーメント〕が働いていることから，〔股関節伸展筋群〕が〔求心性収縮〕し，**体幹を前上方へ押し上げて**いることがわかる．

◆単脚支持期（MSt～TSt）

立脚中期（MSt）では，足関節角度は〔背屈〕方向へ動き，〔底屈モーメント〕が徐々に大きくなり，〔足関節底屈筋群〕が〔遠心性収縮〕をしている．足部を中心として身体全体が前方へ回転していくとき，**前に倒れないように**〔足関節底屈筋群〕が〔制動〕**の役割を果たしている**．立脚終期（TSt）では，踵が床から離れるが，下腿がそれ以上に前方へ倒れるため，足関節の動きは〔背屈〕となる．立脚中期（MSt）と同様，〔足関節底屈筋群〕が〔遠心性収縮〕をし，**背屈方向への崩れを制動**する．

この時期の膝関節は，〔屈曲モーメント〕が働き，角度変化はほとんどない．筋電図による結果をみると，この時期にはほとんど筋活動がないため，**靭帯の受動的な伸張**などにより〔屈曲モーメント〕が発生していると推察される．股関節では，〔伸展〕方向へ角度が変化し，〔屈曲モーメント〕が働いている．この時期の股関節も，筋活動がみられない．**股関節前面の靭帯の伸張によりモーメントが発生し，骨盤が前方へ動きすぎるのを防いでいる**．

◆両脚支持期（PSw）

歩行周期における後半の両脚支持期〔前遊脚期（PSw）〕では，足関節が急激に〔底屈〕方向へ動き，〔底屈モーメント〕が働くため，〔足関節底屈筋群〕が〔求心性収縮〕をする．

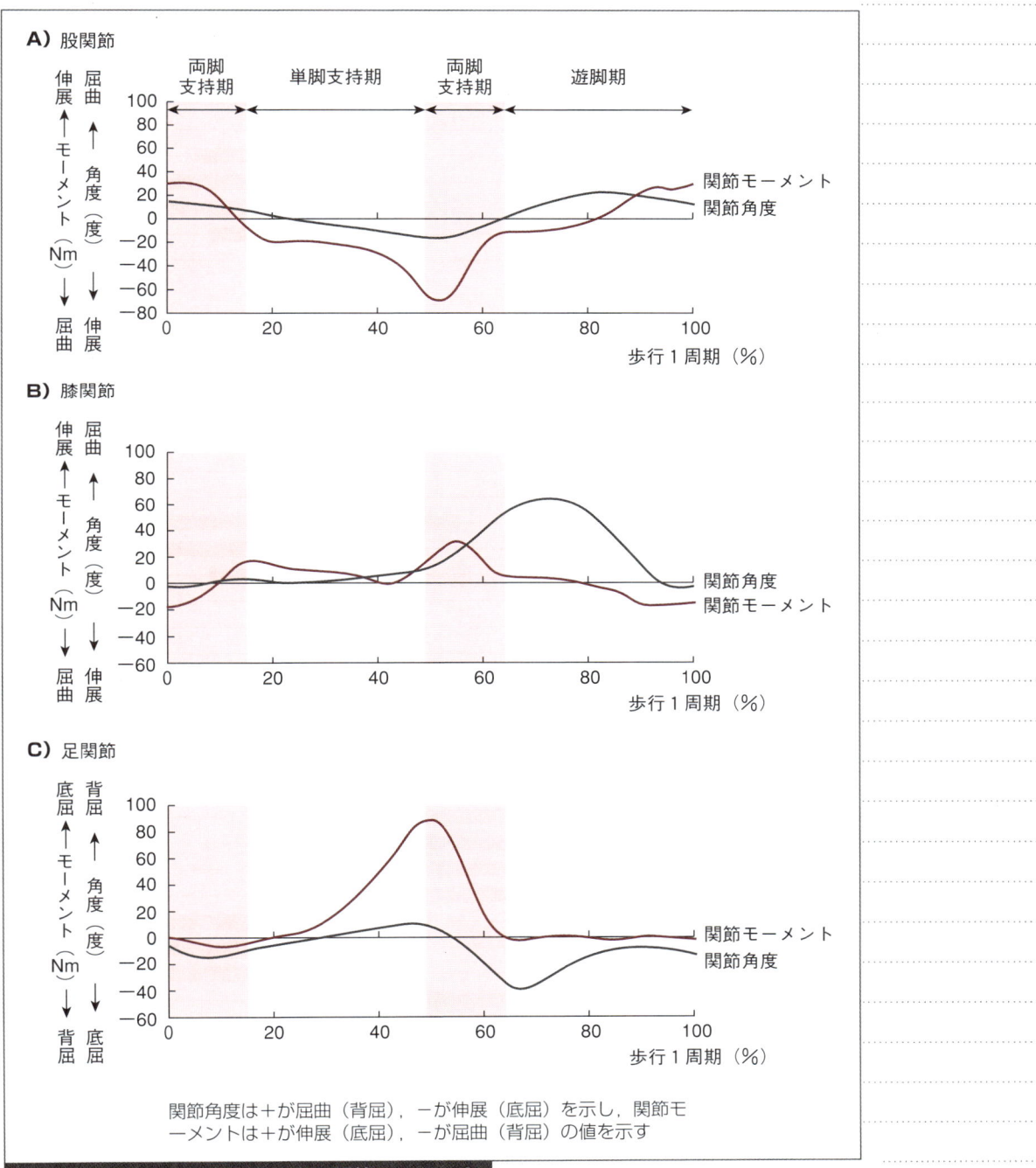

関節角度は＋が屈曲（背屈），－が伸展（底屈）を示し，関節モーメントは＋が伸展（底屈），－が屈曲（背屈）の値を示す

図8　矢状面における関節角度と関節モーメント

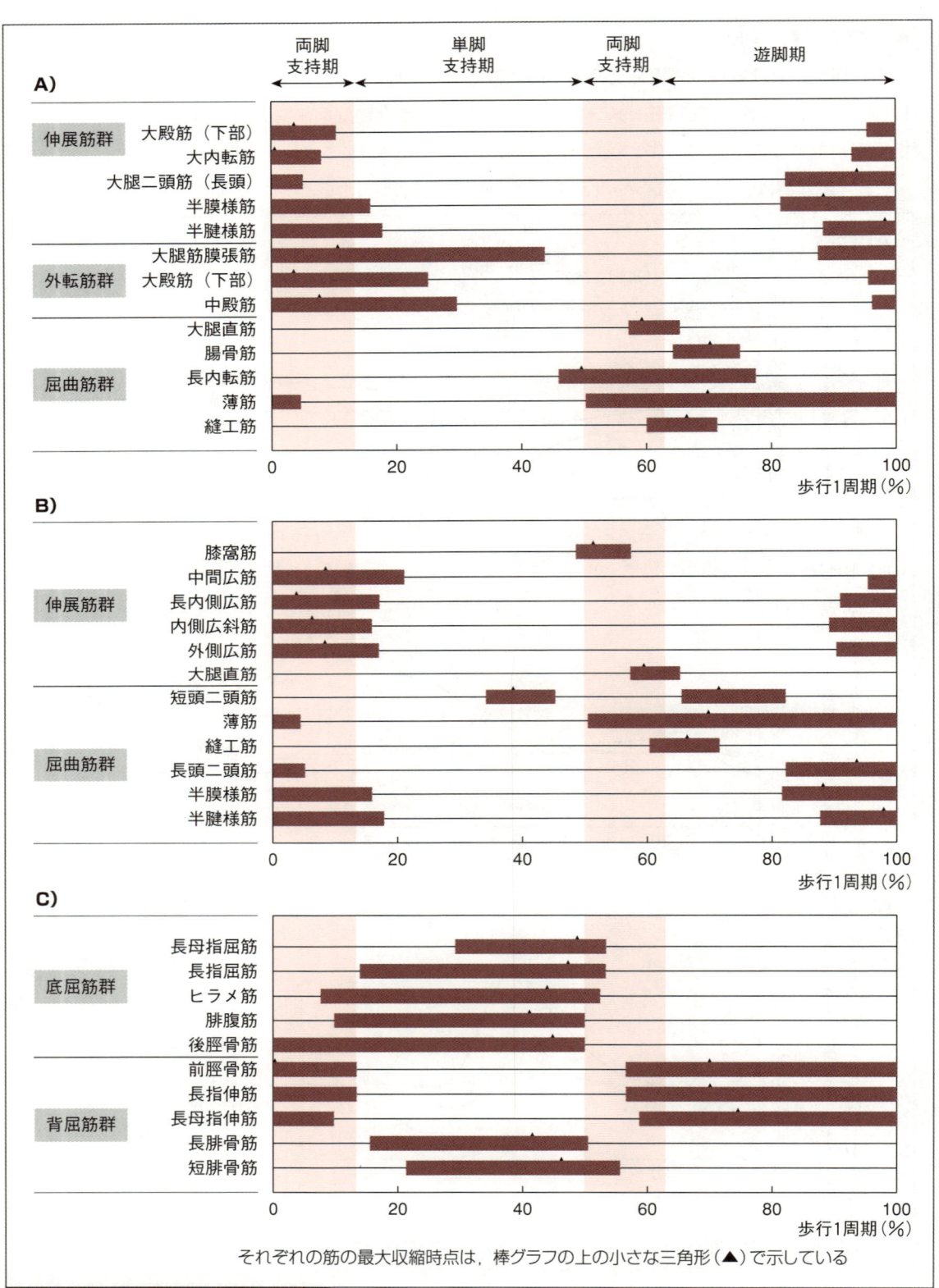

図9 歩行1周期における筋活動 （文献2より改変）

股関節では〔屈曲モーメント〕が働き,〔屈曲〕方向へ動くため,〔股関節屈曲筋群〕が〔求心性収縮〕をすることになる.股関節屈曲筋群と足関節底屈筋群により**反対脚へ荷重を移動し,下肢を前方へ振り出す準備**が整う.

膝関節では〔屈曲〕方向へ角度が変化し,〔伸展モーメント〕が働く.これは,**股関節と足関節による動きを制動し,滑らかに**〔反対脚へ荷重を移動するため〕である.

◆**遊脚期（swing phase）**

遊脚期では,足関節は〔背屈〕方向,膝関節は〔屈曲した後伸展〕方向,股関節は〔屈曲〕方向へ動く.足関節ではほとんど関節モーメントの変化がない.遊脚初期では,股関節で〔屈曲モーメント〕が働き,〔股関節屈曲筋群〕が**下肢を前方へ振り出す**.膝関節伸展の動きには筋活動の関与がほとんどないが,伸展した膝関節の動きを〔制動〕するため,〔膝関節屈曲筋群〕が遊脚終期に〔遠心性収縮〕する.

これらの結果をまとめると,両脚支持期では股関節や足関節の〔求心性収縮〕が多く行われ,重心の上下,左右方向への動きを生み出していること,単脚支持期では〔遠心性収縮〕が多く,制動の役割を果たしていることがわかる.重心の上下,左右方向への移動を最小限にしながら前方へ移動するという歩行の役割を果たすために,各筋群が協調して働いている.

<文　献>

1)「臨床歩行分析入門」（土屋和夫／監,臨床歩行分析懇談会／編）,医歯薬出版,1989
2)「観察による歩行分析」（K. G. Neumann／著,月城慶一,ほか／訳）,医学書院,2005

第6章 歩行

3 異常歩行

概略図 歩行観察のポイント

全体的な印象

時間因子はどうか？
- 歩行速度　　　　　　　　速い，普通，遅い
- 歩行周期における割合　　立脚期，遊脚期割合，両脚支持期，単脚支持期割合
  　　　　　　　　　　　　（正確に時間が計れない場合は，長い・短いでよい）
- 歩行率

歩容

相　・歩行周期のどの相に異常動作が起こるか

歩容
- どの方向に？　　前後方向，左右方向，上下方向
- どこが？　　　　体幹，下肢→部位の詳細

Point
- ☐ 歩行観察は，観察者自身が何を観察するのかという目的をもって行うことが重要である．
- ☐ 観察結果と機能評価結果を照らし合わせ，因果関係に関する仮説をたてる．
- ☐ 代表的な異常歩行においても，その原因は多々考えられる．原因を限定するための機能評価を合わせて行うことが重要である．

1 異常歩行の分析

　臨床において，高額な運動解析装置をもっている施設はほとんどない．また臨床の場で，すべての患者に動作解析システムやビデオカメラを用いて分析をするのは時間がかかりすぎる．理学療法士，作業療法士ともに臨床では，患者の動作をすばやく分析することが求められる．特に理学療法士は，歩行などの動作を分析するために"理学療法士自身の目"を養うことが重要である．

　臨床実習で学生が動作分析をするとき，「動作がわからない」「見えない」という言葉をよく聞く．内容を確認すると，「ふらついている」「リズムが悪い」「偏っている」という全体的な観察結果は得られていることが多く，「わからない」でも「見えていない」のでもない．しかし，**「何を観察するのか」という目的が自分自身で決まっていない**ため，漠然としたものしか見えてこないことが多い．ここでは，異常歩行の分析を行う前に，観察の方法について説明する．

◆観察方法

　まず，患者の歩行を観察して全体的な印象をつかむ．全体的な印象をつかむうえで役に立つのが，〔距離・時間因子〕と〔重心〕の動きである．歩行速度，歩行周期割合は，全体の〔リズム〕を知るため，歩幅や歩隔などは左右の〔非対称性〕を知るために有効である．重心の動きは，全体的に左右どちらに偏っているのか，上下・左右・前後方向のどちらにふらついているかを知ることができる．

　全体的な印象をつかむことができたら，次に**歩行周期のどこに**，〔ふらつき〕や〔偏り〕が大きいかを確認する．相の確認ができたら，そのときの**体幹位置が正中なのか，下肢関節角度がどのようになっているのか**を見るのがよい．下肢の関節角度や動作の特徴を観察し，表示するのが難しい場合は，O.G.I.G[※1] (Observation Gait Instructor Group) による歩行分析データフォーム (Kisten, 2005) などを利用する．臨床実習のときに，はじめて動作観察，歩行観察をするのは大変難しい．実習前にまずは健常者で観察の練習を積んでおくのがよいだろう．

◆観察後の分析

　動作，歩行の特徴をつかんだだけでは，理学療法士としての仕事にならない．動作，歩行観察結果から，動きが起きている原因を明らかにし，その原因に対して訓練・治療を行い，動きを改善するのが理学療法士の仕事である．

　問題となる異常な動きの原因を明らかにするためには，**姿勢などの静的な情報，関節可動域や筋力，反射や筋緊張などの**〔機能的評価〕**と動きの観察結果を結びつけて考え（分析），**〔因果関係〕**についての仮説をたてる必要がある．**あとは，原因を改善するための訓練・治療を行い，動きが改善するかを観察により確認する．しかし，**観察した異常歩行に多くの要因が関与する可能性**，著明ではないがほかの相におけるわずかな動きがきっかけとして，〔異常歩行〕が起こる可能性も

※1 O.G.I.G (Observation Gait Instructor Group)
観察による歩行・インストラクターグループ．1998年にアメリカのロサンゼルスで，ランチョ・ロス・アミーゴ国立リハビリテーションセンターと南カリフォルニア大学によって設立された，歩行と動作分析のエキスパートのための協会．歩行分析をするための基本データフォームなどを紹介している．

memo

考えられるため注意が必要である．"正確に観察を行い，因果関係についての仮説をたてること""原因を改善するための訓練・治療を行うこと"の2つが，理学療法士としての"腕"の違いになってくると思われるが，初学者である学生にとっては大変難しい．よって❷では，代表的な異常歩行と原因について紹介する．

❷ 異常歩行

代表的な異常歩行が観察できる相，動き，原因について挙げる．異常動作が起こる原因については多々予測されるため，**原因を限定するための機能評価**を合わせて行うことが重要である．

◆ 矢状面 [図1]

【下垂足（鶏状歩行）】
- 相：遊脚期，IC
- 観察できる動き：足関節の過度な底屈，足関節の底屈の代償として〔股関節・膝関節の過度な屈曲〕，〔足尖接地〕※2
- 原因：足関節背屈筋群の筋力低下

【膝折れ，過屈曲】
- 相：IC〜LR，MSt〜TSt
- 観察できる動き：〔急激な膝関節の屈曲〕
- 原因：① 大腿四頭筋の筋力低下
　　　　② 膝関節の伸展制限，膝関節屈曲筋群の過緊張
　　　　③ 足関節背屈筋群の過緊張，全足底接地（IC〜LR）

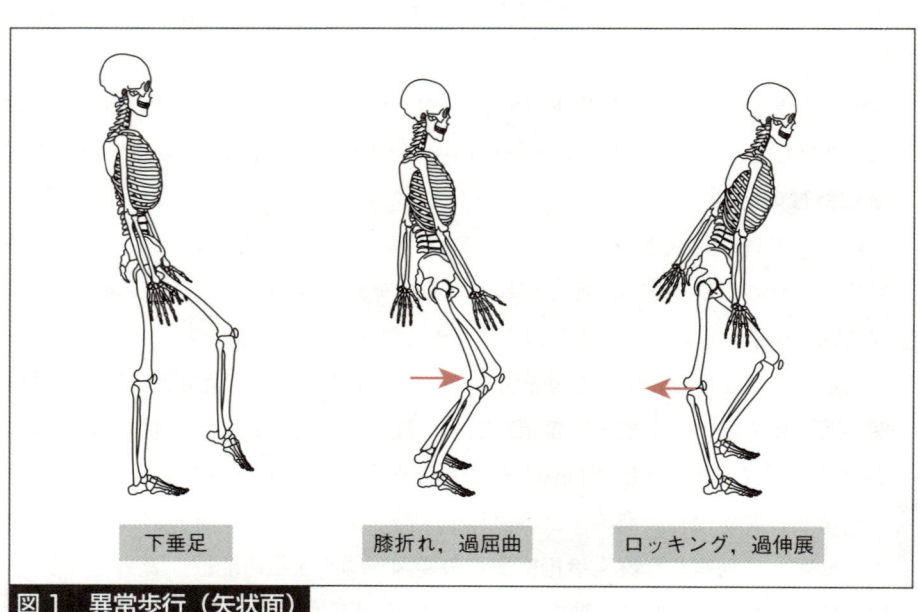

※2 足尖接地
初期接地の際，足先から接地すること．ほかに，外足部接地（足部の外側部から接地），全足底接地（全足底が同時に接地）などがある．

図1　異常歩行（矢状面）
下垂足　　膝折れ，過屈曲　　ロッキング，過伸展

④ 骨盤の後傾，体幹屈曲による重心位置の前方移動不十分（膝関節中心よりも後方へ移動）

【ロッキング，過伸展】
- 相：IC～LR，MSt～TSt
- 観察できる動き：**すばやく**〔急激に膝関節が後方へ向かう動き〕
- 原因：① 〔大腿四頭筋筋力低下〕もしくは〔大腿四頭筋過緊張〕
  ② 〔足関節底屈筋群過緊張〕
  ③ 〔足関節背屈可動域低下〕
  ④ 足関節背屈筋群の筋力低下による下腿の前方回転不足，足関節の過度の底屈，足尖接地（IC～LR）
  ⑤ 骨盤の前傾，体幹の前傾により重心位置が膝関節中心よりも前方へ移動（MSt～TSt）

◆前額面［図2］

【トレンデレンブルグ歩行】
- 相：MSt～TSt
- 観察できる動き：〔反対側骨盤下制〕
- 原因：① 中殿筋の筋力低下
  ② 腸脛靱帯の伸張による単脚支持保持
  ③ 内転筋の過緊張，外転可動域制限
  ④ 〔脚長差（観察脚＞反対脚）〕
  ⑤ 〔腰椎側弯〕（観察脚側へ凸）

【デュシャンヌ歩行】
- 相：MSt～TSt
- 観察できる動き：〔立脚側への体幹側屈〕
- 原因：① トレンデレンブルグ歩行の代償（重心位置を立脚側へ移動）
  ② 体幹筋の筋力低下
  ③ 〔脚長差（反対脚＞観察脚）〕
  ④ 〔骨盤の観察側への傾斜〕と〔腰椎側弯〕（反対脚側へ凸）

【分回し歩行】
- 相：遊脚期
- 観察できる動き：**遊脚下肢を棒状（膝関節の動きなし）に，股関節内外転させて円を描くように振りだす**
- 原因：① 膝関節の屈曲制限
  ② 脳卒中片麻痺（痙性麻痺）

memo

図2　異常歩行（前額面）

立脚側への体幹側屈
反対側への骨盤傾斜
トレンデレンブルグ歩行
デュシャンヌ歩行

◆その他

【失調性歩行】脊髄性，小脳性，前庭性失調がある．協調運動障害※3が著明な場合は，歩隔が広く，体幹が大きく動揺する〔酩酊歩行〕，〔よろめき歩行〕となる．脊髄性の場合は，深部感覚障害のため位置覚が鈍麻もしくは脱失するため，接地位置がわからず，バタンバタンと接地する歩容を示す．

【パーキンソン病歩行】〔小刻み歩行〕，〔すくみ足現象〕，〔加速歩行（突進現象）〕などの特徴がある．すくみ足は歩き始めの一歩が出ない現象，〔小刻み歩行〕は体幹が前傾し歩幅が小さい歩容，加速歩行（突進現象）は体幹の前傾，歩幅が小さいため，徐々に歩行速度が速くなり，止まることができなくなる現象である．

【間欠性跛行】脊髄血流障害による**腰痛，下肢痛，痺れ**（脊柱管狭窄症）により長距離の歩行が困難になる現象．**体幹前屈**すると血流が改善するため，また歩き始めることができる．

※3　協調運動障害
脳機能の障害により，身体の筋群が調和のある円滑な運動を行えなくなった状態をいう．

Try 演習問題で理解度をチェック！　別冊p.41へ

第7章　運動学習

1　学習とは

概略図　運動学習の要素

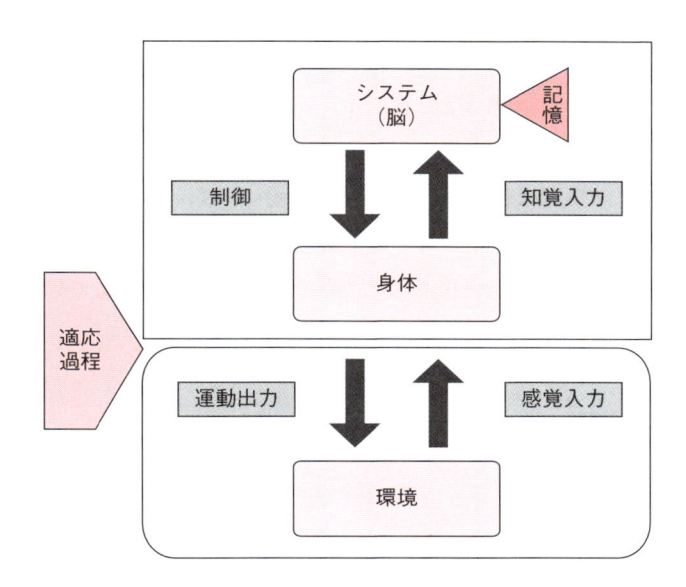

```
        ┌─────────────────────┐
        │      システム        │ 記憶
        │      （脳）          │◁
        │   ↓        ↑       │
        │ 制御      知覚入力  │
        │   ↓        ↑       │
        │      身体            │
        └─────────────────────┘
  適応
  過程
        ┌─────────────────────┐
        │   ↓        ↑       │
        │ 運動出力   感覚入力 │
        │   ↓        ↑       │
        │      環境            │
        └─────────────────────┘
```

脳で記憶に基づいて運動出力が行われる．その結果は感覚入力により身体に伝えられ，知覚された後，修正して新たに記憶として貯えられる．運動学習とは，このような「知覚–認知–制御–運動出力」のループを形成する循環過程である

Point

- □ 学習とは，刺激反応過程が適応的に持続する状態に変化することである．
- □ 単一の事象の経験による行動変容を非連合学習といい，慣れと感作がある．
- □ 複数の事象の経験による行動の変容を連合学習といい，古典的条件付けとオペラント条件付けが代表的である．
- □ 記憶は，把持時間により短期記憶と長期記憶に分けられる．また，内容により宣言的記憶と非宣言的記憶に分類される．

運動学習とは，身体状態や環境変化に**適応**するために，学習という意図に基づいて活動を積極的に行う過程である．学習によって伴う神経系の変化は，**練習**によってくり返すことで，自然発生的に**自己組織化**されるものである．このプログラムは，全体のバランスを前提に，結果として目的動作が達成されるような柔軟なもので，脳のなかには同じ運動であっても神経機構は幾種類か用意されている．それが，環境や身体状況に合わせて，その時々で最適な動作を選択し，その結果が感覚情報をもとに修正されながら保存，**記憶**されている．

1 学習の定義

〔学習〕とは，"刺激－反応過程が，適応的に持続する状態に変化すること"といえる．経験の結果，生得的行動機構（本能）にある程度持続的な変化が起きた過程を指す．学習は**反復練習（exercise）**あるいは**実践（practice）**によるものと**転移（transfer）**によるものがある．学習の特徴として① 学習の結果として行動変化を起こす，② 反復練習と実践（経験）の結果として起こる，③ 適応的に永続する変化であることが挙げられる．

2 学習の種類

非連合学習と連合学習の2つがある．

◆非連合学習

単一の事象の経験による行動の変容をいい，〔慣れ〕と〔感作〕がある．慣れとは，刺激によって反射行動がくり返し生じるとその行動が次第に減弱していく現象であり，最も単純な学習課題である．感作は，慣れと反対の現象であり，刺激を反復呈示することにより反応が増強することをいう．

◆連合学習

複数の事象の経験に伴う行動の変容をいう．〔古典的条件付け〕と〔オペラント条件付け〕［図1］が代表的である．古典的条件付けは，反射行動を生得的に引き起こす刺激（無条件刺激）と任意の刺激（中性刺激）を対呈示することにより，中性刺激が当該の反射行動を引き起こすようになることをいう．パブロフ型条件付けが有名である．オペラント条件付けとは，行動に随伴する結果によって行動のレパートリーや行動の頻度が変化することをいう．オペラント条件付けのなかには，次のようなものがある．

【正の強化刺激を用いた学習課題】 行動に対して報酬を随伴させるもの．報酬は直前の行動の出現頻度を高める効果がある．このような事象は正の強化刺激と呼ばれる．

【負の強化刺激を用いた学習課題】 行動に嫌悪的な刺激（負の強化刺激）を与えると，その行動の出現頻度が低下するとともに負の強化刺激を避けるような行動の出現頻度が高まる．

3 記憶

記憶とは，経験したことを覚え，保持しておき，後に過去の経験として再生する働き，またその内容をいう．身体の内外で感覚されたことは，脳で知覚され，知覚されたものは脳の違った場所で認知される．それが行動として直ちに現れるか，あるいは認識されて意識にのぼる，または意識されること，これが〔記憶〕である．

◆記憶の分類

記憶の分類方法には，過去の記憶の把持時間により，短期記憶と長期記憶とに分けられる．さらに，長期記憶を記憶情報の内容により宣言的記憶と非宣言的記憶に分類する．

【把持時間による分類】 Atkinson と Shiffrin により提唱された，短期記憶と長期記憶の貯蔵に関する理論を「二重貯蔵モデル」という．このモデルでは，記憶を〔感覚記憶〕，〔短期記憶〕，〔長期記憶〕の3つに分ける．

〔感覚記憶〕は0.5秒から5秒程度続く記憶であり，意識しなければ消失する．時々刻々と入れ替わる．感覚に選択的注意が向けられた情報のみが〔短期記憶〕として貯蔵される．〔短期記憶〕の保持時間は，1秒から30秒程度とされる．

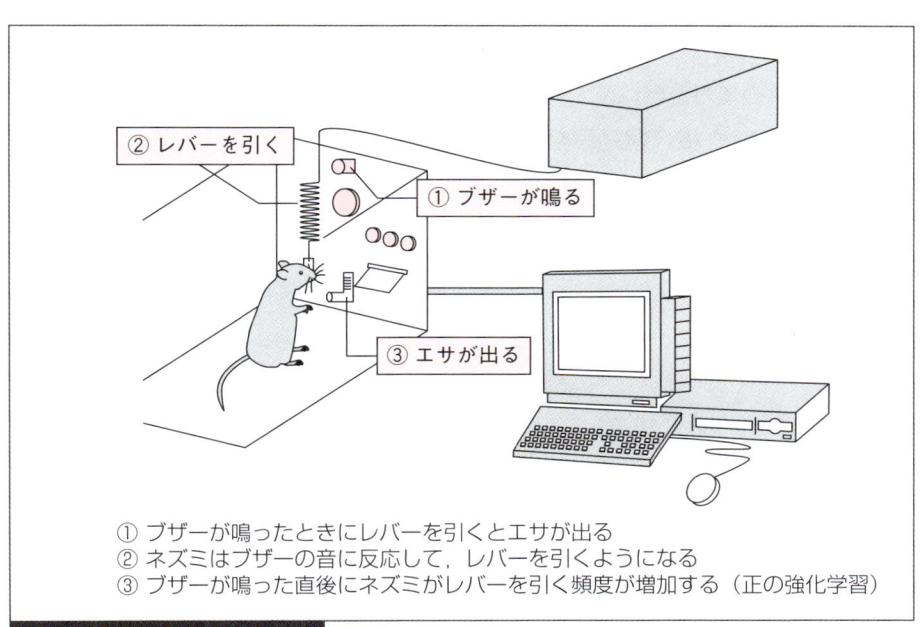

① ブザーが鳴ったときにレバーを引くとエサが出る
② ネズミはブザーの音に反応して，レバーを引くようになる
③ ブザーが鳴った直後にネズミがレバーを引く頻度が増加する（正の強化学習）

図1　オペラント条件付け　（文献1より引用）

約7個までの単語を覚えられる．さらに，短期に貯蔵された情報が復唱（リハーサル）や符号化（コーディング）を通じて長期に貯蔵に転送されると〔長期記憶〕となる．これは半永久的に貯蔵される．

【内容による分類】［図2］長期記憶はその記憶内容からいくつかに分類することができる．第1の分類は，〔宣言的記憶〕（陳述記憶とも訳される）と〔非宣言的記憶〕である．〔宣言的記憶〕とは，意識に思い浮かべることができる記憶であり，視覚的または言語的に説明できる．これはさらに〔エピソード記憶〕と〔意味記憶〕に分けられる．エピソード記憶とは個人の経験や出来事の記憶であり，時間的や空間的な関係を含んでいる．それに対して，意味記憶は一般的な知識のことであり，反復学習やくり返しの経験によって身についた普遍的なものであり，特定の時間や空間的文脈からは独立している．

◆ワーキングメモリー

人間が複雑な認知的作業を行う際に必要とする情報を短期間利用可能な状態で保持し，処理するしくみのことをワーキングメモリーという．ワーキングメモリーで保持される内容には長期記憶から想起した内容と新たに覚えた情報がある．例として暗算のくり上げ，将棋などが挙げられる．

4 学習段階

◆初期相（認知相，言語−運動段階）

まず，学習者は新しい課題に対して目標を理解し，目標を達成するためにどのように運動したらよいかを知る必要がある．〔初期相〕は言語的認知能力に影響され，目標の同定，パフォーマンスの評価，行うべきことと行うべきでないこと，方法，道具の使用などに関する知識を獲得する段階である．

◆中間相（連合相，運動段階）

運動に関する認知ができると次により有効な運動パターンの組織化の段階〔中

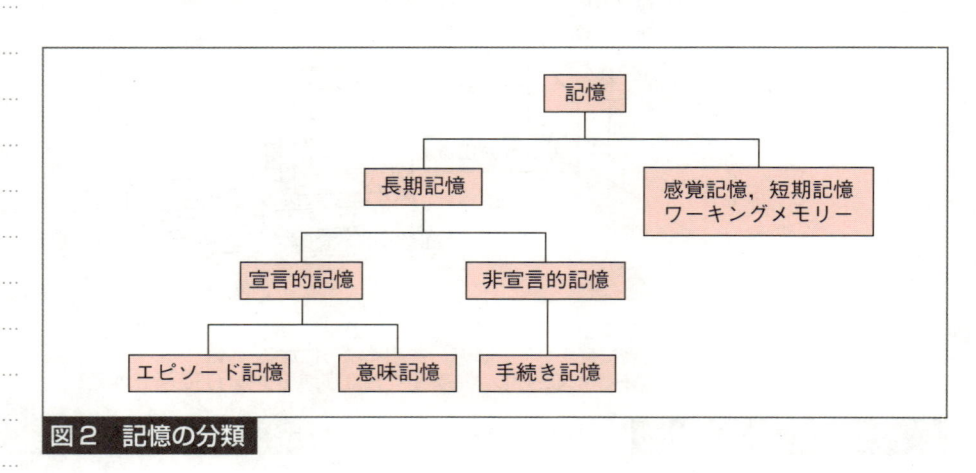

図2 記憶の分類

間相〕へ移行する．個々の運動は滑らかな協調運動となる．試行により運動と結果の不一致が見出され修正され，余剰な運動は除かれる．この段階において〔フィードバック〕はパフォーマンス改善にとって非常に重要である．

◆ 最終相（自動相，自動段階）

〔最終相〕は注意を必要としない自動的動作の発達を意味し，運動遂行に言語は必要でなくなる．運動は空間的，時間的に結合され無駄がなく，すばやく，円滑になる．この段階よりさらに高度な運動技能を身につけるためには，**過剰学習**を行い，自動化の改善，努力の減少，フォームの改良などを行う必要がある．

5 学習の転移

以前行った学習が後の学習に影響を及ぼすことである．前の学習が後の学習を促進する〔正の転移〕と前の学習が後の学習を妨害する〔負の転移〕がある．この**転移**に影響する条件として，① 前の学習と後の学習の類似性，② 時間間隔，③ 前の学習の学習率などが挙げられる．

<文　献>
1）「科学と人間行動」（B. F. Skinner／著，河合伊六・高山　巌／訳），二瓶社，2003

第7章　運動学習

2 運動技能

概略図 スキル

三振だ！
運動技能の向上
運動がうまくなるということは最高に正確で，最小のエネルギーで決められた結果を生むこと

平常心！
パフォーマンスと覚醒レベル
パフォーマンスを最大限発揮するには覚醒レベルは中程度がよい

優勝するぞ！
動機付け
目的をもって，適切に練習すればうまくなれる

Point

☐ 最高の正確さで，またしばしば最小の時間とエネルギー，あるいはこれらの両者の消費で，あらかじめ決められた結果を生じさせるように学習された能力をスキルという．

☐ 運動技能とは骨格筋を効果的に活動させることを要求するスキルのことを指し，粗大な運動技能と細かい運動技能に分けられる．

☐ パフォーマンスとは課題を遂行するときに周囲から観察可能な行動である．試行時の所要時間，距離，点数などで表す．

☐ 学習の結果，パフォーマンスは改善され，技能が向上する．この経時的変化を示したものを学習曲線という．

☐ 動機付けとはニードに基づいて行動を起こして方向付け，持続される働きであり，内的動機付けと外的動機付けがある．

1 スキル

〔スキル〕とは，最高の正確さで，最少の時間とエネルギーで，あらかじめ決められた結果を生じさせるように学習された能力である．スキルを向上させる要素として① 達成の正確さを最高にすること，② パフォーマンスの身体と精神のエネルギーコストを最少にすること，③ 使用時間を最少にすること，がある．

2 運動技能

学習は内容により運動学習と認知学習に分けられる．**運動学習**とは自転車の運転，スポーツ，ダンスなど〔運動技能〕の学習を指す．また，**認知学習**とは知覚経験の再生であり，人の顔や風景，音楽，外国語などを記憶し，再生できる能力である．

運動技能は骨格筋を効果的に活動させることを要求するスキルのことである．運動技能には寝返り，起き上がり，四つ這い，歩行など**粗大な運動技能**と手先の器用な運動（つまむ，字を書く），道具の操作（はさみで紙を切る）など小さな対象を巧みに扱う**細かい運動技能**とがある．

◆運動技能の要素

運動技能には反射・反応に類似した単純なものから複雑な制御による知覚運動行動までが含まれる．① **フォーム**，② **正確さ**，③ **速さ**，④ **適応性**の4つの要素で分析される．

◆運動技能の向上時のパフォーマンスの変化

運動技能の向上により〔パフォーマンス〕に変化が生じる．パフォーマンスとは，課題を遂行するときに周囲から観察可能な行動である．試行時の所要時間，距離，点数などで表す．

【覚醒レベルとパフォーマンス】**覚醒**とは中枢神経系で賦活された興奮，もしくは活性レベルを意味する．覚醒のパフォーマンスに対する機能は〔逆U字原理〕［図1］として知られている．パフォーマンスは覚醒レベルが低い状態から徐々に上昇し，中等度の覚醒レベル時にピークに達し，それより高い覚醒状態では低下する．覚醒レベルが低すぎても高すぎてもパフォーマンスは減少するといえる．精神的緊張，不安は覚醒レベルを高めすぎ，パフォーマンスの低下を招く．注意や集中，弁別や判断，細かな運動制御を必要とする課題では覚醒レベルは中等度以下がよい．筋力，持久力，速さなどが求められる課題では高い覚醒レベルで良好なパフォーマンスが得られる．その変化には① 誤りの減少，② 正確さの向上，③ パフォーマンスの恒常性，④ 自由度[※1]の増加，⑤ 努力量の減少がある．

※1 自由度
制御すべき変数の数を指す．人の身体では，それぞれの関節がさまざまな方向に動くことが可能である．例えば，片手の指の部分だけでも20の自由度を有することとなる．また，身体では，関節構造により自由度は異なり，1軸性で屈伸運動しか行えない肘関節は自由度1であり，多軸性関節（肩や股関節）では自由度は3とする．

3 学習曲線

学習の結果，パフォーマンスは改善される．これは技能の向上であり，この経時的変化を示したものを〔学習曲線〕という．これは4種類に分けられる [図2]．

① 〔負の加速曲線〕：学習初期にパフォーマンスが向上するが，その後向上が減少する．

② 〔正の加速曲線〕：初期のパフォーマンスの向上が少なく，その後急速にパフォーマンスの向上が起こる．

③ 〔S型曲線〕：正の加速曲線の変形であり，個人のパフォーマンスが最高レベルに達した結果としてみられる．

④ 〔線形曲線〕：練習試行を重ねるごとにパフォーマンスが向上する．

【学習曲線の〔プラトー（高原）〕】学習向上の前後にパフォーマンスの変化が起こらない状態を指す．しかし，運動技能の学習では真のプラトーはないとされていて，プラトーにみえるのは幻高原であって，運動学習が停止することはなく，

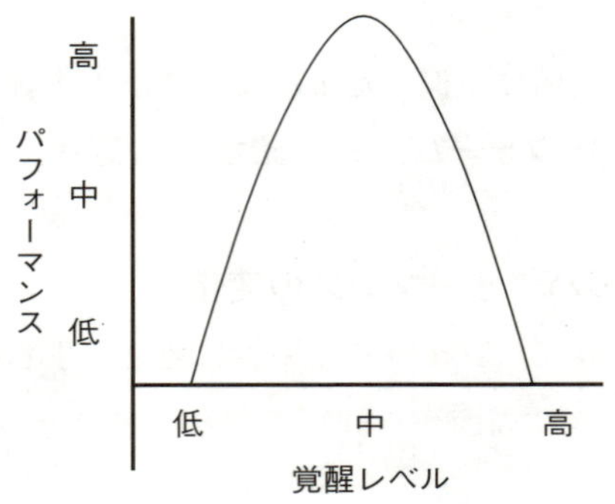

図1 逆U字原理 （文献1より引用）

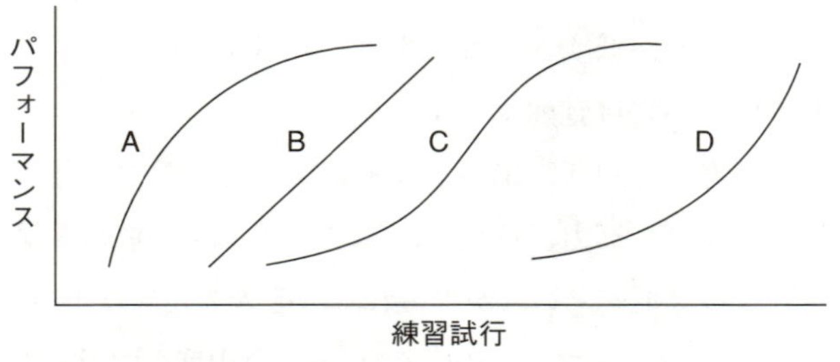

A：負の加速曲線，B：線形曲線，C：S型曲線，D：正の加速曲線

図2 典型的な学習曲線 （文献2より引用）

パフォーマンスの変化が少なくても，運動に必要な努力や注意の減少，筋活動やエネルギー消費の低下が起こっている．

4 練習の効果

練習回数を増やせば，学習は進みパフォーマンスは向上する．これを**ソーンダイクの練習法則**という．しかし，単に練習をくり返すだけではパフォーマンスはあまり向上しない．

【練習の重要な条件】練習の重要な条件として，①自己の目標を意識していること，②パフォーマンスの結果を知ること，③向上への動機付けや欲求があることが挙げられる．

【練習の効果】練習効果の指標としては，①パフォーマンスの時間短縮，②正確さの向上および誤りの減少，③複雑な課題への適応性，④課題遂行時の注意，努力の減少，が用いられる．

5 動機付け

〔動機〕とは二次的，派生的なニードに基づいて行動を起こして方向付け，持続される働きである．

① 〔内的動機付け〕：個人的な理由によって喜びや満足を見出す場合をいい，効果も持続性があり教育的にも好ましい．
② 〔外的動機付け〕：物的報酬や賞賛，個人のニードなどを利用する．

パフォーマンスに対して動機付けと技能は相乗効果を示し，〔パフォーマンス＝動機付け×技能〕の関係で表される．

6 学習の枠組み［図3］

感覚入力が同じでも，それに対する運動出力は，その環境に適したものに次第に変化する．このような学習には，変化に対する何らかの評価基準が必要であり，その主要な3つのパラダイムがある．

① 〔教師あり学習〕：入力に対する正しい出力が教師信号として与えられ，実際に出した出力との誤差信号がゼロになるように学習が行われる．
② 〔強化学習〕：どういう出力を出せばよいかという具体的な教師信号は与えられないが，実際に出してみた出力がどれくらいよかったかを示す**報酬信号**が与えられ，これをなるべく大きくするよう探索的な学習が行われる．
③ 教師なし学習：どういう出力をなすべきかは，まったく教えられない．そこで，入力信号自体の統計的分布をもとに似たもの同士をグループ分けしたり，信号を独立な成分に分解したりという形で学習が行われる．

memo

教師あり学習
「この問題は○○の法則を使って解くんだよ」などアドバイスする

強化学習
先生からほめられるように頑張る

教師なし学習　自分で考えて自分なりの答えを導き出す

図3　学習の枠組み

　これら3つの学習様式について脳の神経回路の構造，シナプス可塑性，ニューロン活動の記録の多くのデータから，小脳は下オリーブ核から登上線維によって送られる誤差信号をもとにした教師あり学習，大脳基底核は，中脳の黒質ドーパミン細胞から送られる報酬信号をもとにした強化学習，大脳皮質は，その相互結合回路のダイナミクスによる教師なし学習にそれぞれ専門化した組織であることが示唆されている．

7 練習条件

　練習の期間，一定時間内における練習の回数などが運動学習に影響を与える．以下に練習方法について説明する．

◆集中練習と分散練習

　〔集中練習〕は数分から数時間，休みなく連続的に行う練習である．〔分散練習〕は1回の練習時間は短く，頻繁に休息を入れて，練習回数を増やす方法である．

◆全体法と部分法

　〔全体法〕とは課題の最初から終了までを通して行い，それを反復する方法である．〔部分法〕は課題内容を部分的に分割し，それらを順次行っていく方法である．

8 運動技能の保持

　言語学習では記憶の消失は大きいが，運動技能は一度獲得されると比較的長期間にわたって保持される．以下，運動技能の保持について，特徴的な現象を示す．

【衰退】 反復練習を行っていなければ記憶痕跡は時間経過につれて薄れていく．

【痕跡変形】記憶混成が時間経過につれて変形する．

【干渉】学習された習慣の相互関係に干渉作用があり，記憶の障害となる．

【逆行性干渉】新たな学習が以前に学習された材料を再生する能力を抑制する．

【順行性干渉】以前の学習が新たな材料を再生する能力を抑制する．

【記憶永続と従属】記憶は保持されているが，時間経過とともにその応答は下位におかれたものになってくる．

<文　献>
1)「運動学習とパフォーマンス」(R. A. Schmidt／著，調枝孝治／訳)，大修館書店，1994
2)「基礎運動学」(中村隆一，ほか／著)，医歯薬出版，2003

第7章 運動学習

3 運動学習理論

概略図 運動学習理論の位置付け

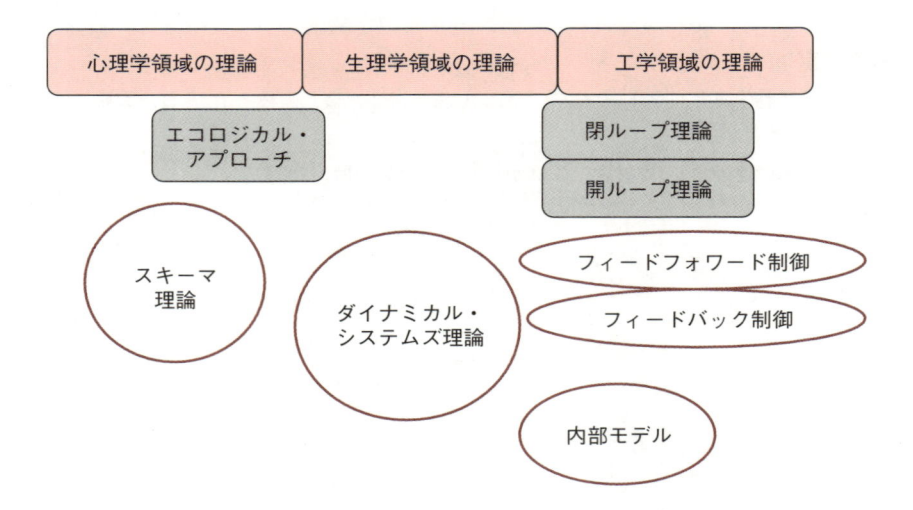

- 心理学領域の理論
- 生理学領域の理論
- 工学領域の理論
  - 閉ループ理論
  - 開ループ理論

- エコロジカル・アプローチ
- スキーマ理論
- ダイナミカル・システムズ理論
- フィードフォワード制御
- フィードバック制御
- 内部モデル

Point

- □ **閉ループ理論**とは，フィードバック，誤差検出および修正を基本とする自己調節系の運動制御を基盤にした理論である．

- □ **スキーマ**とは，一般化，あるいは抽象化された総括的運動プログラムであり，記憶されている総称的概念を表現するデータ構造で，物，状況，行為，事件，行為や事件の系列を表す．**スキーマ理論**とは，運動に関する情報がスキーマにフィードバックされ，スキーマを発展させて運動学習が進められるとする理論である．

- □ **フィードバック**とは，閉回路制御系の分析で用いられ，ある目標値とパフォーマンスとの差についての情報をいう．フィードバックには**内在的フィードバック**と**外在的フィードバック**がある．

- □ **シナプス可塑性**とは，神経回路が物理的，生理的にその性質を変化させることのできる能力のことで，ニューロンの減少や発芽によるシナプス接合部の増加という物理的な変化と，**長期増強**などの生理的な変化を指す．

1 閉ループ理論

〔閉ループ理論〕はフィードバック，誤差検出および修正を基本とする自己調節系の運動制御を基盤にした理論である［図1］．まず，感覚器などへ感覚情報が入力される．そして，目標が意識され，その目標に合わせて脳のなかで運動指令が作成される．運動中枢野から骨格筋に至る運動系がそれを実行する．その場合，運動の結果が感覚器・受容器からの情報によってフィードバックされて，誤差の大きさに応じて修正が施される．

2 開ループ理論

閉ループ制御からフィードバック要素とそれに接続している出入力の矢印を削除すると感覚情報からの修正を全く必要とせず，運動指令を出す状態となる．これを〔開ループ理論〕という．この開ループ制御には2つの場合が考えられる．1つはフィードバック情報が存在しない場合，もう1つはフィードバック情報が存在しても役に立たない場合である．前者は暗闇でスイッチを探し，蛍光灯をつけるなどの例がある．この場合，視覚のフィードバック情報が使えないため，目的達成は偶然に頼るしかない．しかし，標的との位置関係がいつも一定であれば，視覚情報なしでも遂行できるようになる．後者はゴルフのティーショットなどの例がある．ゴルフではクラブを振る速度を速くしなければならないため，動作時間は短くなりクラブヘッドがボールに当たる前に，視覚情報によるフィードバックが時間的に不可能となる．

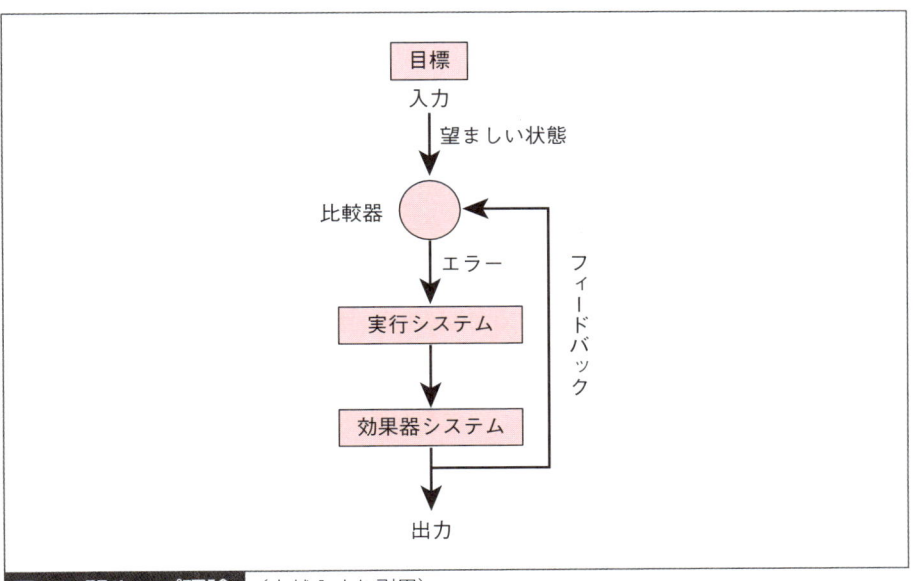

図1　閉ループ理論（文献1より引用）

3 フィードフォワード制御・フィードバック制御

　外乱の加わる時間や強さをあらかじめ予測し，その外乱によって生じると予測される出力の乱れを，外乱が加わる前に補償するように，操作量を増減する．このような制御を〔フィードフォワード制御〕という．これに対して外乱が加わった後でこれを検出し修正するような制御を〔フィードバック制御〕という．

4 スキーマ理論 [図2]

　Schmidtにより提唱された学習理論で，閉ループ理論よりも早い運動制御に視点をおいた理論である．〔スキーマ〕とは，一般化，あるいは抽象化された総括的運動プログラムであり，記憶されている総称的概念を表現するデータ構造で，物，状況，行為，事件，行為や事件の系列を表すものである．運動に関する情報がスキーマにフィードバックされ，スキーマを発展させて運動学習が進められていく．

　スキーマは，**再生スキーマ**と**再認スキーマ**に分けられる．再生スキーマは過去の情報をもとに目標とする結果を得るための運動特性を選択し，それに適応した運動プログラムによって運動が始動される．再認スキーマでは，過去の情報をもとに次に行われる運動に伴うと予測される運動感覚が決定されたうえで，実際の運動で得られた運動感覚との誤差を測り，運動の正確さを評価する．運動の結果に対して第三者から〔結果の知識（knowledge of result：KR）〕を与えられることも誤差の検出に寄与する．

【フィードバック】〔フィードバック〕は閉ループ制御系の分析で用いられ，ある目標値とパフォーマンスとの差についての情報をいう．フィードバックには**内在的フィードバック**と**外在的フィードバック**がある．内在的フィードバックとは，〔身体の感覚器からの情報〕であり，関節の動きなどがある．一方，外在的フィードバックは，修正を与えている指導者の声，審判の判定など〔何らかの人工的手段によって学習者に与えられる情報〕である．外在的フィードバックは，内在的フィードバックの付加的，補足的に有効な情報である．

【結果の知識】結果の知識は，外在的フィードバックに関する重要なカテゴリーである［表1］．KRは通常，環境目標に対する行為の成功についての言語情報である．**パフォーマンスの知識（knowledge of performance：KP）**は学習者が行った直後の運動パターンについての付加的情報である．KPはKRと異なり，必ずしも環境目標に結びついて運動の成功について述べているのではない．むしろ，KPは学習者が行った運動のパターンの成功について述べているのである．例えば，歩行動作について，規定時間内に歩けたことを知らせることはKRであり，脚の運びがスムーズであったと伝えることは，KPとなる．

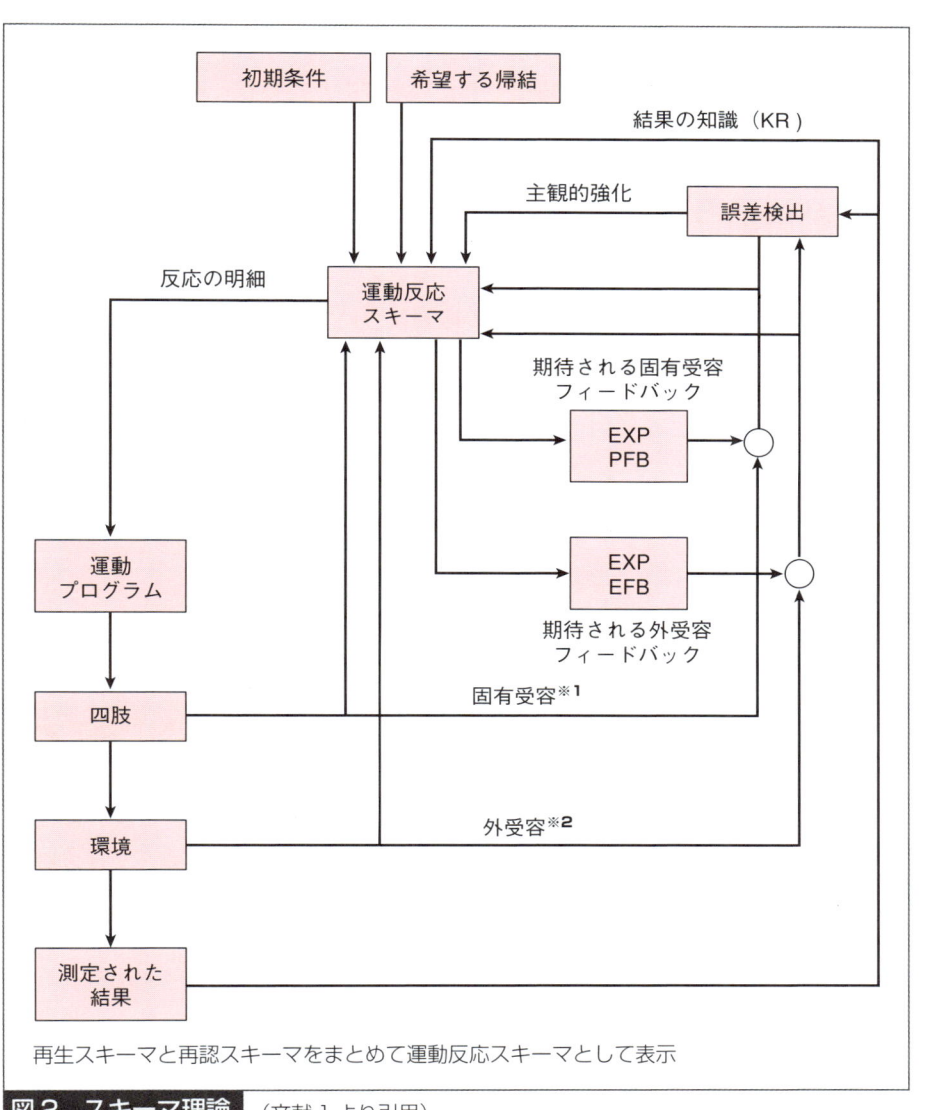

図2 スキーマ理論 （文献1より引用）

図中の要素：
- 初期条件
- 希望する帰結
- 結果の知識（KR）
- 主観的強化
- 誤差検出
- 反応の明細
- 運動反応スキーマ
- 期待される固有受容フィードバック（EXP PFB）
- 期待される外受容フィードバック（EXP EFB）
- 運動プログラム
- 四肢
- 環境
- 測定された結果
- 固有受容※1
- 外受容※2

再生スキーマと再認スキーマをまとめて運動反応スキーマとして表示

※1 **固有受容**
関節の位置，筋力や空間内の方向などの体内からくる情報である．運動感覚とも呼ばれる．

※2 **外受容**
環境からもたらされる情報のこと．最も主要なものは視覚である．そのほか，聴覚なども重要な情報である．

表1 結果の知識とパフォーマンスの知識との比較 （文献1より引用）

結果の知識（KR）	パフォーマンスの知識（KP）
類似点	
言語あるいは言語化が可能	言語あるいは言語化が可能
外在的	外在的
反応の後	反応の後
相違点	
環境上の目標に関しての結果についての情報	運動の産出やパターン化についての情報
通常内在的フィードバックを豊富に有する	通常内在的フィードバックと区別される
得点や目標についての情報	運動学的側面についての情報
実験室において最もよく用いられる	指導において最もよく用いられる

5 エコロジカルアプローチ

　Turvey，Kelso らによって提唱された理論であり，身体と環境との協応関係によって運動は規定されるという前提をもつ．従来の運動制御の説明では，同調すべき環境も急激に変化するような急速な行為場面には対応できない．このアプローチは，分散自立した局所的協応構造の下位システムが，共同して全体的に統合する複雑なシステムとして運動をとらえるシステム理論である．そのなかで，変数としての知覚の役割と**知覚-運動の協調**について強調している．すなわち，運動は身体と環境の協応によって成立し，真の運動学習は日常的な場面でしか成立しないとしている．

6 ダイナミカル・システムズ理論

　覚醒状態や動機，神経，筋骨格系の特性，呼吸循環，環境や社会などの多くの因子が相互作用し，それら全体が運動の協調性に影響を与えている．ダイナミカル・システムズ理論とは末梢，中枢を問わず，運動制御に関係する多くのシステムが同一の平面上にあって，それらの力動的な，いわば無秩序な相互作用によって運動行動は起こるとしたものである［図3］．これらのシステムは可変的かつ非直線的で複雑な**自己組織機構**であり，活発に相互作用して，最終的には必要に応じた効率の良い運動行動が優先されるように制御する．つまり，最終的に目標とされるものは反射や個別的な運動パターンの改善ではなく，必要とされる機能的な課題が効率良く遂行できるようにするというものである．

7 内部モデル ［図4］

　運動課題の学習過程では運動初期にはフィードバック制御が行われているが，習熟すると〔**内部モデル**〕と呼ばれる運動制御モデルを使って運動指令を調節する．すると，感覚系からのフィードバックを使う必要がなくなるので，速く円滑

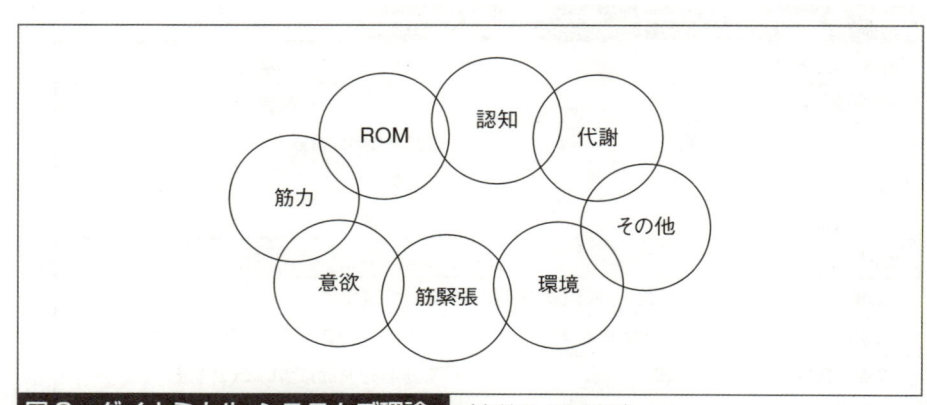

図3　ダイナミカル・システムズ理論　（文献2より引用）

な運動を行うことが可能となる．この場合の内部モデルは，各関節に与える回転力トルクから回転角を計算する順ダイナミクスモデルである．**順ダイナミクスモデル**とは運動指令を運動へ変換することを指し，それに，**逆ダイナミクスモデル**が働くことにより，フィードフォワードの制御が可能となる．この場合の逆ダイナミクスモデルとは，望ましい運動から運動指令への情報伝達であり，この逆ダイナミクスモデルが形成される過程を"運動の習熟過程"と考えることができる．

8 運動学習の生理学

運動学習はシナプスの可塑性の一形態である．シナプスは能動的なものであり，シナプス伝達を強めたり，弱めたりする種々の影響を受けて変動している．これを〔Hebbの法則〕という［図5］．感覚ニューロンと運動ニューロンの間のシナプスは活動依存性の強弱に対して非常に敏感である．シナプスで起こる変化は神経伝達を促進する場合もあり，抑制する場合もある．短期的変化は〔神経伝達の変化〕が関係し，長期的変化は〔遺伝子発現の変化〕が関係している．

◆シナプスの可塑性

可塑性は機能的・構造的な可逆性と，獲得した機能の保存という2つのことが同時に実現される性質をもつ．シナプス可塑性とは，神経回路が物理的，生理的にその性質を変化させることのできる能力のことで，ニューロンの減少や発芽によるシナプス接合部の増加という物理的な変化と，長期増強などの生理的な変化を指す．

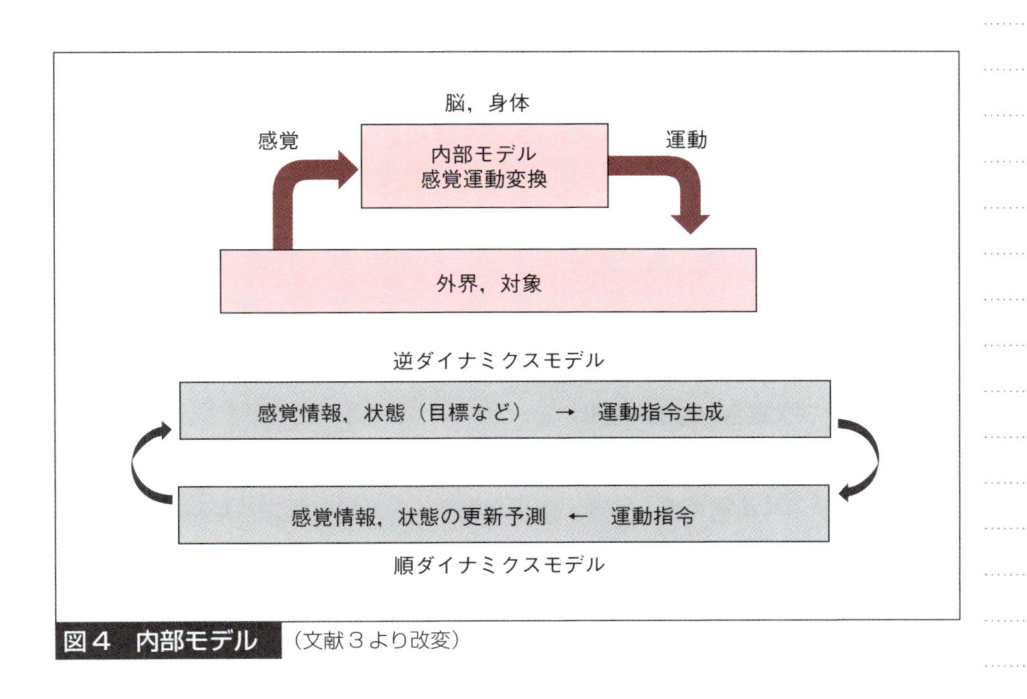

図4 内部モデル （文献3より改変）

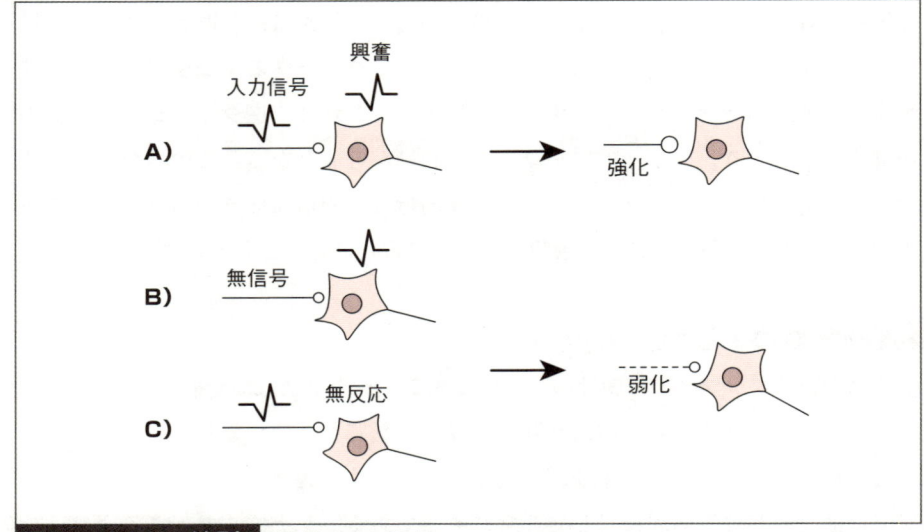

図5　Hebbの法則（文献4より改変）

1）反射活動の調節

　反射性の調節では，反射の受容器で検出した変化量に対して，効果器が出力量を適切に設定することが大切である．この変化量に対する出力量の比を〔反射のゲイン（利得）〕という．これらの調節は，一度行えばいつも一定でよいものではなく，その時々の状況で変化する．そのときの体調や外力によりゲインを設定し直すメカニズムが必要となる．

　調節を可能にするために，神経回路内の情報の流れは多くのメカニズムによって調整，修正され，変化する．シナプスでの興奮伝達を変化させることにより，調整を可能としている．例えば，シナプス前終末から放出される神経伝導物質の量を減少させることによって，1つの神経回路に抑制を引き起こす．これによって，シナプス後細胞への効果が減少する．この現象を〔シナプス前抑制〕という．また，抑制性シナプスの働きによって，シナプス後細胞が直接抑制されることを〔シナプス後抑制〕と呼ぶ．その逆に，シナプス前細胞から放出される伝達物質の量を増加させ，シナプス後電位の振幅を増大させる現象を〔シナプス前促通〕という．この機構はカルシウムイオンの流入の増加とシナプス前細胞に起こる活動電位の時間幅の延長が関与している．

2）シナプス結合の形態的変化

【神経発芽】神経線維の末端が突起を出し，成長することを〔神経発芽〕という．神経系の発達過程や，学習に伴うシナプスの可塑的変化として活動依存的に起こる．

【シナプスの数の変化】脳の可塑性の形態的変化の中心はシナプスの数の変化であり，シナプスまたはシナプス小胞の数が増加／減少する．

3）シナプスの機能的変化

【長期増強】 興奮性入力を高頻度で短時間刺激すると，その後，高頻度入力を受けたシナプスの伝達効率が顕著に上昇し，その状態が長期にわたり持続する現象を，〔長期増強〕という．興奮性入力がシナプス前細胞に伝達されると，グルタミン酸塩がシナプス間隙に放出され，**AMPA型グルタミン酸受容体**[※3]に付着する［図6-A］．そして，シナプス後細胞へナトリウムイオンが流入し，興奮性シナプス後電位[※4]と呼ばれる短時間の脱分極が起きる．この活動が高頻度の反復した刺激によって興奮性シナプス後電位の時間的加重を起こすことで漸次的に強い脱分極を起こさせることができる．NMDA型グルタミン酸受容体[※5]依存性長期増強を示すシナプスでは，十分な脱分極によりNMDA型グルタミン酸受容体が解放され［図6-B］，受容体にグルタミン酸塩が結合した際にカルシウムの細胞内への流入が起きる［図6-C］．細胞内カルシウム濃度の急激な上昇は，長期増強の誘導を仲介する酵素の短期間の活性化の引き金となる［図6-D］．その後も一定期間，興奮状態が持続する．

【長期抑圧】 シナプス前細胞に比較的低頻度の入力がしばらく持続すると，シナプスの伝達効率が低下し，これが長期間に渡り維持される現象を〔長期抑圧〕という．

◆シナプスの可塑性による調節の実際

興奮性と抑制性の2つのシナプスが存在するが，ともに上記の長期増強・長期抑圧が生じる．このことから，シナプスの伝達効率を変化させることでシナプス後細胞以下の伝達を変えることが可能となる．

興奮性シナプスでは，長期増強が生ずれば，今までより小さい，低頻度の刺激であってもシナプス後細胞は閾値に達しやすくなっているため，それ以降の反応はより促進されることになる．逆に，長期抑圧が起これば，シナプスの興奮の伝達効率が低下するため，今までと同じ刺激では伝達が生じにくくなる．つまり反応性が低下する．

これに対して**抑制性シナプス**では，長期増強が生じることで，シナプス後細胞への抑制が促進される．よって，今までより小さい，低頻度刺激であっても閾値に達し，抑制作用を発現することになる．この抑制性シナプスの活動性が増加するため，以降の伝達は抑制される．一方，長期抑圧が生じた場合では，抑制性シナプスの抑制作用が低下するから，シナプス後細胞はより興奮しやすい状態になる．

一般に，ニューロンは多くのシナプス入力を受けるが，興奮性と抑制性のシナプスが入り混じっている．これらシナプス前細胞からの電位を足し合わせた電位の総和が後細胞の閾値を超えたときにシナプス後細胞に活動電位が発生する．つまり，ある1つのニューロンは多くのシナプスを形成しており，これらの前細胞

※3 AMPA型グルタミン酸受容体
グルタミン酸受容体の一種．中枢神経系に広く分布し，記憶や学習に大きく関与する．中枢神経系におけるグルタミン酸性の興奮性シナプス伝達は，主にこの受容体によって行われている．

※4 興奮性シナプス後電位
シナプス小頭の興奮によってシナプス後膜に生じた脱分極をいう．個々のＥＰＳＰは小さいので，単独のＥＰＳＰでは細胞全体の活動電位を発生することはできない．ＥＰＳＰの発生機序はナトリウムイオン（Na$^+$）などのイオンに対する膜透過性増大による．

※5 NMDA型グルタミン酸受容体
グルタミン酸受容体の一種．記憶や学習，また脳虚血などに深く関わる受容体であると考えられている．通常不活性な性質をもつ．これは，細胞外からのマグネシウムイオンがこの受容体の活動を阻害しているためである（マグネシウム・ブロック）．

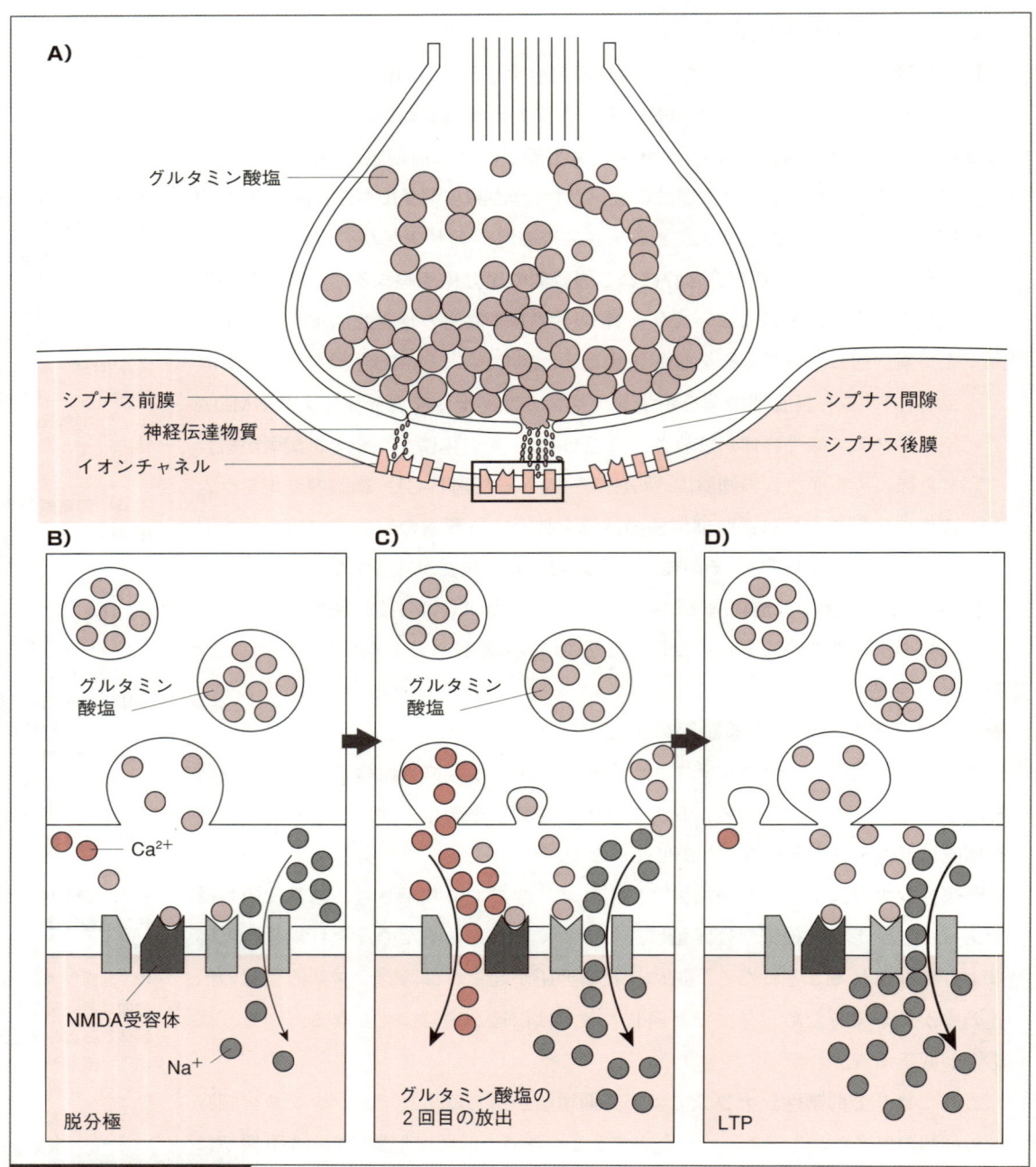

図6 長期増強（LTP）（文献5より改変）

の長期増強や長期抑圧といった伝達効率の変化（可塑性）によって，反応パターンが変わる．また，時間的・空間的な促通によっても変化するうえ，側芽やシナプスの消失・減退によっても変わってくる．いずれにしても，シナプス前細胞のシナプスの可塑性によってシナプス後細胞への電位の総和に変化がもたらされる

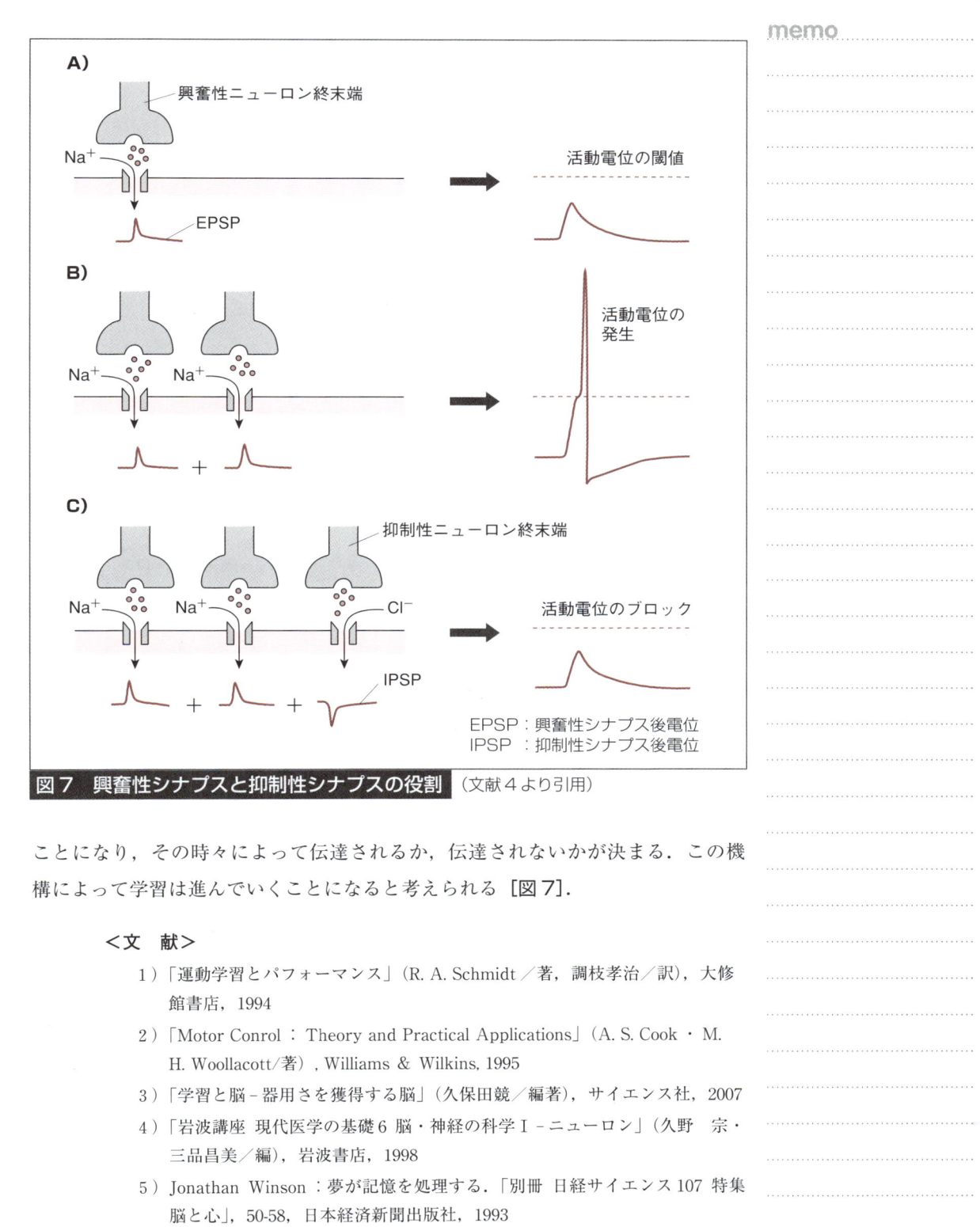

A)
興奮性ニューロン終末端
Na⁺
EPSP
活動電位の閾値

B)
Na⁺ Na⁺
＋
活動電位の発生

C)
抑制性ニューロン終末端
Na⁺ Na⁺ Cl⁻
＋ ＋
IPSP
活動電位のブロック

EPSP：興奮性シナプス後電位
IPSP：抑制性シナプス後電位

図7　興奮性シナプスと抑制性シナプスの役割（文献4より引用）

ことになり，その時々によって伝達されるか，伝達されないかが決まる．この機構によって学習は進んでいくことになると考えられる［図7］．

＜文　献＞

1）「運動学習とパフォーマンス」（R. A. Schmidt／著，調枝孝治／訳），大修館書店，1994
2）「Motor Conrol：Theory and Practical Applications」（A. S. Cook・M. H. Woollacott／著），Williams & Wilkins, 1995
3）「学習と脳−器用さを獲得する脳」（久保田競／編著），サイエンス社，2007
4）「岩波講座 現代医学の基礎6 脳・神経の科学Ⅰ−ニューロン」（久野　宗・三品昌美／編），岩波書店，1998
5）Jonathan Winson：夢が記憶を処理する．「別冊 日経サイエンス107 特集 脳と心」，50-58，日本経済新聞出版社，1993

Try　演習問題で理解度をチェック！　別冊p.48へ

第8章　運動生理

1　筋収縮と身体運動

概略図　運動指令の伝達と筋収縮

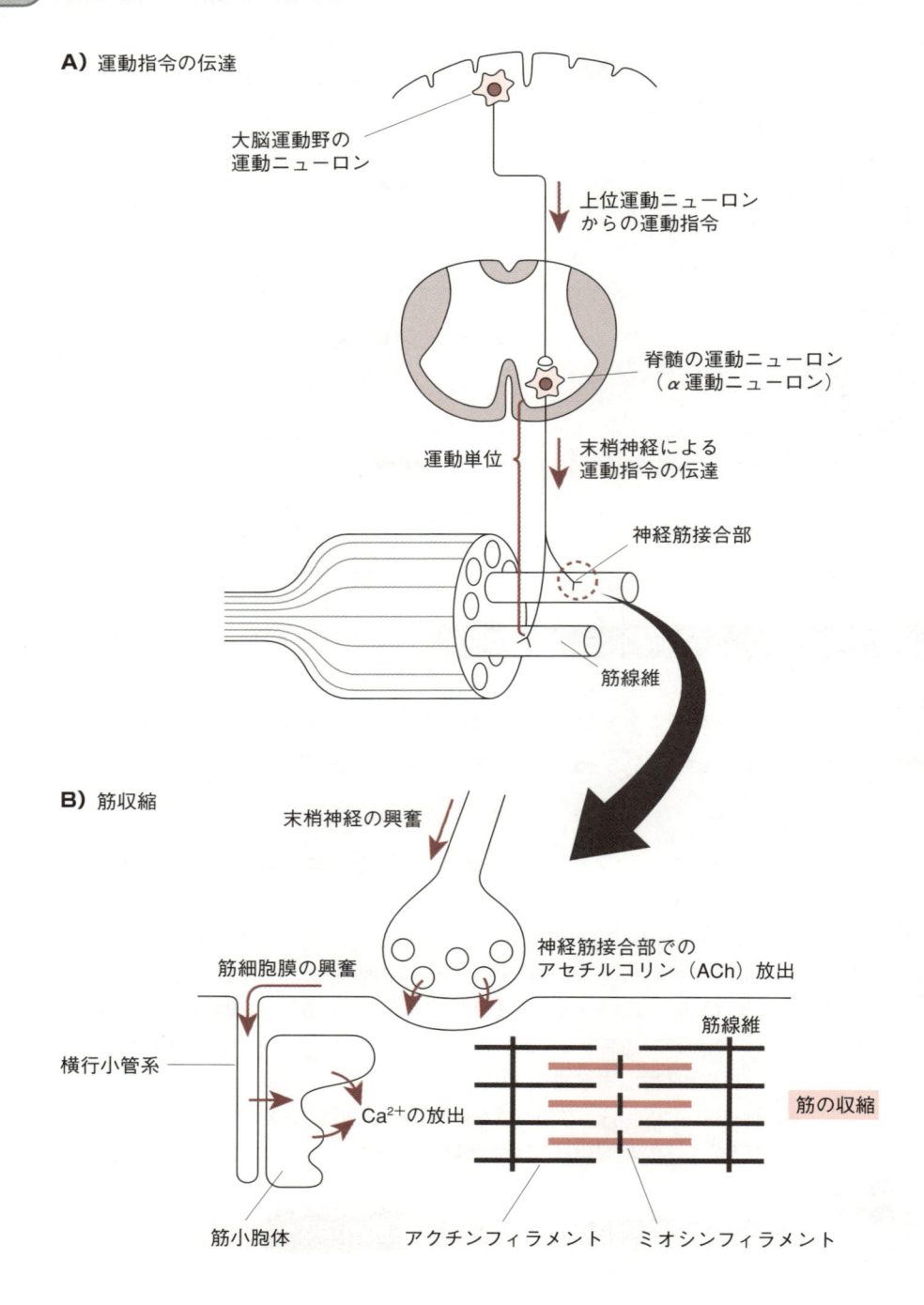

A) 運動指令の伝達

- 大脳運動野の運動ニューロン
- 上位運動ニューロンからの運動指令
- 脊髄の運動ニューロン（α運動ニューロン）
- 運動単位
- 末梢神経による運動指令の伝達
- 神経筋接合部
- 筋線維

B) 筋収縮

- 末梢神経の興奮
- 神経筋接合部でのアセチルコリン（ACh）放出
- 筋細胞膜の興奮
- 横行小管系
- Ca^{2+}の放出
- 筋線維
- 筋の収縮
- 筋小胞体
- アクチンフィラメント
- ミオシンフィラメント

Point

- 脊髄のα運動ニューロンの活動が骨格筋に伝わり，骨格筋が収縮する．
- 1つのα運動ニューロンとそれに支配される筋線維を運動単位という．
- 筋の収縮と弛緩は筋細胞内のカルシウムイオン濃度により調節されている．
- 運動単位はFFタイプ，FRタイプ，Sタイプに分けられる．
- 筋線維は，遅筋線維（タイプⅠ）と速筋線維（タイプⅡA，タイプⅡB）に分けられる．
- 遅筋線維は酸化系の酵素の活性が高く，発揮する力は小さいが，疲労しにくい．
- 速筋線維は解糖系の酵素の活性が高く，発揮する力は大きいが，疲労しやすい．

1 筋収縮のメカニズム ［概略図］

大脳運動野からの運動指令が脊髄下降路を経て，脊髄のα運動ニューロンに伝わり筋が収縮することで身体運動が起こる．1つのα運動ニューロンとそれに支配される筋線維をまとめて〔運動単位〕という．1つのα運動ニューロンに支配される筋線維数を〔神経支配比〕といい，眼筋や手指の筋など微細な調節が必要な筋の〔神経支配比〕は小さい．α運動ニューロンと筋との接合部を〔神経筋接合部〕といい，〔アセチルコリン〕を伝達物質とする．筋細胞膜に達した興奮は横行小管を経て筋形質内の**筋小胞体**から〔カルシウムイオン〕を放出させる．筋収縮はアデノシン三リン酸（ATP）をエネルギー源とし，筋細胞内の〔カルシウムイオン〕濃度の増減で収縮と弛緩が調節されている．〔ミオシンフィラメント〕と〔アクチンフィラメント〕がスライディングすることで筋の収縮が起こる．

2 運動単位のタイプと筋線維タイプ

筋線維の収縮特性は〔運動単位〕ごとに決まる．〔運動単位〕は，収縮速度は速いが疲労しやすい〔FFタイプ〕，収縮速度が速く疲労しにくい〔FRタイプ〕，収縮速度が遅く疲労しにくい〔Sタイプ〕の3つのタイプに分けられる［表1］．筋が収縮するときはα運動ニューロンの細胞体の小さい〔Sタイプ〕から順に〔FRタイプ〕，〔FFタイプ〕の順に発火する．これを**サイズの原理**という．

筋線維タイプには，〔遅筋線維〕に相当する**タイプⅠ線維**，〔速筋線維〕に相当する**タイプⅡA線維**と**タイプⅡB線維**がある．**タイプⅠ線維**は酸化系酵素の活性が高く，疲労しにくい．**タイプⅡB線維**は解糖系の酵素活性が高く，疲労しやすい．〔赤筋〕（または〔赤筋線維〕[※1]）はミオグロビンを多く含み赤く見える筋，〔白筋〕（または〔白筋線維〕[※1]）はミオグロビンが少なく青白く見える筋（また

※1 筋と筋線維
本章では「…筋」は1つの筋全体を示す．

表1 運動単位および筋線維タイプの分類と特性

運動単位の特性	運動単位のタイプ		
	Sタイプ	FRタイプ	FFタイプ
細胞体の大きさ	中型	中型～大型	大型
軸索の太さ	中径	中径～大径	大径
動員の順序	1	2	3

筋線維の特性	筋線維タイプ		
	遅筋線維	速筋線維	
	タイプⅠ	タイプⅡA	タイプⅡB
代謝収縮特性[※2]	SO	FOG	FG
収縮速度	遅い	中間	速い
疲労耐性	高い	中間	低い
酸化系酵素活性	高い	高い	低い
解糖系酵素活性	低い	高い	高い
筋線維の直径	小さい～中等度	小さい	大きい

S：slow，FR：fast fatigue resistant，FF：fast fatiguable，SO：slow-twitch oxidative，FOG：fast-twitch oxidative glycolytic，FG：fast-twitch glycolytic

※2 筋線維の収縮特性と代謝特性による分類

筋線維は収縮とエネルギー代謝の特性から，収縮速度が遅く酸化系の代謝を行うSO線維，収縮速度が速く酸化系の代謝と解糖系の代謝を行うFOG線維，収縮速度が速く解糖系の代謝を行うFG線維に分けることもある．

は筋線維）を指す．ヒトの筋はいろいろな筋線維タイプが混ざっており，筋全体でみると，〔赤筋〕はタイプⅠ線維の比率が高く，〔白筋〕はタイプⅡB線維の比率が高い．〔赤筋〕（または〔赤筋線維〕）は遅筋（または遅筋線維）に，〔白筋〕（または〔白筋線維〕）は速筋（または速筋線維）に相当する．加齢に伴い運動単位数は減少し，タイプⅡ線維が優位に萎縮する．廃用性の筋萎縮ではタイプⅠ線維が優位に萎縮する．

第8章 運動生理

2 筋出力・筋緊張のコントロールと筋の収縮様式

概略図 筋出力と筋緊張のコントロール

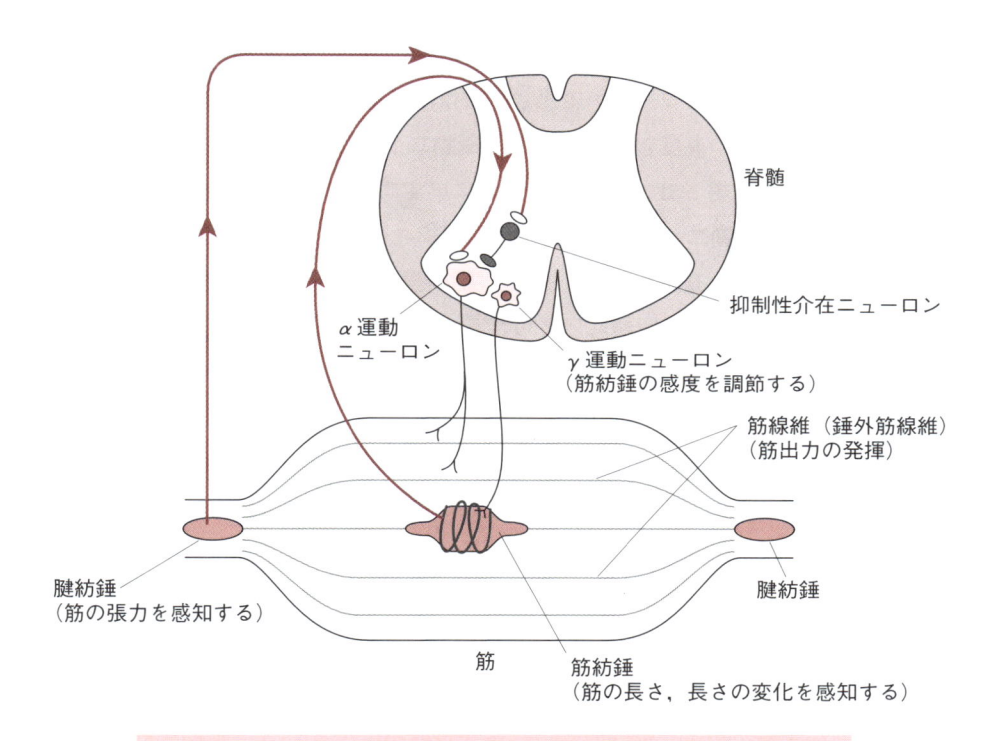

図中ラベル：
- 脊髄
- 抑制性介在ニューロン
- α運動ニューロン
- γ運動ニューロン（筋紡錘の感度を調節する）
- 筋線維（錘外筋線維）（筋出力の発揮）
- 腱紡錘（筋の張力を感知する）
- 腱紡錘
- 筋
- 筋紡錘（筋の長さ，長さの変化を感知する）

（筋の出力）＝（運動単位の動員数）×（α運動ニューロンの発火頻度）

γ運動ニューロンやα運動ニューロンの活動が高まると，筋緊張は亢進する

Point
- ☐ 発揮される筋張力は運動単位の動員数と発火頻度により調節されている．
- ☐ 筋紡錘は筋の長さや長さの変化の情報を感受している．
- ☐ 腱紡錘（ゴルジ腱器官）は筋の張力を感受している．
- ☐ γ運動ニューロンは筋紡錘の感度を調節している．
- ☐ 筋緊張の亢進には痙縮と固縮がある．
- ☐ 筋の収縮様式には等尺性収縮，短縮性収縮（求心性収縮），伸張性収縮（遠心性収縮）がある．
- ☐ 等尺性筋収縮では血圧が上昇しやすい．

1 筋出力と筋緊張のコントロール

　筋の出力は，**動員**される運動単位数と，運動単位の**発火頻度**によってコントロールされている[概略図]．筋には筋線維と並列に位置する〔筋紡錘〕，筋と直列に腱内に位置する〔腱紡錘（ゴルジ腱器官）〕の2つの感覚器官がある．〔筋紡錘〕はIa群神経線維とⅡ群神経線維を介して筋の長さと長さの変化の情報を，〔腱紡錘〕はIb群神経線維を介して筋の張力の情報を脊髄の**α運動ニューロン**に伝え，筋の長さや張力をコントロールしている．

　筋が伸張されると〔筋紡錘〕も伸張され，〔筋紡錘〕は筋の長さが変化した情報を感受する．筋の長さが変化した情報は感覚神経を介して脊髄に伝えられる．〔筋紡錘〕からの感覚神経は，筋のα運動ニューロンの活動を高め，筋線維（錐外筋線維）を収縮させ，筋の長さを元に戻すように働く．筋紡錘には**錘内筋**があり，脊髄の**γ運動ニューロン**が錘内筋を収縮させ，筋紡錘の感度を調節している．

　筋が収縮して張力が高まると，〔腱紡錘〕が張力を感受する．筋の張力の情報は感覚神経を介して脊髄に伝えられる．〔腱紡錘〕からの感覚神経は**抑制性**の介在ニューロンを経るので，筋のα運動ニューロンの活動を抑制して，筋の活動を抑え，筋の張力を元に戻すように働く．

　α運動ニューロンやγ運動ニューロンは，上位の神経系からのコントロールを受けており，上位の神経系の障害により〔痙縮〕や〔固縮〕のような筋緊張の亢進した状態が生じる．

2 筋の収縮様式と特徴

　筋の収縮様式には，収縮に際して筋長が変化しない**静的収縮**と筋長が変化する**動的収縮**がある．**静的収縮**は〔等尺性収縮〕ともいう．**動的収縮**には発揮される張力が等しい**等張性収縮**と，収縮速度が等しい**等速性収縮**がある．等張性収縮は，筋が短縮しながら収縮する〔短縮性収縮〕または〔求心性収縮〕，筋が伸張しながら収縮する〔伸張性収縮〕または〔遠心性収縮〕に分けられる[図1]．

　〔伸張性収縮〕は最も大きな張力を発揮できるが，**遅発性筋痛**や肉離れなどの筋損傷を生じやすい．〔等尺性収縮〕は短時間の抵抗運動で筋力を増強することができるが，血圧の上昇や筋内の血流減少を起こしやすい．

図1 筋の収縮様式（文献1を改変）

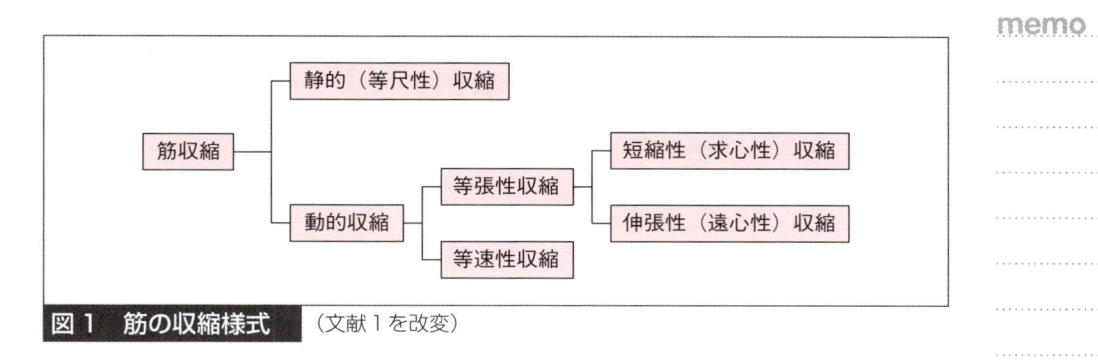

- 筋収縮
  - 静的（等尺性）収縮
  - 動的収縮
    - 等張性収縮
      - 短縮性（求心性）収縮
      - 伸張性（遠心性）収縮
    - 等速性収縮

<文　献>

1）「入門運動生理学」（勝田　茂／編），杏林書院，2007

第8章 運動生理

3 運動とエネルギー代謝

概略図 運動のエネルギー源（文献1より引用）

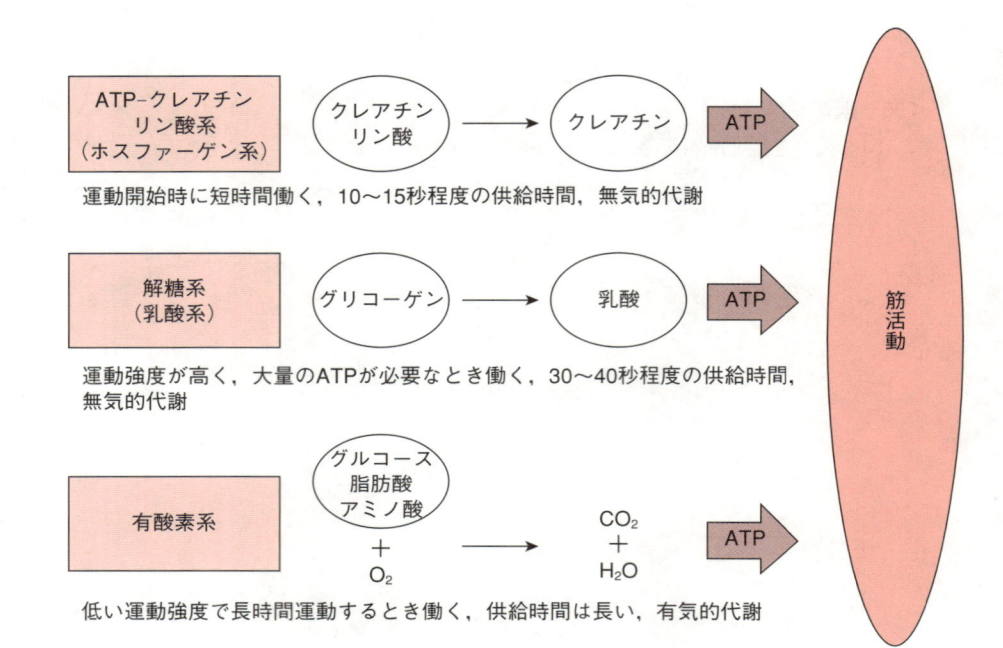

ATP-クレアチンリン酸系（ホスファーゲン系）：クレアチンリン酸 → クレアチン → ATP → 筋活動
運動開始時に短時間働く，10〜15秒程度の供給時間，無気的代謝

解糖系（乳酸系）：グリコーゲン → 乳酸 → ATP → 筋活動
運動強度が高く，大量のATPが必要なとき働く，30〜40秒程度の供給時間，無気的代謝

有酸素系：グルコース・脂肪酸・アミノ酸 + O_2 → CO_2 + H_2O → ATP → 筋活動
低い運動強度で長時間運動するとき働く，供給時間は長い，有気的代謝

Point

- ATP-クレアチンリン酸系（ホスファーゲン系），解糖系，有酸素系の3つの機構によりATPが産生される．
- 運動時の主なエネルギー源は炭水化物と脂肪である．
- 運動を開始すると，呼吸数，1回換気量，心拍数，1回拍出量，収縮期血圧，血中カテコラミン濃度などが増加する．
- 1回拍出量は中等度の負荷強度以上では増加しなくなる．

1 運動のエネルギー源 [概略図]

筋収縮の直接のエネルギー源は**アデノシン三リン酸（ATP）**である．ATPの産生には，〔ATP-クレアチンリン酸（CP）系（ホスファーゲン系）〕，〔解糖系〕，〔有酸素系〕の3つのしくみがある．運動の初期やごく短時間の強い運動は〔ATP-クレアチンリン酸系（ホスファーゲン系）〕，短時間の強い運動は〔解糖系〕，長時間の比較的軽い運動では〔有酸素系〕が主なATP産生機構になる［図1］．〔ATP-クレアチンリン酸系（ホスファーゲン系）〕と〔解糖系〕はATP産生に酸素を必要としないので**無酸素系**ともいう．〔解糖系〕はATP産生過程で**乳酸**が作られるので**乳酸系**という．〔有酸素系〕は酸素を消費してATPを産生する．

ATPの供給源は，〔炭水化物〕，〔脂肪〕，タンパク質である．〔炭水化物〕1 gからは約4 kcal，〔脂肪〕1 gからは約9 kcal，**タンパク質**1 gからは約4 kcalのエネルギーが得られる．運動時には〔炭水化物〕と〔脂肪〕が中心に消費され，**タンパク質**からのエネルギー供給は少ない．低強度の長時間の運動では〔脂肪〕の消費が多くなる．

一定時間に摂取した**酸素**O_2の量と排出した**二酸化炭素**CO_2の量の比（CO_2/O_2）を〔呼吸商〕という．〔呼吸商〕は運動のエネルギー源として消費された炭水化物と脂肪の比率によって変化する．**炭水化物**のみの呼吸商は1.0，**脂肪**のみの呼吸商は約0.7である．

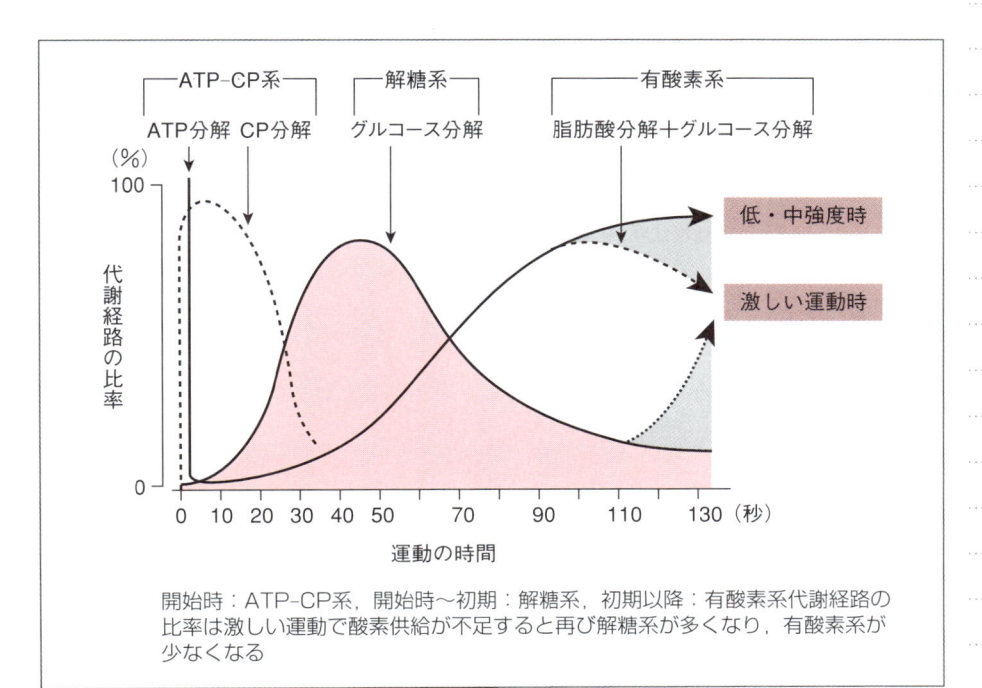

開始時：ATP-CP系，開始時〜初期：解糖系，初期以降：有酸素系代謝経路の比率は激しい運動で酸素供給が不足すると再び解糖系が多くなり，有酸素系が少なくなる

図1　運動時間，強度と代謝経路の関係（文献2より引用）

2 運動による生理的変化

運動によりさまざまな生理的変化が起こる．運動を開始し，運動強度を徐々に増加させると，**筋血流量**，〔呼吸数〕，〔1回換気量〕，**分時換気量（呼吸数×1回換気量）**，〔酸素摂取量〕，〔心拍数〕，〔1回拍出量〕，**心拍出量（心拍数×1回拍出量）**，〔収縮期血圧〕，血液の〔カテコラミン濃度〕（エピネフィリン，ノルエピネフィリンなど）などが増加する．運動負荷強度の増加により〔心拍数〕はほぼ直線的に増加するが，〔1回拍出量〕は中等度の負荷強度以上では増加しない [表1]．

表1 運動時の呼吸・循環応答

呼吸器系の反応		
	安静時	運動時
呼吸数	10〜15回/分	増加
1回換気量	400〜500mL/回	増加
分時換気量	6〜8L/分	増加（最大で安静時の10〜20倍）
循環器系の反応		
	安静時	運動時
心拍数	60〜80拍/分	増加（最大で安静時の2〜3倍）
1回拍出量	70〜80mL/回	増加※（最大で安静時の1.5〜2倍）
心拍出量	4〜5L/分	増加（最大で安静時の約5倍）
動静脈血酸素較差	50〜60mL/L	増加（最大で安静時の2〜2.5倍）
収縮期血圧	100〜130mmHg	上昇

※1回拍出量は中等度の強度の運動までは増加するが，その後はほぼ一定

<文　献>
1)「生理学テキスト」（大地陸男／編），文光堂，2007
2)「運動療法学 総論（標準理学療法学 専門分野）」（吉尾雅春／編），医学書院，2001

第8章 運動生理

4 全身持久力の評価指標と運動の効果

概略図 漸増運動負荷テスト中の呼気ガスおよび血中乳酸濃度の変化とATの判定方法（文献1より引用）

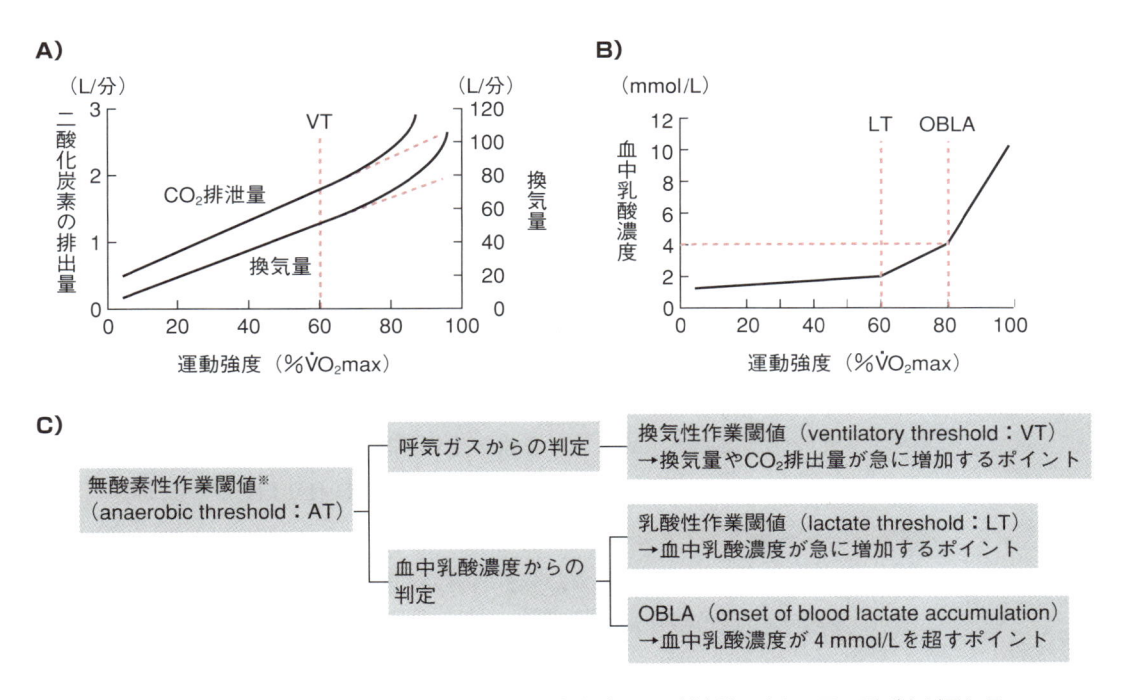

A)

二酸化炭素の排出量 (L/分) / 換気量 (L/分)
横軸：運動強度（%$\dot{V}O_2$max）
曲線：CO_2排泄量、換気量
VT

B)

血中乳酸濃度 (mmol/L)
横軸：運動強度（%$\dot{V}O_2$max）
LT、OBLA

C)

無酸素性作業閾値※(anaerobic threshold：AT)
- 呼気ガスからの判定 → 換気性作業閾値（ventilatory threshold：VT）→換気量やCO_2排出量が急に増加するポイント
- 血中乳酸濃度からの判定
  - 乳酸性作業閾値（lactate threshold：LT）→血中乳酸濃度が急に増加するポイント
  - OBLA（onset of blood lactate accumulation）→血中乳酸濃度が4 mmol/Lを超すポイント

※無酸素性作業閾値には，大きく分けて2種類の判定方式があり，判定法によりATの呼び名が異なる

Point
- □ 最大酸素摂取量（$\dot{V}O_2$max）は全身持久性能力を表す最もよい指標とされる．
- □ 高齢者や内部疾患患者では最高酸素摂取量を全身持久性の指標として使用する．
- □ 無酸素性作業閾値（AT）は無酸素系のATP産生機構が加わり始める運動強度とされる．
- □ 代謝当量（METs）は、運動強度が安静座位における酸素摂取量（1 MET）の何倍かを表している
- □ 全身持久性運動の効果として，最大酸素摂取量や無酸素性作業閾値は増加し，一定負荷強度における心拍数や収縮期血圧は低下する．

1 全身持久力の評価指標 [概略図]

全身持久力の評価指標として，〔最大酸素摂取量（$\dot{V}O_2max$）〕，〔無酸素性作業閾値（AT）〕がある．

◆最大酸素摂取量

〔最大酸素摂取量〕は，生体が1分間に体内に取り込める最大の酸素量で，漸増運動負荷テストで負荷強度を増していっても，それ以上増加しない上限の酸素摂取量として測定される．高齢者や内部疾患患者では最大酸素摂取量を測定することは危険なので，心拍数や疲労度により漸増負荷試験の終了基準を決め，終了基準における酸素摂取量を**最高酸素摂取量（peak$\dot{V}O_2$）**として全身持久力の指標とする．

〔代謝当量（METs）〕は，運動強度が安静座位における酸素摂取量（3.5 mL/kg/分＝1 MET）の何倍かを表している．通常の歩行運動は3～4METsである．

◆無酸素性作業閾値

〔無酸素性作業閾値〕は，全身運動の運動強度が増加して，**有酸素系**のATP産生機構に**無酸素系**のATP産生機構が参加し始める点とされる．漸増負荷テスト中の呼気ガス分析により求めたATを**換気性作業閾値（VT）**，血液を採取して血中の乳酸濃度の測定から求めたATを**乳酸性作業閾値（LT）**という．〔無酸素性作業閾値〕は〔最大酸素摂取量〕の60％程度である．

酸素摂取量の測定には呼気ガス分析装置が必要なため，酸素摂取量と関係性の強い心拍数を用いて全身持久力の評価指標とすることも多い．心拍数による全身持久力の評価指標には，予測最高心拍数の75％相当の運動負荷強度を示す**PWC75％HRmax**などがある．

2 持久性運動の効果

持久性運動を継続的に実施することにより，全身持久力の改善や代謝効率の改善がみられる．全身持久力の改善には，〔最大酸素摂取量〕・〔無酸素性作業閾値〕・運動時間や歩行距離の増加と，同一負荷強度における心拍数・換気量・血圧・**主観的運動強度（ボルグ指数）**などの低下がある［表1，2］．

表1 持久性運動が呼吸・循環・代謝系に及ぼす効果 （文献2より引用）

	安静時	最大下の一定負荷強度 （同じ運動強度のとき）	最大運動時
酸素摂取量	変化なし	変化なし	増加
心拍数	低下	低下	変化なし～増加
1回拍出量	増加	増加	増加
心拍出量	変化なし	変化なし	増加
換気量	変化なし	減少	増加
動静脈酸素較差	変化なし	増加	増加
筋血流量	変化なし	増加	増加
収縮期血圧	低下	低下	変化なし
拡張期血圧	低下	低下	変化なし
主観的運動強度	変化なし	低下	変化なし
インスリン感受性	向上	向上	向上

表2 自覚的（主観的）運動強度（ボルグ指数） （文献3より引用）

指数	説　明	
6		
7	非常に楽である	Very, very light
8		
9	かなり楽である	Very light
10		
11	比較的楽である	Fairly light
12		
13	ややきつい	Somewhat hard
14		
15	きつい	Hard
16		
17	かなりきつい	Very hard
18		
19	非常にきつい	Very, very hard
20		

運動の強度を感覚（言葉）で表現し，6～20で数値化したもの．数値を10倍すると，その運動強度における成人の心拍数に相当する．0～10に数値化した"修正ボルグ指数"もある

<文　献>

1）「入門運動生理学」（勝田　茂／編），杏林書院，2007
2）「運動療法学　障害別アプローチの理論と実際」（市橋則明／編），文光堂，2008
3）「臨床評価指標入門」（内山　靖，ほか／編），協同医書出版社，2003

第8章　運動生理

5 運動処方

概略図 運動処方の原則

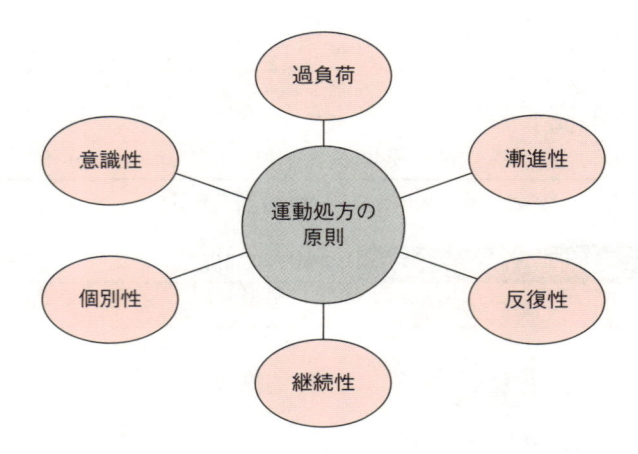

```
        過負荷
意識性         漸進性
      運動処方の
       原則
個別性          反復性
        継続性
```

過負荷：運動強度は日常生活活動のレベルより高くする
漸進性：運動強度は徐々に上げていく
反復性：運動をくり返し実施する
継続性：運動の効果を維持するためには運動の継続が欠かせない
個別性：個人の特性や運動の目的に適した運動処方をする
意識性：運動する目的や運動感覚を意識する

Point

- 運動による身体機能の向上には過負荷，漸進性，反復性，継続性，個別性，意識性の原則がある．
- 運動処方では運動種目，運動強度，運動時間，運動頻度などを指定する．
- 全身持久性運動の運動強度は，最大酸素摂取量，最高心拍数，無酸素性作業閾値，自覚的運動強度などを指標として用いる．
- 糖尿病の運動療法では，最大酸素摂取量の40〜60％の運動強度（自覚的運動強度11〜13）で1回20分以上，週3回以上の運動が勧められる．

1 運動処方とその原則

身体機能は適度に使えば向上し，使いすぎれば障害を起こし，使わなければ低下する．運動による身体機能の向上には，〔過負荷〕，〔漸進性〕，〔反復性〕，〔継続性〕，〔個別性〕，〔意識性〕の原則がある．疾病の予防や回復，健康や体力の増進のために行う運動のメニューのことを**運動処方**という．**運動処方**では，身体機能を向上させるために適切な〔運動種目〕，〔運動強度〕，〔運動時間〕，〔運動頻度〕などを決める必要がある．

2 運動処方の目安

全身持久性運動の運動強度は，〔最大酸素摂取量〕の50～70％，カルボーネンの式による50～70％相当の運動強度，〔最高心拍数〕の60～85％，〔無酸素性作業閾値〕，〔自覚的運動強度（ボルグ指数）〕13程度の運動強度が推奨されている（p.203 表2参照）．高齢者ではやや低め，体力のある健常者ではやや高めの運動強度が用いられる．

> **カルボーネンの式**
> 目標心拍数 ＝（最高心拍数－安静時心拍数）×k＋安静時心拍数
> 最高心拍数：220 － 年齢，k：運動強度（通常は0.5～0.7程度）

運動時間は運動強度や疾患，運動目的によって異なる．**糖尿病の運動療法**では，**最大酸素摂取量**の40～60％の運動強度（自覚的運動強度11～13）で1回20分以上，1日に40～60分程度，週3回以上の運動が勧められる．**肥満の改善**には**低強度**の運動を**長時間**実施するのがよいとされる．高齢者であっても，適切な運動処方により体力の改善は期待される［表1］．

表1 全身持久性・糖尿病の代表的な運動処方 （文献1，2より改変）

	全身持久性向上の運動処方	糖尿病の運動療法
運動種目	歩行，ジョギング，水泳，サイクリング，エアロビクスなど	歩行，サイクリング，エアロビクスなど
運動強度	最大酸素摂取量$\dot{V}O_2max$の50～70％ 最高心拍数HRmaxの60～85％ カルボーネンの式で50～70％強度 ボルグ指数で13程度	最大酸素摂取量の40～60％ ボルグ指数で11程度
運動時間	60％$\dot{V}O_2max$で20～30分	20分以上（1日に40～60分） 1日に240kcalを目標
運動頻度	週3回以上	週3回以上

<文　献>

1)「運動療法学 総論（標準理学療法学 専門分野）」（吉尾雅春／編），医学書院，2001
2)「新版 糖尿病運動療法のてびき」（糖尿病治療研究会／編），医歯薬出版，2001

付録　筋の起始・停止一覧表

① 上肢筋の起始・停止

表1　肩甲骨周囲の筋

筋　名	起　始	停　止	支配神経	作　用*
僧帽筋	後頭骨の上項線，外後頭隆起，項靭帯，第7頸椎以下全胸椎の棘突起および棘上靭帯	鎖骨外側1/3，肩峰，肩甲棘	副神経の外側枝，頸神経叢の枝 C2～4	上部：肩甲骨の挙上，上方回旋，中部：内転，下部：下制，上方回旋，（全体：内転）
肩甲挙筋	第1～4頸椎の横突起の後結節	肩甲骨内側縁の上部1/3	肩甲背神経 C4～6	肩甲骨の挙上，（下方回旋）
菱形筋	小菱形筋：第6・7頸椎の棘突起と項靭帯，大菱形筋：第1～4胸椎の棘突起および棘間靭帯	肩甲骨内側縁の下部2/3	肩甲背神経 C4～6	肩甲骨の挙上，内転，下方回旋
前鋸筋	第1～8肋骨，第1・2肋間の腱弓	上角，肩甲骨の内側縁，下角	長胸神経 C5～7	肩甲骨の外転，上方回旋
小胸筋	第2～5肋骨の前面	肩甲骨の烏口突起	内・外側胸筋神経 C7，C8	肩甲骨の下制，外転，下方回旋
鎖骨下筋	第1肋骨と肋軟骨の連結する辺りの上前面	鎖骨の下面	鎖骨下筋神経 C5	肩甲骨の下制

＊主な作用を記載．括弧内は補助的な作用を意味する

表2　肩周囲の筋

筋　名	起　始	停　止	支配神経	作　用*
三角筋	鎖骨の外側端，肩峰，肩甲棘	上腕骨の三角筋粗面	腋窩神経 C5，C6	前部：肩関節屈曲，水平屈曲，中部：外転，水平伸展，後部：伸展，水平伸展
大胸筋	鎖骨部：鎖骨の内側1/2，胸肋部：胸骨および第2～7肋軟骨の前面，腹部：腹直筋鞘前葉	上腕骨の大結節稜	内・外側胸筋神経 C5～8，Th1	鎖骨部：肩関節屈曲，水平屈曲，（内転，内旋），胸肋部および腹部：内転・水平屈曲，（内旋）
烏口腕筋	肩甲骨の烏口突起	上腕骨の小結節稜の下方	筋皮神経 C5～7	肩関節水平屈曲，（屈曲，内転）
広背筋	胸腰筋膜の浅葉，下位4～8胸椎・腰椎・仙椎の棘突起，肩甲骨の下角，腸骨稜，第10～12肋骨	上腕骨の小結節稜	胸背神経 C6～8	肩関節伸展，内転，（内旋）
大円筋	肩甲骨下角の後面	上腕骨の小結節稜	肩甲下神経 C5，C6	肩関節伸展，内転，内旋，（水平伸展）
棘上筋	棘上窩	上腕骨の大結節，肩関節包	肩甲上神経 C5，C6	肩関節外転
棘下筋	棘下窩	上腕骨の大結節の中央部，肩関節包	肩甲上神経 C5，C6	肩関節外旋，水平伸展
小円筋	外側縁に近い肩甲骨の後面	上腕骨の大結節，肩関節包	腋窩神経 C5，C6	肩関節外旋，水平伸展
肩甲下筋	肩甲下窩	上腕骨の小結節，小結節稜，肩関節包	肩甲下神経 C5，C6	肩関節内旋，水平屈曲，（内転）

＊主な作用を記載．括弧内は補助的な作用を意味する

表3 肘周囲および前腕の筋

筋名	起始	停止	支配神経	作用*
上腕二頭筋	長頭：肩甲骨の関節上結節，短頭：肩甲骨の烏口突起	橈骨粗面，一部は上腕二頭筋腱膜となり前腕筋膜に移行	筋皮神経 C5，C6	肘関節屈曲，前腕回外
上腕筋	上腕骨の前面で三角筋停止部の下方，内・外側筋間中隔，肘関節包の前面	尺骨の鈎状突起，尺骨粗面，肘関節包の前面	筋皮神経（一部は橈骨神経） C5，C6（橈骨神経支配はC7）	肘関節屈曲
腕橈骨筋	上腕骨外側縁の下部，外側上腕筋間中隔	橈骨茎状突起	橈骨神経 C5，C6	肘関節屈曲
上腕三頭筋	長頭：肩甲骨の関節下結節，内側頭：上腕骨後面の橈骨神経溝の下内側方，内側上腕筋間中隔，外側頭：上腕骨後面の橈骨神経溝の上外側方，外側上腕筋間中隔	尺骨の肘頭	橈骨神経 C6〜8	肘関節伸展
肘筋	上腕骨の外側上顆	肘頭の外側面	橈骨神経 C6〜8	肘関節伸展
円回内筋	上腕頭：上腕骨の内側上顆，内側上腕筋間中隔，尺骨頭：尺骨の鈎状突起	橈骨の前面および外側面（回内筋粗面）	正中神経 C6，C7	前腕回内，（肘関節屈曲）
方形回内筋	尺骨の下方1/4の前面	橈骨下部の前面（下橈尺関節を覆う）	正中神経の前骨間神経 C7，C8，Th1	前腕回内
回外筋	上腕骨の外側上顆，橈側側副靱帯，輪状靱帯，尺骨の回外筋稜	橈骨上端1/3の橈側面（円回内筋付着部の上方）	橈骨神経の深枝 C5〜7	前腕回外

＊主な作用を記載．括弧内は補助的な作用を意味する
手関節屈筋は肘屈曲，手関節伸筋は肘伸展に対して補助的に作用する

表4 手部の筋

筋名	起始	停止	支配神経	作用
橈側手根屈筋	上腕骨の内側上顆，前腕筋膜	第2・3中手骨底	正中神経 C6，C7	手関節の掌屈・橈屈，前腕の回内
長掌筋	上腕骨の内側上顆，前腕筋膜	手掌腱膜	正中神経 C8	手関節の掌屈
尺側手根屈筋	上腕頭：上腕骨の内側上顆，尺骨頭：肘頭，前腕筋膜，尺骨中部までの後縁	豆状骨，有鈎骨，第5中手骨底	尺骨神経 C8，Th1	手関節の掌屈・尺屈
長橈側手根伸筋	上腕骨の外側縁（腕橈骨筋の下方），外側上顆，外側上腕筋間中隔	第2中手骨底の背面	橈骨神経 C6，C7	手関節の背屈・橈屈
短橈側手根伸筋	上腕骨の外側上顆，橈骨輪状靱帯	第3中手骨底の背面	橈骨神経の深枝 C6〜8	手関節の背屈・橈屈
尺側手根伸筋	上腕頭：上腕骨の外側上顆，肘関節の橈側側副靱帯，尺骨頭：尺骨の後面	第5中手骨底の背面	橈骨神経の深枝 C7，C8	手関節の背屈・尺屈

表5 手指の筋

筋名	起始	停止	支配神経	作用*
浅指屈筋	上腕尺骨頭：上腕骨の内側上顆，尺骨粗面の内側，橈骨頭：橈骨の上方前面	第2～5指の中節骨底	正中神経 C7～Th1	第2～5指の中手指節関節と近位指節関節の屈曲（手関節の掌屈）
深指屈筋	尺骨前面上方2/3，前腕骨間膜	第2～5指の末節骨底	正中神経，尺側の一部は尺側神経 C7～Th1	第2～5指の近位・遠位指節関節の屈曲（手関節，第2～5指の中手指節関節の掌屈）
総指伸筋	上腕骨の外側上顆，前腕筋膜	第2～5指背側で指背腱膜に移行し，中央のものは中節骨底に，両側のものは末節骨底	橈骨神経の深枝 C6～8	第2～5指の中手指節関節，近位・遠位指節関節の伸展（手関節の背屈）
示指伸筋	前腕骨間膜，尺骨の後面，尺側手根伸筋筋膜	総指伸筋の第2指腱とともに指背腱膜に移行	橈骨神経の後骨間神経 C6～8	第2指の中手指節関節，近位・遠位指節関節の伸展（手関節の背屈）
小指伸筋	小指伸筋筋膜	小指の背側で2つに分かれて指背腱膜に移行	橈骨神経の深枝 C6～8	第5指の中手指節関節，近位・遠位指節関節の伸展（手関節の背屈）
虫様筋	第1虫様筋：第2指にいく深指屈筋腱の橈側，第2～4虫様筋：第2～5指に至る深指屈筋腱の対向側	第2～5指の基節骨の外側縁	橈側の2筋は正中神経，尺側の2筋は尺骨神経掌枝の深枝 C8，Th1	第2～5指の中手指節関節の屈曲，近位・遠位指節関節の伸展
掌側骨間筋	第1掌側骨間筋：第2中手骨の尺側，第2・3掌側骨間筋：第4・5中手骨の橈側	第2，第4および第5指の基節骨	尺骨神経掌枝の深枝 C8，Th1	第2，4，5指の内転，中手指節関節の屈曲，近位・遠位指節関節の伸展
背側骨間筋	第1～5中手骨の相対する底の側面	第2～4指の基節骨底と指背腱膜（第2・3指の橈側，第3・4指の尺側）	尺骨神経掌枝の深枝 C8，Th1	第2，4指の外転，第3指の内・外転，中手指節関節の屈曲，近位・遠位指節関節の伸展
長母指屈筋	回外筋付着部の下方で橈骨前面および前腕骨間膜	母指末節骨底	正中神経の前骨間神経 C6～8	母指の中手指節関節，指節間関節の屈曲（母指の手根中手関節の掌側内転）
長母指伸筋	前腕骨間膜，尺側手根伸筋の筋膜	母指末節骨底	橈骨神経の深枝 C6～8	母指の中手指節関節，指節間関節の伸展（母指の手根中手関節の掌側内転，橈側外転）
短母指伸筋	前腕骨間膜，橈骨	母指基節骨底	橈骨神経の深枝 C6～8	母指の中手指節関節の伸展（母指の手根中手関節の掌側外転，橈側外転）
長母指外転筋	尺骨の骨間縁，前腕骨間膜，橈骨後面	第1中手骨底	橈骨神経の深枝 C6～8	母指の手根中手関節の掌側外転，橈側外転（手関節の橈屈・掌屈）
短母指外転筋	舟状骨粗面および屈筋支帯の橈側端前面	第1中手骨頭の橈側種子骨および母指基節骨の底	正中神経 C6～Th1	母指の手根中手関節の掌側外転（母指の中手指節関節の屈曲）
短母指屈筋	浅頭：屈筋支帯の橈側端，深頭：大・小菱形骨，有頭骨	浅頭：母指の橈側種子骨，母指基節骨底，深頭：母指の尺側種子骨，母指基節骨底	正中神経，尺骨神経掌枝の深枝 C6～Th1	母指の中手指節関節の屈曲，手根中手関節の掌側内転，尺側内転
母指内転筋	斜頭：屈筋支帯および第2・3中手骨底の掌面，横頭：第3中手骨掌面の全長	母指の基節骨頭および第1中手骨頭の尺側の種子骨	尺骨神経掌枝の深枝 C8，Th1	母指の手根中手関節の掌側内転，尺側内転（母指の中手指節関節の屈曲）
母指対立筋	屈筋支帯，大菱形骨結節	第1中手骨の体および頭	正中神経 C6～Th1	母指の対立

（表5は次ページに続く）

表5 手指の筋（つづき）

筋名	起始	停止	支配神経	作用*
小指外転筋	豆状骨，屈筋支帯	小指基節骨底の尺側の種子骨	尺骨神経掌枝の深枝 C8，Th1	第5指の中手指節関節の外転（第5指の近位・遠位指節関節の伸展，中手指節関節の屈曲）
短小指屈筋	屈筋支帯，有鈎骨鈎	小指基節骨底の尺側の種子骨	尺骨神経掌枝の深枝 C8，Th1	第5指の中手指節関節の屈曲
小指対立筋	屈筋支帯，有鈎骨鈎	第5中手骨尺側縁の体および頭	尺骨神経掌枝の深枝 C8，Th1	第5指の対立

*主な作用を記載．括弧内は補助的な作用を意味する

② 下肢筋の起始・停止

表1 骨盤周囲の筋

筋名	起始	停止	支配神経	作用*
大腰筋	第12胸椎～第4腰椎の椎体，第1～4腰椎の肋骨突起	小転子（筋裂孔を経由）	腰神経叢の枝 L1～3	股関節屈曲，外旋
小腰筋	第12胸椎および第1腰椎の椎体の外側面	腸恥隆起，腸骨筋膜	腰神経叢の枝 L1	股関節屈曲，外旋
腸骨筋	腸骨上縁，腸骨窩	小転子（筋裂孔を経由）	腰神経叢の枝 L2～4	股関節屈曲，外旋
大殿筋	腸骨翼の外面，後殿筋線の後方，仙骨および尾骨の外側縁，胸腰筋膜，仙結節靱帯	大腿筋膜の外側部（腸脛靱帯に移行），大腿骨の殿筋粗面	下殿神経 L4～S2	股関節伸展，外旋
中殿筋	腸骨翼の外面で前殿筋線と後殿筋線の間，腸骨稜外唇および殿筋膜	大転子尖端の外側面	上殿神経 L4～S1	股関節外転
小殿筋	腸骨翼の外面で前殿筋線と下殿筋線の間，下殿筋線	大転子の前外側面	上殿神経 L4～S1	股関節外転，内旋
大腿筋膜張筋	上前腸骨棘	脛骨の外側顆	上殿神経 L4～S1	股関節屈曲，外転，膝関節伸展
梨状筋	仙骨前面の上方にある3つの前仙骨孔の間およびその周囲	大転子の上縁	仙骨神経叢 L5～S2	股関節外旋
内閉鎖筋	寛骨の内面（弓状線の下）で閉鎖膜とその周囲	大腿骨の転子窩	仙骨神経叢 L5～S2	股関節外旋
上双子筋	坐骨棘	大腿骨の転子窩	仙骨神経叢 L4～S1	股関節外旋
下双子筋	坐骨結節の上部	大腿骨の転子窩	仙骨神経叢 L4～S1	股関節外旋
大腿方形筋	坐骨結節	大転子の下部，大腿骨の転子間稜	坐骨神経 L4～S1	股関節外旋
外閉鎖筋	寛骨外面の閉鎖孔縁および閉鎖膜	大腿骨の転子窩	閉鎖神経 L3，L4	股関節外旋，内転

*主な作用を記載．括弧内は補助的な作用を意味する

表2 大腿の筋

筋名	起始	停止	支配神経	作用*
縫工筋	上前腸骨棘のすぐ下方	脛骨粗面の内側	大腿神経 L2, L3	股関節屈曲，外転，外旋，膝関節屈曲（内旋）
大腿直筋	下前腸骨棘，寛骨臼上縁	膝蓋骨底（一部は膝蓋靱帯を介して脛骨粗面）	大腿神経 L2～4	股関節屈曲，膝関節伸展
外側広筋	大転子の外側面，大腿骨粗線の外側唇	膝蓋骨の外側および上縁，中間広筋・大腿直筋の停止腱（一部は膝蓋靱帯を介して脛骨粗面）	大腿神経 L2～4	膝関節伸展
内側広筋	大腿骨の転子間線の下部，大腿骨粗線の内側唇	膝蓋骨の内側および上縁，中間広筋の停止腱（一部は膝蓋靱帯を介して脛骨粗面）	大腿神経 L2～4	膝関節伸展
中間広筋	大腿骨体の前面	膝蓋骨底（一部は膝蓋靱帯を介して脛骨粗面）	大腿神経 L2～4	膝関節伸展
恥骨筋	恥骨上枝，恥骨櫛，恥骨靱帯	大腿骨の恥骨筋線	閉鎖神経・大腿神経 L2, L3	股関節内転，屈曲
薄筋	恥骨下枝	脛骨上縁で縫工筋停止部の後方	閉鎖神経 L2～4	股関節内転（屈曲，内旋），膝関節屈曲
長内転筋	恥骨結合前面と恥骨結節にわたる三角形の面	大腿骨粗線の内側唇中部1/3	閉鎖神経 L2～4	股関節内転（屈曲，外旋）
短内転筋	恥骨結合と恥骨結節の間	大腿骨粗線の内側唇上部1/3	閉鎖神経 L2, L3	股関節内転（屈曲，外旋）
大内転筋	坐骨下枝の前面，坐骨結節の下面	大腿骨粗線の内側唇（小転子から内側上顆まで）	閉鎖神経（ときに脛骨神経） L2～4	股関節内転
大腿二頭筋	長頭：坐骨結節の後面（半腱様筋との共同腱），短頭：大腿骨粗線の外側唇の下方1/2	腓骨頭，下腿筋膜	長頭：脛骨神経 L5～S2 短頭：総腓骨神経 L4～S1	股関節伸展（外旋），膝関節屈曲
半腱様筋	坐骨結節の内側面	脛骨上縁で薄筋停止部の後下方，下腿筋膜	脛骨神経 L4～S2	股関節伸展（内旋），膝関節屈曲（屈曲位での内旋）
半膜様筋	坐骨結節	脛骨の内側顆，斜膝窩靱帯，下腿筋膜	脛骨神経 L4～S2	股関節伸展（内旋），膝関節屈曲（屈曲位での内旋）

＊主な作用を記載．括弧内は補助的な作用を意味する

表3 下腿の筋

筋 名	起 始	停 止	支配神経	作 用*
前脛骨筋	脛骨上方1/2の外側面、下腿骨間膜上方2/3の前面および下腿筋膜	内側楔状骨、第1中足骨底	深腓骨神経 L4～S1	足の背屈（内がえし）
長指伸筋	脛骨上端の外側面、腓骨の前縁、下腿骨間膜、下腿筋膜	第2～5指の指背腱膜	深腓骨神経 L4～S1	第2～5指の中足指節関節、近位・遠位指節関節の伸展、足の背屈（外がえし）
第三腓骨筋	腓骨下部	第5中足骨底の背側	深腓骨神経 L4～S1	足の背屈（外がえし）
（足の）長母指伸筋	下腿骨間膜、腓骨中央部の内側面	母指の末節骨底、一部は基節骨底	深腓骨神経 L4、L5	母指の中足指節関節、指節関節の伸展、足の背屈（内がえし）
長腓骨筋	脛骨の外側顆、脛腓関節包、腓骨頭、腓骨外側縁の上方2/3、前・後下腿筋間中隔、下腿筋膜	内側楔状骨、第1中足骨底	浅腓骨神経 L5、S1	足の外がえし、底屈
短腓骨筋	腓骨の外側面	第5中足骨粗面	浅腓骨神経 L5、S1	足の外がえし、底屈
腓腹筋	内側頭：大腿骨の内側上顆、外側頭：大腿骨の外側上顆	踵骨隆起	脛骨神経 L5～S2	足の底屈、膝関節屈曲
ヒラメ筋	脛骨後面のヒラメ筋線、腓骨の内側縁、腓骨頭、ヒラメ筋腱弓	踵骨隆起	脛骨神経 L5～S3	足の底屈
足底筋	大腿骨の外側上顆、膝関節包	踵骨の内側	脛骨神経 L4～S1	足の底屈（膝関節屈曲）
膝窩筋	大腿骨の外側上顆、外側側副靱帯、膝関節包	脛骨後面（ヒラメ筋線の上方）	脛骨神経 L4～S1	膝関節屈曲（内旋）
後脛骨筋	脛骨の後面、腓骨の内側面、下腿骨間膜後面	舟状骨粗面、立方骨、内側・中間・外側楔状骨、第2～4中足骨の底側面	脛骨神経 L5～S2	足の底屈、内がえし
長指屈筋	脛骨の後面、下腿骨間膜	第2～5指の末節骨底	脛骨神経 L5～S2	第2～5指の中足指節関節、近位・遠位指節関節の屈曲、足の底屈、内がえし
（足の）長母指屈筋	腓骨後面下方2/3、下腿骨間膜後面の下部	母指の末節骨底	脛骨神経 L5～S2	母指の中足指節関節、指節関節の屈曲、足の底屈（内がえし）

＊主な作用を記載．括弧内は補助的な作用を意味する

表4 足部の筋

筋名	起始	停止	支配神経	作用*
（足の）短母指伸筋	踵骨体の外側上面	母指基節骨底	深腓骨神経 L4～S1	母指の中足指節関節の伸展
短指伸筋	踵骨前部の背側面から外側面	第2～4指の指背腱膜	深腓骨神経 L4～S1	第2～4指の中足指節関節の伸展
母指外転筋	踵骨隆起の内側部，屈筋支帯，足底腱膜，舟状骨粗面	第1中足骨頭の下内側にある種子骨および母指基節骨底	内側足底神経 L5，S1	母指の中足指節関節の外転，屈曲
（足の）短母指屈筋	内側・中間楔状骨，足底踵立方靱帯および長足底靱帯	第1中足骨頭の内側・外側種子骨，母指基節骨底	内側足底神経 L5～S2	母指の中足指節関節の屈曲
（足の）母指内転筋	斜頭：立方骨，外側楔状骨，長足底靱帯，第2～4中足骨，横頭：第3～5中足指節関節包・中足骨頭	第1中足骨頭の外側種子骨，母指基節骨底	外側足底神経 S1，S2	母指の中足指節関節の内転，屈曲
（足の）小指外転筋	踵骨隆起の外側部，踵骨外側面，長足底靱帯	第5中足骨粗面，小指基節骨底	外側足底神経 S1，S2	第5指の中足指節関節の外転，屈曲
（足の）短小指屈筋	長足底靱帯および第5中足骨底	小指基節骨底	外側足底神経 S1，S2	第5指の中足指節関節の屈曲
短指屈筋	踵骨隆起の内側結節，足底腱膜	第2～5指の中節骨底	内側足底神経 L5，S1	第2～5指の近位指節間関節の屈曲
足底方形筋	踵骨の内側面および下面	長指屈筋腱の外側縁	外側足底神経 S1，S2	第2～5指の近位・遠位指節間関節の屈曲
（足の）虫様筋	長指屈筋の腱	第2～5指の基節骨内側の指背腱膜	内側2筋：内側足底神経 L5，S1 外側2筋：外側足底神経 S1，S2	第2～5指の中足指節関節の屈曲，近位・遠位指節間関節の伸展
（足の）背側骨間筋	それぞれ第1～5中足骨の相対する面（おのおの2頭をもつ）	第1背側骨間筋：第2指基節骨底内側，第2～4背側骨間筋：第2～4指基節骨底外側	外側足底神経 S1，S2	第2～4指の中足指節関節の外転
底側骨間筋	第3～5中足骨の内側縁	第3～5指基節骨底内側	外側足底神経 S1，S2	第3～4指の中足指節関節の内転，屈曲

＊主な作用を記載

③ 体軸骨格筋の起始・停止

表1 腹部の筋

筋名	起始	停止	支配神経	作用*
腹直筋	恥骨結合の前面，恥骨結節上縁	第5～7肋軟骨，剣状突起，肋剣靱帯	肋間神経 Th5～12	体幹前屈
錐体筋	恥骨上縁	腹直筋鞘，白線下端	肋下神経 Th12	体幹前屈
外腹斜筋	第5～12肋骨外面	腸骨稜外唇の前半，鼠径靱帯，白線	肋間神経 Th7～12	体幹対側回旋，側屈（屈曲）
内腹斜筋	鼠径靱帯，腸骨稜の中間線，胸腰筋膜の深葉	第10～12肋骨の下縁，腹直筋鞘，白線	肋間神経，腸骨下腹神経，腸骨鼠径神経 Th7～12	体幹同側回旋，側屈（屈曲）

（表1は次ページに続く）

表1 腹部の筋（つづき）

筋名	起始	停止	支配神経	作用*
腹横筋	第6〜12肋軟骨の内面，胸腰筋膜，腸骨稜の内唇，鼠径靱帯の外側部	腹直筋鞘	肋間神経，腸骨下腹神経，腸骨鼠径神経 Th 7〜12	腹圧の上昇
腰方形筋	第2〜5腰椎の肋骨突起，腸骨稜，腸腰靱帯	第12肋骨の下縁，第1〜4腰椎の肋骨突起および第12肋骨	腰神経叢の枝 Th 12〜L 3	腰椎の側屈

＊主な作用を記載．括弧内は補助的な作用を意味する

表2 胸部の筋

筋名	起始	停止	支配神経	作用*
外肋間筋	上位肋骨外面の下縁	直下の肋骨上縁	肋間神経 Th 1〜11	肋骨挙上（吸気）
内肋間筋	下位肋骨溝の上縁	直上の肋骨下縁および内面	肋間神経 Th 1〜11	肋骨下制（呼気）
胸横筋	胸骨後面，剣状突起	第2〜6肋軟骨	肋間神経 Th 2〜6	肋骨下制（呼気）
横隔膜	腰椎部：第1〜4腰椎体，内・外側弓状靱帯，肋骨部：第7〜12肋軟骨の内面，胸骨部：剣状突起の後面，腹直筋鞘の後葉	腱中心	横隔神経 C 3〜5	胸腔を広げる（吸気）

＊主な作用を記載．浅胸筋群（大・小胸筋，鎖骨下筋，前鋸筋）は肩甲骨周囲の筋（p.207 表1）を参照

表3 主な頸部の筋

筋名	起始	停止	支配神経	作用*
胸鎖乳突筋	胸骨柄の上縁および前面，鎖骨内側1/3	側頭骨の乳様突起，後頭骨の上項線	副神経，頸神経叢の枝 C 2，C 3	頭の伸展，頸部の屈曲，側屈，対側回旋
前斜角筋	第3〜6頸椎の横突起前結節	第1肋骨の前斜角筋結節	頸・腕神経叢の枝 C 4〜6	第1肋骨の挙上，頸部の側屈
中斜角筋	第2〜7頸椎の横突起前結節	第1肋骨の鎖骨下動脈溝後方の隆起	頸・腕神経叢の枝 C 3〜8	第1肋骨の挙上，頸部の側屈
後斜角筋	第4〜6頸椎の横突起後結節	第2肋骨の外側面	腕神経叢の枝 C 6〜8	第2肋骨の挙上，頸部の側屈
頸長筋	垂直部：第5頸椎〜第3胸椎の椎体，上斜部：第3〜5頸椎の横突起，下斜部：第1〜3胸椎の椎体	垂直部：第2〜4頸椎の椎体，上斜部：環椎の前結節，下斜部：第6・7頸椎の横突起	頸・腕神経叢の枝 C 2〜6	頸部の屈曲，側屈
頭長筋	第3〜6頸椎の横突起の前結節	後頭骨の底部の下面	頸神経叢の枝 C 1〜4	頭・頸部の屈曲，側屈
前頭直筋	環椎の外側塊および横突起	後頭骨の底部（大後頭孔の前）	第1・2頸神経の枝 C 1，C 2	頭部の屈曲
外側頭直筋	環椎の横突起の前部	頸静脈孔の後方外側部と後頭顆の外側部	第1・2頸神経の枝 C 1，C 2	頭部の側屈

＊主な作用を記載．舌骨上・下筋群は省略

表4 主な背部の筋

筋名	起始	停止	支配神経	作用*
頭板状筋	第3～7頸椎の高さにある項靱帯，第1頸椎～第2または3胸椎の棘突起	側頭骨の乳様突起，後頭骨上項線の外側部	脊神経後枝の外側枝 C2～5	頭・頸部の伸展，側屈，同側回旋
頸板状筋	第3～6胸椎の棘突起	第1～2頸椎横突起の後結節	脊神経後枝の外側枝 C2～5	頸部の伸展，側屈，同側回旋
腸肋筋	第3～12肋骨の肋骨上縁，胸腰筋膜の内面，腸骨稜，下位腰椎の棘突起，仙骨の正中仙骨稜	第1～12肋骨の肋骨角，第4～7頸椎横突起，第12肋骨下縁	脊髄神経後枝の外側枝 C8～L1	体幹，頸部の伸展，側屈
最長筋	第3頸椎～第6腰椎の横突起（頸椎では関節突起も含む），胸腰筋膜，腸骨稜，下位胸椎の棘突起・横突起，腰椎の棘突起，仙骨の正中仙骨稜	側頭骨の乳様突起，第2頸椎～第12胸椎横突起，上位腰椎の副突起，肋骨の肋骨角，腰椎の肋骨突起	脊髄神経後枝の外側枝 C1～L5	体幹，頭・頸部の伸展，側屈
棘筋	第6頸椎～第2腰椎の棘突起，第11胸椎～第2腰椎の棘突起	第2～4頸椎の棘突起，第2～9胸椎の棘突起	脊髄神経後枝の内側枝 C2～Th12	体幹，頭・頸部の伸展
半棘筋	第4頸椎～第12胸椎の横突起	第2頸椎～第4胸椎の棘突起，後頭骨の上項線と下項線の間	脊髄神経後枝の内側枝 C2～Th7	体幹，頭・頸部の伸展，対側回旋
多裂筋	仙骨の後面，全腰椎の乳頭突起および副突起，胸椎の横突起，第4～7頸椎の下関節突起	第2頸椎以下すべての椎骨の棘突起	脊髄神経後枝の内側枝 C3～S3	体幹，頭・頸部の伸展，対側回旋
回旋筋	第2頸椎以下すべての椎骨の横突起	直上あるいは1つの椎体を隔てた上位椎骨の棘突起	脊髄神経後枝の内側枝 C3～S3	体幹，頸部の対側回旋
大後頭直筋	軸椎の棘突起	後頭骨下項線の中央1/3	後頭下神経 C1	頭部の伸展，同側回旋
小後頭直筋	環椎の後結節	後頭骨下項線の内側1/3	後頭下神経 C1	頭部の伸展，同側回旋
上頭斜筋	環椎の横突起の前部	後頭骨の下項線	後頭下神経 C1	環椎後頭関節の伸展，側屈，対側回旋
下頭斜筋	軸椎の棘突起	環椎の横突起	後頭下神経 C1	環椎後頭関節の伸展，側屈，同側回旋

*主な作用を記載．浅背筋群（僧帽筋，広背筋，菱形筋，肩甲挙筋）は肩甲骨周囲の筋（p.207 表1），肩周囲の筋（p.207 表2）を参照

表5 咀嚼筋

筋名	起始	停止	支配神経	作用*
咬筋	頬骨弓	下顎枝・下顎角の外面	下顎神経の咬筋神経	下顎骨の挙上（閉口）
側頭筋	側頭骨の側頭面全部，側頭筋膜の内面	下顎骨の筋突起，下顎枝	下顎神経の深側頭神経	下顎骨の挙上（閉口）
外側翼突筋	上頭：蝶形骨の側頭下稜，蝶形骨大翼の側頭下面，下頭：翼状突起の外側板，上顎突起	下顎骨の関節突起，関節円板，関節包	下顎神経の外側翼突筋神経	上頭：下顎骨の挙上（閉口），下頭：下顎骨の前方に牽引（開口）
内側翼突筋	蝶形骨の翼状突起後面の翼突窩	下顎骨内面の翼突筋粗面	下顎神経の内側翼突筋神経	下顎骨の挙上（閉口）

*主な作用を記載

索引

数字

- 1回換気量 ……………………… 200
- 1回拍出量 ……………………… 200
- Ⅰa群神経線維 ………………… 196
- Ⅰb群神経線維 ………………… 196
- Ⅱ群神経線維 …………………… 196

欧文

- ACL ……………………………… 62
- AMPA型グルタミン酸受容体
  ……………………………………… 189
- AT ………………………………… 202
- ATP-クレアチンリン酸（CP）系
  ……………………………………… 199
- α運動ニューロン ………… 193, 196
- COG ……………………………… 114
- COP ……………………………… 114
- DIP関節 ………………………… 43
- FF ………………………………… 151
- FFタイプ ………………………… 193
- foot flat ………………………… 151
- FRタイプ ………………………… 193
- FTA ……………………………… 64
- γ運動ニューロン ……………… 196
- HC ………………………………… 151
- Hebbの法則 …………………… 187
- heel contact …………………… 151
- heel off ………………………… 151
- HO ………………………………… 151
- inner muscles ………………… 19
- IP関節 …………………………… 43
- IP関節の伸展運動 ……………… 47
- knowledge of performance … 184
- knowledge of result ………… 184
- KP ………………………………… 184
- KR ………………………………… 184
- LCL ……………………………… 64
- LT ………………………………… 202
- MCL ……………………………… 64
- METs …………………………… 202
- Mikulicz線 ……………………… 64
- MP関節 ………………………… 42
- neutral path …………………… 22
- outer muscles ………………… 19
- PCL ……………………………… 63
- peakVO$_2$ ……………………… 202
- PIP関節 ………………………… 43
- PWC75％HRmax ……………… 202
- S型曲線 ………………………… 178
- Sタイプ ………………………… 193
- TO ………………………………… 151
- toe off …………………………… 151
- VO$_2$max ……………………… 202
- VT ………………………………… 202
- Y字軟骨 ………………………… 52
- Y靱帯 …………………………… 55

和文

あ行

- アクチンフィラメント ………… 193
- 足踏み反応 ……………… 134, 145
- アセチルコリン ………………… 193
- 圧排 ……………………………… 49
- アデノシン三リン酸（ATP）
  ……………………………… 193, 199
- 安静吸気 ………………………… 101
- 安静呼気 ………………………… 101
- 安定性限界 …………………… 129
- 安定性の条件 ………………… 115
- 安定の条件 …………………… 129
- 意識性 …………………………… 205
- 異常姿勢 ……………………… 134
- 異常歩行 …………… 150, 152, 168
- 異常歩行の分析 ……………… 167
- 位置エネルギー ……………… 122
- 遺伝子発現の変化 …………… 187
- 意味記憶 ……………………… 174
- 陰性支持反応 ………………… 140
- ウィンドラス機構 ……………… 76
- 烏口肩峰靱帯 …………………… 20
- 烏口鎖骨靱帯 …………………… 13
- 烏口上腕靱帯 …………………… 17
- うなづき ………………………… 85
- 上向きの加速度 ……………… 158
- 上向きの速度 ………………… 158
- 運動エネルギー ……………… 122
- 運動学因子 …………………… 150
- 運動学習 ………………… 172, 177
- 運動学習理論 ………………… 182
- 運動感覚 ……………………… 138
- 運動技能 ……………………… 177
- 運動技能の要素 ……………… 177
- 運動強度 ……………………… 205
- 運動時間 ……………………… 205
- 運動種目 ……………………… 205
- 運動処方 ……………………… 205
- 運動神経 ………………………… 83
- 運動単位 ……………………… 193
- 運動単位の発火頻度 ………… 196
- 運動段階 ……………………… 174
- 運動のエネルギー源 ………… 199
- 運動の軸 ……………………… 110
- 運動頻度 ……………………… 205
- 運動負荷強度 ………………… 202
- 運動力学因子 ………………… 150
- 運搬角 …………………………… 26
- エコロジカルアプローチ …… 186
- エピソード記憶 ……………… 174
- エピネフィリン ………………… 200
- 遠位指節間関節 ………………… 43
- 遠位手根骨 ……………………… 41
- 遠位手根列 ……………………… 34
- 遠心性収縮 …………………… 196
- 円錐靱帯 ………………………… 13
- 円背 …………………………… 134
- 横隔膜 …………………………… 99
- 横隔膜呼吸 ……………………… 99
- 横手根靱帯 ……………………… 37
- 黄色靱帯 ………………………… 81
- 横足根関節 ……………… 70, 73
- 横突間筋 ………………………… 86
- 横突間靱帯 ……………………… 82
- 横突起 …………………………… 79
- 横突棘筋 ………………………… 86
- 横突孔 …………………… 84, 85
- 凹の法則 ………………………… 12
- オトガイ筋 …………………… 107
- オトガイ舌筋 ………………… 108
- オペラント条件付け ………… 172

か

- 臥位 …………………………… 126
- 外眼筋 ………………………… 107
- 開口 …………………………… 106
- 外在的フィードバック ……… 184
- 回旋筋 …………………………… 86
- 回旋筋腱板 ……………………… 18
- 外側環軸関節 …………………… 85
- 外側楔状骨 ……………………… 75

外側尺骨側副靱帯 …… 28	滑液鞘 …… 44	臼蓋上腕リズム …… 22
外側手根隆起 …… 37	滑車切痕 …… 26	球関節 …… 17, 26, 42
外側靱帯 …… 104	カテコラミン濃度 …… 200	臼状関節 …… 52
外側側副靱帯 …… 28, 64	下橈尺関節 …… 26, 31	求心性収縮 …… 196
外側直筋 …… 107	過負荷 …… 205	強化学習 …… 179
外側半月 …… 61	構え …… 126	胸郭 …… 79, 97
外側翼突筋 …… 106	体からの立ち直り反応 …… 143	胸郭の動き …… 99
外側肋横突靱帯 …… 97	カルシウムイオン …… 193	頬筋 …… 107
外的動機付け …… 179	カルボーネンの式 …… 205	胸骨結合 …… 98
回転運動 …… 112	仮肋 …… 97	胸鎖関節 …… 11
回転運動の仕事 …… 122	感覚記憶 …… 173	胸鎖乳突筋 …… 88
解糖系 …… 199	感覚神経 …… 83	教師あり学習 …… 179
外反股 …… 53	換気性作業閾値 …… 202	胸式呼吸 …… 99
外反膝 …… 64	間欠性跛行 …… 170	教師なし学習 …… 179
解剖学的関節 …… 11	寛骨 …… 52, 92	強制吸気 …… 101
解剖学的立位肢位 …… 110	寛骨臼横靱帯 …… 52	強制呼気 …… 101
蓋膜 …… 85	感作 …… 172	胸椎 …… 82
開ループ理論 …… 183	環軸関節 …… 85	胸椎後弯 …… 79
外肋間筋 …… 99	干渉 …… 181	胸椎部の運動 …… 89
下位肋骨 …… 99	慣性の法則 …… 118	胸肋関節 …… 97
下顎窩 …… 104	関節円板 …… 11, 13, 31, 104	胸肋連結 …… 97
下顎頭 …… 104	関節結節 …… 104	棘下筋 …… 18
下関節突起 …… 79	関節上腕靱帯 …… 17	棘間筋 …… 86
かぎ下げ …… 49	関節唇 …… 17	棘間靱帯 …… 81
角加速度 …… 112	関節内肋骨頭靱帯 …… 97	棘筋 …… 86
顎関節 …… 104	関節半月 …… 61	局在性平衡反応 …… 138
顎関節の運動 …… 106	関節モーメント …… 117, 124, 162	棘上筋 …… 18
学習曲線 …… 178	環椎 …… 84	棘上靱帯 …… 82
学習段階 …… 174	環椎横靱帯 …… 85	棘突起 …… 79
学習の転移 …… 175	環椎後頭関節 …… 85	距骨 …… 75
学習の枠組み …… 179	環椎十字靱帯 …… 85	距骨下関節 …… 70, 71
覚醒 …… 177	顔面頭蓋 …… 104	距骨滑車 …… 71
覚醒レベル …… 177	眼輪筋 …… 107	距踵舟関節 …… 70
角速度 …… 112		距腿関節 …… 70
過屈曲 …… 168	**き**	距離因子 …… 152
角変位 …… 112	記憶 …… 172, 173	距離・時間因子 …… 150
下肢関節角度 …… 162	記憶永続と従属 …… 181	近位指節間関節 …… 43
下肢機能軸 …… 64	記憶の分類 …… 173	近位手根列 …… 34
下肢痛 …… 170	ギオン管 …… 37	筋緊張 …… 196
下斜筋 …… 107	機能的関節 …… 11	筋血流量 …… 200
過剰学習 …… 175	機能的肢位 …… 48	筋出力 …… 196
顆状関節 …… 34, 85	機能的評価 …… 167	筋小胞体 …… 193
過伸展 …… 169	基本肢位 …… 110	筋損傷 …… 196
下垂足 …… 168	基本的立位肢位 …… 110	緊張性頸反射 …… 142
鷲足 …… 64	逆U字原理 …… 177	緊張性迷路反射 …… 142
加速度 …… 111	逆ダイナミクスモデル …… 187	筋の収縮様式 …… 196
加速歩行 …… 170	逆行性干渉 …… 181	筋疲労 …… 126
下直筋 …… 107	臼蓋上腕関節 …… 17	筋紡錘 …… 196

く

屈曲反射	139
屈曲モーメント	162
屈筋支帯	37
鞍関節	11, 41, 60

け

脛骨	60
脛骨大腿関節	60
脛骨大腿関節の運動	64
傾斜反応	146
鶏状歩行	168
頸神経叢	84
継続性	205
頸体角	53
頸椎	82
頸椎前弯	79
ケイデンス	153
茎突下顎靭帯	104
頸板状筋	86
頸部からの立ち直り反応	143
頸部筋	129
頸部の回旋	88
頸部の筋	86
頸部の屈曲-伸展	88
頸部の側屈	88
頸部の捻転	53
血液循環量	126
結果の知識	184
楔舟関節	70
月状骨	34
月状面	52
楔立方関節	70
腱間結合	45
腱間膜	44
肩甲下筋	18
肩甲胸郭関節	11, 15
肩甲骨の運動	15
肩甲骨の関節窩	17
肩甲骨面	22
肩甲上腕関節	11, 17
肩甲上腕関節の運動	19
肩甲上腕リズム	22
言語-運動段階	174
肩鎖関節	11, 13
腱鞘	38, 44
健常歩行	150, 152
腱板疎部	19
肩峰下関節	20
肩峰関節面	13
腱紡錘	196

こ

後外路	21
口角下制筋	107
後環椎後頭膜	85
後距腓靭帯	71
咬筋	106
広頸筋	107
交叉性屈曲反射	142
交叉性伸展反射	141
後十字靭帯	63
後縦靭帯	81
抗重力筋	129
鉤状突起	85
項靭帯	82
後足部	74
後側方路	21
興奮性シナプス	189
口輪筋	107
股関節	52
股関節制御	134
股関節戦略	134
股関節の運動	57
股関節の運動軸	56
小刻み歩行	170
呼吸商	199
呼吸数	200
呼吸にかかわる筋	99
固縮	196
骨間距踵靭帯	73
骨間筋腱帽	46
骨盤の骨格	92
古典的条件付け	172
個別性	205
細かい運動技能	177
ゴルジ腱器官	196
転がり運動	65
痕跡変形	181

さ

座位	126
最高酸素摂取量	202
最高心拍数	205
最終相	175
サイズの原理	193
再生スキーマ	184
最大酸素摂取量	202, 205
最長筋	86
再認スキーマ	184
坐骨	52, 92
鎖骨間靭帯	11
坐骨結節	53
鎖骨肩峰端関節面	13
坐骨大腿靭帯	55
作用反作用の法則	120
三角骨	34
三角靭帯	31, 47, 71
三角線維軟骨複合体	34
酸素	199
酸素摂取量	200

し

シーソー反応	145
視覚系	138
自覚的運動強度	205
時間因子	153
軸回旋	22
軸椎	84
自己組織化	172
自己組織機構	186
仕事	122
支持基底面	115, 126
矢状索	46
矢状面	110
姿勢	126
姿勢維持機能	132
姿勢筋	129
姿勢戦略	132
姿勢調節	137
姿勢反射	138
指節間関節	43
趾節骨	70
歯尖靭帯	85
下向きの加速度	158
下向きの速度	158
膝蓋骨	60
膝蓋大腿関節	60
膝蓋大腿関節の運動	67
膝関節	60
膝関節のアライメント	64
膝十字靭帯	62
実践	172
失調性歩行	170

自動相	……………………	175
自動段階	……………………	175
歯突起	……………………	84, 85
シナプス結合の形態的変化		
	……………………	188
シナプス後抑制	…………	188
シナプス前促通	…………	188
シナプス前抑制	…………	188
シナプスの数の変化	……	188
シナプスの可塑性	………	187
シナプスの機能的変化	…	189
指背腱膜	……………………	46
指背腱膜の補助装置	……	46
痺れ	…………………………	170
脂肪	…………………………	199
斜角筋群	……………………	88
斜索	…………………………	29
車軸関節	……………………	29, 85
斜支靱帯	……………………	47
尺屈運動	……………………	36
尺骨神経	……………………	37
尺骨動脈	……………………	37
ジュール	……………………	122
十字滑車	……………………	44
終止伸筋腱	…………………	46, 47
収縮期血圧	…………………	200
舟状骨	………………………	34, 75
舟状骨結節	…………………	37
自由上肢	……………………	11
重心線	………………………	128
重心動揺計	…………………	115
重心動揺面積	………………	132
重心の左右方向の動き	……	156
重心の上下方向の動き	……	156
重心の前後動揺	……………	132
縦束	…………………………	85
集中練習	……………………	180
自由度	………………………	177
重力	…………………………	114
手外在筋	……………………	44
手関節	………………………	34
主観的運動強度	……………	202
手根間関節	…………………	34
手根骨アーチ	………………	49
手根中央関節	………………	34
手根中手関節	………………	41
種子骨	………………………	35, 60
手内在筋	……………………	46

順行性干渉	…………………	181
順ダイナミクスモデル		
	……………………	187
上位肋骨	……………………	99
小円筋	………………………	18
上眼瞼挙筋	…………………	107
上関節突起	…………………	79
小頬骨筋	……………………	107
笑筋	…………………………	107
掌屈運動	……………………	36
上・下双子筋	………………	57
踵骨	…………………………	75
上肢帯	………………………	11
上肢の保護伸	………………	146
上斜筋	………………………	107
上唇挙筋	……………………	107
踵接地	………………………	151
上前腸骨棘	…………………	53
掌側板	………………………	42
上直筋	………………………	107
小殿筋	………………………	57, 58
上橈尺関節	…………………	26, 29
踵腓靱帯	……………………	71
踵離地	………………………	151
踵立方関節	…………………	70
小菱形骨	……………………	34
上肋横突靱帯	………………	97
上腕骨滑車	…………………	26
上腕骨小頭	…………………	26
上腕骨頭	……………………	17
初期相	………………………	174
ショパール関節	……………	73
深横中手靱帯	………………	42
伸筋支帯	……………………	38
神経筋接合部	………………	193
神経支配比	…………………	193
神経伝達の変化	……………	187
神経発芽	……………………	188
身体重心	……………………	114, 128
身体全体の動き	……………	156
身体の基本面	………………	110
伸張性収縮	…………………	196
伸張反射	……………………	139
心拍出量	……………………	200
心拍数	………………………	200
真肋	…………………………	97

す

髄核	…………………………	80
衰退	…………………………	180
垂直軸	………………………	110
水平矢状軸	…………………	110
水平前額軸	…………………	110
水平面	………………………	110
皺眉筋	………………………	107
スカルパ三角	………………	52
スキーマ	……………………	184
スキーマ理論	………………	184
スキル	………………………	177
すくみ足現象	………………	170
スクリューホームムーブメント		
	……………………	66
ステップ長	…………………	152
ストライド長	………………	152
滑り運動	……………………	65

せ

正確さ	………………………	177
正中・外側環軸関節	………	85
正中環軸関節	………………	85
静的収縮	……………………	196
正の加速曲線	………………	178
正の強化刺激	………………	172
正の転移	……………………	175
生理的外反	…………………	64
生理的彎曲	…………………	79
赤筋	…………………………	193
赤筋線維	……………………	193
脊髄	…………………………	83
脊髄神経	……………………	83
脊柱	…………………………	79, 82
脊柱管	………………………	79
脊柱起立筋	…………………	86, 88, 91, 129
脊柱起立筋群	………………	88
舌外筋	………………………	108
舌筋	…………………………	108
舌骨下筋群	…………………	106
舌内筋	………………………	108
線維鞘	………………………	44
線維軟骨性組織	……………	52
線維輪	………………………	80
前額面	………………………	110
前距腓靱帯	…………………	71
前屈した椅座位	……………	90
前屈した立位	………………	90

線形曲線 …… 178	第5腰椎 …… 89	**ち**
宣言的記憶 …… 174	体位 …… 126	力のモーメント …… 116
前・後胸鎖靭帯 …… 11	第一次彎曲 …… 79	遅筋線維 …… 193
仙骨 …… 92	体幹 …… 79	恥骨 …… 52, 92
仙骨角 …… 91	大頬骨筋 …… 107	恥骨間円板 …… 93
前十字靭帯 …… 62	体軸骨格 …… 79	恥骨筋 …… 57
前縦靭帯 …… 81	代謝当量 …… 202	恥骨結合 …… 92
全身持久力の評価指標 …… 202	対称性緊張性頸反射 …… 142	恥骨大腿靭帯 …… 55
漸進性 …… 205	体性感覚系 …… 138	遅発性筋痛 …… 196
前足部 …… 74	体節性平衡反応 …… 138	中央索 …… 46, 47
全体法 …… 180	大腿筋膜腸筋 …… 57, 58, 64	中間楔状骨 …… 75
仙腸関節 …… 93	大腿脛骨角 …… 64	肘関節 …… 26
前庭系 …… 138	大腿骨 …… 52, 60	肘関節の運動 …… 29
前突 …… 106	大腿骨頭 …… 52	肘関節包 …… 28
前捻 …… 53	大腿骨頭窩 …… 52	中間相 …… 174
仙・尾椎後弯 …… 79	大腿骨頭靭帯 …… 55	中手骨アーチ …… 49
前方路 …… 21	大腿三角 …… 52	中手骨底 …… 41
前腕骨間膜 …… 29	大腿四頭筋 …… 64	中手指節関節 …… 42
前腕の回内-回外運動 …… 31	大腿直筋 …… 57	中足骨 …… 70
	大腿二頭筋 …… 64, 129	中足部 …… 74
そ	大腿二頭筋長頭 …… 57	中殿筋 …… 57
ソーンダイクの練習法則 …… 179	大腿方形筋 …… 57	蝶下顎靭帯 …… 104
足圧中心 …… 114	大殿筋 …… 57	長期記憶 …… 173
足外在筋 …… 74	大転子 …… 53	長期増強 …… 189
足角 …… 152	大内転筋 …… 57	長期抑圧 …… 189
足関節制御 …… 134	ダイナミカル・システムズ理論 …… 186	腸骨 …… 52, 92
足関節戦略 …… 133	第二次彎曲 …… 79	腸骨大腿靭帯 …… 55
速筋線維 …… 193	タイプⅠ線維 …… 193	長内転筋 …… 52, 57
足根骨 …… 70	タイプⅡA線維 …… 193	長背筋群 …… 86
足根中足関節 …… 73	タイプⅡB線維 …… 193	蝶番関節 …… 26, 42
側索 …… 47	対立アーチ …… 49	重複歩距離 …… 152
足尖接地 …… 168	対立運動 …… 41	腸腰筋 …… 57
足底接地 …… 151	大菱形骨 …… 34	腸肋筋 …… 86
速度 …… 111	大菱形骨結節 …… 37	直立した椅座位 …… 90
側頭筋 …… 106	楕円関節 …… 104	
足内在筋 …… 74	立ち直り反応 …… 143	**つ**
側副靭帯 …… 42	多裂筋 …… 86	椎間円板 …… 80
側方移動 …… 106	短期記憶 …… 173	椎間関節 …… 80, 82, 85
鼠径靭帯 …… 52	単脚支持期 …… 150, 162	椎間孔 …… 80
粗大な運動技能 …… 177	単脚支持期割合 …… 154	椎弓 …… 79
	短縮性収縮 …… 196	椎孔 …… 79
た	炭水化物 …… 199	椎体 …… 79
第1中足骨 …… 75	短内転筋 …… 57	つかみ …… 49
第1のてこ …… 120	短背筋群 …… 86	つまみ …… 50
第2肩関節 …… 11, 20	タンパク質 …… 199	
第2のてこ …… 120		**て**
第3のてこ …… 120		適応 …… 172
第5中足骨 …… 75		適応性 …… 177

手のアーチ … 49	慣れ … 172	肥満の改善 … 205
転移 … 172	軟骨間関節 … 97	ヒューター三角 … 26
転子間線 … 54	握り … 49	ヒューター線 … 26
転子間稜 … 54	肉離れ … 196	表情筋 … 107
	二酸化炭素 … 199	ヒラメ筋 … 129
と	ニュートンの法則 … 118	非連合学習 … 172
頭蓋冠 … 107	乳酸 … 199	フィードバック … 175, 184
動機 … 179	乳酸性作業閾値 … 202	フィードバック制御 … 184
動機付け … 179	乳頭突起 … 89	フィードフォワード制御 … 184
橈屈運動 … 36	認知学習 … 177	フォーム … 177
頭頚部 … 84	認知相 … 174	腹式呼吸 … 99
橈骨遠位端 … 34	脳頭蓋 … 104	副靱帯 … 42
橈骨月状骨靱帯 … 35	ノルエピネフィリン … 200	副突起 … 89
橈骨舟状有頭骨靱帯 … 35		負の加速曲線 … 178
橈骨手根関節 … 34	**は行**	負の強化刺激 … 173
橈骨側副靱帯 … 28	パーキンソン病歩行 … 170	負の仕事 … 122
橈骨頭窩 … 26	背臥位 … 90	負の転移 … 175
橈骨輪状靱帯 … 29	背屈モーメント … 162	部分法 … 180
等尺性収縮 … 196	背側腱帽 … 46	踏み出し戦略 … 134
豆状骨 … 34, 37	背側手根骨間靱帯 … 35	踏み直り反応 … 145
豆状骨関節 … 34	背側橈骨手根靱帯 … 35	浮遊肋 … 97
豆状三角骨関節 … 34	背部の筋 … 86	プラトー（高原） … 178
等速性収縮 … 196	白筋 … 193	不良姿勢 … 126
等張性収縮 … 196	薄筋 … 57, 64	分散練習 … 180
動的収縮 … 196	白筋線維 … 193	分時換気量 … 200
糖尿病の運動療法 … 205	パフォーマンス … 177	分回し歩行 … 169
頭板状筋 … 86	パフォーマンスの知識 … 184	閉口 … 106
突進現象 … 170	速さ … 177	平衡反応 … 134
凸の法則 … 12	パラシュート反応 … 145	並進運動 … 111
跳び直り反応 … 145	バランス反応 … 144	平面関節 … 41, 85
デュシャンヌ歩行 … 169	パワー … 124	閉ループ理論 … 183
トレンデレンブルグ歩行 … 169	半関節 … 13, 34, 97	変位 … 111
	半棘筋 … 86	防御反射 … 139
な行	半腱様筋 … 57, 64	防御反応 … 132, 146
内・外閉鎖筋 … 57	汎在性平衡反応 … 138	方形靱帯 … 29
内在的フィードバック … 184	反射活動の調節 … 188	縫合 … 104
内側楔状骨 … 75	反射のゲイン（利得） … 188	縫工筋 … 52, 57, 64
内側手根隆起 … 37	板状筋群 … 88	報酬信号 … 179
内側側副靱帯 … 28, 64	反復性 … 205	放線状肋骨頭靱帯 … 97
内側直筋 … 107	反復練習 … 172	歩隔 … 152
内側半月 … 61	半膜様筋 … 57, 64	歩行観察 … 166
内側翼突筋 … 106	尾骨 … 92	歩行周期 … 150
内的動機付け … 179	鼻根筋 … 107	歩行周期割合 … 153
内反股 … 53	膝の外反 … 64	歩行速度 … 153
内反膝 … 64	膝の伸展機構 … 67	歩行率 … 153
内腹斜筋 … 91	膝の内反 … 64	ホスファーゲン系 … 199
内部モデル … 186	非宣言的記憶 … 174	歩調 … 153
内肋間筋 … 99	非対称性緊張性頚反射 … 142	歩幅 … 152

| ボルグ指数 | 202, 205 |

ま行

摩擦力	122
ミオシンフィラメント	193
無酸素系	199, 202
無酸素性作業閾値	202, 205
酩酊歩行	170
迷路からの立ち直り反応	143
眼からの立ち直り反応	144
眼の筋	107
モロー反射	143

や行

ヤコビー線	90
遊脚期	150, 165
遊脚期割合	153
有鈎骨	34
有鈎骨鈎	37
有酸素系	199, 202
有頭骨	34
床反力	114, 159
良い姿勢	126
陽性支持反応	139
腰椎	83
腰椎骨盤リズム	90
腰椎前弯	79
腰痛	170
腰部の運動	90
腰部の屈曲	91
腰部の伸展	91
腰部の側屈と回旋	91
抑制性シナプス	189
横アーチ	49, 75
よろめき歩行	170

ら行

らせん関節	60, 71
力学的エネルギー保存の法則	123
梨状筋	57
リスフラン関節	73
理想的アライメント	129
立位	90, 126
立脚期	150
立脚期割合	153
立方骨	75
隆椎	84
両脚支持期	150, 162, 163
両脚支持期割合	154
菱形靭帯	13
輪状滑車	44
輪帯	55
ルービエレ孔	18
ルシュカ関節	85
ルシュカ突起	85
連合学習	172
連合相	174
連合反応	143
練習	172
練習条件	180
練習の効果	179
練習の重要な条件	179
攣縮	196
ローザー・ネラトン線	53
肋横突関節	97
肋横突靭帯	97
肋鎖靭帯	11
肋椎関節	97
ロッキング	169
肋骨頭関節	97
肋骨突起	89
肋骨肋軟骨連結	97

わ行

ワーキングメモリー	174
ワイトブレヒト孔	18
ワット	122
腕尺関節	26
腕神経叢	84
腕橈関節	26

※本書発行後の更新・追加情報，正誤表を，弊社ホームページにてご覧いただけます．
羊土社ホームページ　http://www.yodosha.co.jp/

PT・OT必修シリーズ

消っして忘れない
運動学要点整理ノート

2009年8月10日　第1刷発行		
2015年6月10日　第5刷発行	編　集	福井　勉　山﨑　敦
	発行人	一戸裕子
	発行所	株式会社　羊　土　社
		〒101-0052
		東京都千代田区神田小川町2-5-1
		TEL　03(5282)1211
		FAX　03(5282)1212
		E-mail　eigyo@yodosha.co.jp
		URL　http://www.yodosha.co.jp/
	装　幀	若林繁裕(ON/OFF)
	カバーイラスト	鴨下惠子
	印刷所	株式会社　平河工業社

Printed in Japan
ISBN978-4-7581-0783-9

本書の複写にかかる複製，上映，譲渡，公衆送信（送信可能化を含む）の各権利は（株）羊土社が管理の委託を受けています．
本書を無断で複製する行為（コピー，スキャン，デジタルデータ化など）は，著作権法上での限られた例外（「私的使用のための複製」など）を除き禁じられています．研究活動，診療を含み業務上使用する目的で上記の行為を行うことは大学，病院，企業などにおける内部的な利用であっても，私的使用には該当せず，違法です．また私的使用のためであっても，代行業者等の第三者に依頼して上記の行為を行うことは違法となります．

JCOPY <（社）出版者著作権管理機構　委託出版物>
本書の無断複写は著作権法上での例外を除き禁じられています．複写される場合は，そのつど事前に，（社）出版者著作権管理機構（TEL 03-3513-6969, FAX 03-3513-6979, e-mail：info@jcopy.or.jp）の許諾を得てください．

羊土社発行書籍

PT・OT必修シリーズ

消っして忘れない 生理学要点整理ノート改訂第2版

佐々木誠一／編　本体3,800円（税別）　B5判　239ページ＋別冊76ページ　ISBN 978-4-7581-0789-1

▶ 理学・作業療法士を目指すあなたに！書き込み式で書いて覚え、赤シートで赤字を消して繰り返し覚えられる強力テキストで、効率よくマスターしよう！改訂してますます充実の「国試対応演習問題」付き！

消っして忘れない 解剖学要点整理ノート改訂第2版

井上 馨，松村讓兒／編　本体3,800円（税別）　B5判　247ページ＋別冊54ページ　ISBN 978-4-7581-0792-1

▶ 解剖学の必修ポイントがしっかり身につくサブテキスト．赤シートで基本知識を繰り返しチェック、最重要語は穴埋め式で覚える、国試対応の演習問題で確認、などステップを踏んで実力アップ！改訂でイラストもさらに充実！

PT・OTビジュアルテキスト

リハビリテーション基礎評価学

潮見泰藏，下田信明／編　本体5,900円（税別）　B5判　390ページ　ISBN 978-4-7581-0793-8

▶ 理学療法士と作業療法士の合作による新しい評価学テキスト！PT・OTに共通する基礎的な評価項目を厳選．図表を多用し、オールカラーでよくわかる！実習や臨床現場に出てからも長く使える教科書！

ビジュアル実践リハ

整形外科リハビリテーション
カラー写真でわかるリハの根拠と手技のコツ

神野哲也／監　相澤純也，中丸宏二／編　本体6,500円（税別）　B5判　495ページ　ISBN 978-4-7581-0787-7

▶ 効果的なリハのための根拠と工夫が満載！関節炎、骨折、スポーツ障害など現場で遭遇頻度の高い疾患を厳選．豊富なカラー写真とイラストで、病態や臨床経過に即したリハの流れ、手技のコツが目で見てマスターできる！

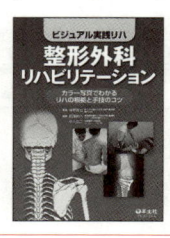

教科書・サブテキスト

基礎から学ぶ生物学・細胞生物学 第2版

和田 勝／著　本体3,000円（税別）　B5判　317ページ　ISBN 978-4-7581-2018-0

▶ 多数の大学で採用され好評の入門教科書が改訂！章末問題や最新の話題のコラムを新たに収録し、より内容が充実．高校で生物を学んでいない人にもオススメの、生物学がゼロから楽しく学べる一冊です．

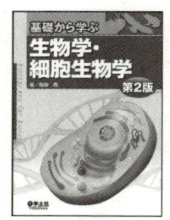

やさしい基礎生物学 第2版

南雲 保／編著　今井一志，大島海一，鈴木秀和，田中次郎／著　本体2,900円（税別）　B5判　221ページ　ISBN 978-4-7581-2051-7

▶ 豊富なカラーイラストと厳選されたスリムな解説で大好評、多くの大学での採用実績をもつ教科書の第2版．自主学習に役立つ章末問題も掲載され、生命の基本が楽しく学べる、大学1〜2年生の基礎固めに最適な一冊．

PT・OT必修シリーズ

消っして忘れない
運動学
要点整理ノート

別冊 演習問題

※本体から取りはずして使用できます

羊土社
YODOSHA

PT・OT必修シリーズ

消っして忘れない 運動学 要点整理ノート
別冊 演習問題

◆ 本書の使い方 ◆

【特徴】
○国家試験に準じた問題を厳選！ 本番であわてない実力がつきます．
○問題の答え＆解説の重要語句は付録の赤シートで隠せるので，マスターするまで繰り返しチャレンジできます．
○取り外して持ち運べるので，試験直前の最終チェックにも使えます．

【マークについて】

重要度	国家試験での出題傾向から，章ごとに3段階で評価しています．
	✻✻✻ 頻出！最重要　✻✻❀ よく出ます　✻❀❀ ときどき出ます

□□□ 問題ごとにチェック欄を配置．理解度の確認に利用できます．

参照 ⇒ 詳しい解説が載っている本文のページです．

Advice 国家試験で注意すべきポイントや暗記のしかたなど，役に立つアドバイスが載っています．

◆ 目 次 ◆

		重要度	
第1章	上肢	✻✻❀	2
第2章	下肢	✻✻✻	13
第3章	体軸骨格	✻❀❀	22
第4章	生体力学	✻✻❀	30
第5章	姿勢	✻✻❀	35
第6章	歩行	✻✻❀	41
第7章	運動学習	✻❀❀	48
第8章	運動生理	✻✻✻	53

第1章 上肢

Q ○×問題 / A 解答と解説

1. 上肢帯の骨は鎖骨，肩甲骨，上腕骨からなる．

答え ✕
上肢帯の骨は鎖骨と肩甲骨からなる．上腕骨は自由上肢の骨に含まれる．
参照 ⇒ 第1章-1

2. 解剖学的関節には，胸鎖関節，肩鎖関節，肩甲上腕関節がある．

答え ○
解剖学的関節には，胸鎖関節，肩鎖関節，肩甲上腕関節がある．
参照 ⇒ 第1章-1

3. 機能的関節には肩甲胸郭関節と第2肩関節がある．

答え ○
機能的関節には肩甲胸郭関節と第2肩関節がある．
参照 ⇒ 第1章-1

4. 胸鎖関節は楕円関節である．

答え ✕
胸鎖関節は，形状としては2軸性の鞍関節である．上肢では母指の手根中手関節が鞍関節である．
参照 ⇒ 第1章-1

5. 烏口鎖骨靱帯は菱形靱帯と円錐靱帯の2つからなる．

答え ○
烏口鎖骨靱帯は菱形靱帯（僧帽靱帯とも呼ばれる）と円錐靱帯の2つからなる．烏口鎖骨靱帯は，肩鎖関節の前額面の肩甲骨の運動を制限し，垂直方向の安定性に寄与している．
参照 ⇒ 第1章-1

6. 肩鎖関節の機能の1つに鎖骨と肩甲骨間の運動の介達がある．

答え ○
肩鎖関節の機能の1つに鎖骨と肩甲骨間の運動の介達がある．このほか，肩鎖関節の機能には，肩鎖関節の保持，肩甲骨の支持がある．
参照 ⇒ 第1章-1

7. 鞍関節である胸鎖関節では，挙上-下制，前方突出-後退のみが生じる．

答え ✕
胸鎖関節は2軸性であるが，運動は3つの軸で生じる．運動は前額面の挙上-下制，水平面の前方突出-後退，矢状面の前方回旋-後方回旋を生じる．
参照 ⇒ 第1章-1

8. 肩甲骨下制には僧帽筋下部，広背筋，前鋸筋下部，小胸筋が関与する．

答え ○
肩甲骨下制には僧帽筋下部，広背筋，前鋸筋下部，小胸筋が関与する．また，鎖骨下筋の収縮は，鎖骨外側を下制させるため，間接的に肩甲骨下制に関与している．
参照 ⇒ 第1章-1

Q ○×問題　　A 解答と解説

9. 広背筋は肩甲骨を挙上する．

答え ✗
広背筋は肩甲骨下制に補助的に作用する．挙上に作用するのは僧帽筋上部，肩甲挙筋，大・小菱形筋である．
参照 ⇒ 第1章-1

10. 小胸筋は肩甲骨を挙上する．

答え ✗
小胸筋は肩甲骨を下制する．このほか，僧帽筋下部，鎖骨下筋も下制に作用する．挙上に作用するのは僧帽筋上部，大・小菱形筋，肩甲挙筋である．
参照 ⇒ 第1章-1

11. 肩甲骨の外転は内側縁が脊柱から離れるような動きである．

答え ○
肩甲骨の外転は内側縁が脊柱から離れるような動きである．これは手で物を押すような動作で生じ，前鋸筋や小胸筋が作用する．
参照 ⇒ 第1章-1

12. 肩甲骨の上方回旋には肩甲挙筋や小胸筋が関与する．

答え ✗
肩甲骨の上方回旋には僧帽筋上部・下部と前鋸筋が関与する．肩甲挙筋，小胸筋は大・小菱形筋とともに下方回旋に関与する．
参照 ⇒ 第1章-1

13. 肩甲骨に対する菱形筋の作用は，挙上，内転，下方回旋である．

答え ○
肩甲骨に対する菱形筋の作用は，挙上，内転，下方回旋である．主たる作用は下方回旋．菱形筋はC6〜Th4の棘突起に起始し，肩甲骨内側縁下部2/3に付着する．頸椎から起こる上部を小菱形筋，胸椎から起こる下部を大菱形筋と呼ぶ．
参照 ⇒ 第1章-1

14. 前鋸筋は肩甲骨上方回旋に作用する．

答え ○
前鋸筋は肩甲骨上方回旋に作用する．上方回旋とは，肩甲骨下角が上外方に回旋し，関節窩が外方に向く運動をいう．一般的には上方回旋時には肩甲骨挙上を伴う．
参照 ⇒ 第1章-1

15. 肩伸展運動に伴い，肩甲骨は前傾する．

答え ○
肩伸展運動に伴い，肩甲骨は前傾する．逆に，屈曲時には肩甲骨は後傾する．
参照 ⇒ 第1章-1

Q ○×問題

16. 前額面における上腕骨の骨体の軸と骨頭とのなす角度は130〜135°である．

17. 関節上腕靱帯は上部・中部・下部線維に分類される．

18. 回旋筋腱板は，棘上筋，棘下筋，小円筋，肩甲下筋の腱から構成される．

19. 棘上筋腱と棘下筋腱との間隙は疎な結合組織で覆われており，腱板疎部と呼ばれる．

20. 肩周囲筋のうち，outer musclesと呼ばれるのは，広背筋，大胸筋，三角筋である．

21. 上腕骨頭とその関節窩はほぼ同じ大きさである．

A 解答と解説

答え ○
前額面における上腕骨の骨体の軸と骨頭とのなす角度は130〜135°である．水平面では，20〜30°後方に捻転している．
参照 ⇒ 第1章-1

答え ○
関節上腕靱帯は上部・中部・下部線維に分類される．上部は下垂位，中部は下垂位より外転90°まで，下部は90°に達すると緊張する．
参照 ⇒ 第1章-1

答え ○
回旋筋腱板は，棘上筋，棘下筋，小円筋，肩甲下筋の腱から構成される．これらの4筋の腱は上腕骨々頭の上方では，ほとんど分けがたく一体となっている．
参照 ⇒ 第1章-1

答え ✕
棘上筋腱と肩甲下筋腱との間隙は疎な結合組織で覆われており，腱板疎部と呼ばれる．腱板疎部には回旋や挙上時の腱板間に加わる力を緩衝する役割がある．
参照 ⇒ 第1章-1

答え ✕
肩周囲筋のうち，outer musclesと呼ばれるのは，広背筋，大胸筋，三角筋，大円筋である．outer musclesはinner musclesの作用を基盤として，関節運動で発揮されるスピードやパワーを産生することが主たる役割である．
参照 ⇒ 第1章-1

答え ✕
上腕骨頭とその関節窩は関節窩の方が小さい．関節窩の長径は骨頭の約1/2であり，短径は1/3と非常に小さい．そのために約3mmの関節唇が存在し，肩関節の安定化の役割を果たしている．
参照 ⇒ 第1章-1

Q ○×問題

22. 上肢を挙上する際，回旋筋腱板は上腕骨々頭を肩甲骨臼蓋窩に引きつけて固定する．

□□□

23. 肩屈曲において，肩甲骨に対する上腕骨の実質的な可動性は約120°である．

□□□

24. 大円筋は肩関節内転に作用する．

□□□

25. 上腕二頭筋短頭は肩関節外旋位では外転筋として作用する．

□□□

26. 小円筋は肩関節屈曲に作用する．

□□□

27. 肩甲下筋は肩関節外転に作用する．

□□□

A 解答と解説

答え ○
上肢を挙上する際，回旋筋腱板は上腕骨々頭を肩甲骨臼蓋窩に引きつけて固定する．このことにより，関節の動的安定性が高まり，三角筋の筋力が十分に発揮される（三角筋単独の作用では，骨頭が肩峰に衝突してしまう）．

参照 ⇒ 第1章 - 1

答え ○
肩屈曲において，肩甲骨に対する上腕骨の実質的な可動性は約120°である．約180°の屈曲角度を得るには，肩甲胸郭関節における肩甲骨の上方回旋，さらには多少の体幹伸展運動が必要となる．

参照 ⇒ 第1章 - 1

答え ○
大円筋は肩関節内転に作用する．このほか，肩関節内転に作用するのは，大胸筋胸腹部，広背筋である．

参照 ⇒ 第1章 - 1

答え ✕
上腕二頭筋長頭は肩関節外旋位では外転筋として作用する．外転の主動筋は三角筋中部と棘上筋である．

参照 ⇒ 第1章 - 1

答え ✕
小円筋は肩関節外旋に作用する．小円筋は棘下筋との癒着がみられることが多い．屈曲の主動筋は三角筋前部と大胸筋鎖骨部である．

参照 ⇒ 第1章 - 1

答え ✕
肩甲下筋は肩関節内旋に作用する．肩甲下筋は主として肩関節内旋に作用し，水平屈曲にも作用する．肩関節外転に作用するのは棘上筋や三角筋（中部線維）である．

参照 ⇒ 第1章 - 1

Q ○×問題	A 解答と解説

28. 水平内転の主動筋は三角筋前部，大胸筋，烏口腕筋，肩甲下筋である．

答え ○
水平内転の主動筋は三角筋前部，大胸筋，烏口腕筋，肩甲下筋である．水平内転は水平屈曲とも呼ばれ，肩90°外転位を基本肢位として，水平面上で上肢が屈曲（前方変位）する運動をいう．
参照 ⇒ 第1章-1

29. 上腕骨々頭と肩峰の間にある解剖学的関節を第2関節という．

答え ✗
上腕骨々頭と肩峰の間にある機能的関節を第2関節という．肩峰下関節ともいう．解剖学的関節ではなく，機能的関節であり，上方には肩峰，烏口肩峰靱帯，烏口突起があり，基部には上腕骨々頭がある．
参照 ⇒ 第1章-1

30. 肩関節の屈曲には肩甲骨の下方外旋が伴う．

答え ✗
肩関節の屈曲には肩甲骨の上方外旋が伴う．肩関節外転でも肩甲骨上方回旋を伴う．なお，肩関節伸展では肩甲骨内転を伴う．
参照 ⇒ 第1章-1

31. 肘関節は腕尺関節，腕橈関節，上橈尺関節からなる複合関節である．

答え ○
肘関節は腕尺関節，腕橈関節，上橈尺関節からなる複合関節である．肘関節の役割は，空間における手の位置を決定し，肩複合体あるいは手関節・手指に作用する力の伝達である．
参照 ⇒ 第1章-2

32. 肘伸展位では，上腕骨長軸に対して前腕骨長軸が10～20°外反している．

答え ○
肘伸展位では，上腕骨長軸に対して前腕骨長軸が10～20°外反している．したがって，上腕骨長軸と前腕骨長軸のなす角度である運搬角は160～170°である．
参照 ⇒ 第1章-2

33. 運搬角の角度は肘関節の屈曲角度が増大しても変化しない．

答え ✗
運搬角の角度は肘関節の屈曲角度が増大するに伴って減少する．運搬角は肘屈曲と共に減少し，肘屈曲90°では約0°になる．
参照 ⇒ 第1章-2

34. 腕尺関節は2軸性の蝶番関節に分類される．

答え ✗
腕尺関節は1軸性の蝶番関節に分類される．このほか，PIP関節，DIP関節も蝶番関節である．
参照 ⇒ 第1章-2, 3

Q ○×問題

35. 腕橈関節は多軸性の球関節に分類される．

□□□

36. 肘関節伸展位では，肘頭・内側上顆・外側上顆の3者が二等辺三角形を形成する．

□□□

37. 肘関節には内側上顆から始まる内側側副靱帯と外側上顆から始まる外側側副靱帯がある．

□□□

38. 腕尺関節は屈曲・伸展運動を行う．

□□□

39. 円回内筋は前腕回内だけでなく，肘屈曲にも作用する．

□□□

40. 深指屈筋は肘屈曲に作用する．

□□□

41. 尺骨の橈骨切痕と橈骨頭の関節環状面との間にできる車軸関節を上橈尺関節という．

□□□

A 解答と解説

答え ○
腕橈関節は多軸性の球関節に分類される．しかし，上腕骨滑車と上腕骨小頭の中心を通る軸によって，腕尺関節と連動した屈曲－伸展運動しか生じない．
参照 ⇒ 第1章-2

答え ✕
肘関節伸展位では，肘頭・内側上顆・外側上顆の3者が一直線にならぶ．これをヒューター線という．ヒューター三角は肘屈曲位で形成される．
参照 ⇒ 第1章-2

答え ○
肘関節には内側上顆から始まる内側側副靱帯と外側上顆から始まる外側側副靱帯がある．外側側副靱帯は2つの線維，内側側副靱帯は3つの線維に分類され，肘関節包を補強している．
参照 ⇒ 第1章-2

答え ○
腕尺関節は屈曲・伸展運動を行う．
参照 ⇒ 第1章-2

答え ○
円回内筋は前腕回内だけでなく，肘屈曲にも作用する．
参照 ⇒ 第1章-2

答え ✕
深指屈筋は肘屈曲に作用しない．手関節屈筋群は補助的に肘屈曲に作用するが，深指屈筋は起始が尺骨の掌側面と骨間膜の上方2/3であり，肘屈曲には関与しない．
参照 ⇒ 第1章-2

答え ○
尺骨の橈骨切痕と，橈骨頭の関節環状面との間にできる車軸関節を上橈尺関節という．橈骨頭と尺骨および上腕骨の位置関係は橈骨輪状靱帯によって確保されている．
参照 ⇒ 第1章-2

第1章 上肢

Q ○×問題	A 解答と解説

42. 前腕骨間膜は回内時に緊張し，回外時に弛緩する．

□□□

答え ✗
前腕骨間膜は回内時に弛緩し，回外時に緊張する．これは，前腕骨間膜の線維の大部分は橈骨から内側遠位に走行しているためである．
参照 ⇒ 第1章-2

43. 前腕の回内-回外運動の際，尺骨が橈骨の周囲を回転する．

□□□

答え ✗
前腕の回内-回外運動の際，橈骨が尺骨の周囲を回転する．これは，下橈尺関節では，橈骨頭の関節環状面が尺骨の橈骨切痕に対して凸の法則で運動を行うためである．
参照 ⇒ 第1章-2

44. 尺側手根屈筋は肘関節屈曲に作用する．

□□□

答え ○
尺側手根屈筋は肘関節屈曲に作用する．肘屈曲の主動筋は上腕二頭筋，上腕筋，腕橈骨筋である．
参照 ⇒ 第1章-2

45. 腕尺関節と上橈尺関節は同一の関節包内にある．

□□□

答え ○
腕尺関節と上橈尺関節は同一の関節包内にある．腕橈関節も共通の関節包内にある．
参照 ⇒ 第1章-2

46. 手関節は橈骨手根関節と尺骨手根関節の総称である．

□□□

答え ✗
手関節は橈骨手根関節，手根間関節，豆状三角骨関節の総称である．一般に手関節と称されるのは橈骨手根関節と考えられるが，その構成要素に尺骨は含まれないことに注意．
参照 ⇒ 第1章-3

47. 遠位手根列は大菱形骨-小菱形骨-有頭骨-有鈎骨である．

□□□

答え ○
遠位手根列は大菱形骨-小菱形骨-有頭骨-有鈎骨である．手根骨の中央部に有頭骨が位置し，手根骨運動の中心となる．
参照 ⇒ 第1章-3

48. 近位手根列と遠位手根列で構成される半関節を手根中央関節という．

□□□

答え ○
近位手根列と遠位手根列で構成される半関節を手根中央関節という．豆状骨を除く手根骨間の半関節を手根間関節という．
参照 ⇒ 第1章-3

Q ○×問題	A 解答と解説
49. 近位手根列では橈屈に伴い背屈が，尺屈に伴い掌屈が生じる．	答え ✗ 近位手根列（豆状骨－三角骨－月状骨－舟状骨）では，橈屈に伴い掌屈が，尺屈に伴い背屈が生じる．なお，遠位手根列ではほぼ純粋な橈屈・尺屈運動が生じる． 参照 ⇒ 第1章－3
50. 橈骨手根関節の関節窩は三角骨－月状骨－舟状骨で構成される．	答え ✗ 橈骨手根関節の関節頭は三角骨－月状骨－舟状骨で構成される．関節窩は橈骨遠位端および三角線維軟骨複合体である． 参照 ⇒ 第1章－3
51. 手関節は2軸性関節である．	答え ◯ 手関節は2軸性関節であり，掌屈－背屈，橈屈－尺屈が生じる．これらの運動は，橈骨手根関節と手根中央関節で行われる複合運動である． 参照 ⇒ 第1章－3
52. 手関節掌屈には短母指外転筋が関与する．	答え ✗ 手関節掌屈には短母指外転筋が関与しない．短母指外転筋は舟状骨結節と屈筋支帯に起始し，橈側にある手指骨と基節骨に停止する．なお，長母指外転筋はその起始・停止から手関節掌屈に補助的に関与する． 参照 ⇒ 第1章－3
53. 手関節橈屈には短橈側手根伸筋が作用する．	答え ◯ 手関節橈屈には短橈側手根伸筋が作用する．橈屈には長橈側手根伸筋も作用する． 参照 ⇒ 第1章－3
54. 尺側手根屈筋腱は手根管内を通過する．	答え ✗ 尺側手根屈筋腱は手根管内を通過しない．手根管は近位手根骨と屈筋支帯の管腔で，正中神経，長母指屈筋，深指・浅指屈筋，橈側手根屈筋が通る． 参照 ⇒ 第1章－3
55. 手根管内を正中神経と尺骨神経が通過する．	答え ✗ 手根管内を正中神経が通過する．手根管内を通る神経は正中神経のみであり，尺骨神経はギオン管を通過する． 参照 ⇒ 第1章－3

| Q ○×問題 | A 解答と解説 |

56. 第2〜5手根中手関節は平面関節である．

答え ○
第2〜5手根中手関節は平面関節である．これらの関節腔は共通である．
参照 ⇒ 第1章-4

57. 第3中手骨は有頭骨・有鉤骨と関節面を形成する．

答え ✗
第3中手骨は有頭骨と関節面を形成する．有鉤骨は第4中手骨・第5中手骨と関節を形成している．
参照 ⇒ 第1章-4

58. 母指の外転（橈側外転）とは母指が示指から橈側方向に離れる運動である．

答え ○
母指の外転（橈側外転）とは母指が示指から橈側方向に離れる運動である．この運動では，大菱形骨に対して第1手根骨底が凸の法則に従って運動する．
参照 ⇒ 第1章-4

59. 中手指節関節は中手骨頭とこれに接する基節骨底との間にある鞍関節である．

答え ✗
中手指節関節は中手骨頭とこれに接する基節骨底との間にある球関節である．しかし，可動性は靱帯などの影響で大きく制限され，機能的にはむしろ蝶番関節に近い．
参照 ⇒ 第1章-4

60. 中手指節関節の側副靱帯と副靱帯は屈曲位で緊張する．

答え ✗
中手指節関節の側副靱帯は屈曲位で緊張するが，副靱帯は伸展位で緊張する．この緊張によって中手骨頭の側方変位を大きく制限している．
参照 ⇒ 第1章-4

61. 手指屈筋群の外在筋には浅指屈筋，深指屈筋，長母指屈筋がある．

答え ○
手指屈筋群の外在筋には浅指屈筋，深指屈筋，長母指屈筋がある．これらの筋は屈筋支帯を通過した後，腱鞘を通って末梢の骨に停止する．
参照 ⇒ 第1章-4

62. 手指伸筋群の外在筋には長母指伸筋，短母指伸筋がある．

答え ○
手指伸筋群の外在筋には長母指伸筋，短母指伸筋がある．このほか，指伸筋（総指伸筋），示指伸筋，小指伸筋，長母指外転筋がある．
参照 ⇒ 第1章-4

Q ○×問題 / A 解答と解説

63. 手内在筋は母指球筋，小指球筋，骨間筋，虫様筋の4つに大別される．

答え ○
手内在筋は母指球筋，小指球筋，骨間筋，虫様筋の4つに大別される．
参照 ⇒ 第1章-4

64. 手指屈曲は手関節背屈で小さくなる．

答え ✗
手指屈曲は手関節背屈で小さくならない．これは，手関節を背屈すると，浅指屈筋・深指屈筋が固定され，手指屈曲が生じるためである．
参照 ⇒ 第1章-4

65. 虫様筋は正中神経支配である．

答え ✗
虫様筋の橈側の2つは正中神経支配であるが，尺側の2つは尺骨神経支配である．
参照 ⇒ 第1章-4

66. 短母指屈筋は母指のIP関節の屈曲に作用する．

答え ✗
短母指屈筋は母指のMP関節の屈曲に作用する．短母指屈筋は浅頭と深頭を有し，浅頭は屈筋支帯，深頭は大菱形骨・小菱形骨・有頭骨に起始し，橈側にある手指骨に停止する．したがって，短母指屈筋の作用は母指のMP関節屈曲，内転である．
参照 ⇒ 第1章-4

67. 骨間筋は手指DIP関節の屈曲に作用する．

答え ✗
骨間筋は手指DIP関節の伸展に作用する．骨間筋は掌側・背側ともにMP関節屈曲に働くが，PIP関節・DIP関節では伸展に働く．
参照 ⇒ 第1章-4

68. 指伸筋腱は1本の中央索と2本の側索に分岐する．

答え ○
指伸筋腱は1本の中央索と2本の側索に分岐する．指伸筋腱は中手骨頭あたりから扁平になるが，MP関節の関節包背側部と融合して，基節骨底に付着する．
参照 ⇒ 第1章-4

69. 手の機能的肢位では，手関節は軽度背屈・橈屈位である．

答え ✗
手の機能的肢位では，手関節は軽度背屈・尺屈位である．手の機能的肢位とは手関節・手指の可動性がなくなった場合でも，最低限の機能を維持できる肢位をいう．
参照 ⇒ 第1章-4

第1章 上肢

Q ○×問題

70. 手の機能的肢位では第2～5指の長軸を延長すると舟状骨に向かう．

A 解答と解説

答え **○**
手の機能的肢位では第2～5指の長軸を延長すると<u>舟状骨</u>に向かう．

参照 ⇒ 第1章-4

Q 選択問題

1. 次の文章のうち，正しいのはどれか．
1. 広背筋は肩甲骨を挙上する
2. 小胸筋は肩甲骨を挙上する
3. 前鋸筋は肩甲骨上方回旋に作用する
4. 大円筋は肩関節内転に作用する
5. 肩甲下筋は肩関節外転に作用する

A 解答と解説

答えは **3，4**
1．広背筋は肩甲骨を<u>下制</u>する．2．小胸筋は肩甲骨を<u>下制</u>する．5．肩甲下筋は<u>肩関節外旋</u>に作用する．

参照 ⇒ 第1章-1，付録

2. 次の文章のうち，誤っているのはどれか．
1. 肩伸展運動に伴い，肩甲骨は前傾する
2. 上肢を挙上する際，回旋筋腱板は上腕骨々頭を肩甲骨臼蓋窩に引きつけて固定する
3. 運搬角の角度は肘関節の屈曲角度が増大しても変化しない
4. 母指の外転（橈側外転）とは母指が示指から橈側方向に離れる運動である
5. 手の機能的肢位では，手関節軽度背屈・橈屈位である

答えは **3，5**
3．運搬角は肘関節伸展位で160～170°であるが，肘屈曲角の増加に伴い角度は<u>減少</u>し，屈曲90°で運搬角0°になる．5．手の機能的肢位とは手関節・手指の可動性がなくなった場合でも最低限の機能を維持できる肢位であり，手関節は<u>軽度背屈・尺屈位</u>である．手指については母指掌側外転・屈曲位，第2～5指は軽度屈曲位．

参照 ⇒ 第1章-1～4

Advice

各関節の運動と作用する筋の組み合わせの問題は頻出問題である．筋の起始・停止と走行を確認し，理解しておくと試験で困らない（付録参照）．丸暗記では試験でも臨床でも対応できないのでこまめに確認・理解しよう．

回旋筋腱板は臨床的に重要な部位である．回旋筋腱板，加えて inner muscles と outer muscles の作用について理解し，肩関節の運動を捉えよう．

第2章 下肢

重要度 ★★★

Q ○×問題 / A 解答と解説

1. 股関節は臼状関節である．

答え ○
股関節は大腿骨頭と寛骨臼とで形成される臼状関節である．
参照 ⇒ 第2章-1

2. 寛骨臼の関節面は月状面と呼ばれる．

答え ○
寛骨臼は腸骨，恥骨，坐骨からなり，関節面は月状面と呼ばれる．
参照 ⇒ 第2章-1

3. 関節唇は関節の安定性を高めている．

答え ○
関節唇は関節窩の深さを補うためにあり，関節の安定性を高めている．
参照 ⇒ 第2章-1

4. スカルパ三角は鼠径靭帯，大内転筋，縫工筋からなる．

答え ✗
スカルパ三角は鼠径靭帯，長内転筋，縫工筋からなる．
参照 ⇒ 第2章-1

5. 成人の頸体角は約140～150°である．

答え ✗
成人の頸体角は約125～130°である．
参照 ⇒ 第2章-1

6. 大腿骨頸部軸と大腿骨幹部のなす角度は頸体角である．

答え ○
頸体角は生下時，約140～150°であり，歩行時にかかる負荷により成人では約125～130°に減少する．
参照 ⇒ 第2章-1

7. 外反股は頸体角が著しく小さい状態のことである．

答え ✗
外反股は頸体角が著しく大きい状態のことである．
参照 ⇒ 第2章-1

8. 成人の前捻角は約15～20°である．

答え ○
前捻角は生下時，約30°であり，骨成長と筋活動の増加により成人では約15～20°に減少する．
参照 ⇒ 第2章-1

9. 股関節の関節包外面を輪状に取り巻く肥厚した線維を輪帯という．

答え ✗
股関節の関節包内面を輪状に取り巻く肥厚した線維を輪帯という．
参照 ⇒ 第2章-1

	Q ○×問題	A 解答と解説

10. 寛骨は腸骨，恥骨，坐骨からなる．

答え ○
寛骨は 腸骨，恥骨，坐骨 からなり，寛骨臼の関節面は 月状面 と呼ばれる．
参照 ⇒ 第2章-1

11. 大腿骨頭靭帯は関節包内にあり，股関節外転時に緊張する．

答え ✗
大腿骨頭靭帯は 関節包内 にあり，股関節 内転 時に緊張する．
参照 ⇒ 第2章-1

12. 股関節伸展時，腸骨大腿靭帯，恥骨大腿靭帯，坐骨大腿靭帯は弛緩する．

答え ✗
股関節 屈曲 時，腸骨大腿靭帯，恥骨大腿靭帯，坐骨大腿靭帯は弛緩する．
参照 ⇒ 第2章-1

13. 恥骨大腿靭帯は股関節の内旋を制限する．

答え ✗
恥骨大腿靭帯は股関節の 外転・伸展 を制限する．
参照 ⇒ 第2章-1

14. 坐骨大腿靭帯は股関節の内転を制限する．

答え ○
坐骨大腿靭帯は関節包の後面下部を補強し，股関節の 伸展・内転・内旋 を制限する．
参照 ⇒ 第2章-1

15. 腸骨大腿靭帯は逆Y字型に似た形をしており，関節包の前面を補強する．

答え ○
腸骨大腿靭帯は靭帯の中で最強の靭帯の1つであり，逆Y字型 に似た形をしており，関節包の前面 を補強する．
参照 ⇒ 第2章-1

16. 股関節外転は骨盤下制位で大きくなる．

答え ✗
股関節外転は骨盤 挙上位 で大きくなる．
参照 ⇒ 第2章-1

17. 股関節は膝関節伸展位で最大屈曲する．

答え ✗
股関節は膝関節 屈曲位 で最大屈曲する．
参照 ⇒ 第2章-1

18. 恥骨筋は股関節外転を制限する．

答え ○
恥骨筋は 股関節伸展・外転 を制限する．
参照 ⇒ 第2章-1

19. 大内転筋は股関節屈曲・内旋に作用する．

答え ○
大内転筋は 外転 以外のすべての股関節運動に作用する．
参照 ⇒ 第2章-1

Q ○×問題	A 解答と解説
20. 大腿筋膜張筋は股関節伸展に作用する．	答え ✗ 大腿筋膜張筋は股関節屈曲に作用する． 参照 ⇒ 第2章−1
21. 大殿筋，縫工筋，薄筋，梨状筋は股関節外旋筋である．	答え ✗ 大殿筋，縫工筋，梨状筋は股関節外旋筋であるが，薄筋は股関節内転筋である． 参照 ⇒ 第2章−1
22. 薄筋は股関節伸展に作用する．	答え ✗ 薄筋は股関節屈曲に作用する． 参照 ⇒ 第2章−1
23. 半腱様筋の収縮は股関節外旋を制限する．	答え ○ 半腱様筋，半膜様筋，大腿筋膜張筋の収縮は股関節外旋を制限する． 参照 ⇒ 第2章−1
24. 大腿直筋は股関節屈曲に作用する．	答え ○ 大腿直筋は股関節屈曲および膝関節伸展に作用する． 参照 ⇒ 第2章−1
25. 股関節伸展可動域は膝関節伸展位で小さくなる．	答え ✗ 股関節伸展可動域は膝関節屈曲位で小さくなる． 参照 ⇒ 第2章−1
26. 膝関節は脛骨大腿関節と膝蓋大腿関節からなる．	答え ○ 膝関節は脛骨と大腿骨，膝蓋骨と大腿骨の2つの関節の複合体であり，脛骨大腿関節と膝蓋大腿関節からなる． 参照 ⇒ 第2章−2
27. 脛骨大腿関節は鞍関節である．	答え ✗ 脛骨大腿関節はらせん関節である． 参照 ⇒ 第2章−2
28. 内側半月は卵円形またはC字形である．	答え ○ 内側半月は卵円形またはC字形であり，その外縁は内側側副靱帯，半膜様筋，関節包と結合する． 参照 ⇒ 第2章−2
29. 外側半月は外側側副靱帯と結合する．	答え ✗ 外側半月は関節包と結合する． 参照 ⇒ 第2章−2

Q ○×問題	A 解答と解説

30. 半月の外縁側は血液供給がされていない．

答え ✗
半月の内縁側は血液供給がされていない
参照 ⇒ 第2章 - 2

31. 内側半月は外側半月よりも小さい．

答え ✗
内側半月は外側半月よりも大きい．
参照 ⇒ 第2章 - 2

32. 膝関節屈曲・伸展運動時，外側半月よりも内側半月の方が移動量が大きい．

答え ✗
膝関節屈曲・伸展運動時，外側半月よりも内側半月の方が移動量が小さい．
参照 ⇒ 第2章 - 2

33. 関節半月は脛骨大腿関節での衝撃を和らげる．

答え ○
関節半月は脛骨大腿関節での衝撃を和らげ，滑液を分散し，可動性を適正し，適合性を良好にする．
参照 ⇒ 第2章 - 2

34. 前十字靭帯は脛骨の後方移動を制限する．

答え ✗
前十字靭帯は脛骨の前方移動を制限する．
参照 ⇒ 第2章 - 2

35. 前十字靭帯は膝関節伸展・内旋時に緊張する．

答え ○
前十字靭帯は膝関節伸展・内旋時に緊張し，後十字靭帯は膝関節屈曲・内旋時に緊張する．
参照 ⇒ 第2章 - 2

36. 内側側副靭帯は膝関節屈曲時に緊張する．

答え ✗
内側側副靭帯は膝関節伸展時に緊張する．
参照 ⇒ 第2章 - 2

37. 外側側副靭帯は内側側副靭帯よりも幅が広い．

答え ✗
外側側副靭帯は内側側副靭帯よりも細く，紐状である．
参照 ⇒ 第2章 - 2

38. 半腱様筋は膝関節屈曲位で下腿を外旋させる．

答え ✗
半腱様筋の収縮は膝関節屈曲位で下腿を内旋させる．
参照 ⇒ 第2章 - 2

39. 大腿二頭筋は膝関節屈曲・内旋に作用する．

答え ✗
大腿二頭筋は膝関節屈曲・外旋に作用する．
参照 ⇒ 第2章 - 2

Q ○×問題 / A 解答と解説

40. 大腿筋膜張筋は膝関節屈曲位で下腿を外旋させる.

答え ○
大腿筋膜張筋は膝関節屈曲位で下腿を**外旋**させ,膝関節を**伸展**させる.
参照 ⇒ 第2章-2

41. 膝窩筋は下腿を内旋させる.

答え ○
膝窩筋は膝関節**屈曲**時,下腿を**内旋**させる.
参照 ⇒ 第2章-2

42. FTAは大腿骨の長軸と脛骨の長軸がなす角度をいう.

答え ○
FTAは**大腿骨の長軸と脛骨の長軸がなす角度**をいい,外側で**170〜175°**であり,**生理的外反**という.
参照 ⇒ 第2章-2

43. 下肢機能軸(Mikulicz線)は大転子と足関節中心を結んだ線である.

答え ✕
下肢機能軸(Mikulicz線)は**大腿骨頭中心**と**足関節中心**を結んだ線である.
参照 ⇒ 第2章-2

44. FTAが180°以上を示した状態を外反膝と呼ぶ.

答え ✕
FTAが180°以上を示した状態を**内反膝**と呼ぶ.
参照 ⇒ 第2章-2

45. 膝関節屈曲最終域では転がり運動となる

答え ✕
膝関節屈曲最終域では**滑り運動**となる.
参照 ⇒ 第2章-2

46. 膝関節完全伸展位では下腿は外旋する.

答え ○
最大伸展位から屈曲初期に脛骨は大腿骨に対し**内旋**し,伸展していく際に下腿は**外旋**する.
参照 ⇒ 第2章-2

47. スクリューホームムーブメントとは膝関節最大伸展位から屈曲初期に下腿が外旋し,伸展していく際に内旋することである.

答え ✕
スクリューホームムーブメントとは膝関節最大伸展位から屈曲初期に下腿が**内旋**し,伸展していく際に**外旋**することである.
参照 ⇒ 第2章-2

48. 鵞足は縫工筋,薄筋,大腿二頭筋からなる.

答え ✕
鵞足は**縫工筋**,**薄筋**,**半腱様筋**からなる.
参照 ⇒ 第2章-2

49. 内転筋管内は大腿動脈・静脈が通過する.

答え ○
内転筋管は内側広筋と大内転筋の間に位置し,**大腿動脈・静脈**が通過する.
参照 ⇒ 第2章-2

第2章 下肢

| Q ○×問題 | A 解答と解説 |

50. 足関節・足部には歩行時の衝撃吸収作用がある．

答え ○
足部の機能は，骨構成・靱帯支持・筋作用からなる3つのアーチにより体重を支持し，歩行時の衝撃を吸収し，推進力を与える．
参照 ⇒ 第2章-3

51. 距腿関節はらせん関節である．

答え ○
距腿関節はらせん関節であり，足関節の底屈・背屈を行う．
参照 ⇒ 第2章-3

52. 内顆は外顆よりも遠位に位置する．

答え ✗
内顆は外顆よりも近位に位置する．
参照 ⇒ 第2章-3

53. 距骨滑車の幅は前方より後方が広い．

答え ✗
距骨滑車の幅は後方より前方が広い．
参照 ⇒ 第2章-3

54. 距腿関節の運動軸は前額面で約10°，水平面で約6°のずれを生じる．

答え ○
距腿関節の運動軸は前額面で約10°，水平面で約6°のずれを生じるため，背屈時には足底はやや外側を向き，底屈時には内側を向く．
参照 ⇒ 第2章-3

55. 足関節の外側には三角靱帯，踵腓靱帯，後距腓靱帯が位置する．

答え ✗
足関節の外側には前距腓靱帯，踵腓靱帯，後距腓靱帯が位置する．
参照 ⇒ 第2章-3

56. 三角靱帯は足関節内反の動きを制動している．

答え ✗
三角靱帯は足関節外反の動きを制動している．
参照 ⇒ 第2章-3

57. 距骨下関節では外転・内転運動と外がえし・内がえし運動が可能である．

答え ○
距骨下関節では外がえし運動は背屈・外転・回内運動を伴い，内がえし運動は底屈・内転・回外運動を伴う．
参照 ⇒ 第2章-3

58. 第1中足骨はショパール関節を構成する．

答え ✗
第1中足骨はリスフラン関節（足根中足関節）を構成する．なお，横足根関節はショパール関節とも呼ばれる．
参照 ⇒ 第2章-3

Q ○×問題 / A 解答と解説

59. 立方骨はリスフラン関節を構成する．

答え ○
リスフラン関節は内側・中間・外側楔状骨，大1〜5中足骨，立方骨で構成される．なお，足根中足関節はリスフラン関節とも呼ばれる．
参照 ⇒ 第2章-3

60. 舟状骨と第4中足骨は関節を形成し，リスフラン関節を構成する．

答え ✕
リスフラン関節においては，第4・5中足骨が立方骨との間に関節面を構成する．
参照 ⇒ 第2章-3

61. 長腓骨筋は足関節の背屈に作用する．

答え ✕
長腓骨筋は足関節の底屈に作用する．
参照 ⇒ 第2章-3

62. 後脛骨筋は足関節内がえしに作用する．

答え ○
足関節内がえしには後脛骨筋，長母指屈筋，長指屈筋，前脛骨筋，長母指伸筋が作用する．
参照 ⇒ 第2章-3

63. 第3腓骨筋は足関節外がえしに作用する．

答え ○
足関節外がえしには第3腓骨筋，長指伸筋，長・短腓骨筋が作用する．
参照 ⇒ 第2章-3

64. 背屈には長母指屈筋が作用する．

答え ✕
背屈には前脛骨筋，長母指伸筋，長指伸筋，第3腓骨筋が作用する．
参照 ⇒ 第2章-3

65. 舟状骨は内側縦アーチを構成する．

答え ○
内側縦アーチは踵骨，距骨，舟状骨，内側楔状骨，第1中足骨より構成される．
参照 ⇒ 第2章-3

66. 内側縦アーチには前脛骨筋が関与する．

答え ○
内側縦アーチには前脛骨筋，後脛骨筋，長母指屈筋，長指屈筋，母指外転筋が関与する．
参照 ⇒ 第2章-3

67. 外側縦アーチは距骨，立方骨，第5中足骨より構成される．

答え ✕
外側縦アーチは踵骨，立方骨，第5中足骨より構成される．
参照 ⇒ 第2章-3

Q ○×問題

68. 横アーチは後足部と前足部の2カ所で構成される．

69. 中足部の横アーチは立方骨，舟状骨により構成されている．

70. ウィンドラス機構は歩行時の踵接地の際に作用する．

A 解答と解説

答え ✗
横アーチは中足部と前足部の2カ所で構成される．
参照 ⇒ 第2章-3

答え ✗
中足部の横アーチは立方骨，内側・中間・外側楔状骨により構成されている．
参照 ⇒ 第2章-3

答え ✗
ウィンドラス機構は歩行時の蹴り出しの際に作用する．
参照 ⇒ 第2章-3

Q 選択問題

1. 正しいのはどれか．
  1. 恥骨大腿靱帯は股関節の過度な伸展を制限する
  2. 大腿骨頭靱帯は股関節の外転を制限する
  3. 坐骨大腿靱帯は股関節の屈曲を制限する
  4. 前十字靱帯は膝関節の伸展を制限する
  5. 外側側副靱帯は膝関節の内旋を制限する

2. 関節半月について誤っているのはどれか．
  1. 内側半月は外側半月よりも大きい
  2. 関節半月は関節の適合性を良好にする
  3. 内側半月は内側側副靱帯と結合しない
  4. 関節半月の内縁側は血液供給がされていない
  5. 関節半月は脛骨大腿関節での衝撃を和らげる

3. 足の横アーチを構成しないのはどれか．
  1. 内側楔状骨
  2. 外側楔状骨
  3. 舟状骨
  4. 立方骨
  5. 第5中足骨

A 解答と解説

答えは **4**
1. 腸骨大腿靱帯は股関節の過度の伸展を制限する．2. 大腿骨頭靱帯は股関節の内転を制限する．3. 坐骨大腿靱帯は股関節の伸展を制限する．5. 外側側副靱帯は膝関節の外旋を制限する．
参照 ⇒ 第2章-1，2

答えは **3**
内側半月は内側側副靱帯，関節包と結合する．
参照 ⇒ 第2章-2

答えは **3**
舟状骨は内側縦アーチを構成する．
参照 ⇒ 第2章-3

Advice

股関節周囲・膝関節周囲の靱帯はどの姿位で緊張・弛緩するのか整理して確実に覚えておこう．

各筋の作用は，主動作筋のみではなく，補助筋としての作用もしっかり頭に入れよう．

第2章 下肢

Note

第3章 体軸骨格

Q ○×問題 → A 解答と解説

1. 脊柱の矢状面における彎曲は頸椎後彎，腰椎後彎である．

   答え ✗
   脊柱の矢状面における彎曲は頸椎前彎，胸椎後彎，腰椎前彎，仙骨・尾骨の後彎である．
   参照 ⇒ 第3章-1

2. 頸椎前彎は首のすわり，座位保持可能になって形成され，第一次彎曲という．

   答え ✗
   胸椎後彎，仙骨・尾骨の後彎要素は胎児期より存在し第一次彎曲という．
   参照 ⇒ 第3章-1

3. 椎孔は椎体後面と椎弓前面で囲まれ，神経根が通る．

   答え ✗
   椎孔の中には，脊髄神経が通る．
   参照 ⇒ 第3章-1

4. 椎間孔は上椎切痕と下椎切痕の間に作られ，脊髄神経が通る．

   答え ✗
   椎間孔は脊髄から出る神経根が通る．
   参照 ⇒ 第3章-1

5. 椎間孔は頸椎と胸椎では大きな三角形で，腰椎は小さな円形である．

   答え ✗
   椎間孔は頸椎と腰椎では大きな三角形で，胸椎は小さな円形である．
   参照 ⇒ 第3章-1

6. 前縦靭帯は椎体の前面を後頭骨から仙骨まで結ぶ靭帯である．

   答え ○
   前縦靭帯は椎体の前面を後頭骨から仙骨まで結ぶ靭帯である．
   参照 ⇒ 第3章-1

7. 後縦靭帯は椎体の後面を後頭骨から仙骨まで結ぶ靭帯で，椎間板と強固に結合している．

   答え ○
   全椎骨を通して結ぶ靭帯は前縦靭帯と後縦靭帯である．後縦靭帯は椎体の後面を後頭骨から仙骨まで結ぶ靭帯で，椎間板と強固に結合している．
   参照 ⇒ 第3章-1

8. 項靭帯は後頭骨から第12胸椎棘突起を結ぶ靭帯である．

   答え ✗
   項靭帯は後頭骨から第7頸椎棘突起を結ぶ靭帯である．
   参照 ⇒ 第3章-1

9. 椎間板は椎体間にあって線維輪と髄核からなる．

   答え ○
   椎間板は椎体間にあって線維輪と髄核からなる．
   参照 ⇒ 第3章-1

Q ○×問題

10. 椎間板の機能は，上下の椎体の連結，脊柱の動き，体重圧の緩衝作用である．

☐☐☐

11. 線維輪は垂直加重力の 3/4 を受け，髄核は残りの 1/4 を受けている．

☐☐☐

12. 体幹の前屈（椎骨間の動きが屈曲）の場合，髄核は後方へ移動する．

☐☐☐

13. 椎間骨に回旋の動きが起こると，髄核は弛緩する．

☐☐☐

14. 脊髄の灰白質は前角，側角，後角があり，横断面ではH形の灰白柱をつくる．

☐☐☐

15. 人の脊髄神経は頸神経7対，胸神経12対，腰神経5対，仙骨神経5対，尾骨神経1対からなる．

☐☐☐

16. 軸椎の歯突起が環椎前弓内にはまり込み，歯突起の後方は強力な環椎横靭帯で支えられている．

☐☐☐

17. 頸椎の回旋運動の多くは環軸関節で行われている．

☐☐☐

A 解答と解説

答え ○
椎間板の機能は，上下の椎体の連結，脊柱の動き，体重圧の緩衝作用である．
参照 ⇒ 第3章-1

答え ✗
線維輪は垂直加重力の 1/4 を受け，髄核は残りの 3/4 を受けている．加重がかかり，大きな可動性が必要なのは第5腰椎から第1仙椎間の椎間板である．
参照 ⇒ 第3章-1

答え ○
椎骨間の動きが屈曲の場合，髄核は後方へ移動し，伸展の場合は前方に移動する．
参照 ⇒ 第3章-1

答え ✗
回旋の動きにより線維輪の緊張が高まり，髄核は圧迫を受ける．
参照 ⇒ 第3章-1

答え ○
脊髄の灰白質は前角，側角，後角があり，横断面ではH形の灰白柱をつくる．
参照 ⇒ 第3章-1

答え ✗
頸神経は8対，胸神経は12対，腰神経は5対，仙骨神経は5対，尾骨神経は1対である．第1頸神経は後頭骨と第1頸椎の間から出るため頸神経は8対である．
参照 ⇒ 第3章-1

答え ○
軸椎の歯突起が環椎前弓内にはまり込み，歯突起の後方は強力な環椎横靭帯で支えられている．
参照 ⇒ 第3章-1

答え ○
頸椎の回旋運動の多くは環軸関節で行われている．頭部を左右に回旋させる際，頸椎の回旋可動域の約50％を占める．
参照 ⇒ 第3章-1

Q ○×問題	A 解答と解説
18. 環椎にも椎体が存在する．	答え ✗ 環椎（第1頸椎）は輪状をしており，椎体は存在しない． 参照 ⇒ 第3章-1
19. 環椎と軸椎の連結において，正中環軸関節はらせん関節である．	答え ✗ 環椎と軸椎の正中環軸関節は車軸関節である． 参照 ⇒ 第3章-1
20. 環椎と軸椎の連結において，外側環軸関節は車軸関節である．	答え ✗ 環椎と軸椎の外側環軸関節は椎間関節である． 参照 ⇒ 第3章-1
21. 第1頸椎から第6頸椎の横突孔には椎骨動脈，椎骨静脈が通っている．	答え ○ 第1頸椎から第6頸椎の横突孔には椎骨動脈，椎骨静脈が通っている． 参照 ⇒ 第3章-1
22. ルシュカ関節は胸椎に存在する．	答え ✗ ルシュカ関節は，頸椎に存在する．第2頸椎（軸椎）以下に存在する． 参照 ⇒ 第3章-1
23. ルシュカ関節は頸椎の伸展を制限している．	答え ✗ 椎体の後外側面にルシュカ突起があり，上下でルシュカ関節を形成し，頸椎の側屈を制限している． 参照 ⇒ 第3章-1
24. 黄色靭帯の主な役割は脊髄の保護である．	答え ○ 黄色靭帯の主な役割は脊髄の保護である．黄色靭帯は弾性繊維に富み，前屈，後屈，側屈，回旋の運動を制動する作用がある． 参照 ⇒ 第3章-1
25. 下位頸椎において，最も大きな可動性を有しているのは第6頸椎から第7頸椎間である．	答え ✗ 下位頸椎では第4頸椎から第5頸椎間が最も大きな可動性を有している． 参照 ⇒ 第3章-1
26. 頸部の脊柱管は頸部伸展で狭小化する．	答え ○ 頸部の脊柱管は頸部伸展で狭小化する．頸部伸展で頸椎前彎が強くなり，椎間関節がずれが生じ，脊柱管が狭くなる． 参照 ⇒ 第3章-1

	Q ○×問題	A 解答と解説
27.	第7頸椎棘突起は体表から触診することが容易である．	答え ○ 第7頸椎棘突起は隆椎とも呼ばれ，容易に触診可能である． 参照 ⇒ 第3章-1
28.	下部頸椎の椎間関節面は水平面に対して60°傾斜している．	答え ✗ 下部頸椎の椎間関節面は水平面に対して45°傾き，前額面に対して平行である． 参照 ⇒ 第3章-1
29.	片側の胸鎖乳突筋の収縮では，頭部を反対側に回旋し，同側に側屈する作用がある．	答え ○ 片側の胸鎖乳突筋の収縮では，頭部を反対側に回旋し，同側に側屈する作用がある．支配神経は頸神経叢と副神経の2つである． 参照 ⇒ 第3章-1
30.	胸鎖乳突筋は片側だけの収縮で頸椎を安定させることができる．	答え ✗ 胸鎖乳突筋は両側同時に働いて頸椎を安定させることができる． 参照 ⇒ 第3章-1
31.	頭頸部を右側に回旋させる筋群は右斜角筋群である．	答え ✗ 頭頸部を右側に回旋させる筋群は，右板状筋群である． 参照 ⇒ 第3章-1
32.	胸椎の動きは，頸椎，腰椎に比べて著しく制限されている．	答え ○ 胸椎の動きは，頸椎，腰椎に比べて著しく制限されている． 参照 ⇒ 第3章-1
33.	両側の上前腸骨棘を結んだ線をヤコビー線という．	答え ✗ 両側の腸骨稜を結んだ線がヤコビー線である．第4腰椎棘突起から第5腰椎棘突起間を通る． 参照 ⇒ 第3章-1
34.	立位時に第4腰椎と第5腰椎の椎間板にかかる圧力は体重の2倍である．	答え ✗ 立位時に第3腰椎と第4腰椎の椎間板にかかる圧力は体重の2倍である． 参照 ⇒ 第3章-1
35.	第5腰椎は脊椎のなかで最も大きい．	答え ○ 第5腰椎は脊椎のなかで最も大きい．腰椎は上半身の体重負荷，重量物の運搬，大きな可動性が求められ，強固な構造が必要である． 参照 ⇒ 第3章-1

第3章 体軸骨格

Q ○×問題	A 解答と解説

36. 腰椎の椎間関節は，前額面に対しては直角，水平面に対して45°の傾きがある．

答え ✗
腰椎の椎間関節は，前額面に対しては 45° の傾き，水平面に対しては直角である．
参照 ⇒ 第 3 章 – 1

37. 腰椎前彎が増強すると下位腰椎の椎間板にかかる内圧は増加する．

答え ○
腰椎前彎が増強すると下位腰椎の椎間板にかかる内圧は増加する．椎間関節にかかる力学的ストレスも増加する．
参照 ⇒ 第 3 章 – 1

38. 腹筋群を強く収縮させると腹圧が上昇し，椎間板にかかる圧力は軽減する．

答え ○
腹筋群を強く収縮させると腹圧が上昇し，椎間板にかかる圧力は軽減する．
参照 ⇒ 第 3 章 – 1

39. 腹直筋は機能的に上部線維，中部線維，下部線維の3つに分けることができる．

答え ✗
腹直筋は上部線維，下部線維の2つに分けることができる．
参照 ⇒ 第 3 章 – 1

40. 正常な骨盤の前傾角度は約30°である．

答え ○
正常な骨盤の前傾角度は約30°である．
参照 ⇒ 第 3 章 – 1

41. 恥骨結合は寛骨各部の結合と同様，成人では骨結合となる．

答え ✗
恥骨結合は恥骨間円板による線維軟骨性結合である．
参照 ⇒ 第 3 章 – 1

42. 仙結節靭帯は仙骨の後傾運動を強力に制動している靭帯である．

答え ✗
仙結節靭帯は仙骨の前傾運動を強力に制動している靭帯である．
参照 ⇒ 第 3 章 – 1

43. 仙腸関節は仙骨と腸骨の耳状面にある半関節である．

答え ○
仙腸関節は仙骨と腸骨の耳状面にある半関節である．可動性はきわめて小さく滑膜性関節を有する．
参照 ⇒ 第 3 章 – 1

44. 腰方形筋は両側が収縮すると体幹の伸展に働く．

答え ○
腰方形筋は両側が収縮すると体幹の伸展に働く．骨盤の引き上げ，胸郭の引き下げの作用もある．
参照 ⇒ 第 3 章 – 1

Q ○×問題	A 解答と解説

45. 胸郭は 12 個の胸椎，11 対の肋骨，1 個の胸骨から構成されている．

答え ✗
胸郭は 12 個の胸椎，12 対の肋骨，1 個の胸骨から構成されている．
参照 ⇒ 第 3 章 − 2

46. 胸郭は主として呼吸運動に関与している．

答え ○
胸郭は主として呼吸運動に関与している．
参照 ⇒ 第 3 章 − 2

47. 胸骨は胸骨体と剣状突起で構成されている．

答え ✗
胸骨は胸骨柄，胸骨体，剣状突起で構成されている．
参照 ⇒ 第 3 章 − 2

48. 肋椎関節は肋骨頭関節と肋縦突関節で構成されている．

答え ✗
肋椎関節は肋骨頭関節と肋横突関節で構成されている．
参照 ⇒ 第 3 章 − 2

49. 胸郭の上下方向の拡大は第 1 肋骨，第 2 肋骨の挙上と横隔膜の収縮で起こる．

答え ○
胸郭の上下方向の拡大は第 1 肋骨，第 2 肋骨の挙上と横隔膜の収縮で起こる．
参照 ⇒ 第 3 章 − 2

50. 胸郭の左右方向の拡大は主に下位肋骨の運動による．

答え ○
胸郭の左右方向の拡大は主に下位肋骨の運動による．
参照 ⇒ 第 3 章 − 2

51. 吸気時には，横隔膜，外肋間筋，内肋間筋前部線維が働く．

答え ○
吸気時には，横隔膜，外肋間筋，内肋間筋前部線維が働く．
参照 ⇒ 第 3 章 − 2

52. 内肋間筋は肋骨を下制する．

答え ○
内肋間筋は肋骨を下制する．
参照 ⇒ 第 3 章 − 2

53. 横隔膜は吸気時に収縮し，約 1 cm 程度下降し，胸郭は縮小し，腹圧は上昇する．

答え ✗
横隔膜は吸気時に収縮し，約 1 cm 程度下降し，胸郭は拡大し，腹圧は上昇する．
参照 ⇒ 第 3 章 − 2

54. 頭蓋骨は脳頭蓋と顔面頭蓋からなる．

答え ○
頭蓋骨は脳頭蓋と顔面頭蓋からなる．
参照 ⇒ 第 3 章 − 3

Q ○×問題 / A 解答と解説

55. 脳頭蓋は前頭骨，後頭骨，頭頂骨，蝶形骨，側頭骨で構成されている．

答え ○
脳頭蓋は前頭骨，後頭骨，頭頂骨，蝶形骨，側頭骨で構成されている．
参照 ⇒ 第3章 – 3

56. 顎関節は下顎骨の下顎窩と側頭骨の下顎頭からなり，間には関節円板が存在する．

答え ✗
顎関節は下顎骨の下顎頭と側頭骨の下顎窩からなり，間には関節円板が存在する
参照 ⇒ 第3章 – 3

57. 咀嚼筋はすべて頭蓋から起こり，上顎骨に停止する．

答え ✗
咀嚼筋はすべて頭蓋から起こり，下顎骨に停止する．
参照 ⇒ 第3章 – 3

58. 表情筋は骨から起こり，皮膚に停止する皮筋で，神経支配は顔面神経である．

答え ○
表情筋は骨から起こり，皮膚に停止する皮筋で，神経支配は顔面神経である．
参照 ⇒ 第3章 – 3

59. 咀嚼筋の中で最も強力なのは，咬筋である．

答え ○
咀嚼筋の中で最も強力なのは，咬筋である．
参照 ⇒ 第3章 – 3

60. 口輪筋は口唇を取り囲み収縮すると，すぼめる（口笛を吹くときの口を尖らせる）働きがある．

答え ○
口輪筋は口唇を取り囲み，収縮すると，すぼめる（口笛を吹くときの口を尖らせる）働きがある．
参照 ⇒ 第3章 – 3

Note

Q 選択問題

1. 次のうち誤っているものを選択しなさい．
1. 軸椎の歯突起が環椎前弓内にはまり込み，歯突起の後方は強力な環椎横靱帯で支えられている
2. 頸椎の回旋運動の多くは環軸関節で行われている
3. 環椎にも椎体が存在する
4. 環椎と軸椎の連結において，正中環軸関節は車軸関節である
5. 環椎と軸椎の連結において，外側環軸関節は椎間関節である

☐☐☐

2. 次のうち誤っているものを選択しなさい．
1. 胸郭は 12 個の胸椎，11 対の肋骨，1 個の胸骨から構成されている
2. 胸郭は主として呼吸運動に関与している
3. 胸郭の上下方向の拡大は第 1 肋骨，第 2 肋骨の挙上と横隔膜の収縮で起こる
4. 胸郭の左右方向の拡大は主に上位肋骨の運動による
5. 胸郭は心臓や肺など胸腔内の重要な臓器を保護する機能をもつ

☐☐☐

A 解答と解説

答えは **3**
環椎は椎体がないことと，棘突起がないことが特徴である．

参照 ⇒ 第 3 章 – 1

答えは **1，4**
1．胸郭は 12 個の胸椎，12 対の肋骨，1 個の胸骨から構成されている．4．胸郭の左右方向の拡大は主に下位肋骨の運動による．

参照 ⇒ 第 3 章 – 2

第 3 章 体軸骨格

Advice

脊柱の矢状面における生理学的彎曲を理解し，頸椎・胸椎・腰椎の椎間関節における関節面の方向を水平面と前額面に分けて整理し，屈伸，側屈，回旋の可動域と照らし合わせることで理解を深めよう．

腰痛体操の目的や腰椎椎間板ヘルニアなどの疾患と，解剖学，運動学を重ね合わせるようにすれば，知識の幅が広がる．知らないことや，習ってないことを知ろうとすることが学ぶ姿勢の基本である．

第 4 章 生体力学

Q ○×問題 / A 解答と解説

1. 身体を前後に分ける平面を矢状面という．

答え ✗
身体を前後に分ける平面を前額面という．
参照 ⇒ 第 4 章 − 1

2. 気をつけの姿勢から手掌を前に向けた肢位を基本的立位肢位と呼ぶ．

答え ✗
手掌を前に向けた肢位を解剖学的立位肢位という．
参照 ⇒ 第 4 章 − 1

3. 速度を微分すると加速度になる．

答え ○
変位を時間で微分したものが速度で，速度を微分すると加速度になる．
参照 ⇒ 第 4 章 − 1

4. 角度の時間変化を角速度と呼ぶ．

答え ○
角速度は角変位を時間で微分することで求められる．
参照 ⇒ 第 4 章 − 1

5. 角速度を積分すると角加速度となる．

答え ✗
角速度を積分すると角変位となる．
参照 ⇒ 第 4 章 − 1

6. 床反力は前後，左右，上下の三次元ベクトルである．

答え ○
床反力は三次元ベクトルであり，重力は常に鉛直下方に作用する．
参照 ⇒ 第 4 章 − 2

7. 立位姿勢で足底面が接地している部分を支持基底面という．

答え ✗
立位姿勢で両足とその間を囲む部分のことを支持基底面という．
参照 ⇒ 第 4 章 − 2

8. 身体重心が高い方が安定性もよいといえる．

答え ✗
安定性の条件として，体重が大きい，支持基底面が広い，身体重心が低い，の 3 つが挙げられる．
参照 ⇒ 第 4 章 − 2

9. 重力より床反力が大きい場合，身体は下方に移動する．

答え ✗
身体は上方に移動する．
参照 ⇒ 第 4 章 − 2

10. 力は質量と加速度の積で表される．

答え ○
物体に力 F が作用する場合，生じる加速度との間に F = mα の関係が成り立つ．
参照 ⇒ 第 4 章 − 2

Q ○×問題

11. 静止立位で床反力が足関節より前方に作用しているとき，足関節が回転しない状態の場合，生体は足関節背屈モーメントを発揮している．

☐☐☐

12. 後方に転倒しそうな場合，足圧中心を前方に移動させることで転倒しないようにすることが可能である．

☐☐☐

13. 関節モーメントは外力の回転成分と関節中心からの距離の積で決まる．

☐☐☐

14. 物体に力が作用しない場合には，物体は静止状態でい続けるか，等速度で運動を続けるということをニュートンの第1法則で作用反作用の法則という．

☐☐☐

15. ニュートンの第2法則は運動方程式といい，F＝mαで表される．

☐☐☐

16. 第1のてこは力点と支点の間に作用点がある．

☐☐☐

17. 第2のてこは支点と力点の間に作用点がある．

☐☐☐

18. 第3のてこは作用点と支点の間に力点がある．

☐☐☐

19. 第1のてこの特徴は，力の有利性にある．

☐☐☐

A 解答と解説

答え ✕
床反力は足関節を背屈させようとする外力として作用するため，足関節は底屈モーメントを発揮している．
参照 ⇒ 第4章-2

答え ✕
つま先を上げ，足圧中心を後方に移動させることで転倒しないようにすることが可能である．
参照 ⇒ 第4章-2

答え ○
静止立位では床反力が足関節から離れるほど発揮する足関節底屈モーメントも大きくなる．
参照 ⇒ 第4章-2

答え ✕
ニュートンの第1法則は慣性の法則といわれる．作用反作用の法則はニュートンの第3法則である．
参照 ⇒ 第4章-2

答え ○
物体に力Fが作用すると，物体には加速度αが生じる．加速度は作用した力を質量mで割ったものである．
参照 ⇒ 第4章-2

答え ✕
第1のてこは力点と作用点の間に支点がある．
参照 ⇒ 第4章-2

答え ○
第2のてこは力の有利性があり，作用点が力点と支点の間にある．
参照 ⇒ 第4章-2

答え ○
第3のてこは力点が支点と作用点の間にあり運動の速さに有利である．
参照 ⇒ 第4章-2

答え ✕
第1のてこの特徴は安定性である．
参照 ⇒ 第4章-2

第4章 生体力学

Q ○×問題	A 解答と解説
20. 片足で立ったときに骨盤に対する中殿筋の作用は第1のてこの例である．	答え ○ 支点が力点と作用点の間にあるため第1のてこである． 参照 ⇒ 第4章−2
21. 体幹前傾時のハムストリングスの作用は第2のてこの例である．	答え ✗ 体幹前傾時のハムストリングスの作用は第1のてこである． 参照 ⇒ 第4章−2
22. 咬筋と顎関節の関係は第3のてこの例である．	答え ✗ 咬筋と顎関節の関係は第2のてこである． 参照 ⇒ 第4章−2
23. 端座位股関節屈曲時の腸腰筋は第3のてこの例である．	答え ✗ 力点が支点と作用点の間にあり，第3のてこの例である．第3のてこは運動の速さに有利である． 参照 ⇒ 第4章−2
24. ワットは運動量の単位である．	答え ✗ ワットは仕事率の単位である． 参照 ⇒ 第4章−3
25. ジュールは仕事率の単位である．	答え ✗ ジュールは仕事の単位である． 参照 ⇒ 第4章−3
26. 仕事率は単位時間あたりの仕事である．	答え ○ 仕事率は単位時間あたりの仕事であり，単位はW（ワット）である． 参照 ⇒ 第4章−3
27. 仕事は力と移動距離との和である．	答え ✗ 仕事は力と移動距離の積である． 参照 ⇒ 第4章−3
28. 位置エネルギーはmgh（質量×重力加速度×高さ）で表される．	答え ○ 高いところにある物体もほかの物体に仕事をする能力があり，重力の位置エネルギーという． 参照 ⇒ 第4章−3
29. 物体を回転させる働きの大きさを力のモーメントという．	答え ○ 物体を回転させる働きの大きさを力のモーメントといい，関節周りで筋力などが関節を回転させる働きの大きさを関節モーメントという． 参照 ⇒ 第4章−3

Q ○×問題 / A 解答と解説

30. 回転運動の仕事は力のモーメントと角速度の積で表される．

答え ○
回転運動の仕事は W＝M×ω（角速度）で表される．
参照 ⇒ 第4章-3

31. 力学的エネルギーは位置エネルギーと運動エネルギーとの積で表される．

答え ✗
位置エネルギーと運動エネルギーの和である．
参照 ⇒ 第4章-3

32. 30N（ニュートン）の力で5m床に沿って荷物を移動した場合，150J（ジュール）の仕事をしたという．

答え ○
仕事は力と移動距離の積で表され，30×5＝150（J）となる．
参照 ⇒ 第4章-3

33. 50N（ニュートン）の力で，5m床に沿って5秒間にわたって荷物を移動した場合の1秒あたりの仕事率は，25Wである．

答え ✗
仕事率は単位時間あたりの仕事であり，50（N）×5（m）÷5（秒）＝50W となる．
参照 ⇒ 第4章-3

34. 運動している物体はほかの物体に仕事をする能力を有しており，これを運動エネルギーという．

答え ○
運動エネルギーは 1/2×質量×速度^2 で表される．
参照 ⇒ 第4章-3

35. 摩擦力とは物体の水平移動に伴う接触面からの抵抗である．

答え ○
床に滑らせて物体を運ぶときの摩擦力は負の仕事となる．
参照 ⇒ 第4章-3

36. 物体に作用する力が重力のみであれば，力学的エネルギーは一定である．

答え ○
これは力学的エネルギー保存の法則といわれている．
参照 ⇒ 第4章-3

37. パワーは関節モーメントと角加速度を乗じたものである．

答え ✗
パワーは関節モーメントと角速度を乗じたものである．
参照 ⇒ 第4章-3

38. パワーはいかなる状況であっても必ず正となる．

答え ✗
関節モーメントと角速度の方向が同じであれば正となるが，逆の場合には負となる．
参照 ⇒ 第4章-3

39. 質量2kgの物体が直線上を6m/秒^{2}の加速度で動いているとき，働いている力は3Nである．

答え ✗
F＝mα より F＝2×6＝12（N）．
参照 ⇒ 第4章-3

Q ○×問題

40. カーフレイズで身体が下降するとき，下腿三頭筋の伸張性収縮は負のパワーとなる．

☐☐☐

A 解答と解説

答え **○**

底屈モーメント作用で背屈運動をするため，負のパワーとなる．

参照 ⇒ 第4章 – 3

Q 選択問題

1. 次のうち誤りはどれか．
  1. 力は質量と加速度の積で表される．
  2. 運動量は質量と速度との積で表される．
  3. 力学的エネルギーは位置エネルギーと運動エネルギーとの積で表される．
  4. 仕事率は単位時間あたりの仕事である
  5. 仕事は力と移動距離との積である．

☐☐☐

A 解答と解説

答えは **4**

力学的エネルギーは位置エネルギーと運動エネルギーとの和で表される．

参照 ⇒ 第4章 – 3

2. 次のうち正しい組み合わせはどれか．
  1. 第1のてこ－咬筋と顎関節の関係
  2. 第2のてこ－片脚立位時の中殿筋
  3. 第2のてこ－安定性に有利
  4. 第3のてこ－座位股関節屈曲時の腸腰筋
  5. 第1のてこ－運動の速さに有利

☐☐☐

答えは **4**

第3のてこは力点が支点と作用点の間にあり，運動の速さに有利である．

参照 ⇒ 第4章 – 2

Advice

国家試験では，生体力学の分野から1～2問出題される傾向にある．本項におけるPointは生体力学の基本的事項であり，理解しておくことが重要である．

速度や加速度といった運動学的分析に使用する用語，生体内におけるてこの分類はしっかりと確認しておくこと．また生体力学に関連した計算問題が出題される傾向もあるため，計算で用いられる公式も覚えておくこと．

第5章 姿勢

Q ○×問題 / A 解答と解説

1. 体節の相対的な位置関係を「構え」という．

答え ○
重力方向に対する身体の位置関係を「体位」といい，運動学では姿勢を「構え」と「体位」の2つの側面に大別し記載する．
参照 ⇒ 第5章-1

2. 同じ姿勢を保持している限り，筋疲労は生じない．

答え ✗
同じ姿勢を保持すると血液循環量が減少し，筋疲労が生じる．
参照 ⇒ 第5章-1

3. 背臥位は循環静力学的に負荷が大きいため心拍数が増大する．

答え ✗
背臥位は循環静力学的に負荷が少なく，心拍数は減少する．
参照 ⇒ 第5章-1

4. 心拍数は臥位，椅子座位，立位の順序で多くなる．

答え ○
立位姿勢では，身体下部の静脈系や毛細血管圧が上昇するため，心拍数は増加する．
参照 ⇒ 第5章-1

5. わずかの姿勢変化は筋疲労を軽減する効果がある．

答え ○
同じ姿勢を長時間にわたって保持すると血液循環量が減少し，筋疲労が生じる．わずかであっても姿勢を変化させることが筋疲労の軽減に有効である．
参照 ⇒ 第5章-1

6. 身体重心は発達過程においても相対的な位置は変わらない．

答え ✗
小児の重心の位置は第2仙骨前方より高い第12胸椎あたりにある．
参照 ⇒ 第5章-2

7. 身体重心は骨盤内で仙骨後方に位置している．

答え ✗
人体の重心は骨盤内で第2仙骨前方に位置し，成人男性では身長の約56〜57％，女性では約55〜56％の位置にある．
参照 ⇒ 第5章-2

8. 頭部，体幹，四肢の各分節の重心線が一致していると安定性は良くなる．

答え ○
分節構造物が平衡を保持するためには，上位分節の重心線は下位分節との接触面内にあり，全体の重心線が最下位分節の支持基底面内にあることが必要となる．
参照 ⇒ 第5章-2

Q ○×問題

9. 膝立ち位は重心線が支持基底面の後縁に近いため，バランスは不安定である．

10. 脊椎が過度に後方凸に彎曲した状態を円背という．

11. 痙性片麻痺患者で観察される異常姿勢では，重心線は非麻痺側に片寄っている．

12. パーキンソン病では頭部や体幹の前屈姿勢が観察される．

13. 松葉杖を使用した立位でも，支持基底面の広さは変わらない．

14. 支持基底面内の重心線の位置が中心に近いほど安定性は良い．

15. 支持基底面を変えずに身体位置を保持することができる境界を安定性限界という．

16. 腹腔内圧は脊柱起立筋とともに立位姿勢保持に重要な作用をもつ．

A 解答と解説

答え ×
膝立ち位は重心線が支持基底面の前縁に近いため，バランスは不安定である．
参照 ⇒ 第 5 章 - 2

答え ○
脊柱には生理的彎曲として頸椎と腰椎に前彎，胸椎と仙椎に後彎がある．彎曲の不整，極端な増減は病的と判断される．
参照 ⇒ 第 5 章 - 2

答え ○
片麻痺患者では重心線は非麻痺側に変位し，非対称性の姿勢が観察される．
参照 ⇒ 第 5 章 - 2

答え ○
パーキンソン病では，頭部前方突出，円背，体幹前屈，骨盤後傾，股関節・膝関節屈曲姿勢が観察される．
参照 ⇒ 第 5 章 - 2

答え ×
松葉杖を使用した立位では，支持基底面の広さは広くなる．杖の支持面と足底面とその間の部分を合計した面が支持基底面となる．
参照 ⇒ 第 5 章 - 2

答え ○
重心線が支持基底面内の辺縁になると，バランス維持のために筋活動や靱帯の緊張が必要となる．
参照 ⇒ 第 5 章 - 2

答え ○
安定性限界は固定的な境界ではなく，運動課題，個々の生体力学的状態，種々の環境に応じて変わる．
参照 ⇒ 第 5 章 - 2

答え ○
立位姿勢では脊柱に対して脊柱起立筋による後方からの支持と，胸腔と腹腔の内圧による前方からの支持も重要な役割を果たしている．
参照 ⇒ 第 5 章 - 2

Q ○×問題	A 解答と解説

17. 安静立位姿勢では，わずかに身体動揺が起こる．

答え ○
成人（20～49歳）の平均では，頭部や重心の動揺速度は 0.7～0.9 cm/秒 である．
参照 ⇒ 第5章-2

18. 安静立位姿勢では姿勢保持のエネルギーを最少にするため，筋活動を必要としない．

答え ✗
安静立位姿勢では姿勢保持のエネルギーを最少にするため，代償的姿勢戦略として多くの筋活動が観察されている．
参照 ⇒ 第5章-2

19. 立位姿勢を側方から観察すると重心線は股関節前面を通る．

答え ✗
立位姿勢を側方から観察すると重心線は股関節後面（大転子）を通る．
参照 ⇒ 第5章-2

20. 安静立位姿勢では，重心線は外顆の前方に位置する．

答え ○
矢状面上で観察すると，重心線は外果の5～6 cm 前方，足関節のやや前方に位置する．
参照 ⇒ 第5章-2

21. 開脚立位時の支持基底面は両足底面となる．

答え ✗
開脚立位時の支持基底面は両足底およびその間の部分を合計した面である．
参照 ⇒ 第5章-2

22. 頸部筋，脊柱起立筋，大腿四頭筋，腓腹筋を主要姿勢筋という．

答え ✗
頸部筋，脊柱起立筋，大腿二頭筋，ヒラメ筋を主要姿勢筋という．
参照 ⇒ 第5章-2

23. 腓腹筋は下肢の抗重力筋として最も働きが重要である．

答え ✗
下肢筋群において抗重力筋として最も作用する筋はヒラメ筋である．
参照 ⇒ 第5章-2

24. 基本的立位姿勢では体幹筋の働きは腹筋群が優位である．

答え ✗
基本的立位姿勢の体幹筋の働きは腹筋群よりも脊柱起立筋が優位である．
参照 ⇒ 第5章-2

25. 立位姿勢では，重心の前後動揺よりも左右動揺の方が大きい．

答え ✗
立位姿勢では，重心の前後動揺の方が大きい．立位姿勢の重心線は足関節の前方に位置し，下腿三頭筋の筋活動により姿勢調整をしている．
参照 ⇒ 第5章-2

Q ○×問題	A 解答と解説

26. 重心動揺の面積は，幼児期から年齢増加につれて減少し，20歳代には最小となる．

□□□

答え ○
重心動揺の面積は，幼児期から10歳代後半までは年齢増加につれて減少し，20歳代には最小となる．その後は増加して，70歳代以降では著しく大きくなる．
参照 ⇒ 第5章−2

27. 姿勢戦略には足関節戦略，股関節戦略，足踏み戦略がある．

□□□

答え ○
足関節の運動により重心を支持基底面内にとどめる運動を足関節戦略，股関節の運動によるものを股関節戦略，片足を踏み出す運動によるものを足踏み戦略という．
参照 ⇒ 第5章−2

28. 足関節戦略が機能するには足関節の可動域と筋力が正常でなければならない．

□□□

答え ○
加齢にともない足関節筋力・可動域の低下，足底感覚の低下が生じ，足関節戦略が機能しなくなる．そのため，高齢者は股関節戦略を多く使う．
参照 ⇒ 第5章−2

29. 弱い動揺に対しての姿勢制御は股関節戦略が使われる．

□□□

答え ✕
動揺が大きいあるいは速い場合，支持基底面が柔らかい場合，あるいは足底面よりも狭い場合は，股関節戦略が使用される．
参照 ⇒ 第5章−2

30. 閉眼により身体動揺は増強され，移動量は重心よりも頭部で大きくなる．

□□□

答え ○
閉眼により重心は前方へ移動する．これは，視覚による立ち直り反応の欠如によると解釈されている．
参照 ⇒ 第5章−3

31. 足底の皮膚感覚は身体動揺に影響を及ぼさない．

□□□

答え ✕
足底の皮膚感覚は身体動揺に影響を及ぼす．姿勢調節の1つに，体性感覚系などの感覚入力を利用し組織化する調節がある．
参照 ⇒ 第5章−3

32. 姿勢調節では姿勢変化を認識するため前庭系，体性感覚系，視覚系などの感覚系からの情報がフィードバックとして必要となる．

□□□

答え ○
姿勢調節は感覚系からの情報を処理して適切な指令を出す中枢神経系，指令に応じて力を発生し姿勢を維持する筋骨格系の協同作業によりなされる．
参照 ⇒ 第5章−3

Q ○×問題	A 解答と解説

33. 前庭系は重力に対する頭部の動きや姿勢に関する感覚情報を与える．

答え ○
前庭系の情報は，注視の安定性，姿勢，バランスに用いられ，空間における位置感覚の意識に関与する．
参照 ⇒ 第5章-3

34. 立位で後方へ押されたとき，足関節と足趾が背屈する反応を防御反応という．

答え ○
防御反応にはほかに，立位で右側方へ押されると，左上下肢の外転運動が生じる反応や，座位で前方，後方，側方へ押されると，それぞれの方向に上肢を伸展して手掌を床につき，転倒を防止する反応がある．
参照 ⇒ 第5章-3

35. 伸張反射，屈曲反射は脊髄反射に分類される．

答え ○
脊髄反射には伸張反射，屈曲反射，陽性支持反応，陰性支持反応，交叉性伸展反射，交叉性屈曲反射がある．
参照 ⇒ 第5章-3

36. 屈曲反射とは，四肢を急速に屈曲させたときに生じる反射である．

答え ✗
痛み刺激を加えたときに四肢の屈筋が収縮し，四肢を引っ込めて刺激から遠ざかろうとする反射を屈曲反射，または逃避反射という．
参照 ⇒ 第5章-3

37. 対称性緊張性頸反射とは，頭部の回旋により顔の向いた側の上下肢が伸展，後頭部側が屈曲し，フェンシングの構えの形になることである．

答え ✗
対称性緊張性頸反射は，頭部を前屈すると上肢（動物では前肢）が屈曲し，下肢（後肢）が伸展する．逆に頭部を後屈すると上肢が伸展し，下肢が屈曲する反射のことである．出題の現象は，非対称性緊張性頸反射である．
参照 ⇒ 第5章-3

38. 立ち直り反応は，必ず頸部から生じる．

答え ✗
立ち直り反応は刺激の受容部位と運動効果の出現部位との関係により，頸部からの立ち直り反応，迷路からの立ち直り反応，体からの立ち直り反応，目からの立ち直り反応の4群に区分される．
参照 ⇒ 第5章-3

Q ○×問題

39. 足踏み反応とは，立位で身体を急激に側方へ押して重心位置を動かすと，同側の下肢を踏みだしてバランスを保とうとする反応である．

□□□

40. 身体を垂直位置から急に下方へ動かしたとき，両下肢を外転，伸展，足趾を開排する反応をパラシュート反応という．

□□□

A 解答と解説

答え ○
足踏み反応は，バランス反応のなかで運動感覚器系への刺激で起こる反応の1つで，ほかに踏み直り反応，シーソー反応がある．

参照 ⇒ 第5章-3

答え ○
パラシュート反応は，バランス反応（動的バランスをとる反応）のひとつで，迷路への刺激で起こる反応である．

参照 ⇒ 第5章-3

Q 選択問題

1. 基本的立位姿勢で正しいのはどれか．
 1. 身体重心は第2腰椎の前方に位置する
 2. 重心線は膝蓋骨後面に位置する
 3. ヒラメ筋の活動がみられる
 4. エネルギー消費が最少である
 5. 支持基底面は両足底面より小さい

□□□

2. 反射中枢で誤っている組み合わせはどれか．
 1. 対称性緊張性頸反射 – 延髄
 2. 交叉性伸展反射 – 延髄
 3. モロー反射 – 脊髄
 4. 陽性支持反応 – 脊髄
 5. パラシュート反応 – 大脳皮質

□□□

A 解答と解説

答えは 2, 3
安静立位で，身体動揺が少なく筋活動やエネルギー消費が最少となる姿勢を基本的立位姿勢という．身体重心は第2仙椎前方に位置し，重心線は耳垂，肩峰，大転子，膝関節前部（膝蓋骨後面），外顆の前方を通り，支持基底面は両足底面とその内側面となる．

参照 ⇒ 第5章-2

答えは 2, 3
姿勢反射にはそれぞれ反射中枢が存在し，感覚受容器に加えられた刺激により姿勢や運動の平衡を維持する．交叉性伸展反射は脊髄反射で，モロー反射（緊張性迷路反射）は脳幹（延髄・橋）の反射である．

参照 ⇒ 第5章-3

Advice

体位と構えの違いを明確にし，各姿勢の力学的な特徴を把握する．
不良姿勢の原因となることを把握しておく．

重心，重心線，姿勢筋の作用を個々に覚えるのではなく，それぞれが力学的作用の範囲で関係があることを理解する．
姿勢戦略のそれぞれの特徴を，選択される状況を踏まえ把握する．

それぞれの姿勢反射の反射中枢がどこにあるか明確にする．
姿勢反射の要因となる刺激と現れる現象を明確にしておく．

第6章 歩行

Q ○×問題 / A 解答と解説

1. 1歩行周期とは，一側の踵接地から反対側の踵接地までの期間である．

答え ✗
1歩行周期とは，一側の踵接地から同側の踵接地までの期間である．
参照 ⇒ 第6章-1

2. 1歩行周期における立脚期は60％であり，そのうち単脚支持期は30％である．

答え ✗
1歩行周期における立脚期は60％であり，単脚支持期が40％で両脚支持期が20％である．
参照 ⇒ 第6章-1

3. 1歩行周期における単脚支持期と両脚支持期は各1回である．

答え ✗
1歩行周期における単脚支持期は1回であり，両脚支持期は2回である．
参照 ⇒ 第6章-1

4. 一側の踵接地から同側の踵接地までの距離をストライド長（重複歩距離）という．

答え ○
一側の踵接地から同側の踵接地までの距離をストライド長（重複歩距離）といい，一側の踵接地から反対側の踵接地までの距離をステップ長（歩幅）という．
参照 ⇒ 第6章-1

5. 左右の踵の中心間の距離を歩幅という．

答え ✗
左右の踵の中心間の距離を歩隔という．歩幅は一側の踵接地から反対側の踵接地までの距離のことをいう．
参照 ⇒ 第6章-1

6. 歩行率（ケイデンス）は単位時間における歩行距離であり，単位はm/分で示す．

答え ✗
歩行率（ケイデンス）は単位時間における歩数（steps/分）であり，単位時間における歩行距離（m/分）は歩行速度である．
参照 ⇒ 第6章-1

7. 10mを8秒で歩いた場合，歩行速度は75 m/分である．

答え ○
歩行速度（m/分）＝歩行距離（m）÷時間（分）．$X = 10 \div 8/60$より，$X = 75$となる．平均の歩行速度は，男性は4.8 km/時で女性は4.5 km/時である．75 m/分は，4.5 km/時である．
参照 ⇒ 第6章-1

Q ○×問題

8. 10秒あたり20歩で歩いた場合，歩行率は200 steps/分である．

☐☐☐

9. 歩行速度が70 m/分よりも65m/分の方が，両脚支持期は短くなる．

☐☐☐

10. 走行では，歩行周期における両脚支持期がなくなる．

☐☐☐

11. 歩行における重心の高さは，歩幅や歩行速度に影響されない．

☐☐☐

12. 歩行における重心の上下方向の移動量（振幅）は，約4.5 cmである．

☐☐☐

13. 重心が最も高くなるのは単脚支持期であり，立脚側へ移動する．

☐☐☐

14. 重心位置の変化を生みだすのは加速度の変化である．

☐☐☐

A 解答と解説

答え ✗
歩行率（steps/分）＝ 歩数（steps）÷時間（分）．X ＝ 20 ÷ 10/60 より，X ＝ 120 となる．平均の歩行率は，男性は110 steps/分で女性は116 steps/分である．
参照 ⇒ 第6章-1

答え ✗
歩行速度が速くなると両脚支持期が短くなり，歩行速度が遅くなると両脚支持期が長くなる．
参照 ⇒ 第6章-1

答え 〇
歩行速度が徐々に速くなると両脚支持期が短くなり，走行では両脚支持期がゼロになる．
参照 ⇒ 第6章-1

答え ✗
重心の高さは，歩幅や歩行速度，性別などに影響される．
参照 ⇒ 第6章-2

答え 〇
1歩行周期における重心の上下方向の動きは二峰性の正弦波であり，振幅は2〜5 cmと報告されている．
参照 ⇒ 第6章-2

答え 〇
重心は，単脚支持期では最も高く立脚側へ移動し，両脚支持期では最も低く左右の足の中間付近に位置する．
参照 ⇒ 第6章-2

答え ✗
重心位置の変化を生みだすのは速度であり，単位時間あたりにおける重心の変化分（m/秒）である．速度を変化させるのは加速度であり，単位時間あたりにおける速度の変化分（m/秒^2）である．
参照 ⇒ 第6章-2

Q ○×問題	A 解答と解説

15. 重心位置が最も高くなった時点では重心速度は0m/秒である．

答え ○
両脚支持期から単脚支持期では重心位置が高くなっていき，重心速度は上向きである．単脚支持期から両脚支持期では重心位置が低くなっていき，重心速度は下向きである．重心位置が最も高くなった時点，最も低くなった時点の速度は 0 m/秒である．

参照 ⇒ 第 6 章 – 2

16. 両脚支持期から単脚支持期に向かう場合，重心には上向きの加速度が生じている．

答え ✗
両脚支持期から単脚支持期では速度が下がっていくため下向きの加速度が生じる．単脚支持期から両脚支持期では速度が上がっていくため上向きの加速度が生じる．

参照 ⇒ 第 6 章 – 2

17. 合成した床反力の波形は重心の加速度の波形とほぼ同じである．

答え ○
健常歩行における床反力は重心の加速度を示しており，体重以上の値にも体重以下の値にもなる．

参照 ⇒ 第 6 章 – 2

18. 床反力の進行方向成分は，立脚期の前半では後ろ向きである．

答え ○
進行方向成分は立脚期前半に後ろ向き（負の値）を示し，重心の制動の役割を果たす．立脚期後半では前向き（正の値）を示し，重心の駆動の役割を果たす．

参照 ⇒ 第 6 章 – 2

19. 歩行速度が増加しても床反力の最大値と最小値は変化しない．

答え ✗
歩行速度が増加すると重心の上下，進行，左右方向への加速度も大きくなり，床反力の最大値と最小値の差も大きくなる．

参照 ⇒ 第 6 章 – 2

20. 歩行速度が遅い高齢者では床反力はなだらかな波形になる．

答え ○
疾患をもった患者や歩行速度が遅い高齢者では，加速度が小さくなるため床反力の最大値と最小値の差は小さくなる．

参照 ⇒ 第 6 章 – 2

21. 初期接地〜荷重応答期では，足関節は背屈筋群が働き，背屈の動きが起こる．

答え ✗
初期接地〜荷重応答期では，足関節は背屈筋群が働き，底屈方向への動きが起こる．

参照 ⇒ 第 6 章 – 2

Q ○×問題	A 解答と解説
22. 初期接地〜荷重応答期では，足関節の背屈筋群が求心性収縮をしている． □□□	答え ✗ 初期接地〜荷重応答期では，足関節モーメントは背屈モーメントであり，足関節角度は底屈する．つまり足関節の背屈筋群が遠心性収縮をしていることになる． 参照 ⇒ 第6章-2
23. 初期接地〜荷重応答期において，股関節では伸筋群が働き，伸展の動きが起こる． □□□	答え ○ 初期接地〜荷重応答期において，股関節では伸筋群が動き，伸展方向への動きが起こる． 参照 ⇒ 第6章-2
24. 初期接地〜荷重応答期では，股関節の伸筋群が遠心性収縮をしている． □□□	答え ✗ 初期接地〜荷重応答期では，股関節角度は伸展しながら伸展モーメントが働く．つまり，股関節の伸筋群が求心性収縮をしていることになる． 参照 ⇒ 第6章-2
25. 立脚中期では，足関節は背屈方向へ動き，底屈モーメントが大きくなる． □□□	答え ○ 立脚中期では，足関節は背屈方向へ動き，底屈モーメントが働く．つまり，足関節の底屈筋群が遠心性収縮をしていることになる． 参照 ⇒ 第6章-2
26. 立脚終期では，膝関節には屈曲モーメントが働き，筋活動はほとんどない． □□□	答え ○ 立脚終期では，膝関節には屈曲モーメントが働き角度変化はほとんどない．また，筋活動がほとんどなく，靭帯の受動的な伸張などにより屈曲モーメントが発生していると考えられる． 参照 ⇒ 第6章-2
27. 立脚終期では，股関節には屈曲モーメントが働き，腸腰筋の活動がみられる． □□□	答え ✗ 立脚終期では，伸展方向へ動き屈曲モーメントが働く．この時期，筋活動はみられず，股関節前面の靭帯の伸張により骨盤の前方移動を予防している． 参照 ⇒ 第6章-2
28. 前遊脚期において，足関節では前脛骨筋が求心性収縮をする． □□□	答え ✗ 前遊脚期では，足関節は急激に底屈方向へ動き，底屈モーメントが働く．つまり，底屈筋群が求心性収縮をする． 参照 ⇒ 第6章-2

Q ○×問題

29. 前遊脚期では，膝関節では大腿四頭筋が求心性収縮をする．

□□□

30. 遊脚初期では，股関節屈筋群が下肢を前方へ振り出す．

□□□

31. 足関節の背屈筋群の筋力低下がある場合，鶏状歩行になることがある．

□□□

32. 歩行時の膝折れは，大腿四頭筋の過緊張がある場合に観察される．

□□□

33. 歩行時の膝折れは，重心の前方移動が不十分である場合にも観察される．

□□□

34. 歩行時の過伸展は，大腿四頭筋の筋力低下でも観察される．

□□□

35. 膝関節の過伸展は，重心が膝関節中心よりも前方移動している場合に観察される．

□□□

A 解答と解説

答え ✗
前遊脚期では，膝関節は屈曲方向に動き，伸展モーメントが働く．つまり，膝関節伸筋群が遠心性収縮をしていることになる．
参照 ⇒ 第6章−2

答え ○
遊脚初期において，股関節では屈曲モーメントが働き，股関節屈曲筋群が下肢を前方へ振り出す．
参照 ⇒ 第6章−2

答え ○
足関節背屈筋群の筋力低下があると，歩行の遊脚期と初期接地に，足関節の過度な底屈，足関節の底屈の代償として股関節と膝関節の過度な屈曲，足尖接地が観察される．
参照 ⇒ 第6章−3

答え ✗
膝折れは，大腿四頭筋の筋力低下で観察される．ほかに膝関節の伸展制限，膝関節屈筋群や足関節背屈筋群の過緊張などでも観察される．
参照 ⇒ 第6章−3

答え ○
重心の位置が膝関節中心よりも後方へ移動している場合，膝関節の伸展モーメントが大きくなるため，大きな筋力を必要とする．
参照 ⇒ 第6章−3

答え ○
過伸展は，大腿四頭筋の筋力低下や過緊張でも観察される．ほかに足関節底屈筋群の過緊張や足関節背屈可動域の低下などでも観察される．
参照 ⇒ 第6章−3

答え ○
骨盤の前傾，体幹の前傾により重心位置は前方となり，結果として膝関節中心の前方へ移動する．この場合，膝関節には屈曲モーメントが必要となる．
参照 ⇒ 第6章−3

Q ○×問題 / A 解答と解説

36. 中殿筋の過緊張がある場合，トレンデレンブルグ歩行が観察される．

答え ✗
トレンデレンブルグ歩行は，中殿筋の筋力低下，内転筋の過緊張や外転可動域制限，脚長差，腰椎の側弯で観察される．
参照 ⇒ 第6章-3

37. ドュシャンヌ歩行では，体幹は立脚側へ側屈をする．

答え ○
ドュシャンヌ歩行は，トレンデレンブルグ歩行の代償，体幹の筋力低下，脚長差，腰椎の側弯で観察される．
参照 ⇒ 第6章-3

38. 分回し歩行は，痙直型脳性麻痺でよく観察される．

答え ✗
分回し歩行は脳卒中片麻痺で観察され，痙直型脳性麻痺でははさみ歩行が観察される．
参照 ⇒ 第6章-3

39. パーキンソン病では，小刻み歩行，すくみ足現象，酩酊歩行が特徴的である．

答え ✗
パーキンソン病では，小刻み歩行，すくみ足現象，加速現象（突進現象）が特徴的である．酩酊歩行は脊髄性，小脳性，前庭性失調がある場合に観察される．
参照 ⇒ 第6章-3

40. 脊柱管狭窄症では間欠性跛行が観察される．

答え ○
間欠性跛行とは脊柱管狭窄症で観察され，脊髄血流障害による腰痛や痺れにより長距離の歩行が困難になる現象である．
参照 ⇒ 第6章-3

Q 選択問題 / A 解答と解説

1. 歩行周期について誤っているのはどれか．
  1. 歩行周期とは一側の踵接地から同側の踵接地までの期間である
  2. 健常歩行の遊脚相は1歩行周期の約40％である
  3. 歩行率は単位時間における歩行距離である
  4. 歩隔とは左右の踵の中心間の距離である
  5. 歩行速度は約4.5km/時である

答えは **3**
歩行率（歩調，ケイデンス）は，単位時間における歩数であり，steps/分で示す．単位時間における歩行距離は，歩行速度であり，m/秒，m/分で示す．

参照 ⇒ 第6章-1

Q 選択問題

2. 歩行について正しいのはどれか．
1. 初期接地〜荷重応答期では前脛骨筋が遠心性収縮をする
2. 初期接地〜荷重応答期では大殿筋が遠心性収縮をする
3. 立脚中期では下腿三頭筋が求心性収縮をする
4. 立脚終期では大腿四頭筋が遠心性収縮をする
5. 前遊脚期では下腿三頭筋が求心性収縮をする

☐☐☐

3. 異常歩行で誤っている組み合わせはどれか．
1. パーキンソン病 – 小刻み歩行
2. 脊柱管狭窄症 – 間欠性歩行
3. 腓骨神経麻痺 – 鶏状歩行
4. 脳卒中片麻痺 – 分回し歩行
5. 筋ジストロフィー – 酩酊歩行

☐☐☐

A 解答と解説

答えは **1，5**
初期接地〜荷重応答期では大殿筋が求心性収縮をする．立脚中期では下腿三頭筋が遠心性収縮をする．立脚終期では股関節，膝関節の筋活動はほとんどみられない．

参照 ⇒ 第6章–2

答えは **5**
酩酊歩行は，歩隔が広く，体幹の動揺が大きな歩容である．脊髄症性，小脳性，前庭性失調がある場合に認める．

参照 ⇒ 第6章–3

Advice

距離因子のストライド長（重複歩距離）・ステップ長（歩幅）・歩隔を区別して覚えよう．時間因子の歩行速度・歩行率（歩調・ケイデンス）は平均値も覚えて計算できるようにしよう．

重心位置と重心速度，重心速度と重心加速度の関係をグラフで説明できるように理解しよう．関節角度と関節モーメントから働く筋群と収縮形態を推察しよう．関節モーメントと同じ方向に動く場合は求心性収縮，逆に動く場合は遠心性収縮になることを覚えよう．

矢状面で観察される異常歩行は，下垂足（鶏状歩行），膝折れ（過屈曲），ロッキング（過伸展）である．前額面で観察される異常歩行は，トレンデレンブルグ歩行，デュシャンヌ歩行，分回し歩行である．ほかに失調性歩行，パーキンソン病様歩行，間欠性歩行がある．これら異常歩行の出現する相，観察できる動き，原因を動作の真似をしながら覚えよう．

第7章 運動学習

Q ○×問題 / A 解答と解説

1. 学習には，反復練習あるいは実践によるものと，転移によるものがある．

答え ○
学習とは，刺激反応過程が適応的に持続する状態に変化することである．学習には，結果として行動変化を起こす，練習や経験の結果として起こる，比較的永続する変化であるという特徴がある．
参照 ⇒ 第7章-1

2. 宣言的記憶とは，自転車の運転など練習で習得した技能のように，意識にのぼらない「やり方の記憶」のことである．

答え ✗
意識にのぼらないやり方の記憶は，非宣言的記憶である．宣言的記憶は意識に思い浮かべることのできる記憶である．
参照 ⇒ 第7章-1

3. 運動学習の最終相は運動課題を理解する段階であるため，言語的認知能力に影響を受ける．

答え ✗
運動課題の理解を必要とする運動学習の初期相は，言語認知能力に影響される．中間相には運動課題の滑らかな協調運動への移行，最終相では自動化（高次な身体的パフォーマンスが注意なしに生じる）が起こる．最終相では，自動的動作が発達し，運動遂行に言語は必要なくなる．
参照 ⇒ 第7章-1

4. 正の転移とは，以前の学習が後の学習を促進するように影響を及ぼすことをいう．

答え ○
転移とは，以前の学習が後の学習に影響を与えることである．以前の学習が以後の学習を阻害する影響をもつ場合を負の転移という．
参照 ⇒ 第7章-1

5. 運動課題に類似性があると学習の転移が起こりやすい．

答え ○
前の学習課題と後の学習課題の類似性があるほど転移の影響は大きい．異なる課題間では学習の転移が起こりにくい．
参照 ⇒ 第7章-1

6. 細かい運動の制御を必要とする課題では，覚醒レベルが高いほどパフォーマンスは良好となる．

答え ✗
覚醒レベルとパフォーマンスの関係は逆U字原理として知られる．覚醒レベルが高すぎても低すぎてもパフォーマンスは低下する．弁別・判断，細かい運動の制御には，中等度以下の覚醒レベルがよいとされる．筋力，持久力などを求められる場合には，高い覚醒レベルがよいとされる．
参照 ⇒ 第7章-2

Q ○×問題

7. 運動技能の要素には，所要時間，距離，点数がある．

8. パフォーマンスとは，運動課題を遂行するときに周囲から観察可能な行動のことであり，運動学習の程度を知ることができる．

9. 運動技能が向上した際のパフォーマンスの変化として，持久力の向上，柔軟性の向上が起こる．

10. 学習曲線において学習向上前後でパフォーマンスに変化が起こらない状態をプラトーという．

11. 学習初期のパフォーマンスの向上は少なく，その後急速にパフォーマンスの向上が起こる学習曲線を負の加速曲線という．

12. 目標の意識化，パフォーマンスの結果を知ること，動機付けや欲求は，パフォーマンスを向上させるために重要な練習の条件である．

13. 動機付けと技能はパフォーマンスに対して相乗効果を示す．

A 解答と解説

7. 答え ✗
運動技能の要素には，フォーム，正確さ，速さ，適応性がある．
参照 ⇒ 第7章−2

8. 答え ○
パフォーマンスは，所要時間，距離，点数などで表される．パフォーマンスは疲労，欲求，心身条件により変化する．
参照 ⇒ 第7章−2

9. 答え ✗
運動技能向上時には，誤りの減少，正確さの向上，パフォーマンスの恒常性，自由度の増加，努力量の減少などが生じる．
参照 ⇒ 第7章−2

10. 答え ○
学習曲線とは，学習によるパフォーマンスの経時的変化をグラフに示したものである．運動技能の学習ではパフォーマンスに変化がなくても，努力量の減少，筋活動の低下などが起こり，真のプラトーはないと考えられている．
参照 ⇒ 第7章−2

11. 答え ✗
問題文章は正の加速曲線についての説明である．学習初期にパフォーマンスが向上するが，その後向上が減少する学習曲線を負の加速曲線という．学習曲線は，負の加速曲線，正の加速曲線，S型曲線，線形曲線の4種類に分けられる．
参照 ⇒ 第7章−2

12. 答え ○
練習の効果として，パフォーマンスの時間短縮，正確さの向上と誤り減少，複雑な課題への適応性，課題遂行時の注意・努力の減少が生じる．
参照 ⇒ 第7章−2

13. 答え ○
動機付けは，覚醒レベルに影響し，行動を特定の目標に方向付ける働きをもつ．
参照 ⇒ 第7章−2

第7章 運動学習

Q ○×問題	A 解答と解説
14. 外的動機付けとは，物的報酬や賞賛，個人のニードなどを利用する動機付けのことである． □□□	答え ○ 動機付けには，内的動機付けと外的動機付けがある．内的動機付けとは，個人的な理由により喜びや満足を見出すような動機付けのことである． 参照 ⇒ 第7章-2
15. フィードバックは，運動の制御，その後の運動改善の情報として役立つ． □□□	答え ○ フィードバックは，運動中の誤差検出，誤差修正により運動軌跡の修正に働く．またその後の運動を改善するための情報を提供する． 参照 ⇒ 第7章-3
16. 結果の知識とは，運動後に与えられる運動パターンに関する情報である． □□□	答え ✗ 結果の知識（Knowledge of result：KR）とは，運動後に与えられる目標に対する行為の結果に関する情報である．運動パターンに関する情報は「パフォーマンスの知識（Knowledge of performance：KP）」と呼ばれる． 参照 ⇒ 第7章-3
17. フィードバック制御とは，運動の結果に基づいて運動の修正を行うという運動制御である． □□□	答え ○ フィードバックには，内在的フィードバック（運動の遂行に伴う身体の感覚器からの感覚情報）と外在的フィードバック（指導者などから与えられる誤差情報）がある． 参照 ⇒ 第7章-3
18. フィードフォワード制御とは，運動の結果と独立して運動指令を発生させる運動制御である． □□□	答え ○ すばやい運動（ゴルフのスウィングなど）は，感覚情報によるフィードバックでの運動修正が困難であり，フィードフォワード制御により遂行される． 参照 ⇒ 第7章-3
19. Hebbの法則とは，シナプス伝達を強化，弱化する種々の影響を受けてシナプスが能動的に変動することをいう． □□□	答え ○ シナプスは，シナプス伝達を強化したり，弱化させたりする様々な影響を受けて変動する．その変化は，短期的には神経伝達，長期的変化は遺伝子発現の変化と関連する． 参照 ⇒ 第7章-3

○×問題

20. 運動学習は，シナプスの可塑性と関連する．

答え ○
運動学習はシナプスの可塑性の一形態である．シナプス結合の形態的変化（神経発芽やシナプス数の変化など），シナプスの機能的変化（長期増強や長期抑制による伝達効率の変化など）によって，神経回路の物理的，生理的な性質が変化する．

参照 ⇒ 第7章-3

選択問題

1. 運動技能が向上した際の変化で誤っているのはどれか．
1. 誤りが減少する
2. 努力量が減少する
3. 課題遂行に必要なエネルギーが減少する
4. 課題への適応性が低下する
5. 課題遂行時の筋活動が減少する

答えは 4
運動技能が向上した場合には，誤りの減少，正確さの向上，パフォーマンスの恒常性や自由度の増加，努力量の減少などが生じる．適応性とは，環境条件が変化してもパフォーマンスはあまり影響されないことであり，運動技能の向上によって課題への適応性が高まる．

参照 ⇒ 第7章-2

2. 誤っているのはどれか．
1. 内的動機付けとは，個人的な理由により喜びや満足を見出すような動機付けのことである
2. 運動技能は，筋力，持久力，柔軟性の3つの要素で分析される
3. 巧緻性が求められる課題では，高い覚醒レベルで良好なパフォーマンスが得られる
4. 運動課題に類似性があると学習の転移が起こりやすい
5. 動機付けと技能はパフォーマンスに影響する

答えは 2, 3
運動技能は，フォーム，正確さ，速さ，適応性の4つの要素で分析される．弁別・判断，細かい運動の制御には，中等度以下の覚醒レベルがよいとされる．

参照 ⇒ 第7章-1, 2

第7章 運動学習

Q 選択問題

3. 誤っているのはどれか．
1. 運動学習の最終相では，運動に対する注意が減少し，運動遂行に言語は必要でなくなる
2. 課題を最初から最後まで通して行い，それを反復する方法を全体法という
3. 一回の練習時間を短く，頻繁に休息を入れて練習回数を増やす練習方法を集中練習という
4. フィードバックとは，目標値とパフォーマンスとの差についての情報のことをいう
5. 練習回数の増加により，学習が進みパフォーマンスが向上することをHebbの法則という

☐☐☐

A 解答と解説

答えは **3，5**

3は分散練習についての説明である．集中練習とは，数分から数時間，休みなく連続的に練習を行う方法である．5はソーンダイクの練習法則の説明である．Hebbの法則とは，シナプス伝達を強化，弱化する種々の影響を受けてシナプスが能動的に変動することをいう．

参照 ⇒ 第7章-1～3

Note

Advice

運動学習の理論や段階について理解しよう．

運動学習の効果を知るために必要となるパフォーマンスについて，影響を及ぼす要因，運動技能向上時の変化などを覚えておこう．

第8章 運動生理

重要度 ★★★

Q ○×問題

A 解答と解説

1. 運動単位とは，1つのα運動ニューロンとそれに支配される筋線維から成り立っている．

   答え ○
   1つのα運動ニューロンとそれに支配される筋線維群を運動単位という．
   参照 ⇒ 第8章-1

2. 手指，舌，眼球などを動かす神経支配比は大きい．

   答え ✕
   手指，舌，眼球など微細な調節が必要な筋の神経支配比は小さく，大腿や体幹などの筋では大きい．
   参照 ⇒ 第8章-1

3. 筋細胞内のカリウムイオン濃度により筋の収縮と弛緩が調節されている．

   答え ✕
   筋細胞内のカルシウムイオン濃度により筋の収縮と弛緩が調節されている．
   参照 ⇒ 第8章-1

4. 筋の収縮時には，Sタイプ，FRタイプ，FFタイプの順で発火する．

   答え ○
   筋の収縮時には運動単位の小さいSタイプから順にFRタイプ，FFタイプと大きい運動単位へと発火する．これをサイズの原理という．
   参照 ⇒ 第8章-1

5. 筋線維のタイプⅡBは疲労しにくい．

   答え ✕
   筋線維のタイプⅡBは解糖系の酸素活性が高く疲労しやすい．タイプⅠは酸化系酵素の活性が高く疲労しにくい．
   参照 ⇒ 第8章-1

6. 赤筋はタイプⅠ線維の比率が高い．

   答え ○
   赤筋は収縮速度が遅く，疲労しにくいタイプⅠ線維が多く，白筋は収縮速度が速く疲労しやすいタイプⅡB線維が多い．
   参照 ⇒ 第8章-1

7. 加齢に伴い，筋のタイプⅠ線維が優位に萎縮する．

   答え ✕
   加齢に伴い，筋のタイプⅡ線維が優位に萎縮する．
   参照 ⇒ 第8章-1

8. 腱紡錘は筋線維と並列に腱内に位置する．

   答え ✕
   腱紡錘は筋線維と直列に位置する．筋紡錘は筋線維と並列に位置する．
   参照 ⇒ 第8章-2

9. 筋紡錘は筋の長さと長さの変化を感知する受容器である．

   答え ○
   筋紡錘は筋の長さと長さの変化を感知する受容器であり，腱紡錘は筋張力を感知する受容器である．
   参照 ⇒ 第8章-2

別冊 演習問題

Q　○×問題

10. 等尺性収縮は静的収縮ともいう．

☐☐☐

11. 遠心性収縮は筋が伸張しながら収縮する．

☐☐☐

12. 等張性収縮は血圧の上昇を起こしやすい．

☐☐☐

13. 水の入ったコップを持ち上げて口に運ぶときの上腕二頭筋の収縮は，遠心性収縮である．

☐☐☐

14. 運動初期やごく短時間の強い運動ではATP-クレアチンリン酸系のATP産生機構が用いられる．

☐☐☐

15. 運動時には炭水化物とタンパク質が中心に消費される．

☐☐☐

16. 心拍数は中等度の負荷強度以上では増加しない．

☐☐☐

17. 運動強度を徐々に増加させると収縮期血圧は上昇する．

☐☐☐

A　解答と解説

答え ○
等尺性収縮は収縮に際して筋長が変化しない静的収縮ともいう．筋長が変化する動的収縮には等張性収縮と等速性収縮がある．
参照 ⇒ 第8章-2

答え ○
遠心性収縮は筋が伸張しながら収縮し，求心性収縮は筋が短縮しながら収縮する．
参照 ⇒ 第8章-2

答え ✗
等尺性収縮は血圧の上昇を起こしやすい．
参照 ⇒ 第8章-2

答え ✗
水の入ったコップを持ち上げて口に運ぶときの上腕二頭筋の収縮は，求心性収縮である．
参照 ⇒ 第8章-2

答え ○
ATP再合成において，運動の初期やごく短時間の強い運動ではATP-クレアチンリン酸系が用いられ，続いて解糖系，長時間の比較的軽い運動では有酸素系の機構が用いられる．
参照 ⇒ 第8章-3

答え ✗
運動時には炭水化物と脂肪が中心に消費される．
参照 ⇒ 第8章-3

答え ✗
1回拍出量は中等度の負荷強度以上では増加しない．心拍数は運動負荷強度の増加によりほぼ直線的に増加する．
参照 ⇒ 第8章-3

答え ○
運動強度の増加により，収縮期血圧，筋血流量，呼吸数，1回換気量，酸素摂取量，心拍数，1回拍出量，カテコラミン濃度などが増加する．
参照 ⇒ 第8章-3

Q ○×問題 / A 解答と解説

18. 無酸素性作業閾値（AT）は全身持久力の評価指標の1つである．

答え ○
無酸素性作業閾値（AT）は，運動に必要なエネルギーが有酸素系のATP産生機構だけでは不十分となり，無酸素性機構（乳酸系機構）によりエネルギーが供給されることを示す．
参照 ⇒ 第8章-4

19. 代謝当量（METs）は，安静立位の酸素摂取量（3.5 mL/kg/分）を基準（1MET）として，何倍のエネルギーを消費するかを示す．

答え ✗
代謝当量（METs）は，安静座位の酸素摂取量（3.5mL/kg/分）を基準（1 MET）として，何倍のエネルギーを消費するかを示す．
参照 ⇒ 第8章-4

20. 持久性運動トレーニングの効果として，最大運動時の1回拍出量の増加がみられる．

答え ○
持久性運動トレーニングの効果として，最大運動時の1回拍出量，酸素摂取量，換気量，筋血流量などの増加がみられる．
参照 ⇒ 第8章-4

21. 持久性運動トレーニングの効果として，最大下の一定負荷強度において血圧は上昇する．

答え ✗
持久性運動トレーニングの効果として，最大下の一定負荷強度において血圧は低下する．
参照 ⇒ 第8章-4

22. 運動による身体機能の向上には，過負荷，漸進性，反復性，継続性，個別性，意識性の原則がある．

答え ○
運動による身体機能の向上には，6つの原則がある．6つの原則とは，過負荷，漸進性，反復性，継続性，個別性，意識性である．
参照 ⇒ 第8章-5

23. 運動処方では，運動種目，運動強度，運動時間，運動頻度などを決める必要がある．

答え ○
運動処方では，身体能力や運動の目的に合わせて，運動種目，運動強度，運動時間，運動頻度などを決める必要がある．
参照 ⇒ 第8章-5

24. 全身持久性運動の運動強度は，最大酸素摂取量の20～30％がよいとされている．

答え ✗
全身持久性運動の運動強度は，最大酸素摂取量の50～70％がよいとされている．
参照 ⇒ 第8章-5

25. 疾患や運動目的により運動強度，運動時間は異なる．

答え ○
糖尿病の運動療法，肥満の改善など，疾患や運動の目的により，運動の強度や時間は異なる．
参照 ⇒ 第8章-5

第8章 運動生理

Q 選択問題

1. 筋収縮について誤っているのはどれか．
   1. α運動ニューロンと筋との接合部を神経筋接合部という
   2. 伸張性収縮は遅発性筋痛などの筋損傷を生じやすい
   3. ミオシンフィラメントとアクチンフィラメントがスライディングすることで筋収縮が起こる
   4. 静的収縮は等速性収縮ともいう
   5. 筋収縮はアデノシン三リン酸（ATP）をエネルギー源としている

   ☐☐☐

2. 正しいのはどれか．
   1. 脂肪1gから約4kcalのエネルギーが得られる
   2. 筋のタイプⅠは解糖系の酵素活性が高い
   3. 最大酸素摂取量とは生体が1秒間に体内に取り込める最大の酸素量である
   4. γ運動ニューロンは腱紡錘の感度を調節している
   5. 全身持久性運動の運動強度を決める指標のひとつとしてカルボーネンの式がある

   ☐☐☐

A 解答と解説

答えは **4**
静的収縮とは筋長が変化しない収縮であり，等尺性収縮ともいう．

参照 ⇒ 第8章-2

答えは **5**
1. 脂肪1gから約9 kcalのエネルギーが得られる．
   参照 ⇒ 第8章-3
2. タイプⅠ線維は酸化系酵素の活性が高い．
   参照 ⇒ 第8章-1
3. 最大酸素摂取量とは生体が1分間に体内に取り込める最大の酸素量である．
   参照 ⇒ 第8章-4
4. γ運動ニューロンは筋紡錘の感度を調節している．
   参照 ⇒ 第8章-2

Advice　筋収縮のメカニズムについて理解し，運動単位のタイプと筋線維のタイプの特徴を覚えておこう．また，筋収縮の様式と特徴を理解し，実際の動作のなかでそれぞれの筋の収縮様式がわかるようにしておこう．